年報・死刑廃止2020

コロナ禍のなかの死刑

インパクト出版会

目次

特集∪コロナ禍のなかの死刑

年報・死刑廃止２０２０

コロナ禍のなかの死刑

Zoomでの死刑宣告、傍聴人数の制限、弁護人へのマスク強要、拘置所の面会禁止、刑務所での集団感染などコロナ禍のなかで被拘禁者の人権は大きく阻害されている。そして香港国家安全維持法を強行した死刑大国・中国の影響力は世界に跳梁していく。これまでの死刑廃止へ向う世界の流れは逆流し始めたのか。

コロナ以後の刑事裁判と死刑

I

特集 ⊃ コロナ禍のなかの死刑

雨宮処凛（作家、活動家、反貧困ネットワーク副代表）
小倉利丸（富山大学名誉教授、JCA-NET 理事）
坂根真也（弁護士、数多くの死刑事件の弁護人）
安田好弘（弁護士、フォーラム90、本誌編集委員）
岩井 信＝司会（弁護士、本誌編集委員）

Zoomによる死刑宣告のニュースから

岩井　今回の座談会のきっかけは、Zoom裁判で死刑を言い渡したという報道です。例えばCNNの報道ではナイジェリアでビデオ会議システムのZoomを使った裁判で死刑が宣告されました。シンガポールでも、同じようにZoomで死刑判決が宣告されたと報道されています。今回のコロナ感染症の拡大の中、日本でも三密回避であったり、リモートワークを推進したり、ソーシャルディスタンスを進めていこうとなっています。刑事裁判を見ると、弁護人二人がマスクをしていなかったところ、裁判長が着用を求めたが、「被告の人生を決める重大な裁判だ。着用して全力で弁護するのは難しい」と拒否して、裁判長の判断で一旦法廷を閉じたと報道されています（「読売」六月九日）。その後、再開して、弁護人と裁判員との間にも急遽アクリル板を置いて、裁判長が二メートルの距離を守るよう促し、ソーシャルディスタンスを法廷の中でとって、そして裁判員裁判が続行されたという報道がされています。これまで当然だと思っていた、直接かつ口頭で審理するという裁判の原則が、被害者であったり加害者であったり、また、事件そのものの生なましさの中で審理をされてきた裁判が、間接的もしくはインターネットを通じて審理する流れも見え始めています。それが、仕方がないのだという形でどんどん進んでいく可能性もある。そうすると、安易に死刑判決も増えていく可能性もありえます。そこで、もう一度、コロナ以後の刑事裁判と死刑の問題を振り返りたいと思い、今日の座談会を企画しました。

　まず坂根弁護士から自己紹介をかねてお話をいただけますか。

坂根　弁護士の坂根と申します。私は登録以来、刑事事件をずっとやっている弁護士です。このマスクの事件の経緯ですが、コロナで緊急事態宣言が出てから、裁判所の方針で一定の事件以外は全部法廷を開かないということになりました。刑事事件でいうと裁判員以外の身柄事件のいくつかは行われていましたが、裁判員は一般の人が集まるということで、緊急事態宣言中は期日が延期になりました。この事件は緊急事態宣言明けの一件目の事件で、注目が集まっていました。裁判所からは、マスクを着用してほしいということは公判前整理手続きの中で言われていて、私の方では、マスクをして弁護活動をすることは難しいということを事前に言っていました。報道にある通りですけれども、当日は、入ってくるなり「マスクをしてください」と言われて、弁護人として全力を尽くすためにはできませんと言ったところ、休廷になりました。裁判員と話し合っていたのか、お昼をはさんで数時間空きました。その後また「マスクをしてくれませんか」というので、拒否をしたところ「遺憾です」というようなことを裁判員のいる前で裁判長が宣言しました。審理自体はほとんど影響なく進みました。これがかなり報道されたことが影響しているのだと思いますが、私の事件の直後から現在に至るまで、今ものすごい圧力が各弁護人にかかっています。裁判員裁判もそうだし、裁判員ではない裁判でも、裁判官から直々に電話がかかってきて、マスクをしてくれないかと。拒否すると、「これはお願いです」と言いながらも、何回でも電話がかかってくるということが、全事件で行われています。最高裁から内部的な通達が出たのか、マスクをしろという圧力が異常なまでの状態になっているというのが現状です。

岩井　次に、雨宮処凛さんから、自己紹介とコロナ以後の時代を受けて感じていることがあればお話ください。

雨宮　貧困の問題などを一四年くらいやってきました。今日も裁判の傍聴に行ってきたのですが、それは公立福生病院事件の裁判です。人工透析を中止すると言った女性が、途中でやはり再開したいと言ったけれど、病院は意識が混濁しているからとして再開してくれず、そのまま亡くなってしまった。四四歳でした。ご家族が去年の一〇月に提訴して、今日が初公判でした。コロナの影響でいろいろ遅れて初公判の日が今日になり、傍聴席は記者席を入れて一六席しかないという状態でした。一月から三月までは、相模原障害者殺傷事件の傍聴にも行っていたのですけれど、最初は二〇何席かあったのが、判決の日は一〇席しかなくて、途中からは被告人も含めてマスク着用でしたね。

　コロナと死刑の問題と直接関わるかはわかりませんが、コロナで「トリアージ」という言葉が注目されています。四月、アメリカのアラバマ州で重度の障害者や認知症の人には人工呼吸器を使わない可能性があるというようなガイドラインが出て、それは途中で撤回されたのですけれど、「こういう人には使わなくていいんじゃないか」という議論がいろいろなところで出ている。そういう命の選別みたいなものがより加速していくというか、「この人に貴重な医療資源を使うのか」とか、「その人に医療資源を投入する正当性」まで求められる世の中になるんじゃないかという恐怖はずっと感じていて、それは死刑の問題にも波及していくのだろうなと。あるいは、死刑囚の人がコロナに罹ったらどうなるのだろうとか、そこでいろいろなことが問われるような、そんな危惧を持ってこの間の状況を見ていました。

小倉　今の坂根さん、雨宮さんの話の流れで言うと、僕はずっとコロナの流れに関して言っていることは一つで、匿名で無料の検査を必ずやるべきだ、それは誰に対しても、ということです。それが裁判だったらば、マスクという選択肢をとらないのであれば、裁判に関わる人たちをみんな検査すればいいだけの話なので、それをきちんと法務省が保証する必要がある。つまり、裁判官も、弁護人も、当事者も含めて検査して、陰性だとわかれば、別に裁判は普通にできるわけじゃないですか。報道機関だって、入ってくる記者たちを皆検査して、陰性だとわかればいいだけで、その検査は難しいかといったら全然難しくない。ただ、これをやらないんですよ。裁判を受ける権利というのは国民にあるし、それをきちんと保証するための制度があるとすれば、その制度をきちんとまわすために何をやらなきゃいけないかと考えて、そのためにもし医療とか保健衛生上の観点から、やはり感染を防止するのであれば、きちんとした検査をして、陰性であるという確認をとって裁判をやりましょうと、そういう手続きをすればいいだけなのです。それをやらないということが、僕にはよくわからない。やらないで、マスクで済ませちゃうということ自体がおかしいと思っています。

元もとこういった感染症では「無料・匿名」というのが大切だと思っていて、これは大前提です。HIVの検査は、今でも無料・匿名ですよね。誰でも行けば無料で検査を受けられますし、何も聞かれないので、検査所に行って検査をすると番号札みたいなものを貰って、何日後かに行くと、陰性か陽性かを教えてくれる(即日検査も可能)。それだけなのです。そうやって調べて、多くの人達に検査すれば、追跡調査もいらない。自分が陰性か陽性かわかって、陰性であれば普通どおり仕事をする。陽性であれば医療機関に行って治療してもらう。自分の個人情報と様ざまな関連する医療情報は、行ったお医者さんと自分が持てばいいのであって、それ以外の人は持つ必要は一切ないわけです。それで治療できるわけです。ところが、そうならない。間に保健所が入って、厚労省が全体を仕切るような仕組みを作ったことで、話が全然違う方向に行ってしまって、データをとって多くの人たちの感染接触アプリを作って監視するという話になるけれども、監視なんてする必要は全然なくて、本人がどういう状態なのかを知る、これは知る権利なのです。自分の身体がどういう状態になっているのかというのは、これは明らかに知る権利の大原則で、その知る権利すら今は奪われているわけです。検査したいといったってできないし、かなり高額のお金を払えばできるけれども、それはみんなができるわけではない。

そういうところで、Zoomとかオンラインでの裁判とか死刑宣告というのは、全体の流れからすればそのうち一定程度制度化されるだろうなと僕は思っています。外の省庁も含めて、政府全体が今、オンラインであるとかITであるとかAIであるとかを使った行政のインフラを作り始めていますし、基本法もできているので、そういう形に法務省が乗っかって、裁判所も乗っかれば、当然にオンラインの裁判というのは出てきて、最初はすったもんだしつつ、コロナと一緒で、だんだん慣れっこになってくるというふうになることが、もちろん彼らがやることだから私たちにとって得になることはないだろうと思いますけれども、どう得なことがないのかということは、きちんともう少し考えなければいけないところだと思っています（法制審議会では今年に入って民事訴訟（IT化関係）部会が設置されました）。

安田　坂根さんの話を聞いていて、裁判所がマスクを着けてくださいと言った時に、違和感を感じるんですね。何だろうこの人たちは、何を大切にしているのかと思うんですね。自分たちの健康が第一なのか、ということですよね。本当は、裁判だから被告人の権利を第一に考える。そして、第二には、公正さをどう確保するのかということだと思います。マスクをどうするかというのは、裁判にとっては外縁の話というか、彼らが言うことができるとしたら、被告人も含めた関係者の了解をとるのが当たり前だろうと思います。それを了解も取らずに一方的に決めるとは、この人たちの立ち位置はどこにあるのかと疑いますね。

昔をちょっと思い出しますと、オウム裁判の時に、初めて私たち弁護人が裁判長と会った時に、裁判長が「この裁判は国際的に注目されていますから、四年でやらなきゃなりませんから」と口火を切ったんですね。それと同じかそれとももっとレベルが低いか、裁判よりもコロナに目が行ってしまっているという気がします。本当に彼がマスクが必要だと思うのなら、説得をして了解をとるというのが当たり前で、ハナから法廷の指揮権を行使するような話ではないと思うのですけれど。そこで、坂根さんもカチンとなられたのかなと、賛意を持って聞いていました。

ちょっと話が外れますが、今から何十年か前には、弁護人が、被告人が収容されている房の中に入って行って、被告人と一緒に記録を見るということができたと聞きました。大変重要なことだと思いますが、今ではまったく認められていません。直接主義の原点だと思うのですが、現実には、リモートの世界、つまり、面会室のアクリル板を通してしか話ができないんですね。あのアクリル板の穴を通して交わされる言葉というのは、単語の羅列でして、心が通った言葉と言うにはほど遠いんですね。弁護士が被告人が膝をつき合わせて、時には手を握りながら会話をする、一つの記録を一緒に手に取って議論をする、それで初めて心が通じ、言えない言葉も通じ、理解できる。そこから弁護が始まる、そう思うんですが、そういうことが全くないままに日本の刑事裁判は行われてきたんですね。そういう実感を、私は約三〇〇日東京拘置所にぶち込まれて知らされたのですね。その延長上に今のリモートの問題がつながってくる。何を優先させるかという価値観の問題だと思いますが、直接主義が根幹にあって、それを補完するものとしてリモートがある、それを外れてしまったから、今回のようなことになるのかなと思って聞いていました。

マスクを着けろ！の意味するもの

岩井 坂根さんにお聞きしたいのですが、「マスクを着けると全力で弁護活動ができない」と報道され、場合によっては、マスクをするかしないかという矮小化された議論にもなりかねないと思うのですが、その真意を、もう一度説明していただけますか。

坂根 マスクというのは、いくつかの問題があると思うのですが、大きく分けて、当事者の活動、つまり尋問でどうなるかという問題と、それを判断する側の問題との二つに分かれると思っています。まず、当事者側から見ると、例えば被告人から話を聞き出す主尋問をする場合でも、反対尋問で弾劾する場合でも、証人というのは尋問者の顔を見て答えるわけですから、尋問者の表情があるのとないのとでは、当然に出てくる答えが変わってくる。また、マスクというのは、着けることによって匿名効果をもたらすと思っています。マスクをすると、心理的な壁となって、マスクをしていない状態と比較して匿名効果により、話す人は嘘をつきやすくなるわけです。つまり、弁護人がマスクをしていると、証人の答えが変わる、判断資料が変わってきてしまうわけです。もう一つ、判断する側から見た時には、証人や被告人が本当のことを言っているのかどうなのかが判別しにくくなるという問題があります。当然非言語情報が極端に減るわけですから。そして、判断する人も、マスクをすると自分が表情をさらして判断するということに少し距離を置けるので、同じく匿名効果により有罪や重い刑を出しやすくなると思うのです。マスクをするというのは、いろんな意味において刑事裁判で真実を発見して適正な量刑を決めるという上においては、百害あって一利がないというのが拒否の理由です。

岩井 今日の午前中、私はたまたま埼玉の入管に行っていて、取次者として、赤ちゃんの在留資格の取得手続きをしてきました。お母さんも私もマスクをしていました。入管は、三密どころではなく、ものすごい「密」な状態だったのですが、そのような密な場面でも、本人確認をしたいからマスクを外してくださいと言われるわけです。もっとも本人が誰かが問われる刑事裁判では被告人もマスクを外すことにならないのか。起訴状の朗読をして、認否を求めた時も、被告人はマスクを着用していたわけですか？

坂根 そうです。

岩井 坂根さんが言ったように、刑事裁判では、マスクによって本人性が出なくなることがありますね。

安田　仮面舞踏会の仮面ですよ。裁判官も裁判員も、そして検事までが仮面を着けている場面を想像するとゾッとしますよね。マスクは、正に仮面ですから。心理的に仮想の世界と言うか、仮面を着けている人はもちろん、それを見ている人だけでなく、仮面を着けている集団全体に大きな影響を与え、個人を見えなくさせてしまうし、責任も感じなくさせてしまう、裁判とは迂遠なものだと思います。今までだったら、被告人が特別の理由なくマスクをしていたら、裁判所は逆に外すように命令をし、これに従わなければ退廷などの法的な制裁をかけるんでしょうね。それが、今回は逆に着けろと一方的に指示する。とんでもない話ですよね。

岩井　安田さんが先ほど言いましたが、拘置所の接見室ではアクリル板ごしに接見をします。このアクリル板が、飛沫感染防止ということであちこちで出現してくるわけです。Zoom会議も、結局はZoomの「画面」というマスクがある中で、相手の声のトーンも聞こえない、何となく忖度しながら、多分こう言っているのだろうと、聞こえなくてもわからなくても聞き返しがしにくいような、そういう場面が出てくる中で裁判が進んでしまいますね。

坂根　私の事件以後は、裁判でマスクをすべきじゃないと各地で頑張っている弁護士たちがいるのですが、折衷案的にアクリル板を弁護人が用意したり、裁判所が防弾ガラスを設置したりというケースもあります。ただ、安田先生が言われたように、アクリル板というのは確かに表情は見えるんですが、そこに壁が一枚あると、やはり心理的に「違う世界の人」という印象をどうしてももたらしてしまう。刑事裁判において、有罪であれ量刑を争うのであれ、弁護人のまずやるべきことは、私たちの依頼人が同じ社会の一員なのだということを示すことがすべての基盤だと思っているのですが、やはりアクリル板が一枚あると、Zoomとはちょっと違うのかもしれませんが、やはり大きな壁になってしまう。だから、マスクの代替手段としてアクリル板がいいのかというと、非常に難しい。マスクよりはいいのかもしれませんが、心理的な効果という意味では、アクリル板も問題はあるとは思います。

安田　やはり、重力とか風圧が、大げさに言うと人の存在が伝わってこないと、そして伝わらないと駄目ですよね。そこがZoomと違うんじゃないかと思いますけれど。

自粛社会のなかでの刑事裁判

岩井　雨宮さんは、先ほど植松さんの事件を傍聴していて、途中からマスク着用となっていくわけですけれど、傍聴席から見てどのような距離感というか、マスクの有り無しも含めて感じるものがありましたか？

雨宮　相模原裁判の場合は、右側三分の一が遺族席で封鎖されていたので、すごく傍聴席が狭かったんです。植松被告との距離はかなり近かったので表情もよく見えた。ただ、裁判後半、マスクをするようになってからは微妙な表情の変化は読み取れませんでした。それでちょっと聞きたいんですけど、先ほどのシンガポールのZoomで判決というのは、これはどういう形態だったのですか？　被告人の周りに何人ぐらいいたのか、被告人と裁判官とが離れているということですか？

岩井　そうですね。シンガポールでのZoom死刑宣告の記事によると、「ロイター通信は被告側の弁護人の話として刑務所内にいた被告への死刑判決言い渡しにはZoomが使われたと報じた」とあります。

雨宮　刑務所の中で一人ということなのでしょうか。

岩井　その可能性がありますね。

雨宮　それは雑ですよね。

岩井　この報道だけではわかりませんけれど、判決を言い渡すだけだから弁護人が横にいる必要がないとされてしまうと、刑務所で一人で判決を受けることになったのか。

雨宮　それはすごいですね。一人対数人の偉い人みたいな。

安田　仮に被告人に弁護人が同席していたとしても、裁判官は画面に映っている被告人を見て判決を宣告するわけですから、人を裁くという実感を持てるかどうか大いに疑問だと思いますね。ちょっと、話が飛んでしまいますが、裁判官は、刑務所とはどのようなとこか、そこで懲役◯年というのはどういう生活を強いられるのか、そして刑務所を出てきた後どうなるか、現実を知らないまま刑を決めているんですよね、これもまたZoomと同じ問題をはらんでいると思います。

雨宮　みな法廷にいても、特に相模原の裁判なんて傍聴券の倍率が百倍くらいだったので、ものすごく関心が高いわけです。それはもう、Zoomなどでみんなに見てほしい。それくらいに関心は高かったし、見るべきだと思うのですけれども。そういうようなZoomの使い方もある一方で、本当に利便性だけ、純粋な感染防止だけだと、かなり雑だなと思いますね。侵害される権利は、たぶん考えつかないところまで細かくあるのだろうなと思います。

安田　Zoomの恩恵、便利さ、どのレベルで使うかですよね。直接主義が必要な場面で安易に使ってはならないと思います。

雨宮　そうですね。でも、これに抗議する人はあまりいなさそう。「犯罪者も感染リスクが下がって良かったじゃん」というような話にどんどんなっていって。今、コロナで生活保護を受けるための調査が簡略化されていて、それはいいことだと思うのですけれど、逆に、犯罪を犯した人たちの権利を守るとか、そういうこともすごく簡略化されそうで、嫌な形の簡略化というのが進みそうな懸念もあります。

岩井　同じＣＮＮの記事を見ると、弁護側も検察側もZoom

経由で弁論を行ったと書いてあります。弁護人も検察官も、同じ場所にいないと思うのですね。そうすると、被告人は拘置所で、裁判官も検察官も弁護人も三人がそれぞれZoom会議で、別々に聞いているからいいでしょという流れのように読めますね。

雨宮 Zoomの画面でそれぞれが同じ大きさに出るとか、慣れていないと難しいし、そもそも慣れていないとよくわかりません。私も慣れないうちに、電波状況がわるかったのか、ずっと相手の顔がグルグルと、何か電波を探しているような状況が二時間くらい続いたことがありました。結局、相手の顔を一回も見ないままに対談をしちゃったことがあります。そういう可能性だってありますよね。

Zoomは言論表現の自由のためのインフラではない

岩井 小倉さん、インターネットやZoomでの裁判というのは、これまで聞いていたことがありますか?

小倉 新聞では読みましたけれど、僕はZoomを使ったことがないので。何でみんなが使うのか、まったくわからない。

岩井 Zoomを使わないでいろいろやり方があるでしょうということですか?

小倉 Zoomそのもの自体が、僕らの言論表現の自由のためのインフラとしては妥当ではない。それは、去年からずっと議論になっていたのです。Zoomのインフラの技術的なバックグラウンドに問題があり、最初はフェイスブックにZoomの顧客の個人データを渡していたのが問題視されたのです。それがバレて、Zoomはやばいと思ってそれをやめて、別の形に変えた。別の形に変えたのだけれど、ネットサービス企業にとっては顧客の個人情報こそが金儲けの中心をなしますから、完全に匿名で利用者情報を収集しないというビジネスモデルはそもそも成り立たないんです。またいろいろな問題が指摘されて、結局会議というのは、複数の人が集まって議論するものですよね。Zoomはその議論の、言ってみれば会議室提供業者ですから、その会議室提供業者が会議の中身を知ろうと思えば知ることができてしまう。会議室に監視カメラを付けているような話だと考えればわかりやすいかもしれません。誰が参加しているかというのは、たぶん公共施設の会議室以上に簡単にわかってしまいます。公共施設だったら、申し込む人は住所だとか氏名だとかを書くとしても、参加する人たちは個人情報を書かないけれども、ネットワークの場合には、全部ネットワークにつながって人が入ってくるわけです。しかもZoomでは場合によってはログインの登録をする。そうすると、多くの情報が収集しやすいので、それをビジネスチャンスにしてZoomは商売をやる。だから、一定期間、例えば今だったら四〇分は無料になっています。無料でなんで使わせるのか、無料でも金儲けができるから無料にしているわけです。それは、テレビが無料で見られるのと同じで、やはり裏の仕掛けがあるわけです。だから、そういうものは僕らは使うべきではないというのは僕は前から言っています。そうではないオンラインシステムはいくらでもある。それを僕らはきちんと考えていくべきだと思っています。

Zoomは僕は使わないし、専門家の人たちは本当にたくさんの問題点を指摘していて、その都度、Zoomはバレたところだけ変えていく。じゃあ、Zoomはダメでしょう、外に何があるのと言ったら、マイクロソフトはどうだろうか、グーグルはどうだろうか、みなそれぞれオンラインの会議システムを持っています。みんな大企業だということです。大企業に自分たちの言論表現のスペースを譲り渡してしまっていて、そこで彼らがそのスペースの後ろで何をやっているのかということをちゃんと見ておかなければいけない。そういう仕組みを全部公開して、きちんと自分たちでコントロールできる仕組みのものだけしか、今は使わないです。不便だけれども、そうしないとまずいかなと。それはZoom裁判とは別な話ではありません。裁判に関する情報をネットワークを提供する企業が共有する可能性があるということです。システムの技術仕様が透明性を確保できていなければ、本来きちんと保護されるべき被告人のプライバシーが守れない可能性がありえます。

ですから、Zoomそれ自体は僕は経験しない。フェイスブックもやっていないし、ツイッターもやっていませんし、もちろんLineもやらないし、ますますそれで何でネットワークの仕事をしているのかと言われるのですけれど、使いようがないというところがある。でも、個人情報やプライバシーがリスクに晒されているという現実感覚が実際にないというのは、オンラインは確かにそのとおりだと思う。僕も昨日もオンラインの会議をやっていましたが、基本は声だけです。映像はほとんど使わないです。寝転がってビール飲んで会議をやりたいでしょう、だったらカメラ切ってくださいと。

雨宮 化粧したくないとか、服を着替えたくないとか、そういうのはありますね。

小倉 あるでしょう。だから、なるべく自由にしてくださいと。で、カメラがオンになっていると、監視カメラのモニター室みたいになる。これは、大学の教員がオンラインで授業をやっていると、学生一人ひとりを監視しちゃうんですよ。ちゃんと授業を聞いているかとか。

岩井 居眠りしにくいかもしれませんね。

小倉 絶対に居眠りしにくいんですよ。以前Zoomなどは、カメラをちゃんと見ているかをチェックできる機能があった。それが評判が悪くて、それはオプションに回ったのだと思いますけれど。それでもうストレスが溜まるので、何しろ声がわかればいいでしょうと。発言する人だけカメラとマイクをオンにして、発言が終わったらカメラとマイクを切ってくださいというふうにして、発言する人はやはり発言の表情を見たいだろうし、見せていいという人はというふうにして、僕はやっている。だって、あまり関係ないですよね。人の顔を見ることが目的で会議をやっているわけではないので。

けれど、先ほどの話を聞いて、逆に、弁護人が弁護活動をやる時に表情というのがすごく大切だということになると、それは逆の意味で大切な話だと。そうであればあるほど、やはりそういった弁護を十分にできるとすれば、それぞれの当事者の健康状態ということがきちんと確認できるということを、裁判所であれ拘置所であれ法務省の施設はきちんと保障しなければいけないと思うのですよ。それを保障しないで放ったらかしにして、それでアクリル板だの何だのという話で誤魔化すというのは、アクリル板一枚で、何か適当に誤魔化されているという感じかなと、僕はそう思いますけれど。

裁判のインターネット化？

岩井 会議であったり、裁判であったり、その目的が違う部分でオンラインの果たす役割も違ってくると思いますが、裁判は、本来は直接見て、直接語って、判断する人に直接訴えかけていく、それが重要だと思われてきたと思います。しかし、よく考えてみると、既にコロナの前の時代から、別の部屋にいる証人とビデオリンクでつなげる方式もあって、暴力団に襲われるからと、被告人の面前にいなくても語れる法制度があります。これまでも直接主義が決して貫徹されているわけではなかったわけです。それが今、すべての事件で証人は証人室で答えていればいい、裁判関係者が全員マスクをして顔を隠さないといけない、そうすると、声だけでもいいという可能性も出てくるかもしれません。坂根さん、今回の措置は従前の流れの延長線上にあるのか、今は特別な事態が起きているという理解でしょうか。

坂根 ビデオリンクは非常に大きな問題のある制度だと思うのですが、それも昨年から拡大されて、これまでは同じ裁判所に来ていなければならなかったのが、別の裁判所でもいいということになりました。もしコロナが長期化して、ワクチンも効かないとか、一〇年二〇年のスパンでこれに付き合っていかなければとなった時に、拘置所でも蔓延しているような事態になったら、被告人は拘置所で裁判を受けるとか、被告人は来るけれども裁判員は法廷には来ないで別室でモニターで見るというような法改正はあり得るのかもしれません。

岩井 被告人が裁判進行中にコロナ感染症にかかった場合、裁判を止めるのか、治った後でも、より厳重な感染症対策が講じられる可能性は出てくるかもしれませんね。

雨宮　コロナとは別なんですけれど、植松被告の裁判は、遺族席が植松被告から見えないように隠されていました。遺族席は傍聴席から見えないように衝立があるのですけれど、被告が法廷に入ってくる時に、二人が遺族席の両端に立って布を上げるんですよ。入ったら下げて。あと、殺された方のお母さんなどが証言する時にも、その人を隠す遮蔽板が立っていて、そこで読み上げるというような感じで。それはこの事件の異様性を強調する光景でした。

岩井　今回この企画を考えた時に、今年の二月二六日に熊本地裁がハンセン病の隔離法廷を違憲だという判断を示したことも頭にありました。菊池事件と言われるその事件では、当時療養所内に特別法廷が設置されて、裁判官・検察官・弁護人らが感染を恐れて、白い予防服と長靴を着用して、ゴム手袋をはめた手で証拠物を扱い、調書をめくるのには火箸を使っていたというふうに言われています。そういう隔離法廷が違憲と判断されたこの年に、まさに隔離することの方が大事なのだという事態になってきています。

安田　誰の利益を守るのかということですよね。これは正に裁判官、検察官が自分を守るというだけの話ですから、被告人の権利はその範囲でしか認められない。如何に便利なものであっても、オールマイティーではありませんから、必ず、犠牲になる場面がある。その犠牲を誰が払わされるかですよね。しかし、菊池事件の場合は、何の工夫をすることもなく、医療施設の中に急ごしらえの施設を作って、そこで非公開で簡単に終わらせてしまったんです。繰り返しになりますが、利便なものというのは、誰の何のために利便かという基準がしっかりしていないと、そのつけは、必ず弱い人のところに行ってしまいます。ですから、今のコロナの問題でも同じことになるのではないかと思うんですね。被告人を法廷に来させないとか、傍聴人もスクリーンを見物させられるだけということになってしまうと思います。しかも、まったく議論もされることなく一方的に決めつけてくる、マスク一枚で一生懸命抵抗されたというのは、少しでもそういう流れを止められないかということだと思いますが。

坂根　マスクを刑事裁判ですべきかという問題は仮に措いても、僕が一番問題だと思うのは、国ですら義務付けているわけではないことについて、法に基づかない行為を裁判所がしているわけですよね。お願いと言いつつ事実上強制するかのような圧力をかけてきていて、本来、自粛警察や同調圧力が世にはびこっている中で、裁判所というのはそういうものから一歩離れて少数者の権利を守らなければならない立場であるのに、一般市民より強い同調圧力を駆使しているというか、その急先鋒のようになっている。自粛警察の最たるものみたいになっていることが、司法という役割を考えても非常に大きな問題だと思っています。それは一体どこから来るのかと考えると、裁判員裁判の悪影響が現れているんじゃないかと思っています。

私自身は、全体として見れば裁判員裁判は賛成なのですけれども、市民を裁判所に受け入れたことによって、「市民様様」になってしまっていて、マスコミからの批判を裁判所は非常に恐れているんですね。それが、今回のマスク圧力につながっているというふうに考えています。緊急事態宣言下では、裁判員裁判は全部ストップしていましたが、普通の身柄事件とか、弁護士がこの事件はどうしても早くやってくれと言った事件はいくつか開かれていました。その時には、裁判官も含めて誰もマスクを着けていなかったのです。ですが、この報道が出てからは、全員がマスクして、全事件でマスクを半ば強要するような訴訟指揮になってしまっています。それは、市民からの批判を勝手に恐れている

小倉　ちょっとわからないのですが、要するにマスクをするしないというのは法律の問題なのか、それとも保健衛生上の合理的な判断の問題なのか、そこの判断というのは裁判所とか弁護士のみなさんはどういうふうに考えていらっしゃるのですか？

坂根　法律上マスクを義務付けることは国としてもできていないので、裁判所もあくまで要請というかお願いで、命令はできないんです。

小倉　命令するかしないかということの判断基準があるわけですよね。こういう場合は命令しなければならないとか、こうだから命令する必要がないとか。

坂根　裁判所は、命令というのは法律に基づかないとできないので、あくまで感染予防のためにマスクをした方がいいと思っていても、法律がなければ命令はできません。

小倉　それは法律がおかしいのですか、それとも感染予防という考え方がおかしいのか、それはどちらなのでしょう。

坂根　国の政策としてマスクを義務付けるという法律ができるのであれば、それはそれで。

小倉　僕らが考える時に、医学上の判断、例えば僕は今マスクをしていますが、するかしないか迷うわけですが、とりあえずした方がいいかと思ってするわけで、その「する／しない」の判断に合理性がなければ、まったく権力の勝手な言い分になってしまうわけですよね。そこのところで、やはり説得力がある判断基準を、裁判所は出していないのだと思うのです。では、私たちが説得力のある形で出せるのかというところが、たぶん問われる部分かもしれないと思いますが、そのへんの議論はどうなっているのですか。安田さんがハンセン病との関係でおっしゃいましたが、それと同じように、実

際にコロナというのは言われているほど重大な病気でもないし、みんなマスクなんてしなくていいのだという立場だったら、それはそういう立場だけれども、そうじゃないと僕は思っているのでマスクをしているわけですが、そこの判断をどうするかということと、どういうふうに自分たちが行動して、例えば被告人の健康も含めてその権利を守るのかというのは、全部一連のつながりだと思うのです。僕なんかはそのへんのことをずっと議論してきているので、なかなか難しいですよね。市民運動でも、みんな集会をどうするかとか思いながら、行く人も行かない人もいて、その間にちょっと溝ができたりしちゃうのですけれども、そこのところをきちんとした判断を出せるような議論ができていない。そこを出さないと。法務省がきちんと人権を守るという観点から、健康も守るし被告人の人権も守るということだったら、今だったら検査という方向以外に選択肢はないと思うのです。そのために、金と人と資源をきちんと法務省が保障する、あるいは裁判所が保障するということをしないと、公開の裁判もできないし。そこをサボって、みんなＩＴにまかせて、感染しているかどうかわからないからと法廷を閉めて、傍聴人も入れないで、オンラインでいいでしょうというのが今の流れではないですか。それも完全に本末転倒だと思っていて、ＩＴをこんなところで入れる必要はないので、やるべきところにお金を回さないでＩＴに回している。どうなのでしょう。

安田　僕の個人的な意見ですが、裁判所の元もとの動機は、感染症をどうやって止めるか、裁判をやることによって危険性が拡大することがないようにという考え方だったと思うのですね。しかし、そのために一体何をやるのかという問題を、真剣に議論し考えていない。そのために裁判所が選択したのが、とにかくマスクを着けさせる。それから、裁判官や裁判員と被告人や弁護人との間にアクリル板を用意する。そこまでくると、裁判所の視線はどちらに向かっているのか。被告人は、拘置所という厳重な防疫体制の中にあるんですね、しかし、自由を拘束されているから危険を回避することもできないんですね。ですから、まず最初に考えなければならないのは、被告人に及ぶ危険をどうやって守るかということだと思うんですね。それについて、本質的な議論がされていない。菊池事件という経験がありながら、議論がなされていない。

緊急事態宣言によって、裁判は一斉に止まりました。しかし、それは被告人にとって、勾留の長期化ですから明らかに不利益なことなんですね。その不利益をどう解消するかについても議論がされていませんし、再開するにしても被告人の健康をどう守るかについても議論がされていません。彼らがやったのは、裁判員や裁判官の健康を守るということなんでしょうが、むしろ彼らこそ、被告人にとっては危険な存在だったわけです。今回の件では、緊急事態宣言で裁判が一斉に止まったわけですから、その時にどうするか、どういう形で被告人の権利を守りながら、なおかつ被告人に感染拡大させないようにやるかということを、本当は広く弁護人を含めて議論すべきだったんですが、それをまったくやらずに、マスクをしろ、傍聴人を半分に制限する、裁判の時間をできるだけ短くするというようなことで済ませてしまった。そのところに根本的な問題があるのではないかと思います。確かに、全員が検査をとにかくやろうじゃないかと、話をお聞きしていて、それはその通りだなと思います。しかし、裁判所のなかでも弁護士のなかでも、議論さえありませんでしたね。

小倉　この間ずっと、本当に何で検査しないのかという、少なくともその議論はあるのです。日本の検査水準というのは、海外と比べて一桁二桁低いわけなので、完全に遅れている。これはもう、やれるはずのことを抑えているというのは事実です。だから、逆にやらない結果として、感染の不安があるでしょうと不安を煽られて行動を規制される。そういう悪循環を、ある意味で政府も東京都も期待しているようなところがある。

安田　先ほど問題提起されたマスク法廷の問題も、それをすることによる弊害、法廷が一種の仮面舞踏会になってしまうという弊害も議論もせずに、ただ闇雲にマスクを強制するということなので、抵抗があり、問題を提起されたのだと思うのですね。

小倉　きちんと健康を確保することを裁判所が保障しなければいけないですね。保障するためには、やはりそれだけの人と金がいる。その人と金をきちんと手当てするということをやるべきだと思う。

　海外でも二月頃、イタリアなどでは刑務所の暴動もあって、それから面会させないということに家族がかなり怒ったということがあった時には、刑務所の中は感染がかなり広がっていたわけです。基本的に広がる感染を抑えるような措置を当局がとれないから釈放したのは、いいとも言えるし、それは自分の制度の外側で感染が広がろうがそんなことは刑務所は知ったことではないということで釈放してしまったのかもしれないけれど、でも、どこでもどういうふうにコントロールしたらいいのかというのは、当局の問題だけではなくて、私たちの行動の選択の問題でもあるので、そこはいろいろな人と議論したいと思っていました。

雨宮　仮に緊急事態宣言の時は、刑務所や拘置所で面会制限はされていたのですか？

安田　一般の人は全員制限されていました。

雨宮　全員ですか？

安田　弁護士以外は面会できませんでした。だから、中に入れられている人は、家族とか友人に会えなかったわけですから、きつかったと思いますよ。面会ができないだけではなく、面会がないと、運動と入浴の時間以外に房から出られないわけですから、その面でも、閉塞感が強くなりますね。

雨宮 緊急事態宣言が出る前の三月くらいから、ほとんどの病院で面会ができなくなりましたね。あれもひどい話で、その間に亡くなってしまった方もいますよね。たぶん今も制限されている病院もあると思うのですが。

岩井 高齢者施設も制限されているようですね。

雨宮 私の祖母も高齢者施設で四月に亡くなったのですが、やはりコロナだからと二月から家族も面会に行けなかったのです。それで亡くなって、みんな後悔というか、すごく納得がいかない感じがあります。北海道の施設で亡くなったので、東京に住む私はお葬式にも行けていません。病院や高齢者施設というのは、亡くなる人も多いので、何らかの抜け道というか、一律禁止というのはすごく乱暴だなと思いました。

小倉 それは、検査をして陰性だったら行っていいわけですよ。

雨宮 そうですよね。

小倉 周りに医療従事者もいますが、面会に行きたいのだったら、検査をして陰性だったら行けるというふうに何でしてくれないのかと。それはもう、いろいろな所であるわけです。医療従事者の人ですら、今でも検査が担保されていない。そうすると、遊びにも行けないわけじゃないですか。でも、遊びに行った先でもみんな検査ができれば、それで陰性の人と陰性の人とで遊んだって別に構わないのに、そういうことをやるところにお金を回さないで、変なITの接触追跡アプリみたいなところに金を出したりとか、Go to キャンペーンとかいって、リスクを抱えた人を受け入れないと金が回らないとか、何か変なんです。裁判だって同じだと思うので。

雨宮 病院で、コロナが流行っているから面会を制限するというのは、法的には根拠がないわけですね。

安田 施設管理権と感染症予防法に基づく医療機関や老人福祉施設などの開設者や管理者に義務付けられている伝染病が蔓延しないように必要な措置を講じるように努めなければならないとする義務規定に基づくのでしょうが、これであっても、人権を無視したり契約を無視して行使することは許されませんから、今のように一斉に面会を禁止するというのは、法的に問題があるのではないかと思います。しかし、真剣に議論されていないのが実情です。

小倉 たぶん法定伝染病になってしまったから、保健所の権限が強いのではないですか。しかも、保健所はリストラでどんどん機能が縮小してしまって、そのしわ寄せが、結局みんながどうなっているのかわからないという状況になって、病院側は「あなた陽性か陰性かわからないでしょ。じゃあ来てもらっちゃ困ります」と言わざるを得ない。それで面会したくてもできない。

岩井　科学的な議論がされないで、感情的もしくはすべてを否定する形での事なかれ主義的な対応になってきているのかもしれません。

加速される命の選別

岩井　先ほど雨宮さんから「命の選別」の加速という話がありましたので、その背景を少しお話いただけますか。最近も「命の選別」という言葉が政治家の発言でも出て問題になっていますね。

雨宮　「生産性」という言葉は、自民党議員の杉田水脈さんが言うまでもなく、「生産性が低いやつはいなくていい」というようなことは、この二〇年間くらい本当にむき出しになっていたと思います。そういう意味ではすごく象徴的な判決が少し前に出ました。第二次安倍政権は政権に返り咲いて真っ先に生活保護基準引き下げをしたのですが、この引き下げが違憲だとして今、全国で千人以上の生活保護利用者が原告となり、「命のとりで裁判」という裁判を全国各地でしています。その判決が六月、名古屋地裁で出されたのですが、結果は請求棄却でした。このことに関してもすごく「命の選別」的なものを感じるというか、貧しい人の命や生活を軽んじるような判決だと思います。そもそも、引き下げが続いてきたことも弱者を見捨てるような政治姿勢の表れですし、それを名古屋地裁は「仕方ない」と切り捨てたようなものではないかと思います。

そう言う意味では、今日傍聴してきた裁判も、人工透析をしている人の命をめぐる裁判で、共通点があると思います。どうしても医者側の、「治らないんならそんなに治療をする必要がない」というような意識も感じるんです。こういうものは、結局「少子高齢化で財政難だから、命の選別は仕方ない」という価値観が蔓延していることと決して無関係ではないし、突き詰めれば、植松被告が言っていることと根は同じという気もします。

そして今、医療関係者や政治家からでさえ、そんな言葉を聞く。コロナが流行って「トリアージ」という言葉が広く知られましたが、トリアージって植松被告が去年の夏から連載している漫画のタイトルなんです。植松被告は、本人が意識しなくても何か時代を言い当てているなと感じました。そうして今年に入って三月四月頃には、イタリアやアメリカで、実際に人工呼吸器をめぐって医療関係者が本当に引き裂かれるような思いで治療にあたる姿をみんなが見ました。ずっと遠くにあると思っていた「命の選別」が、具体的に医療資源が足りないという現場で、急激にリアリティを増してきた。だけど、そういう問いにそのまま乗ってしまうことは危ないと思います。一方で、それに乗ってしまいそうな社会や世界情勢があるので、それにいかに抗うか。ある意味でコロナは分岐点でもあるなと思っています。そういうふうにコロナがちょうど流行り始めた中で、「障害者はいらない」と殺した植松被告が、「お前こそいらない」と死刑判決を受けるというのも、それでいいのかと思う。植松被告のことを批判する人たちは、ネットなどで「こんなやつ今すぐ殺してしまえ、一日でも長く生かしておくのは税金の無駄だから」と、正義感たっぷりに言っていますが、それも突き詰めれば植松の言っていることとまったく同じだなと思う。だけど、同じということに本人は気づいていなかったりもする。とにかく「命の選別」の問題というのは、コロナで露わになった。

先ほどもアラバマ州で障害者には人工呼吸器を付けないというガイドラインが一度出て、撤回された話をしましたが、出た時には本当にぞっとしました。それには、いろいろな障害者団体などが声明を出して、周りの人工呼吸器を付けている人もものすごく怒って声明を出したりしていました。でも、「いや、しょうがないよね。こういう緊急事態だから」ということで、いろいろなことがスルーされていきかねない。普段からていねいに議論されていないことがさらに雑に簡素化され、より合理的でより生産性が高い方に流されるというのが、如実に出てきているなと危機感を持っています。

岩井　まさにコロナ以降に、今まであったことが表面化して現実を突きつけられる中で、「命の選択」にしろ「命の選別」にしろ、もしくは裁判における権利の制限にしろ、それがズルズルと現実の名前の下で流される事態があるということですね。

雨宮　そうですね、コロナを言いわけにしていろいろと簡略化されることが、ほかにも多分いっぱいあるのだろうなと思います。「この際コロナを利用して」というようなことが、もっとたくさん出てくるような気がします。

岩井　医療現場での疲弊、限界、そして医療資源の限界も報道されている中で、そういう話も出てきやすくなってきていると思いますが、そのへんはいかがですか?

小倉　医療資源に限界は確かにありますけれど、それを増やすつもりがないからなのですよね。そこが一番問題で、三月までやっていた通常国会での今年度予算審議でも、結局通常の予算の中にコロナ関係の予算は入れないで、それは全部補正予算になったわけです。去年の春から夏にかけてというのは各省庁の概算要求が出るころですよね。その頃はコロナの話など何もなかったので、概算要求をやって、それぞれの省庁の利権で金をぶんどってということをやって、その後でコロナが出てきてアタフタした時に、本当にやらなきゃいけないのは予算の組み替えです。それで、コロナなりで必要な予算を本予算にちゃんと組み込んで、他の所を削る、それで補正予算は含まないというくらいのつもりでやらなければならないのに、みんな利権をそのままにして、コロナはプラスで補正予算にするということは、もう来年以降はまた元の体勢に戻しましょうというような話ですね。そうすると、医療体制も拡充しないし、例えば今だったら国立の病院をいくつも作ったっていいはずなのに、そんなこともしないわけですよね。中国の武漢でやったじゃないかと思いますし、イギリスもいくつか新しく国立病院をあっという間に作ったんですよね。そういうこともやらなくて、先ほどのように法務省だって裁判のことを考えて、裁判所の予算もきちんと対策のために確保するということもやらない。そういったことの繰り返しの中で、雨宮さんが言われたように何でも簡便化して、あっという間に物事を進めるという方向だけが先行してしまうというところになって、経済かコロナかみたいな言い方をしていますが、コロナと人権を最優先にできない経済がおかしいので。経済って本来は人びとの衣食住を確保して、健康の基盤をきちんと作らなければ経済とは言えないので、そういうことができない、まったく真逆のところに経済があるなんて、そんな経済は死んでしまって構わない。だから、そこらへんが最初からボタンの掛け違いみたいなことをしている。その中で、例えば死刑制度でも、やはりどんどんコミュニケーションができなくなって、弁護人だけではなくて、植松さんも結構いろいろな人と会っていますよね。

雨宮　そうです。

小倉　会っているということは、本人が表向きにいろいろなことを言っていたとしても、やはり何らかの形で生きていくことのある種の期待というか希望を、彼は持っているのだろうと思う。その中で、やはり死刑なり極刑なりで物事を済ませないで、彼がもう一度自分のやったことが反省できるようなところにもっていけるのかどうかは、社会の回復力というのか力だと思う。そこにどれだけの私たちの力が及ぶかというところが、今たぶん死刑廃止運動の中でも頑張らなければいけないところなのだろうけれども、それがだんだんとこういう状況になると、何枚もアクリル板ができちゃって、だめになる。他方でこれだけＩＴになりながら、実際に刑務所なり拘置所に入っている人たちはＩＴなんか全然使えないわけでしょう。そういった非常に旧態依然たるコミュニケーションの権利がないというか、すごくちぐはぐだと思います。

しわ寄せは弱者に

岩井　やることがあるのにやらない政治の問題ということも

小倉さんがおっしゃられました。経済かコロナかという問題設定自体がそもそも土俵軸が間違っていると、人権を軸に置いた経済をどう政治が実現するのか、きちんとした議論が多角的になされない中で、本当の問題が隠されてしまっているのではないかという問題提起でした。

安田　一・三兆円をつぎ込んでGo to キャンペーンがなされたり。

小倉　あれはたぶん国交省の利権なんですよね。だから、国交省はあのお金は絶対に渡したくない。

安田　お金をどう使っていくかを見直さなければならないのに、ただばら撒くだけ、利権を増やすだけでしょうね。結局、それらの全部が国家の負債となって、そのつけは、結局、お金を持っていない私たちの方に回ってくる。インフレ政策という形で、支払わされて、益々、貧窮化が進行する。ひどい話でね。

話は変わりますが、坂根先生は毎日経験してらっしゃるのでしょうけれども、接見室ではアクリル板の下の方に小さい穴が空いていて、そこから声が通じるようになっていますが、ところが、コロナということで、彼らはそこを塞いじゃった。

岩井　東京拘置所では、穴がビニールみたいなもので塞がれています。

雨宮　事実冗談みたいな、コントみたいな話ですね。

安田　今までは少なくとも小さな穴を通して声が聞こえていたのだけれど、それが塞がれてしまったので、なかなか声が聞こえなくなって。

雨宮　それでも肉声でやり取りを？

安田　そうです。

雨宮　電話でもなく？

安田　普通だったらマイクでも付ければいいわけです。そんなものは、大した負担でも何でもないわけですよ。ところが、塞いでそのまま、ビニールハウスにしちゃったわけです。私は、しゃがれ声だから、声が通じないんですよ。そういう僅かなお金すら払わずに安上がりなビニールハウスで終わらせてしまう。基本的な視点がおかしくなってしまっているという感じがします。コロナという社会的な問題を、結局は弱いところに全部しわ寄せられている。雨宮さんが付き合っていらっしゃる人たちもそうだし、僕らが付き合っている刑事事件の依頼者の人たち、受刑者の人たち、やはり一番弱いところです。そこに一番のしわ寄せが、目に見える形できていますね。

雨宮　コロナの状況になってから、「新型コロナ災害緊急アクション」という、貧困問題に関わっている団体で緊急アクションを立ち上げました。サイトに緊急相談フォームを設置して、そこで毎日ＳＯＳを受けているのですけれど、所持金が一〇〇円とか一五円とか、急にホームレスになったとか、四月頃から毎日のようにSOSが入っています。他の支援団体も入れれば延べ二百何十人くらいは緊急出動をして助けに行ってということを支援者たちがやっていて、私も時々出動していますが、五月過ぎてからは食料がないという話がきて、日本人の人も多いのですが、外国人の人がすべての制度にひっかかれない。本当に餓死寸前で来るというような話が多い。

　緊急アクションでは寄付金も集めているのですが、現金の給付先で一番多いのが外国人です。まさに外国人の人たちは働いていたわけで、そういう外国人が何でそのまま放り出されているのかという問題もあるし、日本人でも話を聞くと、本当に「命の選別」じゃなくて「命の切り捨て」というか、もう路頭に迷うとわかり切っているのに企業がバンバン切っているのですね。

　企業は今、政府の休業要請だから失業手当を支払う必要はないといって逃げていて、それは全部国がちゃんとすればいいのに、知らないよといって非正規の人はどんどん放り出される。しかも、放り出された人も、緊急事態宣言の時はネットカフェは閉まってしまうし、賃貸だったらすぐには追い出されないけれど、会社の寮やシェアハウスの人がどんどん追い出されている。女性も多いし、一〇代から八〇代くらいまであらゆる世代を支援しています。そう思うと、「命の選別」以前に、コロナ以前から棄民の社会だった。一定数の人はもう死んでもいいよという社会だったから、こうやって放り出されているのだなというのが、この数カ月で身にしみてよくわかりました。

安田　もう一つお聞きしたいのは、いろいろなことを提言していらっしゃいますが、それに対してどういう批判があるかということ。それが結構、先行きがどうなるかの一つの指標になるような気がするのです。反対論というか誹謗中傷かもしれませんが、どういうものがあるのか、それから、坂根さんにもこの先がどうなっていくと見ていらっしゃるのかを話していただければと思います。

坂根　私自身はあまりSNSをやらないので、あまり感じなかったですが、事務所に苦情の電話がかかってきたのと、twitter上ではかなり一般の人からバッシングを受けていたみたいで、それを見た若い弁護士はやはり萎縮してしまいますよね。

安田　中身はどういうものですか?

坂根　「非国民」的なことですね。

雨宮　マスクをしないことが「非国民」と?

坂根　犯罪者を弁護する人がそういうことをやることがさらにけしからん、となってしまうので、個々の弁護士の戦いに期待するというのは、なかなか難しいとは思います。

安田　私は、裁判所や検察は、叩かれることに実に弱い。弁護士よりも恐ろしく弱いと思うんですね。批判されないように、最大の配慮をして動いている感じがしてなりません。結局、弁護人だけが最前線に押し出されて、社会から強烈なバッシングを受ける。その傾向は益々強くなっていくと思います。本当は、批判を正面から受けとめて、十分に議論すべきなんですね。それをまったくしょうとしないのですから、先行きは暗いですね。

坂根　かなり暗いですね。

安田　雨宮さんはいかがですか？

雨宮　とにかくものを言っている女というだけで、こいつは懲らしめなければいけないと思っている一部の人たちがいる。「反日」とか、もうすごいですね。

岩井　中身というよりは感情的な。

雨宮　そうですね。議論にもならないような、「こいつはどうしようもない過激派だ」みたいな、そういうことですね。あまり反論しようがないですよね。

岩井　レッテルだったり、感情的な批判になってくると。

雨宮　そうですね。

安田　小倉さんはいかがですか？

小倉　ＳＮＳはよくわかりませんが、ネット上でいろいろ言っている人はいても、「小倉は朝鮮人か」みたいなどうでもいい話か、「非国民」と言われて「非国民でいいんだけど」というくらいで、あまりまともに何か突き刺さってくるような批判というのはないのか、気が付かないのか、だと思いますけれど。

むしろ、やっかいだなと思っているのは、今ネットの仕事をしているので、ネットでは言論表現の自由ってすごく大切なのですけれど、その大切な言論表現の自由の中に、レイシストの言論表現があるのかないのかという議論が前まえからあって、たぶんそのグレーゾーンのような所でいろいろ出てきた時に、では僕が今関わっているネットワークの中でどう判断するのか。そういう微妙なユーザーが出てきたら、切るのか切らないのかというところの判断のようなことは、今からどうしたらいいのだろうというのは、思うところはあります。そういうふうになったらかなり大変だなと思いますけれど、雰囲気的にそういう状況がないわけではないので、「言論表現の自由」って、一昔前はある種どこか左翼的なスタンスを持っている人たちの仕切りだったけれども、今はそうじゃないので。むしろレイシスト側、ヘイトスピーチをやる側が、必死になってそんなことを言うような時代になってしまっている。特にネットの世界では「言論表現の自由」だけ言っていればいいわけではないので、すごくそこのところが将来想定される危ぶむべきことで、どういうふうに僕らが議論していくか、考えなきゃならないと思っています。

岩井 今は原理的な議論が非常にしにくい時代になりつつありますね。表現の自由であったり、刑事裁判における守るべき原則が何かということであったり、原則論を語ることがなかなかできない中で、何となく、裁判長が訴訟指揮の下でマスクをしてくださいという。マスクを法廷でしないのは、何かよからぬ人ですね、みたいな。そこに刑事裁判の原則論を介在させた検証プロセスがないまま、コロナなんだから仕方がないねと終わりがちです。非常に難しい時代になってきているのかなと、思います。

小倉 たぶんリスクって相対的なものですよね。だから、第一波の時に比べて結構みんな緩んできていて、経済の問題とコロナの問題を考えて、やはり経済のリスクが相対的に高くなってしまったから、コロナのリスクが低くなってきているのだと思うのですけれど、そのリスクをどう考えるかというのは、刑事裁判の場でのリスクをどう考えるのかというのは大切な問題で、場合によっては、コロナのリスクを負ってでもやらなければならない刑事裁判のスタンスというものがあるのであれば、そこのところをきちんと一般の人にわかるような主張というのがないと、なかなか「マスクする／しない」の現象的な話だけになってしまう。ちょっとわかりにくいですよね。実際に刑事裁判に関わっている皆さんの実感と、そうでない一般市民の間でズレがあるのかもしれませんね。SNSなんかだと、本当に短い文章で主張するだけなので、実際に言っている人の真意がどこまでわかるかという問題があるとしても、たぶんかなり単純な発想だと思いますね。このご時勢でマスクしないなんてけしからんと、そういうことでしょう。しないならしないなりの論理があって、それは医学とは保健衛生上で言われているリスクがあるとしても、それでもリスクを負ってでも自分たちは果たさなければならないことがあるということだとすれば、そこはかなり丁寧に議論は必要かなという気がします。

岩井 今日の朝日新聞で「『マスクつけると不利』弁護士の主張なぜ」（七月二二日）という記事が出ていますが、坂根さんは、ご自分の伝えたいことが社会にうまく伝わっていると思いますか？

坂根 どんな人だって、例えば自分の家族であっても、あるいは職業上で必要な人でも、相手を理解してわかり合うとか何かを伝える時に、やはりマスクというのは弊害になるというのは、普通に話せば誰だって「それはそうだね」ってなることだと思うので、被告人という立場の人に対してもそういう権利を保障するのか、それともそんなものはいいと言ってしまうのかということだと思いますけれどね。

るという気がしますね。この点について最初に注目する必要があると思うのは中国でして、今や政治的にも経済的にも世界を二分するほどの強大な国家となっていますが、今後はコロナを契機にその強大化は加速度的に増すだろうと思います。そして、それを支えてきたのが中国共産党による中国国家と中国国民の「統制」と「管理」だろうと思いますし、それを根底で支えているのが中国の死刑制度だろうと思います。死刑廃止が世界の潮流だとすると、その対極にあるのが中国でして、毎年千人をはるかに超える人たちが処刑されています。一方、それに対抗するトランプは、中国に対して反民主主義的で人権無視の国だと批判しながら、社会秩序の維持を優先させ、自分の選挙のために死刑を執行していて、特に思想的な面において、とても、中国の対抗勢力となり得ていないと思います。加えて、今後、世界的に中国の手法をまねようとする国や人たちが増え、批判する人たちが批判できなくなり、やがては、私たちの日常の考え方にも影響を与えてくるような気がしています。特に、日本では八〇%の人が死刑に賛成ですし、政府は毎年死刑を執行していて、死刑制度を頑なに維持し続けていますから、中国のやり方が受け入れられる素地は十分にあると思います。今や、死刑廃止の潮流は逆流しかねない状況になりつつあるのではないかと思うわけです。特に最近の香港を見ていると、あそこでは、香港の人た

コロナ拡大の中での裁判と刑罰

岩井 話題が変わりますが、アメリカでは死刑の判決が激減して、執行数も少なくなっていた中で、トランプは「マスクは嫌い」と言って、選挙戦を見据えて連邦法での死刑執行をさせ、今回も二人続けて死刑の執行をしました。

これはコロナの影響ということではありませんが、非常に政治的な流れの中で、トランプが積極的に自分の支援者の求めを実現していく。コロナ感染症に対しても、「マスクをしたくないのだ」と自分の支持層に向かって言っている。分極化している民意の中で、さらに自分の支持基盤を強化するために、現実に死刑の執行が使われている。一方で、シンガポールやナイジェリアは、このコロナの時代の中でも着々とZoom会議で死刑が言い渡され、執行されていく。シンガポールでは、薬物の犯罪で死刑が言い渡されています。シンガポールや中国は薬物でも重大な事件については、外国人でも死刑になります。コロナの時代の中で「命の選別」という言葉も語られ、死が選択的、恣意的に判断されていく考えや動きも見えるわけです。そこで、今後の裁判と刑罰、もしくは厳罰化の流れがどうなっていくのかということについて、少し議論したいと思います。

安田 最近、死刑がどんどん上手に政治的に使われてきてい

ちが、中国との最前線で、自由と民主主義を守ろうとして懸命に闘っていますが、死刑についてだけみても、香港は、アジアで最初に事実上死刑を廃止した国なのですね。

私たちが一九九〇年の初めに死刑廃止運動をやった時に、もう既に香港は死刑を事実上やめていて、アジアでいろいろな死刑廃止運動をやっている人たちに来てもらった時には、香港からも弁護士を招きました。香港は、後に、法律上も死刑を廃止したのですが、それが、今や中国に踏み潰されそうになっている。国家安全維持法の最高刑は終身刑ですが、それが死刑に引き上げられるおそれがありますし、現在でも、中国本土に管轄が移転され身柄が移送されれば、死刑が適用され執行されるおそれがあります。

一方で、日本ではトランプ政治も大きな抵抗なく受け入れられているわけでして、安穏としていると、中国的なものとトランプ的なものの双方に飲み込まれてしまって、自由や民主主義や人権がどこかに行ってしまい、如何ともしがたい状況になるのではないかと心配しています。そして、そのはじまりが、少年法の刑事責任年齢の引き下げなどをはじめとする厳罰化だと思います。そういう中で、坂根さんなど現場で闘っている人たちが、現場から社会に向かって発言してもらって、じっくりと議論することが必要ではないかと思いますす。雨宮さんにも是非お願いしたいと思います。

坂根　私は裁判員裁判は全体として賛成だと言ったのですが、そこで念頭においているのは否認事件です。しかし、こと死刑事件に関しては、裁判員裁判はマイナスに働いていると思っています。それは、やはり限られた時間で過去の量刑との比較で決めていくという限界があります。そのような審理では、自分が今から死刑判決を言い渡すかもしれない人に対して、同じ人間としての共感をする時間というのはほぼないですね。もう、犯罪を犯した人を抽象化して、過去の量刑と比べて判決を出していってしまうという意味で、少なくとも裁判員裁判が継続していくことによって、死刑廃止がプラスになることは現状ではかなり難しいと私も思っています。どうすべきかの答えはないのですけれども、特にこのコロナの関係で社会が一つの方向に向かう時には、そこから逸脱した人に対する反動というのはより大きくなるわけですから、死刑判決が増える、厳罰化をすごく心配しています。

雨宮　今、コロナのどさくさに紛れて死刑執行がされても、多くの人は無関心で無視される。それはすごく恐いことだと思っています。でも、もともと日本自体が命を大切にしない社会で、ただ失業しただけの人が路上生活になって死にそうになっていても、「お前自己責任だから、勝手に死ね」というような、そういう社会なので、それに対して、どういうふうに問題提起していったらいいのだろう。なんの犯罪も犯していない人に対してさえものすごく冷酷な社会の中で、死刑の廃止というのを、どこから提起したら理解してもらえるのだろうというのは常に考えていて、植松は今確定死刑囚になったわけですけれど、彼自身が死刑判決を受ける前、ずっと「確定死刑囚は生きる意味がないから、今すぐ死刑執行した方がいい」と主張していたのですね。それは、「税金の無駄だから」。彼らが生きているのは税金だから、一日も早く執行すべきだと言っていて、その彼が確定死刑囚になった時に、今はどう思っているのか、ぜひ聞きたいですけれども、今、彼は家族としか会えないので。命がものすごく軽んじられる社会で、死刑に異議を唱える難しさを感じます。

一方で、コロナで生活苦の人が増える中、万引きや窃盗で捕まる人が増えたり、二〇代の男性が金を盗もうと不動産屋の女性を刺したという事件も起きています。時代の状況が厳しくなればなるほど、「こんなやつは厳罰にしろ」というのが、どうしても強まっていく。そういうこともひっくるめてアピールしていく必要があるのかなと思います。

小倉　先ほどトランプの話も出ていましたが、世界全体が非常に権威主義的になって、まず死刑廃止というふうに言う時の「死刑」っていう概念が、かなりいろいろなところで変わってきちゃっている気もしています。ひとつ思うのは、BLM(Black Lives Matter)でいろいろな運動が起きてきたきっかけになった、警察官がジョージ・フロイドさんを故意に命を奪ったように見えるけれども、ああいうふうに警察官がまさに裁判などをすっ飛ばして自分の判断で殺してしまうというのも、ある意味では死刑の一つの在り方で、アメリカなどはそこのところを結構鷹揚に認めてしまっているということが、この間議論されています。

同じようにフィリピンのドゥテルテも薬物犯罪者をどんどん射殺しろと言うわけです。それで、人気が落ちるかというと、さほど落ちているわけではなかった。アメリカなどはドローンでターゲットを絞って、国家のテロだと思いますけれども、ある種の死刑執行をやっちゃうわけですよね。まったく司法の手続きと関係ない形で命を奪ういくつもの選択肢を権力が持ってしまっていて、それはどんどん増えてきているということと、中国型が、先ほど言われたように世界全体で「ああいうやり方でもいいんじゃないか」というのが増えてきているようなところを見ると、何か権威主義的な発想で、要するに権力者が命を奪う、しかもその奪い方の手続きすら今までとは違うトップダウンで決めて奪うということすら、逆に大衆の方が容認してしまっているような雰囲気があるかなというのは、やはりすごく危惧される。

今までだと死刑廃止運動では国際的な世論などをバックにして、何とか日本の政府なりの対応を変えさせようとしてきたとしても、将来そうなるのか、逆に欧米の国々を含めて死刑制度存置の側に引きずられるような危惧すらあるかなと思っています。その中で、やはりどうして死刑が必要かというと、それは更生の余地なしという話になってしまうとすれば、そうじゃないところで刑罰という問題を考えなければいけないと思います。そもそもの根本の話なのかもしれませけれども、刑罰って一体何なのかということを、もう一度根本から考えておく必要があるだろうなとは思います。刑法は、確か戦後の憲法が出来たときにも改正されずに、明治の刑法がそのまま生きているわけですよね。そんな奇妙な状態の中で刑事司法の制度があって、やはり今でも日本の中では、刑罰は見せしめだというふうに思っている人が多いので、そうすると、見せしめの究極に死刑があっても、それは仕方がないという発想になってしまうところから、もう一度議論してもよいと思います。昔、刑務所廃止運動があったけれども、そうした運動の経験も含めて、もっと根本的なことを議論できる時期かなという気もするのです。

今後に向けて

岩井　最後にひと言ずつお話を聞ければと思います。雨宮さんはいかがですか。

雨宮　命を大切にしない社会というものが根本的な問題としてあると思います。死刑の問題もそうだし、「命の選別」や、人が簡単に切り捨てられたり見捨てられたり。それに対しては、命を大切にする実践をするしかないと思って支援の現場にいます。でも、Zoomの裁判で死刑判決というお話を聞いて、コロナを理由に、本当にオンライン化してしまっていいのかの議論もなくいろんなことがオンライン化されそうなことが怖いです。

一方で、テクノロジーはテレワーク化を進めるだけでなく、障害者や難病者に欠かせないツールにもなっています。例えば去年国会議員になったALSの舩後議員は、全身麻痺の人が目線で遠隔操作できる「Orihime」という分身ロボットを使って、いろいろなコミュニケーションをしています。ゆくゆくは舩後さんは自宅にいながら分身ロボットが国会演説、みたいなこともできるかもしれない。家から出られない、感染リスクがある、寝たきりで全身麻痺とか、そういう人の世界は今、テクノロジーによってすごい勢いで変わっています。一方でテクノロジーが裁判までオンライン化させてZoomで死刑判決をするというのはショックでした。

坂根　マスク問題で、当事者にマスクを着けろと言ってくる問題は先ほどお話ししましたが、今回さらに悲しかったことの一つは、裁判官は自分たちがマスクを着けて審理に立ち会って、判決を出すということに、何の抵抗も迷いもなくマスクをして、そうやって人を裁いていく。私は、そのこと自体が裁判の公開に反すると思っていて、司法の本質そのものに関わると思っているのです。人が法を適用して裁く、司法権を行使するというのは、非常に強大な権限であって、それは、傍聴人なりその奥にいる国民に素顔をさらす義務が裁判官にはあると思っています。でも、マスクで顔の表情をほとんど隠してしまい、どんな表情で判決を言い渡すかということを国民から隠すことになるわけで、それは裁判の公開に正面から反すると思います。コロナの問題は、刑事裁判というのは一体何をする場所なのかという本質的な問題を、非常に考えさせられたいいきっかけになったと思います。

小倉　やはりコミュニケーションの権利というのは人間の基本的な権利なので、それは受刑者であれ、未決の被告であれ、誰に対しても認められなければならないということだとすると、ネットへのアクセスの権利をきちんと保障するというのは、今この時代にとても大切なことだと思っています。それすら出来ていないというところは、私たちはコミュニケーションの権利運動をやっているので、もう少し関心をもたなければいけない課題だなと改めて思ったところがあります。どういうふうな形でそれができるかというのは、考えていかなければいけないことですけれども、今までも交通権ということで議論がありましたが、まったく今のご時勢から半世紀も一世紀も遅れているようなところでしかコミュニケーションの権利が認められていないということ自体が、もう本当に人権の侵害だと思います。その問題をどうするかなというのは、今日いろいろとみなさんとお話をさせていただきながら考えていたことでした。

安田　コロナが発生してからまだ半年ちょっとです。状況は、これからもっとひどくなるという感じがします。これに加えて、今までに、すでにひどくなってしまった部分も、増幅するわけですから、今私たちが考えているよりももっと厳しいものになると思います。ですから、その行き着く先をしっかり見据えて話をし、議論をしていく必要があると思います。先ほど小倉さんがおっしゃいましたが、死刑廃止が当たり前ではなく、死刑存置が当たり前の社会がくるおそれがあることを射程に入れて、議論を準備していく必要があると思っています。微力ながらその準備をしつつ、ぜひみなさんと一緒にやらせていただきたいと思っています。

（二〇二〇年七月二二日、港合同法律事務所にて）

中国の台頭と死刑

コロナ以後の世界

植草一秀（経済学者、スリーネーションズリサーチ株式会社代表取締役）
鈴木賢（明治大学教授、現代中国法）
安田好弘（弁護士、フォーラム90、本誌編集委員）
岩井信＝司会（弁護士、本誌編集委員）

50音順

新型コロナと東アジア

岩井　今日はこのようにアクリルボード越しにお話しをしていますように、これが象徴するように、コロナウイルス感染症の拡大に伴ってさまざまな措置がとられる時代に私たちは生きています。そうした中で、中国の存在感がより世界的に見受けられている一方、今日、香港で民主化運動を担ってきた人たちが逮捕されたという情報が入ってきました。香港では新しい法律「中華人民共和国香港特別行政区国家安全維持法」が制定されているという激動の時期になっています。そういうことから、中国の統制と管理の下での市場経済主義であったり刑事司法主義であったり、もしくは監視・管理社会によってコロナは抑えられるのだという中国的モデルのようなものが世界的に議論されてきています。そして、中国は死刑大国です。こうした中国のプレゼンスというものを考えたとき、国際的な死刑廃止に向けたこれまでの潮流の中で、今後も果たしてその潮流が続くのかどうか、もう一度見つめ直したいと思います。

最初に、自己紹介と中国との関係についてご自身がいま思っておられることを、ひと言ずつお話しいただけますか。

まず緊迫する香港情勢も踏まえて、中国法の専門家としてずっと中国を見てこられた明治大学教授の鈴木先生にコメントをお願いします。

鈴木　明治大学の鈴木賢と申します。最初に、二つほど申し上げたいと思います。一つは、コロナに中国はどう対応したかという点です。成功したという評価があることも知っておりますが、実は中国で一体何が起きたのか、これが分かっていません。情報の公開度がとても低いので、例えば何人の感染者がいたのか、何人亡くなったのか、一応公表していますけれど、あの数字は操作されたものだと思います。それに反する情報はいくらでも出ています。武漢を中心に湖北省は非常に徹底したロックダウンをして、人々を閉じ込めて外に出ないようにさせたので、その中にいた人は逆に感染し放題になったと思います。感染したかどうかを検査する間もなく亡くなっていった人たちがたくさんいて、遺体が累々ところがっていたと言われていますが、一体武漢周辺で何が起きたのかは依然として闇の中にあります。ですから、成功か失敗かということを議論する以前に、それを判断する材料・情報すら我々には与えられていないのです。今もどうなっているのか、実はよくわかりません。ですから、あの国でのコロナ対策がどうだったかということについての評価は、情報がもっと出てきてからでなければ難しく、もう少し時間がかかるのではないかという気がします。むしろ、台湾は、中国とはまったく逆のやり方で、情報をすべて公開し、市民が政府を信頼して対策に協力をするという手法を採りました。つまり徹底した情報公開と感染者、感染疑いのある者の隔離をし、見事に感染拡大を押さえ込んだのです。優等生はむしろ台湾なのではないかと思います。

もう一つは、中国の台頭というお話がありましたが、その台頭の趨勢は、香港版国家安全法の施行で転換点を迎えたのではないかと思います。この法律をきっかけに、国際社会が共産党政権の本質にようやく気づいたようです。どれだけひどいことをやる政権か、ようやく世界に知られるようになりました。中国共産党を見る国際社会の目というものが相当変わっただろう、それは元には戻らないだろうと思います。今後も中国が台頭し続けることができるのか、それについては局面がすっかり変わってしまった。これからはこれまでのように共産党の思い通りにはいかないのではないかという気がします。香港の人たちが犠牲になっているわけですけれども、国際社会は香港と連帯し、香港の問題に関心を持ち続けるべきだと思います。自由、民主主義、法の支配の破壊は許さないというメッセージを、共産党政権にはっきり発し、思い通りにはいかないことを伝えるべきです。

私は、個人的には死刑という刑罰はなくなる方向に行くことは間違いないと思います。スピードが多少緩慢にはなるかもしれないけれども、その潮流は変わらない。最終的には人類は死刑という刑罰をなくす、これは歴史の必然だと思います。しかしながら、中国は非常にたくさんの死刑を執行しながら、これについて一切情報を公表せず、死刑の執行数すら国家機密として外に絶対に漏らさないように統制しています。いろいろな国家機密は現実には外に漏れてくるのですが、死刑執行数の統計数字だけは、私は見たことがありません。これを漏らすと、相当重い罪に問われるだろうと思います。中国の学界の主導的な学者、かなり著名な学者でも知らない。それくらい秘密を徹底して漏らさないようにしています。なぜかと言えば、執行数があまりにも多くて、国際社会にバレたら、相当やばいことを知っているのでしょう。しかし、死刑執行をどうしても止めることができないのが今の共産党政権で、共産党政権が続く限り中国は死刑を止めることはできないし、しかも大量の執行をし続けるだろうと思います。

岩井　今経済評論家で経済学者の植草さん、お願いします。

植草　もともと経済政策を中心とした研究をしていた学者の一人ですが、冤罪事件に巻き込まれ、社会的な生命を抹殺されました。死刑というのは物理的な抹殺ですが、魂の抹殺という意味で、冤罪というのはそれにあたるのではないかと思っています。冤罪について真相を明らかにしたいという希望は今も持っており、安田先生に大変なご尽力を賜り、再審請求の活動をしているところです。そういうご縁で今日は声をかけていただき、力不足ではありますけれども経済的な視点ということを含めて、中国の問題、それから今広がってい るコロナの問題、そして大きなテーマとしての死刑という問題について、私なりに思うところを触れさせてもらえればと思っております。

今広がっているコロナの問題ですが、世の中はコロナ一色で、どこへ行ってもソーシャル・ディスタンシングとかフィジカル・ディスタンシングという言葉が使われて、自粛警察、自衛警察のようなものも広がっている。この機に乗じて、いわゆる国家が国民を統制するというような動きも強まっているのではないか。これは中国の問題というよりも、むしろ日本においてそういう問題が生じてきているということについて、私たちは注意深くなくてはならないのではと思っております。

中国の実態については、統計自体も何を信じたらよいのかという問題があります。フィナンシャルタイムス、ジョンズ・ホプキンズ大学の発表ベースに数字が出ておりますが、それと別に国際的なボランティア活動でworld o meterという名称のインターネット上のサイトが数値を公表しておりまして、最近はこの数字を使っている人が多いように思います。ただ、この数字もどこまで信用できるかという問題があることは指摘されております。このサイトを見ると、各国の感染者数、死者数、PCR検査数などの詳細なデータが示されており、数字の上では現在の日本のコロナ致死率は二・二%の水準です。ですから、仮に社会全体の六割程度の人が感染してしまえば、そこで感染は進まなくなるという集団免疫獲得の段階で考えた場合、日本の人口を踏まえますと、二・二%の致死率で計算すると死者が三〇〇万人くらいに達するということになります。ので、この二・二%の致死率を前提とすると、集団免疫というような方法はとりにくいのではないか。三〇〇万人の死者を容認できるかという問題があります。ところが、日本の場合はPCR検査が十分に行われていないとという問題があり、感染者が十分に捕捉されていないのではないかという指摘があります。実は、コロナにおける死者が非常に少ないというのは東アジアに共通の現象になっており、日本の人口あたりのコロナ死者数は東アジアの中でいうと、日本はワースト4になっています。インドネシア、フィリピン、香港に次いで悪い方から四番目ですので、日本のコロナ対応というのは、成功したとは言えないというのが私の判断です。ただ、絶対数で言うと非常に死者数が少ないので、欧米あるいは南米などに比べると日本はコロナが少ないということで、安倍さんなどは日本モデルの成功という言い方をしています。が、東アジアでもっとも検査を拡充してきたシンガポールでは人口の一〇〇人あたり三一人の検査が行われています。この意味でシンガポールが感染者数を一番捕捉していると考えられますが、シンガポールの致死率は〇・〇五%です。二〇〇九年に流行した新型インフルエンザの致死率が〇・五%程度と言われていましたので、〇・一%を切るということになると過剰な反応は必要ない、むしろ弊害が多いという状況です。これがおそらく東アジアのコロナの実情を示す断片でないかと思っております。

一方で、ヨーロッパで一番検査が行われているのはイギリスで、一〇〇人あたり二四人程度の検査が行われています。ちなみに日本は一〇〇人あたりの検査数は一・二人で、非常に少ない。イギリスの場合は致死率が一二・四%に達していますので、感染したうち一割強の人が亡くなってしまう。もしこの一二%の致死率を前提とすると、これは国家の最重要事項としてコロナの感染抑止が前面に来ざるを得ない。その意味では都市のロックダウンのようなことも正当性を有することになると思います。その意味で、東アジアの情勢と欧米および南米のコロナの様相が全く異なるので、これは同列に扱えないのではないか。日本では「Go to キャンペーン」などで経済活動を促進しておりますが、こういうことを行っても、今の状況であれば大きな弊害は出ない。ただ、問題はコロナウイルスの変異のスピードが非常に速いとされていますので、これがどんどん変異していった時に、日本においても重大な問題が発生するのではないかということが考えられます。

コロナについて考えた時に、この発生源は一体何か、人為的な背景もあるのではないかという一種の陰謀論的な見方も存在しているのですが、昨年の一〇月一八日、ニューヨークでジョンズ・ホプキンズ大学、ビル・ミリンダ・ゲイツ財団、それからＷＨＯ、さらにアメリカの疾病管理センターのＣＤＣ、中国のＣＣＤＣなどが主催した「イベント２０１」が開催され、コロナパンデミックを事前に予行演習するような動きがありました。こうした事実も含めて、武漢から発生したウイルスに関して、何らかの人為的由来のものではないかという憶測が語られたりもします。コロナの現状において、東アジアの被害が極めて軽微で、欧米および南米の被害が極めて重篤であるということからすると、これがもし中国が人為的にこういうものを作り出したとすれば、少なくともその技術力は突出したものがあるという評価が生まれるということにもなります。今後、そのあたりの真相が明らかになるのかはわかりませんが、こうした側面があるのかどうかについては重大な関心を注ぐべきと思います。

このコロナの問題が広がる過程で、国家による統制というものが強まっていて、日本においては「スーパーシティ法」なる法律が制定されていて、中国の問題以前に、日本における、特に安倍内閣における動きに非常に強い警戒を感じています。

また、その内容というのは、自民党は二〇一二年に「自民党憲法改正草案」というものを決定し、公表しておりますが、この憲法そのものが、実は自由と民主主義、基本的人権の尊重という現在の憲法の根本的な骨格をなし崩しにするような、国家による個人の統制であるとか、基本的人権の制限などを含む方向に憲法を改変するものになっております。まさに過去の特集でも組まれていますように、死刑の問題というのは憲法の問題に直結する部分があります。憲法の中に死刑がどのように位置づけられているのか、法律解釈上いろいろな立場があるかとは思いますけれども、それを乗り越えて憲法そのものを書き変えて、国家による統制あるいは基本的人権の抑圧というものが推進されるとすれば、これは非常に重大な問題ではないか。このコロナの対応の中で、アメリカにおいて死刑の執行が実際に行われたわけですけれども、トランプ政権の下でも自由と民主主義と人権というものを一部制限する動きが生じています。これらの動きは、単に中国の問題というより、世界全体の反動的な動きということで捉える必要があるのかなと感じますいうことがあります。

もう一点。米中貿易戦争というものがずっと拡大してきて、これが大きなテーマになってきましたが、米国の中国に対する対応というのは、中国が経済発展を遂げていけば、やがて連動して時間差を伴って政治的な自由につながる、あるいは自由とか人権とか民主主義というところにつながるという発想に基づいていた面が強いと思います。で、米国は中国の改革・開放路線を支援し、米国の中国に対するコミットメントも拡大させてきました。オバマ政権の時代を通じた対応の結果として中国の経済発展は進展したけれども、必ずしも民主主義や基本的人権の尊重にはつながってはこなかった。このことに伴う大きな見直しが発生していて、これが米国の対中国政策の根本的転換を今、引き起こしているように思います。現実には、中国では経済発展が拡大しておりますけれども、やはり国家の体制を保持するということが共産党政権の第一の課題になっているために、中国が自発的にこの制度や構造を変えることを見込みにくい状況になっています。

他方で、経済発展そのものだけを見ると、技術的にはすでに中国が米国の技術水準を追い抜くような分野が多面的に現れていて、特に情報技術分野で5Gの技術などでは中国がかなり先行してしまって、欧州は一応米国の顔色を見ながら、中国との取引をやめるかやめないか、微妙な対応を示しています。この一一月の大統領選挙で政権が変わるということになれば、欧州の中国に対する取り組みがどう変わるかというのも、まだはっきりは読めない。確かに香港の問題で中国に対する見方が変わったという面がありますけれども、ヨーロッパ経済と中国経済の経済上の結び付きが非常に拡大しているということを踏まえると、単純に中国包囲網が形成されるということも見込みにくいのではないかとの印象を持ちます。

国家安全保全法と監視社会

岩井 鈴木先生にお聞きしたいのが、今日、「香港国家安全維持法」により民主活動家が逮捕されました。報道によると、「香港国家安全維持法」での最高刑は終身刑で死刑ではないようですが、香港において、これまでのイギリス統治下の法制度を受けてきた流れにあると見てよろしいのでしょうか?

鈴木 量刑に関してはそうだと思います。中国にも「国家安全法」という法律が別にあり、刑法による国家安全危害罪など政治犯の最高刑は死刑です。今回の香港だけに適用される法律では、無期懲役刑を最高刑にしていますので、それは香港用にアレンジした結果だということです。

岩井 素人的な私の理解で言うと、「一国二制度」がここに現れていますか。

鈴木 今回の「香港国家安全保全法」、日本のマスコミでは「維持法」としていますが、私は「保全法」と訳しています。これは中国の全国人代が制定した中国の法律なのです。それを香港特別行政区基本法の「附件3」というところに列記することによって、香港で施行するという構造をとっています。附件3の中には、これまでは一三件の法律が入っていて、今回で一四件目になります。これまで附件3に列記された法律は、全国的法律と言って、中国全体に適用される法律でした。中国の全国的法律は香港では適用されないのが原則ですが、それを附件3に入れることによって、例外的に香港にも適用できるという制度が基本法に規定されているのです。けれども、今回は全国的法律ではなくて、香港専用の法律を中国側が作って、香港だけで施行する法律を附件3に入れているのです。ですから、まず手続きの面で、香港基本法に反するやり方であると思います。全国的法律の定義は、制定主体が全国人代であることと、適用範囲が全国であることです。ところが、この法律は適用範囲が香港だけですので、全国的法律ではありません。

つぎに内容面での問題です。基本法には「一国二制度」を五〇年間維持するということが規定されています。しかし、この香港版国家安全法を施行すると、香港でも共産党を批判することはできなくなります。それを取り締まる法律なのです。「一国二制度」というのは、香港では社会主義はやらないということです。そうすると、そもそも社会主義とは一体何なのかが問われることになります。中国の憲法では、二〇一八年の改正で「中国共産党の指導は中国的社会主義の本質的特徴である」（一条二項）という規定を置きました。ですから、現在の中国の公式見解では、共産党一党体制こそが中国的社会主義の本質だということになります。社会主義とは何かと聞かれたら、少なくとも中国ではその本質的特徴は、共産党の指導だということです。これは憲法が規定していることです。今回の法律で、共産党を批判すると罪に問われることになりました。それでは香港でも社会主義をやることにしたことと同じだと思うのです。社会主義という体制を経済システムにその本質があると思っている人がいるかも知れませんが、中国共産党はそうは考えていないのです。中国共産党にとって体制の本質は、一党独裁体制の維持にこそあるのです。それこそが社会主義だと、彼らは言い始めているわけです。ですから、香港国家安全保全法の施行によって、香港でも社会主義を実施するということになります。これは一国二制度を実質的に撤回するということです。少なくともこれまでの一国二制度とは質的に違うものになります。

先ほど植草先生がおっしゃったとおり、中国が経済発展を遂げれば、中産階級が厚みを増し、市民が次第に自由や人権を要求するようになって、中国が民主化の方向に変わるのではないかと世界は期待していました。しかし、ようやく最近になって、どうやらそうはならないということに気づき始めたのです。今回の香港のことで、それは一層明らかになったのだと思います。中国に民主化への変転を期待することはできないのだと。大陸中国のみならず、香港の自由や民主主義まで破壊し始めたわけですから、放置しておけば、香港だけではなくて外にもどんどん波及していく。すでにアフリカなど、一帯一路でチャイナマネー漬けになっている国々は、中国的な権威主義的手法を受け入れ始めていると言われます。中国ではITを駆使した監視システムがものすごく発達しており、そうしたものを発展途上国の権威主義的政府にも握らせることでどんどん影響力を拡大していく。中国が民主化するのではなく、逆に中国的権威主義システムを外に輸出するという状況になっているのです。そういう意味で、中国的システムはどんどん拡張し、このままでは世界をおかしな方向に変えてしまいかねない。国際社会はようやくこれに気づき始めたのだと思います。

岩井　中国は、今回の香港の事態で転換点を迎えたと、それは世界が中国を見る目が元には戻らない地点にきたのだというお話がありました。一方、香港国家安全保全法では、最高刑はそれでも終身刑であると。しかし、附件という仕組みを使って中国が香港に入ってきたわけで、さらに死刑が香港にも復活していくと、いうことでしょうか。香港は長らく死刑の執行がなかった。一九七七年の中国の特別行政区に編入した時から死刑を廃止して、事実上、法制度上も死刑も廃止していた。その流れが、もう一度死刑を復活する流れになっていく、それに象徴される刑事司法体系にもう一度戻っていく、そういう転換点になると思っておられますか？

鈴木　香港法自体を変えていくというのはさすがに難しいと思うのです。しかし、中国に犯人を移送して裁判をするということになれば、中国法を適用して死刑にもできるようになる可能性があります。去年からの逃亡犯条例改正への反対運動で問題になっていましたが、中国に移送して中国法を適用してしまうと、当然死刑もあり得ることになります。今回の国家安全法でも中国に移送できるという条文が入っていて、中国に移送するということによって、香港の人にも死刑を適用するというのは大いにあり得ると思います。

国際的交渉手段に使われ始めた死刑

岩井　安田さんは香港のデモに参加されましたね？

安田　香港の人たちは、香港の自由と民主主義を守ろうとして闘っているのですが、その闘いは、私たちの闘いでもあるという思いで、香港の人たちを少しでも応援できないかと思って、昨年、二回デモに参加してきました。最初に参加したときは、警察の弾圧が激しくなりつつある時で、集会は開けるけれども、デモは許可されないという時期でした。それでも何万人という人たちが街頭に繰り出していて、最前線では実力闘争が展開されていて、皆が後ろからこれを押し上げようと踏ん張っているという時期でした。しかし、二回目参加したときは、規制が格段と厳しくなっていて、デモが起こると直ちに地下鉄も道路も封鎖され、その地域がロックダウンの状態にされてしまって、先頭は潰されて、全体も身動きが取れなくされて遂に解散させられるというような状況でした。最初の時は、道路のはるか彼方までデモ参加者で埋まっていました。路面が、人の重さで波打っている感じでした。アラブ系の人たちが経営する両替商の店が沢山集まっている大きなビルがあるのですが、そこの前を通過したとき、そこで働いている人たちもデモに参加してきて、演説をして、そして飲料水を配るという状況だったのですね。デモに参加した一〇日ほど前だったのですが香港のサッカースタジアムでワールドカップのアジア予選が行われていて、香港のチームが参加したんですが、その時、国歌斉唱という場面で中国国家が流れたのですが、会場からの「ブー」という声にかき消され、次いで、「光復香港」（＝香港を取り戻せ）という闘いの歌が会場を覆い尽くしたという場面もユーチューブで流れていました。これは、後に、国歌侮辱禁止法が制定されて、禁止されることになるのですが。

ところが、二回目の時は、ただ集会を開くことができるだけで、老人と子供の集会というタイトルの集会でしたが、それでも会場の周りは警官隊にブロックされていて、動けなくなるという状況になっていました。それを見て改めて実感したのは、香港は、時代的にも地政学にも民主主義と全体主義、私は新全体主義と呼んでいるのですが、それとのせめぎ合いの最前線、つまりフロントで、香港の人たちが、その最前線に立って私たちに代わって闘ってくれているのだと感じました。当時は、天安門事件の前日のように、いつ中国本土との国境沿いに集結している中国の武装警察が介入してくるか分からないという不安でいっぱいでしたが、まだなんとかなるという希望もありました。しかし、最近の中国の動きを見ていて、特にコロナ以後の状況を見ていて、こう言うことは許されないのでしょうが、絶望的にならざるを得ない状況です。香港にも、中国本土のＩＴの先端技術が導入されていて、ビッグデータと言われていますが、香港政府が市民の情報を広範囲に収集管理していて、デモに出た人たちの顔はもちろん、発言やメールに至るまで収集されていて、それを使って一カ月後、二カ月後、三カ月後も関係者の逮捕が行われているようです。顔認識ソフトなどは当たり前で、皆がマスクをしたり、クモ男のように顔を隠して対抗しているのですが、これはマスク着用禁止法ができて駄目になりました。今では、歩き方もデータ化されているのではないかと言われています。

そこまで中国のＩＴ技術はすごいのでしょうが、中国本土で行われている人的ネットワークも香港に導入されつつあると言われています。中国本土では、九〇〇〇万人を超える共産党員が全国各地の各組織、病院や工場や学校にまで配置されていて共産党員と市民とが組織的にも心理的にも融合してしまっているのではないかと言われていますが、香港にもそういう準備が着々と進められているのではないかという思いがします。大げさかもしれませんが、香港が今後どうなるかが、日本やアジアだけでなく今後の世界全体の行方を決めるのではないかと思っています。そして、死刑制度についても同じで、死刑廃止の世界の潮流は、今や逆流しかねない状況にあるのではないかと思っています。

話は変わりますが、中国のコロナウイルスが報道されたときに、アンソニー・トゥー教授というアメリカの生物化学兵器の学者が、この人はサリン事件の際には日本にも招聘されて事件の解明に関係した専門家ですが、ウイルスは武漢にある二つの研究所のいずれかから漏れたのではないかと発表したんですね。その後、原因究明の声が上がったのですが、中国政府に徹底的に否定されて、解明はまったく止まったままの状態です。この解明がなされておれば、コロナウイルスが醸し出す不安感や先行きの不透明感もいくらか解消するのでしょうが、残念ながらそうなっていません。現在の最大の関心は、感染拡大の防止とワクチンの開発が焦眉の問題でしょうが、私は、コロナ後の世界がどうなるか、特に、コロナによって停滞しあるいは破壊された経済がどうなるか、その動向が世界の政治体制に決定的とも言うべき地殻的な変動を起こしかねない問題になると思っています。私は経済の専門家ではありませんので、感覚的な話しかできませんが、中国政府が最近発表したデータだと、コロナ後であっても、車の販売台数は前年比一二五％増に、中国の港湾におけるコンテナーの積み出し数も同じように増加していますし、GDPも昨年近くまで回復しています。中国政府が発表する数値は信用できないという説がありますが、トヨタの販売台数を見ると、中国での販売台数は前年を連続して上回っていますから、嘘だという説は成り立たないと思っています。世界がコロナで四苦八苦しているのに、中国だけが、早々にコロナウイルスを制御して、経済成長を維持し回復している。観光地には、旅行者で溢れている。どうしてこういうことができるのか。いずれ、私たちは認めざるを得なくなるのではないかと思うんですね。中国の近代技術を駆使した統制・管理という中国共産党支配下の経済運営や社会支配、これを新たな全体主義と言ってもいいのではないかと思うのですが、この体制の方が、自由競争や民主主義体制よりも強いという現実を見せつけられるのではないかと思うんです。党中央が党員に対して、自動車を買おうと号令を発したら何千万台という車が売れるんですし、新幹線を走らせようと号令がかかれば実際に走ってしまうのですから、笑い事ではないと思います。そして、先日の国連の人権委員会で、香港の国家安全維持法に対して反対を表明したのは二七カ国にとどまり、賛成を表明したのは五三カ国とダブルスコアーだったことに注目すべきだと思います。香港の国家安全維持法がとんでもない法律だという認識は世界では少数派であるということです。中国を支持した国々は、一帯一路政策に組み込まれていて中国に対する債務を負っている国々だと言われていますが、それこそ中国の経済支配によって、政治的にも支配されていることの表れだと思います。この状況を見てみますと、中国の国内的な統治システムが国外にも根付き始め、グローバルスタンダードの一角を占めつつあるのではないかと思います。今や、世界の中では、自由と民主主義の原理が通用しなくなってきている、国連憲章や世界人権宣言の精神さえ陳腐化しつつあるのではないかと思います。もちろん、その原因の多くは、アメリカを初めとする民主主義を標榜する国々が、それをないがしろにしてきたことにも原因していると思いますが。日本もその中の一つですが。

そしてもう一つ注目するのは、カナダと中国との緊張状態です。オーストラリアは中国に対するコロナ・ウイルスの国際調査を呼びかけたことで農産物の輸入禁止などの経済制裁を発動されていますが、カナダはファーウェイの副社長を拘束したことで、中国在住のカナダ人が死刑判決を受けています。こういう形で、中国が経済と死刑を国際的な交渉手段に使い始めているということです。これまで中国は、死刑を国内的な統治手段として使用してきましたが、国際的な交渉手段としても使い始めた。これはこれまでになかったことだろうと思います。毎年一〇〇〇人をはるかに超える人たち、四〇〇〇人との説もありますが、その人たちを処刑しているのですから、ひとたびこれが外国人に向けて、しかも政治的に使用されるとなると、その数は多数に及ぶのではないかと危惧しています。

岩井　八月七日の時事通信の記事で、中国において二日連続でカナダ人に死刑判決となっています。ファーウェイ問題での圧力かと報道されていますが、死刑が貿易戦争なり政治的駆け引きの道具に使われていることになります。これが、まさに同時進行で起きているわけです。

安田　香港の国家安全維持法について一番恐いのは、この法律が全世界の個人に対して適用されるということですね。この法律と同じく、日本国内にも内乱罪などでは、実行者の国籍を問わず、実行された場所を問わず適用されるものもあるのですが、ところが、今回の法律は、中国や香港の政策に対して批判をすること自体が、場所、国籍を問わず犯罪の対象になるということで、表現の自由、言論の自由、政治活動の自由の制限を全世界の人たちに対して行おうとするものであって、おそらく前代未聞のことではないかと思います。ですから、今ここでの私たちが話している言動を理由として、私たちが香港へ行けば逮捕される可能性もあるわけです。彼らは、IT技術を駆使したビッグデータの収集処理能力を持っていますから、私たちのメールやあらゆる出版も収集できるでしょうから、いよいよ言論における世界支配も可能になったのではないかと思います。

鈴木　そのとおりだと思います。外国にも同じような法律があると言う人がいますけれども、私はそれは違うと思います。処罰の中身が全然違います。外国人に適用する場合があるというのはそのとおりですけれども、これは言論によって権力に批判的なことを言うこと自体を処罰の対象にする。一種の思想犯ですよね。

私などは、去年（二〇一九年）の六月一二日に、八月一〇日に逮捕された周庭（アグネス・チョウ）さんを呼んで学生の前で講演をしてもらいました。せっかくの機会なので受講生以外にも公開にしたら、千人くらいの人が集まってしまって、集まった聴衆が教室に入りきれなくなってしまった。彼女はものすごく影響力のある人で、ツイッターで何時から講演会をやりますと流したので、大変なことになってしまいました。それから、今年の一月には、区議会議員選挙で当選した岑之杰さんと陳皓桓さんという民間人権陣線の二人の若者を香港から呼んで明治大学で講演会をやりました。私はこのように香港の民主派の人たちに発言の場を与えてきた人間ですから、当然これは駐日中国大使館を通じて中国共産党にも伝わっていると思います。ですから、私がもし香港あるいは中国へ行くとすれば、捕まる可能性があります。実際、雨傘運動を支援していたアメリカ国籍でずっとアメリカにいる香港にルーツをもつ人が、香港国安法違反の容疑で指名手配になっています。彼は、香港へは去年以来行っていないと言っていますが、基本的にはずっと外国にいる外国人ですら指名手配になるのですから、これからは外国人も捕まるということが予想されます。とんでもない法律だと思います。要するに、権力を批判させないための法律です。権力を批判したら、それは権力の転覆を企んでいると解釈されるのです。彼らにとっては、批判＝転覆です。それが中国的社会主義なのです。だから、香港もそれをやるということにしたということですから、香港には政治的自由がなくなります。「蘋果日報」の創始者、黎智英氏が逮捕されましたが、メディアや教育にも手を突っ込もうとしています。香港ではこれから教育や学術も、衰退していくだろうと思います。

中国の科学技術のレベルに高い評価を与える人がいますが、私は過大な評価だと思います。なぜかと言うと、イノベーションというのは、言論の自由や学問の自由がないところには生まれないと思うからです。セコハンの技術は溢れている。それらを組み合わせて活用するということはありますけれど、誰も考えたことのない、突拍子もないものが、中国から出てくることはあり得ない。ああいう社会で、まったく奇想天外なものが出てくるということ、ブレイクスルーする技術が出てくるということは、ほとんどあり得ないと思います。

また、ＩＴで集められた情報がことごとく中国共産党に集約されるというのが特徴です。ファーウェイをはじめ、TikTokもそうですが、ようやくアメリカを中心に使うことをためらう動きが出てきました。これらの会社は民間企業だから、共産党には情報を提供しないだろうなどと言う人もいます。私はそれは的外れだと思います。あの国には純粋な民間企業という概念はないのです。共産党はあの国のすべてを指導すると、これは憲法にも書いてありますので、共産党がよこせと言ったものを拒否するということはあり得ないのです。国有企業でなくても、党の命令に逆らうことは許されません。それは義務です。例えば憲法遵守の義務、国家安全保全の義務、国家機密の保持義務などが、すべての国民、企業に課されています。

先ほど植草先生が言及された自民党憲法改正案には、実は国民の憲法遵守義務が規定されています。しかし、一般国民にも憲法遵守義務を課すのは、立憲主義的憲法ではないと思います。中国の憲法は立憲主義的憲法ではありません。個々の国民にも憲法遵守義務を課し、そして国家安全保全義務を課し、国家機密の漏洩を禁止する。国家機密を守る義務を一般の国民も負っているのです。国の独立や統一、中国共産党政権を守る義務も個々の国民に負わせています。

大きな会社、例えばファーウェイのような大きな会社は、権力の庇護が不可欠です。中国では権力と緊密に結びつかなければ、あのような会社には絶対になれません。共産党権力とズブズブの関係でないと、あのような経営はできないのです。あのような会社が民間であるなどとは、まったく形式だけの話で、すべての情報は共産党へ流れると思った方がよいです。TikTok にしろファーウェイにしろ、すべての情報は共産党に流れることを想定すべきです。嫌だったら使うのをやめた方がいいと思います。ただ、それを外国の権力者が禁止すべきかどうかは、また別の問題です。個々の市民が自分で使うかどうかを判断すればいいのだと思います。日本では自治体で TikTok を公式に使っている所があるようですが、それはやめたほうがいいだろうなと私は思います。

中国がこれまでのソ連などの独裁と違うのは、ＩＴと独裁権力がドッキングしているところで、これが非常に恐いところです。中国での電子決済の普及ぶりは凄まじいです。なぜ普及させたかというと、電子決済は国民の監視に便利だから、情報収集に便利だから、権力者が上から普及させたのです。現金を使わずに、生活は出来るわけですから、電子決済は確かに便利です。だけどその代わり、いつどこで誰が何をしたかを、権力者は全部把握することが可能になりました。さいわい日本は遅れていて、現金優位社会のままですから、権力者に情報が集中しないという点ではいい面があると思います。

中国の経済的プレゼンス

岩井　いま決済の方法であったり、ＩＴの技術であったり、中国の経済が世界を席巻している流れも出てきたのですが、共産党独裁の中国の憲法のもとで、そういう経済活動はどうなっているのでしょうか。

植草　例えば中国のＧＤＰの規模が異様な勢いで拡大を遂げてきたのは事実ですし、現在中国の経済成長率は若干鈍化はしているのですが、相対的に見れば二〇二〇年においても中国だけが唯一プラスのＧＤＰ成長率を維持する唯一の経済大国になってるわけですね。今回のコロナ騒動においても株価の動きというのが各国の経済のダメージを反映して動いているのですが、コロナ発生前の水準をすでに超えた国がいくつかあります。一番上昇したのが中国で、下落幅の一四〇パーセントの株価反発が生じました。台湾がそれに続いて、韓国も一〇〇パーセント超えています。東アジアの国が相対的にコロナの被害が軽微であるということが言えるのです。ただ中国の場合は、発表されている統計数値などをどこまでを信用してよいのかという問題がありますが、時系列データで民間機関の「財新」が発表している製造業PMI指数では、五〇が景気回復の目安とされている水準なのですが、直近では五二まで回復しており、これまでの実績では「財新」の製造業PMIデータの信頼性は非常に高いと言えます。このような統計から見ると中国経済のダメージは相対的にはやはり低いと言えるように思います。数値自体を国家が命令して作らせているとか、共産党幹部に自動車を買わせているようなことがあるのかどうかは分からないのですが、発表数値からはこのようなことが言えると思います。

GDPの規模もこのまま進んで行けばいずれアメリカのGDPを超してしまいます。トランプ大統領は中国が稼いでいるGDPはアメリカからかすめ取ったものであるのでアメリカがその協力をやめれば中国に抜かれることはないと主張しています。そのために、アメリカは中国に対して高率関税をかけて中国経済にダメージを与えるようと貿易協議を続け、今年の一月に第一段階の関税等に関する合意を成立させました。

ただし、技術移転の問題、産業補助金の問題は解決していません。アメリカは技術移転を全面的に禁止しろと言っているのですが、中国は、国有企業における技術移転を禁止する法律を制定したのであり、民間企業同士の技術移転に国家が介入して禁止するのはおかしいと主張しています。実態上は中国の企業の多くが中国共産党の支配下にあると考えられますから「民間」の表現の解釈に齟齬が生じるのはそのとおりだと思います。ただし、建前上は民間企業の技術移転を禁止せよとの要求が通りにくい面を有することは事実です。

また、アメリカは国家による産業補助金の全面禁止を求めていますが、中国は米国自身も産業補助金を実行していると反論します。アメリカは戦略的な先端分野の産業に中国政府が巨大な補助金を投下していることを警戒しているのです。しかし、中国は米国が農業などの産業分野に巨大な補助金を投入している事実を指摘します。第二段階の交渉はコロナ感染の拡大により、いったん止まっている状況にあり、今後の進展も見通せない状況にあります。

中国は一帯一路政策でアジアからアフリカ諸国、さらに南米までを対象に、巨大な融資資金を用いて中国と連携を取る国家の産出をどんどん進めていますので、一国一票の国連決議などでは中国の影響力が急拡大しています。この意味で、いわゆる自由主義体制の陣営と、共産党独裁体制の中国とその影響を強く受ける国の陣営間では、数の上で反自由主義陣営の優越というのが広がりつつあり、このせめぎ合いが続く可能性が高まりつつあると思います。技術面でも規模の面でも、かつては中国のプレゼンスは非常に小さかったのですが、過去二〇年間に様変わりし、いまや中国が世界第一の経済大国にのし上がろうとしているという事実の影響力は決定的だと思います。中国のGDPの水準がアメリカをいずれかの時点で追い抜くことが、アメリカにとっての重大事案になっている。そういう状況だと思います。

ただ中国は共産党が支配権を持っている独裁体制の国なので、一国二制度というのはもともとおとぎ話にすぎない構想だったと思うのですね。香港という風穴をあければ香港から開いた風穴が中国全土に広がるということは当然の現象になってきますので、中国の管理体制は選択肢としては一国二制度の香港を潰して中国化するというところに行かざるを得ないというのは現象としては当然の成り行きで、それが現実に起きているということだと思います。

中国の民主化はありえるのか

植草　鈴木先生にお伺いしたい点がありまして、先ほどの中国の香港の国家保全法ということの規制を見ると戦前の日本の治安維持法と刑罰まで含めてかなり重なるように思いますが、これと比較していかがですか。

鈴木　非常によく似ていると思います。反体制的な動きを事前に予防し、根こそぎ取り締まるという法律ですね。そもそも犯罪の構成要件が曖昧なんです。裁量が広くて、一体何がその訴追の対象になるのか、条文を読んだだけでは必ずしもよくわからない。ですからその時々の権力者が気に入らない人を恣意的にしょっぴいて、処罰するという運用が可能です。しかも、実際に法律が施行されて、そうした法適用がすでに始まっているのです。昨日捕まった周庭さんは、六月三〇日に法律が施行される前に、彼女が属していたデモシストという政治グループから離れることを宣言をし、グループ自体も活動停止を発表しています。彼女は個人としては活動を続けると言っていますが、七月に入ってからは組織的な運動はしてないんですね。だから今回の逮捕では何が犯罪容疑の対象とされているのか、よくわからないのです。法律の施行前になされた行為に遡及して適用されている疑いがあります。権力者にとって目障りな者を恣意的に処罰するために、都合よく動員する手段として作られたんだろうと思われます。ですから日本の治安維持法と非常によく似ている。

日本共産党はいまでは中国共産党の体制は社会主義や共産主義と縁もゆかりもないものだと言っていますが、私もそう思います。社会主義というのは最終的には共産主義というユートピアを目指すユートピア運動だったはずです。日本の知識人も一時期社会主義や共産主義のユートピア実現を夢みた時期がありました。中国共産党も当初はそういうユートピアの実現を目指していたと思いますけれど、天安門事件以後、彼らはユートピアを追求する運動をもうやめています。党の看板は変えていませんけれども、中身はもうとっくに変わっている。結局中国にとっての社会主義とは共産党一党独裁体制しか残らないのです。それを維持することだけがもう目的化している。だから中国はすでに単なる権威主義体制だと思います。そうだとするとアジア、アフリカ、南米の民主化されていない、まだ貧しい国々にとっては、権威主義体制によって先に経済の発展を図ろうという中国のやり方が、魅力的に見えることがあるというのは充分理解できるのです。

途上国にとっては、自由とか民主主義とか人権というきれいごとをいう欧米よりも、中国の方が魅力的に映るということがあるかもしれません。二つの世界観がまさに直接ぶつかり合っている場所が香港であり、次は台湾かもしれない。中国と隣り合う日本は、対立の直接的な現場に非常に近いところにある。だから日本人はこのせめぎ合いに、どういうスタンスを取るのかを問われているのだと思いますね。

植草 もう一点、先ほど岩井先生が触れられたことですが、香港の新しい法律の最高刑を終身刑としたときに、中国本土の最高刑が死刑という制度とは一線が引かれるので中国政府が外国向けに香港の一国二制度を維持しているということの根拠として死刑制度ではなく終身刑としていると説明してくる可能性はあるのでしょうか。

鈴木 一国二制度と言えるかどうかはわかりませんが、その限りでは香港は中国とは違います。ただ中国が直轄法執行機関として駐香港国家安全公署を設置し、国家安全事件についてはここが捜査をし、担当する検察機関、裁判所を指定できることにしています。内地へ送って裁判を行うことが可能であり、そうなれば香港の司法権は及びません。警察などの行政権の一部、検察権、裁判権を、香港から削ぎ取って中央の側に移したということになります。中国の内地と扱いに違いは残ってはいますが、北京の意向ひとつでそれも回収可能な状態になりました。

安田 重大な場面では中国が管轄権を持つという規定がありますから、事件を移送すれば本土並みにすることができと思います。

鈴木 管轄権を行使するかどうかは、管轄権を行使する公署自体が判断する。いったんそうなると、そこには香港の司法審査は及びません。

安田 なおかつ法律の解釈は全人代がやるといってますから

もう北京の言いなりですよね。

　先ほどおっしゃった私たちがいままで使い慣れて来た共産主義という言葉ではその範疇を超えているということですね。僕ら学生の頃は学生運動が盛んで僕も中国派であったのです(笑)。スメドレーとかスノーの本を読んで、三大規律八項注意とかに感心して、紅衛兵の誕生あたりまでは彼らの言っていることはわかっていたつもりだったんですが、だんだん底が見えてきてしまったのですが。個人的体験ですが、私の依頼者が香港で著明なホテルを持っていまして、それを売却するという話になったときに突然身元の知れない買い主が現れた。当時の相場の一・五倍近くで、しかも自己資金で買うと。一体誰なんだという話になったんですね。あくまでも、噂ですから真相は分かりませんでしたが、それは人民解放軍のお偉いさんたちの息子さんたちだということでした。息子さんたちがいろんな資金を持っていて、一説では人民解放軍の武器を世界に横流ししてその金が香港でデポジットされていて、そういうものの投資先を考えているという話が伝わってきまして、これは危ない、政権が変わった時には絞首刑になるかもしれないということで、それは思いとどまったんですけど、あの時から中国の経済がそういう資金で動いているのではないか、正に半官半民なんですね。現在の中国では民間企業がドンドン増えそして大きくなっていますが、そのルーツをたどればそういうところに行き着くのではないだろうかと思います。国家つまり共産党と民間企業が強固に結合しているということですね。

　しかしその頃でも私たちは中国から多くの若者が外国に出ていろんなことを勉強して帰って来ている、特に死刑廃止をやっている私たちの中では、そういう人たちが中国に帰って来て中堅の官吏になって、ある日突然死刑廃止に変わるのではないかと期待してきたんですね。ところが実はそうではなかったですね。今でも死刑に関する情報はまったく出てきません。特に死刑に関しては厳しい監視が行われているようで、台湾の死刑廃止のメンバーが中国の地方都市で中国の弁護士と会合を持とうとした時に、入国したときから厳しく監視されていて、ようやくラブホテルに飛び込んで監視を巻くことができたという話を聞かされたことがあります。死刑情報を公開しないという点では、日本でもかつては同じでして、わたしたちは、検察統計年報の死刑確定者の数字の増減をみて死刑の執行があったことを知るという状況でしたが、中国では現在でも同じことが続いているわけです。外国で勉強してきた人は、自由や民主主義という近代的な思想に染まることなく、むしろ中国独自の世界観を強めているのではないかと思います。

　世界を見ると、あれだけ人権に熱心なドイツなんかは今回の香港に関してはトーンダウンしているんですね。世界の多くの国々が中国と貿易取引をして経済を維持していますし、生産活動自体がサプライチェーンで、しかも中国からさらに二次下請けがつながるという重層的なサプライチェーンの中で密接不可分の状態になっているわけですから、自主規制せざるを得ないんでしょうね。私どもが問題だと思っているトランプ氏が一番大声をあげているし、ポンペイオ国務長官は記念講演で中国を全体主義の国と名指しで非難するという皮肉なことになっているんですね。これをみると、トランプまでは許せるけれど中国はちょっと、というまでに価値基準の横滑り現象が起こっているのではないかと思います。

鈴木　今回、オーストラリア政府がコロナウイルスの発生源について調査したいと言い出していますが、中国はコロナがどこから来たかを調べるのをいやがります。それもあって陰謀説がなかなか消えない。

安田　調査団を受け入れて、潔白を証明してもらうのは普通の手法ですよね。

鈴木　オーストラリアにとっては中国との貿易はものすごく重要で、しかも留学生もたくさん来ていて、中国との関係はとても密接なんです。にもかかわらず、今回は割と強く主張していますね。

中国をどうやって平和裏に変えていったらいいのか。日本でもかつては中国の経済が発展すれば民主化が起きるという考え方がありました。私はそれを民主化自動流出論と呼んでいました。しかし、私は従来から民主化はけっして自動流出しないと考えてきました。権威主義体制が民主化するということは、権力者にとっては一種の譲歩ですし、下手をすると権力を失う危険性があります。そのリスクを冒してでも民主化に応ずるとすれば、権力者側にそれに見合うメリットがなければ起きえない。中国の権力者には民主化に同意するメリットはないと思います。体制内から徐々に民主化が起きていくということはあり得ない、もしあるとするなら急激な変革を待つしかないだろうと思います。

台湾は上からの漸進的な民主化に成功した国です。なぜ民主化が体制内から起動したかというと、中国国民党政権が台湾で生き残るためでした。つまり選挙で勝つことによって政権を維持しようとしたのです。国民党には潤沢な資金があり、買収もできた。だから最初のうちは選挙に勝てたのです。選挙に勝つ自信があったから、民主化に同意したんです。しかし、だんだん選挙に勝てなくなって、国民党は下野するに至るわけです。共産党は兄貴分の国民党の衰退ぶりも見ています。最初のうちは勝てても、ずっと勝てるとは限らないということがわかっているわけです。ですから、共産党が自分から民主化に同意するということはないだろうと思います。

安田　インドとか、あるいはインドネシアもそうですけど、中国を模倣するような国家政策をやろうとしていますよね。しかも人口は多いですし、経済的に急速な発展途上にありますね。これらの国が第三の勢力として、中国と並んで対峙してくる。私たちは、自由と民主主義を標榜していますが、それとても、とても危ういですよね。自由とか民主主義とか国民主権とかそういうものに対する確信がないままに、ホワーッと生きてきた。未だに、八割の人が死刑を支持している。こういう中にあって、中国や第三の勢力が世界を支配するようになれば、ホワーッとした思想はひとたまりもないのではないかと思います。

鈴木　こちら側の思想がひ弱だというのは確かですけど、私は中国にも確固とした思想はないと思います。カネがあるだけです。彼らはカネしか信用しない。確かに二つの世界のぶつかり合っているわけだけれど、中国側に何かコアとなる思想なり哲学と言いうるものがあるかと言うと、なにもない。あるのはカネだけです。

岩井　ただその金によって、主体的に中国のプレゼンスが台頭して、結果的には中国的な刑事司法のあり方、もしくは死刑に象徴されるもの、もしくはファーウェイの関係でカナダ人を死刑判決にするという普通だったらとんでもない交渉手段を堂々と推し進めることが広がっていく。理念ではなく、カネに物を言わせてそういう話になる。国連人権理事会でも、中国に対する一定の支援の国の数も増えて来ている。その中でどうしていったらいいのか。

鈴木　どうやって金に対抗するかですよね。

安田　何と言っても金がもたらす幸せ感というのは魅力的だと思うんですよ。中国の経済成長が止まってマイナスになれば何が起こるかわからないと思うんだけど、しかし何が何でもプラス成長にするために何でもやる、そういうことが起こるのではないかと思います。コロナのもとでもプラス成長を達成しようというのですから。

鈴木　中国の人の肌感覚からすると、しばらく前から相当景気が悪くなっている。失業者も増えているし、公式には去年まで六％程度ということになっていますが、統計の信頼度は低い。

植草　株価の推移から見ると二〇〇九年にリーマンショックがあって世界の株価が暴落するわけですが、そこから世界の株価が反発して軒並み三倍から四倍ぐらいに上昇しているのですが、実は中国の株価だけはこの一〇年間を見るとまったく上昇してないんですね。二〇一五年に急激な上昇があって一六年に下がるんですけれど、一五年までは七年間くらい下がり続けて来たので、その十年間を通してみると世界の中で最も株価が上昇しなかったのは中国なんです。その間もっとも経済成長が高かったのは中国なのでそういう意味では実は中国の株価の割高感というのはまったく存在していないために、今回のコロナ騒動でも下落率が一番小さいのは中国で、逆に三月以降は大幅に反発しているんです。今年の二月の春節の休み明けに中国の株価は急落したのですが、その後急激に反発しました。最初はこれは人為的な操作をしているのではないかという見立てをしていたのですが、発表されている統計をどこまで信用していいのかという問題があるので判定は難しいのですが、いろいろなことを総合的に勘案してみると、全体としては自然の動きでいまの株価が形成されていて、足下の状況では主要国のなかで中国経済の底堅さが突出しているように見えます。十年間株価が上昇していなかったということを含めると、いま落ち着いているというのはむしろ順当なのかなという気がします。

それとコロナの被害がどの程度あるのかというのはわかりにくい部分があるのですが、東アジア全体では何らかの要因でコロナ被害が軽微である要因について、中国以外の東アジアの国がそういう状況にあって、それを日本ではアクターXというように言われていますが、仮に中国由来のウイルスだとすると中国のなんらかの技術で東アジアの人には被害があまり及ばないようなウイルスが開発されていたのかなあとも推察されてしまいます（笑）。考えられるんですが、その意味で中国の状態というのがかなり強い。それと中国そのものにとって国家の体制を維持することが全ての基本、それだけが唯一の目的といってもいいという話がさきほどありましたが、そのとおりだと思うのですが、それを支えるのがというのはやはり金の力なので、世界で最も資本主義が成功した国は中国だという言い方がされますが、中国が経済力を高めて、金の力で「第三世界」に進出して支持国の領域を広げている。国連の議決が基本的に一国一票であることによって中国が影響力を著しく強めつつある現実が存在しているように思います。

この中国が国家による統制という体制を強めていて、西側諸国がこれに対峙する状況だと思いますが、仮に中国の内部でもし変革があるとすれば、参考事例になるのは旧ソ連ではないかと思うのです。一九八九年に冷戦が終焉しました。これを主導したゴルバチョフが変化をもたらす。ゴルバチョフを私が評価するのは、変革の意思を表に出さずにトップに上り詰め、トップに立って自分の力が及ぶにいたった時にあの変革を起こしたことです。体制を変えようという意志を持った人物がトップまで上り詰めて権力を振るうなら、国の仕組みを変えることができるかも知れない。中国の内部から変革が生じる可能性があるとすれば、ゴルバチョフのような人物が登用されて力を発揮する。習近平がこのタイプなら大きなチャンスかも知れませんが、逆のタイプのようですので、いまは大きな期待が持てないと感じます。
　一方、こちら側がせめぎあう時にこちら側に確固たるものがなければいけないという話が先ほどあったのですが、日本国憲法では最高法規の章に置かれる第九七条の条文に基本的人権について「人類の多年にわたる自由獲得の努力の成果であって、これらの権利は、過去幾多の試練に堪へ、現在及び将来の国民に対し、侵すことのできない永久の権利として信託されたものである」という規定があります。これは今後未来永劫に渡る金科玉条として定めた条文であるのですが、自民党憲法改正草案はこの条文を丸ごと削除しています。つまり、自民党は基本的人権を、人類の多年にわたる自由獲得の努力の成果であり、永久の権利として認めていないということになります。この考え方が日本の政権与党から示されている現実は、自由と民主主義という価値を追求する闘いにおいて、こちら側の基盤そのものがあまりにも弱すぎて闘いにならないことを意味しているように感じます。もし私たち自身が総意として、自由と民主主義に絶対的価値を置いているなら、この闘いを勝ち抜くことが可能になるとは思うのです。ところが、日本の現状を見ると、その基盤が揺らいでいるわけで、この状況では中国が独裁的な政治運営を金の力で世界に押し通そうとすることに対して、その行動を阻止することも難しくなる気がしています。
鈴木　そういう期待は、中国では胡錦濤の時代まではありました。江沢民の次に出てくるリーダーが、李登輝みたいに上からの民主化を進める開明的な指導者になるという期待が。しかし、習近平時代になってその期待はしぼんでしまいました。私は中国の場合、開明的指導者の登場はすごく難しいと思います。それは共産党がこれまでやって来たことで、国民からものすごく深い恨みを買っていますので、もし平和裏に権力の座から降りようとすると、その人たちの命と財産の安全が危機にさらされかねない。ソビエト権力というのは、中国に比べれば、それほど国民から恨まれてなかったということになります。ゴルバチョフは今日でソビエト連邦をやめますと、自分から表明しています。ああいうことは中国共産党にはあり得ないと思います。国民の恨みは積もりに積もっていますから。
岩井　どのように現在の状況を変えていけばいいのでしょうか。
鈴木　日本では対抗の言論やイデオロギーが弱いというのは確かにそのとおりです。自民党的なものが一定程度の支持を得てしまうというのは、それを示しています。政権党が恥かしげもなく、あんなひどい憲法改正草案を出してきて、いまもホームページ上に晒している。しかし、だからといって自いますが。

死刑廃止への流れを逆流させないために

岩井　トランプは連邦法のもとでは死刑の執行をしていなかったのを事実上再開することを立て続けにしました。中国もカナダ人に対する死刑判決を強行しています。死刑があちこちで、政治的に使われています。先ほどの言葉で言えば、死刑により、強権主義的もしくは権威主義的な体制を示さざるを得ないような状況がいま双方にあるのかなと思います。そういう中で、いままでの死刑廃止に向けた世界的な潮流がもとに戻されてしまうのではないか、香港でいま起きていることもさらにそういう事態に行ってしまうのではないか。こうした事態をどう見て、どうしたら変えていけるのかという議論に入れればと思います。

安田　私は、香港のことを掘り下げて話し、それを理解するということを通じて、いまの大きな世界的な問題点が見えてくる気がするのです。一般的抽象論的な形で話していても私たちの生活そのものの中に危機感がないわけですから、しかも私たちに見えないところで、中国のネットワークに私たちの日常生活も組み込まれていくものですから、まず現実に目を向けて、香港で一生懸命闘っている人たちに心を向けることが必要だと思います。「時代革命」（＝革命の時代だ）というスローガンを印刷した紙を街頭でかざしただけで逮捕された人さえ出てきています。そのつながりで、その本家ともいうべき、中国について、その中でも特に死刑についてもしっかりと考える必要があると思います。年間千人をはるかに超える人たちが処刑されており、それは健全な社会を維持するために必要だと考えられている。そのことを考えると、死刑の怖さだけでなく、日本も考え方は同じだということがわかると思います。

鈴木　私は中国でどういうことが起きているかを、まず客観的に知る必要があるし、よく研究する必要があると思うんです。これだけ死刑が多い国だと、殺し間違いは必然的に起きます。やってもいない人を死刑にしてしまうという冤罪が、中国では繰り返し起きているのです。死刑事件の誤判問題は中国ではひとつの研究テーマになっています。死刑執行してしまってから真犯人が出てきたり、殺したとされていた被害者が実は生きていたりということが起きています。中国の学者のなかには、「理性的に言うならば死刑が留保されている限り誤判は絶対的に避けることはできない、それは人間の裁判には間違いが必ず起きるからである、それは不可避だからだ」と正直に書いている人がいます。死刑がある限り間違って死刑にしてしまうリスクはゼロではない。ということは死刑を存置させるべしと主張する人は、稀にならば間違って殺してしまっても仕方がない思っていることになります。そうした弊害があっても、利益考量すれば、それを上回るメリットがあるから仕方がないと考えて、死刑を存置させているのです。中国はそういう考え方に立っていると思います。死刑存置論者に聞きたいのは、どうして稀になら間違ってもいいのかです。たまになら間違うことがどうして許されるのか。そこを説得的に論じてもらいたいです。中国では時々は間違うということを隠しません。それを前提に如何に間違いを最小にするかを論じるという態度です。

安田　彼らは死刑を維持することによって新幹線をすぐに引けるし、社会の健全さは維持できるし、家庭に乗用車がやってくると、確信していると思います。

鈴木　最終的に権力への隷属を求めるには、死刑という伝家の宝刀が必要だと思っているのでしょう。

安田　どんなに小さなつぶやきでも権力に全部補足されていくわけですから、いざとなれば、反政府的な意見は根こそぎ駆逐されるんでしょうね。一〇〇万人の反政府デモが起これば必ず政権は潰れるというのが歴史的事実だったのですが、それが香港では通用しませんでした。私がデモに参加したとき、デモの流れは地平線まで続いているのではないかと錯覚するぐらいの人で溢れていました。中国というバックがなければ、香港政府は一日で崩壊したと思います。しかし、そうとはなりませんでした。これは、現実として受け止めざるを得ないと思います。このような現象は中国以外でも広がっていくのではないかと思います。瀕死の状態であったシリアもロシアとイランによって息を吹き返していますから、決して珍しいことではありませんが、それでも中国の場合は違っていると思います。基礎体力に絶対的な差があるわけです。私たちが中国に対峙できるものはそれほど普遍的でもないし説得的でもないないと思います。死刑の存置という面では同じですし、いま先生が冤罪のことをおっしゃいましたが、日本でも一緒でして、袴田事件のようにだれが見ても冤罪だと分かる事件であっても、同じ裁判所の違う裁判体に回ればそれがひっくり返されるという理不尽なことが起こっているわけですから。

植草　言い方を変えると、国権主義と人権主義という対立した概念があって中国が進めているのは国家の権力が人々の権利の上にくるという国権優越という考え方ですね。国家のために個人は存在する。

基本的人権というのを基礎に据えた刑事司法のあり方はいわゆる無辜の不処罰、罪のないものを罰してはならないというものです。たとえ十人の真犯人を逃しても、一人の無辜を処罰してはならない。これが刑事司法の基本で、本来人権というものを基本においた刑事司法はそういうあり方でなければいけないのですが、逆に国家の権力が人権よりも上に位置づけられる場合には刑事司法のあり方がまったく変わってしまいます。それは必罰主義と表現できるもので、仮に十人の冤罪被害者を生みだしても一人の真犯人を逃してはならないということになります。十人の無実の者を間違えて処罰しても一人の真犯人を逃さないためにはやむを得ないということになるわけです。そういう意味で中国のやり方というのは国家の権力が人々の権利の上に位置する国権主義という考えに基づいて運営されているわけです。

　しかしながら、この考え方が中国固有のものかというと必ずしもそうとは言えない部分があって、中国的なるものというものが逆輸入されて西側社会においても活用される動きが徐々に広がり始めていると思います。それはいまの中国社会は超監視社会と表現できると思いますが、全ての行動が全てＩＴによって捕捉されてデータ管理され、それが分析されて個人の追跡が完全に可能になっているので、治安維持法の下における地下活動さえ許されないような環境が生み出されています。けれども、その中国的なノウハウというか技術進歩が日本に輸入されて活用される動きが広がっています。

　日本ではまだ現金決済がそれなりには残ってはいますが、消費税を増税に際してのキャッシュレス決済に五％の還元や、マイナンバーカード利用による五〇〇〇円のキャッシュバックなど、資金決済のビッグデータ管理化が積極的に推進されています。街中の防犯カメラも激増し、高速道路のＮシステムも全国で数千か所整備されているように、日本もかなり中国型の監視社会に移行しつつあり、国家による個人の監視が進んでいると思います。一方で憲法改正の論議と重なってくるわけですが、明らかに自民党の憲法改正草案の考え方は人権というものの上に国家の権力が位置するというもの。ですから人権についても現行憲法は公共の福祉に反しない限り人権を保障することとしていますが、自民党改憲案では、公益及び公の秩序に反しないか限りにおいてしか人権を認めない。公の秩序に反する場合には人権を抑圧するという考え方が明示されているわけです。憲法一三条が保障している生命・自由・幸福追求の権利についても、生命を維持するという基本的人権でさえ、公の秩序とか公益に反する場合には制限するということになります。このことを論拠として死刑で命を奪うことも公益及び公の秩序の観点から合法化されるというロジックになってくるのです。

　この意味で、いま香港で起きている現象は、向こう側の世界の話であるとは必ずしも言えず、中国的なるもの、中国的な超監視社会という制度そのものがどんどん日本にも導入され、日本の制度の中にも埋め込まれつつあるように思います。

日本の刑事司法も、実態としては「無辜の不処罰」ではなく「必罰主義」に依拠して、十人の冤罪被害者を生み出しても一人の真犯人を逃すなかれで運用されているという「真実」をしっかり見ないといけない。そうでなければ、向こうの死刑を止める以前に日本の死刑を止めることもできないような気がするんです。

岩井　今日、香港の情勢から中国的なるものを議論してきて、中国の死刑が中国的なるものを象徴してる気がしてきました。対象の犯罪をみても、薬物犯罪も、汚職など経済犯罪も、国家治安に関する犯罪行為も死刑になる。社会倫理的にも経済倫理的にも国家倫理的にもすべてのことが死刑にできるような体制になっていて、天網恢々粗にして漏らさずという言葉がありますが、すべてが死刑の中にあって、それがいま香港というせめぎあいの現場でもぐいぐい浸食してきている。さらにそれが香港だけではなくて世界に広がって来ています。

中国・香港と日本の死刑廃止

岩井　今日の議論を踏まえて今後香港がどうなっていくのか、中国がどうなっていくのか、もしくは逆にどうすべきなのか、最後に一言お願いします。

鈴木　確かに日本の中にも中国的なものを受け入れてしまう要素があります。それは不断にチェックをして、そういうものが入り込まないように留意する必要があると思います。我々が西洋から学んできた近代的な理念というのは、実は一人ひとりにそれほど深く浸透しているわけではない。青臭いかもしれないけれど、改めて自由とか人権とか民主主義という理念の価値を語り続ける必要があるし、次の世代にも教えていく必要があると思います。要するにどっちのシステムが人間をより幸せにする可能性が高いかということだと思います。法やシステムによって生の安全が守られない中国的世界では、個人的に権力と繋がっていることが最強の安全保障なのです。だからみんな権力を求めて競争に励むわけです。システムとか制度には頼れない、重要なのは人間関係です。コネクションとカネ。日本も似ているところはありますが、一番違うのは信頼できる法制度と司法の独立、それがあるかないかではないかと思います。例えば監視社会になっても、なにか権利侵害が起きた時に、それを法的な論点に加工して独立した裁判に持ち込むことができるかどうか。個々の問題を権力から独立した裁判によって裁いてもらうことができるかどうか。それがなくなったら中国と同じになります。中国では裁判過程も共産党が牛耳っていて、他の領域と同様、政治化されていて、そこから逃れることはできない。日本でも司法の独立、裁判の独立がそれほど盤石で問題ないかというと、不安がないではない。だからこそ、司法を監視し、それに絶え間なく批判の目を向けて、権力に忖度しない裁判にしていく必要がある。結局、司法が最後の砦なんだと思います。いくら今後、社会のＩＴ化が進んで、中国のような監視社会になっても、そこさえ譲り渡さなければ、中国との違いは一線が守られるのだと思います。

植草　中国や香港において、人々が安全に暮らそうと思えば、政府に楯を突かない、政府に差し障りのあることは一切言わない、これを守っていれば身の安泰は保たれる。そういう対応をしている人が中国本土の場合は大半じゃないかと思うんです。ただ人間が人間であり続けることとは何かということ、それはやはりそれを超えた部分にあると思います。つまり思想信条の自由とか、表現の自由とか、これが人間が人間であり続ける基礎になるわけです。それを捨てて身の安泰を図るというのは生活の知恵とか生きる知恵としてはあり得る選択ではあるのですが、言い方を変えれば人間が人間であり続けることを放棄してしまうに近い部分があるわけです。本来的な進む道ではないはずなんです。ですからその意味で、私たちというのはいろいろある価値の中でいえば、やはり自由・人権というものと民主主義というこの二つの柱を軸に世界を変えてきたという歴史を背負っていて、それは日本国憲法に書かれている人類の多年にわたる自由獲得への努力ということだと思うのですが、その価値を再認識するということが必要だと思います。

フランス人権宣言は一七八九年、いまから二〇〇年以上も前に打ち立てられたものですが、この中に罪刑法定主義、あるいは適法手続きがあります。私は刑事関係の法律について一番重要なのはこの適法手続き、罪刑法定主義という部分だと思います、また、無罪推定の原則も二〇〇年以上前に明確に確立されているのですが、日本では二〇〇年以上たったいまでも十分これらが確立されていないと思います。中国を見れば、あるいは香港を見ればあからさまにそのおかしさに気づきますけれども、振り返って私たちの身の回りを見た時にそれを頭ごなしに批判し切れるのかと言うとそうではない。そのこと自体が日本において死刑を存続させている大きな背景になっているというところに目を振り向ける必要があると思います。

中国が変わる、中国を変えていく、香港を守るということは重要なことですけれども、そちらは向こう側の世界のおかしなものを正すという視点ではなしに、それときわめて類似したものが日本にも存在するし、逆にそれに近いようなものが日本で増殖し始めていることを凝視する必要があります。トランプが強権を振るっていますが、トランプは天安門事件で中国政府が公権力を発動したことについて賛同していたということが最近明らかにされています。フィリピンでも強圧的な権力が創出されて人がどんどん政府によって殺される現実が広がっています。この現状を踏まえると、死刑廃止が時代の潮流で、やがてはこの方向に事態が向かうという楽観的な見方を安易には肯定できない気がします。中国・香港を見て、足下の日本の危険な新たな流れをしっかりと見据え、その注意を人々に促すということがとても大事な局面になってきたと思います。

安田　私は、常に悲観的にしか見れないのですが、本当にいま岐路に立っていると言うか、世界の時代思潮においてそうだし、経済政策においてもそうだし、国家政策においても、すべてが岐路に立っていると思うんです。しかもその岐路は押し戻すことができないほどの大きな流れの中にあるという気がしてならないんですね。そのような中にあって、同じことを言い続けることも必要だし、個別の場面で具体的に考え具体的に主張し、そして国際的にも連携を強めていくということも必要だと思います。

正直言いまして、無責任ですが、私は、年齢的に、これからどんどん悪くなる時代に生き続けることがないでしょうから、後々まで生きなければならない人には本当に申し訳ないのですが、よかったという気がしていています（笑）。命の問題は一番大きな問題で、それなしに生きることができないのですが、その次に大切なのは思想や表現という精神的自由だと思うんですが、それは個人にとって必要なだけではなく、まともな社会を維持していくために必要不可欠だと思うんですが、それらがまるごと切り捨てられかねない時代になってきたのではないかと思います。お二方の先生方もその立ち位置や思想故に多難な人生を歩まれるのではないかと推察しますが、ぜひ、時代に抗して頑張って欲しいと思います。

岩井　香港のことを批判することは、日本における現実と私たちのあり方をもう一度見つめ直すということを実感しました。今日はどうもありがとうございました。

（二〇二〇年八月一一日、港合同法律事務所にて）

感染症は刑事司法をも変えるのか

コロナ禍の刑事施設と裁判から見えたもの

山口 薫（アムネスティ日本・死刑廃止チーム東京）

3

はじめに

新型コロナウイルス感染症（以下、COVID-19という）がここまで威力を持ち、社会を変えるとは、二〇一九年一二月に中国で初めて報告された時点では誰が予測できただろうか。次第に人々の間で感染が拡大し、世界各国へ広まっていった二〇二〇年二月頃、刑務所や裁判所での感染の報告は見られなかった。しかし、爆発的に急増していく兆しが見られるようになった三月には、刑務官・看守が感染したケースが増え、刑務所での感染拡大のリスクが判明し、対策が取られるようになってきた。法と秩序のもとにあるべき刑務所は暴力にあふれ、またはその逆として釈放、恩赦が行われるなど、世界の刑務所ではさまざまなことが生じた。COVID-19による社会への影響は甚大で、これからは「コロナと共にある社会（ウィズコロナ）」、「コロナ後の社会（アフターコロナ）」をどう考えるかという議論が盛んになってきている。しかし、そこでは刑務所や裁判所、特に死刑の問題は議論されていない。国家が国民の生命を守るという点で考えれば、生きる権利の保障であって死刑とも共通する。

1　感染拡大時における刑事施設での暴動や感染症対策

刑事施設（刑務所・少年刑務所・拘置所）にいる被収容者は、刑罰を受けているのであって自由に外出をすることはできない。これは世界各国で共通している。しかし、日本とは異なり、比較的自由に面会をすることができる国もある。国際人権基準でも、面会する権利を保障すべきとしている。例えば、国連被拘禁者処遇最低基準規則（マンデラ・ルール）は、必要な監督のもと、定期的に家族および友人の訪問を受けることを含み、連絡を取ることが許されなければならないと定める（同規則五八）。

伝染病予防の対応の一つは、患者を隔離することである。COVID-19は人から人へ感染するウイルスで、しかも感染力が比較的高い。そこで面会を制限することは感染症対策の一つとされる。

刑事施設の場合、被収容者は裁判を受けるためや刑罰を受けるために隔離されている。一度ウイルスが忍び込んでしまえば逃げ場はない。特に、塀の外の社会がパニックに陥ってしまうと、塀の中への対策は優先順位から外れてしまう。

イタリアはヨーロッパの中でも、感染が急速に拡大した国の一つである。国内で症例が初めて見つかったのは、一月二九日だが、三月一一日には中国の次に多い感染者数が発表された。政府は、刑務所に対し訪問者との面会禁止を指示し、二三カ所で暴動が発生した。死者まで出たこの暴動は鎮圧されたが、家族との面会ができないということをきっかけにした暴動であった。(1)

三月にはタイの刑務所でも、感染拡大を受けて親族らとの面会を中止している。東北部の刑務所では感染者が出たという偽情報がきっかけとなり、大規模な暴動が発生し一部が脱走した。(2)

オーストラリアでも、三月中旬から受刑者との面会が中断された。中断が長期化していくことによって、五月には刑務所への持ち込みが禁止されている物を郵便で送ることが増えたという。(3)以前は面会時に禁止物を持ち込んでいたことが推測される。

ベネズエラの刑務所では、感染防止対策で食べ物の差し入れが禁止となった。五月には食糧不足となった刑務所で暴動が発生し、アムネスティの調査によると少なくとも囚人四六人が死亡し、七〇人以上が負傷した。この西部にある刑務所は収容人数が七五〇人のところ二五〇〇人が詰め込まれ、さらに経済危機によって囚人へ食糧配給がほとんど行われていないという。(4)

ブラジルでも、四つの刑務所から合計約一四〇〇人の囚人が脱走した。本来は罪が軽い囚人、模範囚が外泊を認められる予定だったが、感染予防のため延期したところ、それに反発した囚人が暴徒化した。(5)

受刑者等の早期釈放の対策も各地で行われた。イランでは、過密状態にある刑務所内での感染拡大を防ぐため、抑止措置として七万人の受刑者を一時的に釈放した。二月二五日にはイラン保健省の副大臣が感染したことが発表されており、感染拡大のスピードからしても、刑務所の対策の遅れは強く懸念されていた。国連特別報告書は、イランの刑務所の過密状態や衛生状況の悪さから「全受刑者を一時釈放すべき」だと勧告していたが、一時釈放されたのは禁錮五年以下の受刑者のみで、政治犯や外国籍・二重国籍の受刑者は対象外とされた。(6)

米国では、三月二八日に受刑者が感染して死亡した。司法長官は二六日、連邦刑務所に関しては暴力性が低く、既にかなりの刑期を務めている受刑者を自宅拘禁とする方針を表明した。また、ニュージャージー州では軽微な罪で服役中の受刑者約一〇〇〇人の釈放を決定した。(7)

ニューヨーク州は三月二七日、感染すれば重症化しやすい高齢や持病のある収容者ら一〇〇人を即時釈放の対象に指定し、カリフォルニア州は州刑務所に暴力や性犯罪などを除く比較的軽い罪で服役中で、六〇日以内に仮釈放予定の受刑者を数週間以内に釈放すると四月一日に発表した[8]。

ドイツ西部のノルトライン・ウエストファーレン州は刑務所を感染者の隔離用に転用するため、受刑者一〇〇〇人を一時釈放すると発表した。短期刑の受刑者に限り、また再収監されることになる[9]。刑務所の社会と断絶した状態を利用する対策である。

インドネシアでは、四月二日、受刑者約一万八千人を釈放した。その後一週間で計約三万人を釈放する方針で、対象は麻薬関連の罪などで服役している刑期の三分の二以上を終えた受刑者とされる[10]。

アフガニスタンでは三月二六日、約一万人を釈放と発表、持病がある受刑者や高齢者、未成年が対象となる。この理由は、医師や薬が慢性的に不足しているためである。また、タリバンの捕虜は、釈放されるが政府軍兵士との交換になるという[11]。

トルコでは、四月一五日、感染拡大を防ぐため受刑者の釈放や一時釈放を開始した。三五〇カ所超の刑務所に計三〇万人ほどの受刑者がいるとされ、最大で約九万人が対象になる見通しだという。しかし、「テロ」に関連する罪で起訴された人々は釈放の対象外で、この中には大統領に批判的な活動家らが含まれているため、恣意的な釈放との批判もある[12]。

フィリピンでは、過密状態の拘置所で新型コロナウイルスの感染が確認されたことを受けて、最高裁判所は五月二日、感染抑止策として入所者一万人近くが釈放されたと発表した[13]。

メキシコでは、四月二〇日、暴力的でない罪を犯した人を対象に恩赦することを決定、二六〇〇人以上の受刑者が対象となった[14]。

こうした釈放の動きがさまざまな国で見られたが、釈放が予定通りに進められていないとの指摘もある。ヒューマンライツウォッチによると、多くの政府は発表したとおりに釈放を進めていないという。イギリスでは、司法省当局が四月初めに最大で四〇〇〇人の被拘禁者が釈放の対象となると発表したが、五月一二日現在、五七人が釈放された。オーストラリアのニューサウスウェールズ州は三月末に政府が被拘禁者を釈放できるようにする緊急法を導入したが、五月一八日現在、一人も釈放されていないという[15]。緊急事態下で情報が錯綜したり、新しい情報が次々と入り、釈放の続報もない場合が多い。

COVID-19は、未知のウイルスということもあり、多くの国の政策も変化した。被収容者の人権という点で考えれば、人権を守ろうとするよりも、感染を食い止めるということが優先されていた。もともと過剰収容になっていることに加えて、衛生状態が悪い施設で感染者が出た場合、感染が拡大することは明らかである。平時の対策ですでに人権侵害をしているような悲惨な状態の刑事施設もある。被収容者はそれぞれの政府に振り回されてきた。

日本の場合、全国に対する緊急事態宣言が出されたのは四月七日で、解除されたのは五月二七日であった。刑事施設内における感染は、大阪拘置所が最初であった。四月五日に受刑者の作業場を担当する刑務官が感染し、七日には同じ部署の別の刑務官も感染が判明した。さらに、感染者の刑務官と夜勤を共にした刑務官が感染した[16]。こうした事態を受けて、四月二八日には、法務省は感染症対策のガイドラインを全国の施設へ出した。職員や被収容者の健康管理や、感染防止策、感染者が発生した場合の対応などが含まれている。

緊急事態宣言下では法務省から通知が出され、その通知には矯正施設等の運営について「三密」(密閉された場所、密集した場所、密接した場面)を確実に避けるなどの項目が挙げられた。また、面会については、「弁護人等及び領事以外の者については、感染防止のため原則として面会を実施しないこととし、その旨を面会申出人に説明して理解を得ること」とされた[17]。

死刑確定者は単独の居室に拘禁されるが、その他は基本的に六人などの居室で生活し、場合によってはそれ以上の人数も同室となる。また、窓の開け閉めは被収容者が勝手にすることはできない所もあり、換気が十分にできているのか不明である。福岡拘置所の男性被収容者は「接見時以外のマスク着用は許されない。同じフロアの新たな入所者が万が一感染していたら、自分も感染するだろう」と述べている[18]。これで感染防止対策をしているといえるのだろうか。居室は確実に三密である。そこでマスクを着用しなければすぐにでも感染は拡大するだろう。さらに、刑務所の受刑者の高齢化が進んでおり、介護が必要な者も増えている。こうした受刑者のなかにはCOVID-19に感染した場合のハイリスク要因を抱えている者もいるのではないだろうか。同室の者が介護をすることもある。七月二〇日には、九州の刑務所で刑務官三名が感染し、クラスターが発生しないよう対策に追われた[19]。日本では、被収容者の早期釈放という議論は全くないが、人道上の観点から早期釈放も検討すべきである。

日本国内で感染が確認された人は、八月四日現在、空港の検疫などを含め四万一四五五人、クルーズ船の乗客・乗員が七一二人で、合わせて四万二一六七人となった[20]。人の移動が進み、市中感染が拡大しているとの見方もある。七月末には全国の感染者数が、緊急事態宣言時の感染者数を超えたこともあり、いつ収束するのか見えない。

塀の中では何が起きているのかは分からない。独立した監視機能を持つ刑事施設視察委員会のような組織や厚労省コロナ対策本部などの専門知識を有する者が、感染症対策を万全に行っているのか確認する必要があるのではないだろうか。

特に刑事裁判では、被告人の表情が質問に対してどのように変わるのか、大変重要な情報となる。被告人がもし、えん罪を主張しているならば、どのような表情で語るのか、裁く側の人間はわずかな変化でも注視するだろう。

また、量刑の判断において情状酌量の余地があるのかどうか、罪を犯したと告白するならば、その罪を悔いている表情を見たいだろう。被告人がその場にいても、マスクを着用していたら表情は見えない。ましてや、小さな画面の中継では、裁判官、陪審員、裁判員がどこまで被告人の表情を読み取ることができるのだろうか。

迅速な裁判が優先されることで、本来の刑事裁判の目的である人権の保障がおろそかにされてはならない。

2　裁判が開けないことによる弊害

裁判所もCOVID-19の影響を受けた場所の一つである。法廷は狭いところもあり、傍聴人も入れると三密状態が生じる。公開の原則からすれば、傍聴人を入れない裁判でよいのか問題となるが、白熱したやりとりでは、飛沫感染もあり得る。しかし、戒厳令や外出禁止命令、緊急事態宣言によって、医療従事者等以外の者の外出ができない国では、ほとんど裁判は延期された。しかし、電話やインターネットを利用する方法で裁判を行った国もある。

北京にはインターネット裁判所があり、バーチャル法廷が五月一五日に開設された。裁判官が個室のコントロール室で、裁判の開廷や審理を進めることができるようになった。主に少額訴訟や調停などの民事事件を扱う[21]。

米国では、連邦最高裁判所が五月四日に二三〇年の歴史で初めて電話会議システムを使用し遠隔審理を行った[22]。商標に関する裁判であった。五月一八日には、テキサス州でオンライン会議システムZoomを使用した陪審裁判が採用された。そして、裁判の透明性のために、インターネット配信サービスYouTubeでライブ映像として配信されることになったという[23]。

日本にも、内閣府と法務省のもとで裁判手続等のＩＴ化検討会と民事裁判手続等ＩＴ化研究会があり、オンラインで裁判を行うための議論が行われてきた。イギリス、アメリカ、フランス、ドイツで、訴訟記録等文書の電子化だけでなく国によってビデオ会議システムを利用した弁論を、すでに運用している。主に民事訴訟が対象とされる[24]。日本も民事訴訟の全面オンライン化のため、二〇二二年に法改正を目指しているようだ[25]。しかしこれはあくまで民事訴訟手続きである。

刑事訴訟手続きは自由を制限するため、人権保障の観点から慎重に行うべきである。そのため刑事訴訟は多くの国で延期された。

多くの命がCOVID-19によって奪われていた五月、Zoomを使ったオンラインによる死刑判決が行われてしまった。シンガポールとナイジェリアの二カ国である。どちらも死刑執行は定期的に行っている国である。そのため、死刑判決が下され、死刑執行が行われたとしても不思議はない。しかし、まさかオンラインで行うとはまるで映画や小説のようである。

ナイジェリアの司法省によると、オラレカン・ハミード被告は二〇一八年に母親の雇用主を殺害した罪に問われていた。そして、二〇二〇年五月四日にラゴスの裁判所で開かれた公判で有罪を言い渡されて、絞首刑による死刑を宣告された(26)。裁判は二〇一九年三月から始まっており、無実を訴えていたという。ラゴスと首都アブジャでは既に五週間、外出禁止が続き、四日に一部が緩和されたところだった(27)。これが史上初のオンライン死刑判決である。

そして、シンガポールでは、プニサン・ジェンサン被告に対し、Zoomによる審理で五月一五日、死刑判決が言い渡された。二〇一一年の薬物取引事件に関与した罪で死刑とされたのだ。シンガポールでは大多数の裁判が、ロックダウン(都市封鎖)終了予定の六月一日より後に延期され、必要とみなされた裁判に限り、遠隔方式で公判を開いていた(28)。

どちらも裁判も、対面を待たずにオンラインで言い渡すほど緊急だったのか疑問である。ナイジェリアの事例は二年前の事件、シンガポールは九年前の事件だという。特にナイジェリアの事例は無実を訴えていたのであって、拙速に審理を進める必要があったのだろうか。ナイジェリアは外出禁止が一部緩和されたところで、シンガポールも一カ月以内にロックダウンが終了となる予定だった。延期したとしても一カ月程度で通常の裁判を受けることができたのではないか。生命刑という究極の刑罰を下すのに、画面越しで伝えるという選択をしたことについて、いずれの政府からも明確な答えはない。

Zoomのオンライン会議システムは、遠隔地でもコミュニケーションを取ることができる便利なシステムである。そのためには、インターネットに同時にアクセスし、自分のカメラとマイクで音声と動画の両方を配信し、かつ相手方の音声と動画のデータを受け取らなければならない。セキュリティが脆弱との指摘があり、やり取りの間に侵入する、「Zoom bombing」（ズーム爆撃）といって招待していない参加者が勝手に参加し妨害してくることがあるという(29)。裁判では多くの個人情報や捜査関係の資料が扱われる。証拠資料など、傍聴人には公開されない資料が流出する可能性もある。個人や企業が使用するよりも、セキュリティの度合いは高くなければならない。

また、筆者もZoomを使用しているが、参加者が多く動画を共有するなどしてデータの配信量も増えると、使用するインターネット環境によっては音声が途絶えることや、画像が止まることがある。全ての参加者が確実にアクセスし、十分に話をすることができ、また聞くことができる環境でなければならないが、そのシステムを確実に保障することができるのだろうか。それよりは、ソーシャルディスタンスとして二メートルの距離を取り、マスクやフェイスシールドをつけ、消毒・除菌を行うなど感染予防を取り、万全の体制で裁判に臨むほうが公平な裁判を実現できるのではないだろうか。

3 ウィズコロナ時代に死刑はどうなるのか

「ウィズコロナ」としてCOVID19と共に生きる社会、あるいは「アフターコロナ」「ポストコロナ」として感染収束後の社会はどうなるのかという議論がさまざまな観点から語られている。世界では、感染者・死亡者が増加し、事態がますます深刻な国も増えている。日本時間八月五日午前三時時点で、世界全体で一八三五万九〇五三人が感染し、死亡者は六九万五七〇九人となった。(30) この感染者・死亡者がもっとも多い国は米国である。

COVID-19対策に真剣に向き合うべき立場のドナルド・トランプ米国大統領は、七月一四日、一七年ぶりに連邦における死刑を執行した。米国では、州法における死刑の定めがあれば州政府が死刑を執行するが、連邦法におけるテロ犯罪や複数の州にまたがる犯罪などは連邦政府によって死刑判決が下される。各州では死刑執行数が減少しており、死刑を廃止しようとする議論も活発になっていた。その影響もあって、薬物注射に使用される薬物の輸出禁止などが生じ、連邦でも死刑執行は停止されてきた。しかし、大統領は死刑に賛成しており、死刑執行を再開する可能性があると考えられていた。

そして今回の執行は、今年一一月の大統領選に向けて「法と秩序」の強化をアピールするトランプ政権の意図があると報道されている。(31) トランプ大統領の再選は危ういという見方が有力であって、力強さや実行力を見せ、右派の取り込みを狙って執行したのではないか。対する民主党のジョー・バイデン候補は政策に死刑廃止を掲げている。これまでの米国の歴史を振り返ると、犯罪に厳しい態度で向かう政治家や、候補者は市民の受けが良い。しかし、#BlackLivesMatterの運動が明らかにしたように、人口比や他の人種に比べて米国の刑務所に収容されている多くが黒人で、死刑囚も黒人が多く、差別が続いている。この運動のうねりが大きくなり選挙に影響を与えることがあれば、死刑は廃止に向かう可能性がある。今こそ、死刑の政治利用は止めなければならない。

おわりに

欧州ではグリーン・リカバリーという考え方が進みつつある。欧州委員会は二〇二〇年五月二七日、COVID-19からの経済再建を図るための復興基金案を公表した。復興に際して気候変動やサーキュラーエコノミー（循環型経済・廃棄物を出さずに資源を循環させる）への取り組みを軸にすべきだというグリーン・リカバリーの概念を取り入れたものだ(32)。

これは、気候変動対策をコロナ後の経済復興の中心に据えようとするものだが、これまでの石炭、火力などのエネルギー政策、経済対策などを取ってもCOVID-19の感染予防対策に追われるなどして以前と同じような人の動きは望めない。もはや元の経済指数にV字回復のように完全に戻ることは難しいだろう。そして生まれる新たな社会が、ウィズコロナの社会である。気候変動と、経済対策のどちらも喫緊の課題であるが、そこに司法制度はつながっていないように見える。

しかし、グリーン・リカバリーは環境政策のみを目的とするものではない。社会通念のようなこれまでの概念の転換を促すものでもある。世界的な危機により人々の生活が激変し、経済が落ち込み、さまざまなひずみが生じれば、これまでの暮らしはできなくなる。大量消費社会も終わり、利益を追求する資本主義は変化を求められる。生活が変われば政治も変わらざるを得ない。一大転換期に突入していくのではないだろうか。COVID-19がもたらす社会変革と同様に、刑事司法も大きな変革が必要だ。

気候変動の問題は、グレタ・トゥンベリさんのような新たな活動家が世界にその社会運動を広げてきた。この社会運動の広がりは、気候変動における危機感の共有がきっかけである。さらに#BlackLivesMatterは、米国で長年続いた黒人差別に対し声を上げたものだが、世界へ広がりつつある。差別に対して、連帯しようという社会運動の輪が広がっているのだ。COVID-19は、危機感の共有という点では同じだ。誰もがCOVID-19に感染する可能性があり、誰もが経済的・精神的不利益を受けている。しかし、一部の人たちは医療へのアクセスができず、感染リスクが高いなか働き続けなければ生活ができないなど、不平等が生じている。格差や差別をなくすために、不正義をただそうと声を上げる人たちが増えていくだろう。不平等や不利益を受ける人のなかには、罪を犯した人も含まれる。COVID-19は簡単に塀を越える。塀で囲って見えないことにしているが、こうした刑事施設の中の問題についても、社会運動の中に含めて、刑事司法の変革につなげていくことができるのではないだろうか。

次の時代の刑事司法が、命を大切にすることができるか。塀の中での感染症対策を注視しなくてよいのか。コロナ禍で生死に直面する私たちに、死刑が本当に必要な刑罰なのか、ウィズコロナ時代へ問題提起をしていかなければならない。

注

（1）「イタリアの刑務所暴動、死者一二人に　新型ウイルス対策めぐり」（AFP BB NEWS　二〇二〇年三月一一日 https://www.afpbb.com/articles/-/3272688 二〇二〇年八月二日アクセス）

（2）二〇二〇年三月三一日　東京新聞朝刊一一面

（3）「豪刑務所に薬物隠した郵便物が急増、感染防止で面会中断の中」（AFP BB NEWS 二〇二〇年五月一七日　https://www.afpbb.com/articles/-/3283487 二〇二〇年八月二日アクセス）

（4）「ベネズエラの刑務所で暴動、鎮圧で四〇人以上死亡」（日本経済新聞二〇二〇年五月三日 https://www.nikkei.com/article/DGXMZO58769070T00C20A5FF8000/ 二〇二〇年八月二日アクセス）

（5）「ブラジルで囚人一四〇〇人脱走…感染予防のため外泊計画延期に暴徒化」二〇二〇年三月一八日　https://www.yomiuri.co.jp/world/20200318-OYT1T50272/ 二〇二〇年八月二日アクセス）

（6）「イラン刑務所で新型コロナ流行懸念、七万人釈放も「不十分」国連報告者」（AFP BB NEWS 二〇二〇年三月一一日 https://www.afpbb.com/articles/-/3272719 二〇二〇年八月二日アクセス）

（7）「米、一部の受刑者を自宅に「塀の中」の感染拡大懸念─新型コロナ」（時事ドットコム二〇二〇年三月三一日 https://www.jiji.com/jc/article?k=2020033000489&g=int 二〇二〇年八月二日アクセス）

（8）「米カリフォルニア州　受刑者三五〇〇人釈放へ　コロナ集団感染阻止　被害者支援団体は批判」（毎日新聞二〇二〇年四月一日　https://mainichi.jp/articles/20200401/k00/00m/030/210000c 二〇二〇年八月二日アクセス）

（9）ドイツ、受刑者一〇〇〇人一時釈放へ　監房を感染者隔離に転用（産経新聞二〇二〇年三月二六日 https://www.sankei.com/world/news/200326/wor2003260013-n1.html　二〇二〇年八月二日アクセス）

（10）「インドネシア、受刑三万人釈放へ　新型コロナの感染拡大懸念」（共同通信二〇二〇年四月三日　https://news.yahoo.co.jp/articles/4cae9ecf3e2ffbe687d26b939bbf3e8bdeb11a95 二〇二〇年八月二日アクセス）

（11）「アフガン、受刑者一万人釈放へ」（朝日新聞朝刊一一ページ二〇二〇年三月二八日）

（12）「トルコ、感染拡大阻止へ囚人釈放　最大九万人」（時事ドットコム二〇二〇年四月一五日　https://www.jiji.com/jc/article?k=2020041500912&g=int　二〇二〇年八月二日アクセス）
（13）「フィリピンの過密拘置所、新型コロナ流行で一万人近くを釈放」（AFP BB NEWS 二〇二〇年五月三日 https://www.afpbb.com/articles/-/3281516　二〇二〇年八月二日アクセス）
（14）「メキシコのコロナ感染、一週で七割増　移動を一段と抑制」（日本経済新聞二〇二〇年四月二二日 https://www.nikkei.com/article/DGXMZO58340090S0A420C2000000/ 二〇二〇年八月二日アクセス）
（15）「新型コロナウイルス感染症流行中も被拘禁者の釈放進まず」（Human Rights Watch 二〇二〇年五月二七日　https://www.hrw.org/ja/news/2020/05/27/375232　二〇二〇年八月二日アクセス）
（16）「〈新型コロナ〉拘置所、三密防げない　集団感染リスクに戦々恐々」（東京新聞四月一一日　https://www.tokyo-np.co.jp/article/17210　二〇二〇年八月二日アクセス）
（17）「新型インフルエンザ等緊急事態宣言下における矯正施設等の運営について（通知）」（法務省二〇二〇年五月一五日第1、2、（11）面会）
（18）「新型コロナ　刑務所「三密」対策急ぐ　新規入所、単独室で観察　面会者、原則弁護人のみ」（毎日新聞二〇二〇年四月二九日 https://mainichi.jp/articles/20200429/ddq/041/040/003000c 二〇二〇年八月二日アクセス）
（19）「「究極の三密」刑務所クラスターに戦々恐々　刑務官の感染相次ぐ」（西日本新聞二〇二〇年七月二五日 https://www.nishinippon.co.jp/item/n/629281/　二〇二〇年八月二日アクセス）
（20）「【国内感染】四日　一三三九人の感染者発表（午後一一時）新型コロナ」（ＮＨＫニュース二〇二〇年八月四日　https://www3.nhk.or.jp/news/html/20200804/k10012551031000.html　二〇二〇年八月五日アクセス）
（21）「北京インターネット裁判所、「バーチャル法廷」のコントロール室開設」（新華社五月一六日　http://jp.xinhuanet.com/2020-05/16/c_139062058.htm　二〇二〇年八月二日アクセス）
（22）「米最高裁、電話会議で遠隔審理　二三〇年の歴史で初」（朝日新聞二〇二〇年五月五日 https://www.asahi.com/articles/ASN552V7PN55UHBI001.html 二〇二〇年八月二日アクセス）
（23）「アメリカ・テキサス州でZoomを使った陪審裁判が採用される。YouTubeで配信も」（ハフィントンポスト二〇二〇年五月二〇日　https://www.huffingtonpost.jp/entry/zoom-trial_jp_5ec48de9c5b65e2c45ebdb7a 二〇二〇年八月二日アクセス）
（24）「主要先進国における民事裁判手続等のＩＴ化に関する調査研究業務報告書」（商事法務研究会　二〇二〇年三月）
（25）「民事裁判　全面オンライン化　二〇二二年の法改正めざす　政府が司法制度改革案」（日経新聞二〇二〇年三月一〇日 https://www.nikkei.com/article/

DGXMZO56609050Q0A310C2PP8000/ 二〇二〇年八月二日アクセス）

（26）「「Ｚｏｏｍ裁判」で死刑言い渡し、人権団体が批判　ナイジェリア」（ＣＮＮ二〇二〇年五月八日 https://www.cnn.co.jp/world/35153438.html　二〇二〇年八月二日アクセス）

（27）「オンライン裁判で死刑　ナイジェリア」（時事ドットコム二〇二〇年五月六日 https://www.jiji.com/jc/article?k=2020050600187&g=int 二〇二〇年八月二日アクセス）

（28）「死刑判決を「ズーム」で言い渡し　都市封鎖のシンガポール」（BBC　NEWS　五月二一日 https://www.bbc.com/japanese/52749904 二〇二〇年八月二日アクセス）

（29）「利用急増のZoom、「爆撃」相次ぐ　使用禁じる企業も」（朝日新聞デジタル二〇二〇年四月三日 https://www.asahi.com/articles/ASN4372PCN43UTIL05V.html　二〇二〇年八月五日アクセス）

（30）「新型コロナ　世界の感染者一八三五万人　死者六九万人」（五日午前三時）ＮＨＫニュース二〇二〇年八月五日 https://www3.nhk.or.jp/news/html/20200805/k10012551461000.html 二〇二〇年八月五日アクセス）

（31）「米政府、一七年ぶり死刑執行　連邦レベル、大統領選控え」（日本経済新聞二〇二〇年七月一四日 https://www.nikkei.com/article/DGXMZO61521340U0A710C2000000/ 二〇二〇年八月五日アクセス）

（32）「カナダやヨーロッパで進む「グリーン・リカバリー」環境やサステナビリティに重点を置いた新型コロナからの復興」（ハフィントンポスト　サステナブルブランドジャパン　二〇二〇年六月一七日 https://www.huffingtonpost.jp/entry/sustainable-environment_jp_5ee03fb0c5b61417f817bfce 二〇二〇年八月五日アクセス）

壁の内外から見たコロナ禍のなかの東京拘置所

面会者B／死刑確定者A

1 面会者Bさんの報告より

3月6日

6日の時点でコロナウイルスに関してのA4サイズのビラが貼ってありました。内容は正確には覚えてないのですが「発熱のある方、せき症状のある方は申告して下さい…」というような内容でした。それと、発熱を感知するサーモなんとかという空港等に取り付けてあるような機械がありました。

4月10日

10日午前10時頃、東拘で面会・差し入れは出来ました。マスクはしないとダメのようですが面会は今のところ大丈夫です。「自粛」して欲しいのでしょうけど禁止は出来ないですもんね。

面会室の通気口の所にテープが張られていたり両全会の差し入れ品の店舗に透明ビニールで覆いがしてあったりしました。それと、前にビラを渡した刑務官が窓口にいたので「ビラはどうだった?」と聞いたら、マスクでよく聞こえなかったけど「ありがとう」とは言ってました。

資料・掲示4月10日現認

東京都を対象地域とする新型インフルエンザ等緊急事態宣言が発出されたことから、面会・差入れをされる方は必ずマスクを着用していただくようにお願いします（当所で用意できるマスクには限りがありますのでマスクは各位で御持参ください。）。

マスクを着用していない方の面会・差入れはお断りしておりますので御承知ください。

なお、同緊急事態宣言が発出されている期間中は、原則として弁護人等以外の方との面会ができない取扱いとなっていますので不要不急の面会・差入れを控えていただきますようお願いいたします。

東京拘置所長

4月24日

東拘まで行ってみました。外扉に弁護人以外の面会・差し入れ禁止の貼り紙。玄関まで行くとガラス扉の内側に刑務官が立っていて、来たことがわかると出てきて話してくれました。

「面会禁止なんですよ」（差し入れもですか?）「ええ、すみません」（いつまで?）「わからないですね、ホームページで案内しますから、そちらで…」と。

拘置所前の池田屋差し入れ店から差し

入れはできました。また来週にでも行ってみます。

5月1日

今週も東拘に行ってきました。入口にやはり刑務官が立っていて、私が行くと向こう側から外へ出てきて「まだ面会出来ないんです。でもちょっと聞いてきますから待ってて下さいね…Aさんですよね…」（ええ、はいすみません）

上司らしき人と一緒にきて「やっぱりダメということでした、すみません」（中の生活は変わりなくできてるんですか？）「ええそれは食事も風呂も変わりなく…。」（10万円はみんなに出るんですかね？）「それは国のやることですからよくわかりませんね～出るといいですよね…」私も面会常連者として顔が覚えられたようです。

資料・掲示5月1日現認

東京都を対象地域とする新型インフルエンザ等緊急事態宣言が発出され、弁護人等以外の方との面会は原則行わない取扱いとされています。現在も新型コロナウイルスの感染が終息する見込みが見られないことから、やむを得ず、4月15日（水）から弁護人以外の方の面会・差入れは中止とします。

東京拘置所長

5月8日

東拘入口辺には刑務官がいなくて、池田屋に行き差し入れして店主に「大勢来ますか？」と聞いたら「いや、休んでるのと同じですよ、でも拘置所から開けとくようにとお達しがあったから…」と言ってました。

帰ろうとしたらヤクザっぽい車が来たので、どうするかなと思ってみてたら刑務官が入口で通してたから弁護士だったようです。安田弁護士さんとは身なりがまるで違う！

5月15日

今日は軽い疲労感を感じながら「差し入れだけしてくればいいか…」と東拘まで行ってきました。『…なお面会を実施する緊急の必要のある方は職員に申し出て下さい。令和2年5月7日東京拘置所長』との貼り紙があり（ふ～ん）と思いながら中を覗いてたら前にみたことがある刑務官が出てきて「緊急ならどうぞ、中で聞いてきますよ…」と。（イヤー緊急ということもないので、いいです。また来ます。）迫力なく答えて帰ってきました。次回は元気よく（そうですね…どうしても面会して伝えたいので…）と言って通して貰えるように話してみます。

5月22日

今日、朝10時半頃に東拘に行ったら面会できました！　びっくりです。入り口に行ったら前に少し話してる刑務官がいて、「いいですよ。先週もよかったのに…。ちょっと聞いてきますから待ってて下さいね…」（えっ、そうですか？）そしたら「中に入って！　面会理由の所は面会が禁止になり非常に困ってる！と書いた方が」とか言われいつもの面会用紙をもらって10Fへ。部屋に入っていつもより少し待たされたけど…Aさんもびっくりした顔で。

面会受付の辺に距離をとるように足跡マークのシールが貼ってあったり、記入する机が間隔をあけてあったりしますが、差入れ窓口も、差入れ屋もやってます。

入り口付近にオレンジの大型テントが備えてあり、そこの中で検査でもさせられるのかと思ったら、そこで面会の申請書を書いてもらう場にするとのこと。近々禁止解除になるのは確かです。ちょっと面会の心構えが足りませんでした。

5月29日

6月2日から東拘も面会・差入れが解禁です。5月29日の東拘は一般面会禁止の貼り紙は無く、オレンジの大型テントの入り口で検温され、中には申請書を書く机が4個所位おかれてました。刑務官が5人位待機。後は誘導され中へ入ればいつも通り窓口にだし案内板の番号を待つだけ。差し入れは窓口があいていても一般人はダメでした。売店はクローズ。

6月5日

暑い日続いてます。東拘は6月2日から面会・差入れも解除されてるので、人の行き来も通常通りのようでした。オレンジのテントで検温され、面会申請書に記入し中へ。申請窓口辺の机やソファは撤去され、間隔を空けるように指示するステッカーが貼られてました。

6月12日

今日も暑くてマスクをして東拘まで歩くと顔面汗びっしょりです。東拘に着いて、なんかすっきりしてるな、と思ったら先週はあった巨大なオレンジテントが撤去されてました。それほど混雑することがなかったのか、強風で飛んでいきそうになったのか…？　傘置き場があった辺りに面会申請用の机が置かれてありました。

面会室に入って待ってるとAさんがマスクをして入ってきました。9日に1枚支給されたようです。10日には視察委員会の訪問があったようでその為のマスク支給ではないかと。Aさんは前に願箋《がんせん》で「面会者皆にマスクを要請するなら収容者にもマスクを支給して欲しい」旨、出したんだけど却下されたようです。

それから、11日に10万円特別給付金の申請書がきたそうです。所長が一括して葛飾区へ申請して、現金の支給があるらしいですが、まだはっきりしたことはわからない、と刑務官も言ってました。早く手元に届いて欲しいものです。

6月19日

18日の河井克行前法相の東拘への収監喧騒はテレビで見ただけですが、今日の東拘は雨降る中、冷たく静かに佇んでました。中の収容者はどう思ってるのでしょうね。

一枚支給のマスクは面会の時だけ使っているようです。安倍政権の愚策が露呈しているとはいえ、生命が捕獲されてる彼らは日々をどう生きればいいんでしょう。

6月26日

東拘の入口に近づくと報道陣用のテントがあり、続々と買収事実が出てくる河井克行氏の動きを見張ってるようでした。

アベノマスクは個人宛ではないのでAさんの手元には届かないようです。拘置所にはきてるんでしょうけど。差入れ窓口で聞いてみたらマスクは未開封なら何枚でも差入れ出来るそうです。

7月3日

東拘の今日は報道関係者用のテントも人気がないまま残されてて、検温する刑務官も緊張感のなさが現れてて…。

Aさんにはアベノマスクを一枚差し入れました。これで一枚支給の使い捨てマスクと交換出来るでしょう。中の作業(請願作業)がほぼなくて、コロナ状況下で作業会社も経営危機じゃないかと心配してました。

7月10日

10日の東拘は、10時頃には入口近くの報道関係スペースは騒然とし関係者が50人近くは集まっていました。脚立を組み立て設置し準備したり打ち合わせたり。でも、10日は河井克行・案里夫婦は保釈に至らなかったんだね。まだまだ疑惑がいっぱいのようです。

Aさんは差し入れたマスクをして面会室に現れましたが、確かに小さく鼻がマスクから出てしまいます。面会にしか使わないそうです。あの面会室の殺菌消毒は一人一回ずつやってるんだろうか？　そんなに待合室は混んでないです。

7月17日

東拘は雨降る中、閑散とした佇まいでした。河井克行・案里氏たちの保釈申請が却下され動きがないからか、テントには一人の留守番役しかいませんでした。先週の喧騒はいつ、どこへ消えたのでしょう…。待合室も3、5人のみ。

河井氏はどんな思いで日々の時間を過ごしているのでしょう。河井氏の印ひとつで執行されたかも知れない死刑確定囚は近くの房に前法務大臣がいることを、これまた、どんな思いでみていることでしょう。

7月31日

東拘はどんより曇り空のなか、静かな佇まいです。河井前法相の保釈も棄却され、記者にも社会にも見放されたようです。報道陣テントはお祭り後の忘れられたテントの様です。

それから20日前後に特別給付金10万円の支給があったようです。領置の確認後、彼は家族に送金したようですが。それより作業がないことをぼやいてます。

8月7日

今日も猛暑とコロナ感染急増の中出かけたんですが、テントの中には7、8人の待機記者がいるし、待合室も先週より何倍かの人が待ってました。河井元法相の保釈の動きがあるのかしら？

Aさんは熱中症にならないか、夜は眠れるかとの話に、眠れないから導眠剤を貰っているとのこと。次の日まで響いてボンヤリしているとか。

8月14日

酷暑でコロナの中でもお盆休みというのでしょうか…東拘の入口脇の待機記者用のテントも人気はまるで感じられません。まだ続きそうなコロナ環境の中、わが身の生死を真剣に考えなければならないのはどこに生きている者にも同じ問題です。無常感が漂います。収容隔離されてる者の孤独感、恐怖感は「死にたくなるぐらい」だと思うんですが、どうやって精神力を維持してるんだろう……心身の安定を願うばかりです。

2　死刑確定者Aさんの記録から

「緊急事態宣言」（4月7日）以降、東京拘置所の「告知放送」等について（概略）

1、20年4月8日（水）早朝・「告知放送」

「東京都を対象地域とした新型インフルエンザ等、緊急事態宣言が、発令されました。この宣言では、新型コロナウイルスの感染拡大防止のため、不急の外出は控えることなどの必要措置を取ることが、要請されていることに伴い、当所では、面会・差入れができる方を、マスクを着用した方に限定することとしています。これは当所で、生活をしている皆さんの健康を守るためのものです。併せて、緊急事態宣言の発令期間中は、面会・差入れを控えて頂くよう、外来者に周知していますので、皆さんも、不急の金品の交付を控えるなど、協力して下さい。」

2、右記「傍線」（右線）部分について、「マスクを着用していないと、門前払いにするのか（面会を断るのか）」旨とも解釈できたため、同月9日付けで、「面会保証願」と題して、申請。

同日、午後1時30分頃、係長が来房して、「門前払いにはならない」、「仮にマスクを着用していなくても、現時点では面会はできる。ただ、マスクの入手が困難な場合には、極力、飛沫散布を防止する事を含めて、次回以降、お願いすることになります。」「但し、今後、感染者数が増加していった場合、状況は変わる」旨付言。

3、同月10日（金）午後19時30分、及び19時19分すぎからの「告知放送」

「東京都を対象地域とした新型インフルエンザ等緊急事態宣言が発令され、一般面会・差入れを控えて頂くよう、周知していた所ですが、現在も感染症拡大に終息する見込みがない状態です。

従って、令和2年4月15日から、弁護人等以外の方との面会や差入は中止とします。これは、当所で生活している皆さんの命や健康を守るためのものです。」

4、同月12日（日）早朝8時30分すぎ「告知放送」

「4月11日現在、当所の被収容者1名が、PCR検査を受けた所、新型コロナウイルス感染症に感染していることが、判明しました。現在、他の被収容者及び職員への感染は確認されていません。

引き続き感染予防に努めていますので安心して生活して下さい。」

5、前記「3」の「弁護人等」について、これは私の憶測ですが、「民事訴訟の訴訟代理人を務める弁護士」「カルロス・ゴーン氏などのように各国大使館の関係者」「懲役受刑者で、出所予定が近く、そのための打ち合わせのための関係者」等かと思います。同月19日付け「教示願」で前記「3」の「告知放送」の「弁護人以外の者」として、仮にB様が同月17日（金）、面会のために来所した場合について、訊いたものの「令和2年4月15日から、弁護人等以外の面会・差入れを中止します。」と全く的を射ていない説明・教示でした。

6、同月19日頃、19時15分すぎの「告知放送」

「新型コロナウイルス感染症の予防対策に当所の限られた予算内で対応しているため、節水を心掛けて下さい」旨。（但し、毎月10日頃、「節水」及び「地震発生時の心得」として、告知放送が流れています。

※この頃から職員が「マスク」着用に加え「ビニール手袋」を装着し始めたと思われます。

7、同年5月1日（金）、19時15分すぎの「告知放送」

「新型コロナウイルス感染拡大による緊急事態宣言の期限が延長される見通しになったことから、「一般面会・差入れ」についても引き続き、中止します。」旨に加え「但し、その面会について、緊急性及び必要性に応じて、個別に判断している」旨を付言。

8、前記「3」の同月10日（だったと思います）及び同年5月1日の同「告知放送」

「東京3弁護士会から、新型コロナウイルス感染拡大に伴い、（被告〔未決拘禁者〕の）ファクシミリの送信を一時停止する旨の連絡があったため、その受付を当面中止します。再開については、追って告知します。

5月1日の際も右記状態が延長となる旨の告知。

9、同月22日、19時15分すぎ「告知放送」

「近い将来、新型コロナウイルスに伴う緊急事態宣言が解除される見通しになります。

1、「一般面会・差入れ」について「マスクを着用していない来訪者には面会を断っている」。

2、「面会待合室が混み合って、いわゆる「3密」を避けるため、来訪者の人数制限をする」。

3、不要不急の面会・差入れを控えるように。その旨を信書で伝える場合は、一日1通の通信制限は受けない」

4、「窓口差入・宅下げは解除後、1週間後から再開（両全会も）します」。

10、日付は不明ですが、今年の1月下旬以降、新型コロナの影響で、販売が一時中止となっている（なった）自弁購入品について（いずれも「19時15分すぎからの「告知放送」より）

「飲食品」：「かっぱえびせん」・「サラダうす焼※」・「柿の種※」・「ルマンド※」・「ポテトチップス」・「ミルクチョコレート※」・「バタピー」・「キャラメルコーン」・「カップヌードルミニ（正油・カレー・シーフード※）」（但し、「※」印は6月5日時点で販売再開。

「日用品」：「電気カミソリ」関連※・「マスク50枚」・「ゴム手袋」など（但し、「※」印は販売再開）。

2020 — 2021年

死刑をめぐる状況

死刑をめぐる状況 2019—2020

ハンセン病隔離法廷判決について

徳田靖之（弁護士）

1 はじめに

本稿は、いわゆる「菊池事件」国賠訴訟について、本年二月二六日に熊本地裁が言渡した、ハンセン病隔離法廷違憲判決の要旨を紹介し、その意義について若干の解説を試みるものですが、本論に入る前に、ハンセン病隔離法廷（一般には、「特別法廷」と呼ばれているので、以下では、このように表示します）とはどのようなものであり、その「特別法廷」で死刑に処せられた「菊池事件」とは、どのような事件であるのかについて、説明させていただくこととします。

先ず、「特別法廷」についてですが、これは、裁判所法六九条二項に基づき、最高裁判所の許可を受けて、裁判所以外の場所で開かれる法廷のことです。裁判所法のこの規定は、自然災害などで裁判所の法廷が使用できない場合の特例を認めたものなのですが、わが国では、ハンセン病の患者と疑われたすべての人を療養所に隔離し、外出を厳しく制限したハンセン病隔離政策の下で、ハンセン病患者とみなされた人の刑事事件に、この規定を利用して、療養所や医療刑務所内で仮設の「特別法廷」で裁判が行われてきたのです。これらの施設は、隔離施設ですから、このような「特別法廷」は、刑事被告人に対して、公開裁判を保障した憲法三七条一項に違反するのではないかということが問題となるわけです。

次に、菊池事件についてですが、この事件は、一九五一年と一九五二年に、熊本県菊池郡（当時）で発生した同一被害者に対する殺人未遂と殺人事件であり[1]、犯人として逮捕されたF氏が一貫して無実であることを主張し続けたにもかかわらず、死刑判決が確定し、その執行もなされたという事件のことです。

この事件では、F氏がハンセン病患者であると診断され、国立ハンセン病療養所菊池恵楓園に入所を勧告されていたことを理由に、その審理は、裁判所内の公判廷ではなく、菊池恵楓園内やその後に同園に隣接して新設された菊池医療刑務所支所内の「特別法廷」で行われ、裁判官、検察官、弁護人は予防着を着用し、証拠物は、箸で扱われるといった異様な雰囲気の下で進められたことが明らかになっています。

この死刑判決に対しては、F氏自らが三度に及ぶ再審請求を行っているのですが、いずれも棄却され、三度目の棄却決定がなされた翌日の一九六二年九月一四日に死刑が執行されています。

死刑執行がなされた後は、ハンセン病に対する厳しい偏見差別の渦中に遺族の置かれた状況等から、再審を求める活動は中断を余儀され、五〇年以上の年月が経過するに至っていたものです。

その後、二〇〇一年五月に「らい予防法」を憲法違反とする熊本地裁判決がなされて確定し、これを受けて国が設置した検証会議で、この菊池事件と「特別法廷」の問題が検討され、ハンセン病患者の「特別法廷」が九五件も開かれていたことが明らかにされるに至って、「菊池事件」に再び光が当てられることになったのです。

2 「特別法廷」に関する最高裁調査報告の意義とその限界

最高裁判所は、二〇一六年四月二八日、「特別法廷」に関する調査報告書を公表し、遅くとも一九六〇年以降において、こうした「特別法廷」を許可し続けたことが、「差別的な取り扱いであった」ことを認め、その結果として、ハンセン病の病歴者やその家族に対する偏見差別を助長することになったことを認めたうえで、裁判官会議の謝罪談話を公表しました。

この談話には、「国民の基本的人権を擁護するために柱となるべき立場にありながら、このような差別的な姿勢に基づく運用を続けたことにつき、司法行政を担う最高裁判所裁判官会議としてその責任を痛感します」との痛切な言葉が述べられ、「患者、元患者、家族の皆様に対し、心からお詫びを申し上げます」との言葉で結ばれていました。こうした報告書や談話を公表した際の記者会見において、最高裁判所の事務総長は、「差別的な姿勢に基づく運用」とは、憲法一四条に違反したという趣旨であることを認めてもいます。

こうした形で、最高裁判所が自らの司法行政上の過ちを認めたことは、初めてのことであり、歴史的な意義を有するものと評価することが出来ます。

しかしながら、一方で、こうした報告書や談話には、看過できない限界がありました。

第一には、「特別法廷」が、憲法の保障する公開原則に違反するということを否定したということです。その理由として明らかにされたのは、「特別法廷」においても、裁判所の掲示板や療養所の正門に、法廷が開かれることの「公示」がなされていたので、公開法廷として要件は満たされているというものでした(2)。

第二は、遅くとも一九六〇年以降という限定を附したために、それ以前の段階で審理が終了していた「菊池事件」には、こうした最高裁判所の「差別的な姿勢に基づく運用」という判断が、及ばないということになったということです。

第三は、その反省なりお詫びが、「特別法廷」の開廷の許可それ自体に向けられ、「特別法廷」において、どのような審理が行われたのかというという点についての論究が全くなされなかったということです。最高裁判所としては、司法行政上の措置の適否を判断すれば足り、個別の案件における審理の内容には立ち入れないと弁明したのですが、前述したとおり、「特別法廷」では、予防着の着用をはじめとして、ハンセン病に対する偏見差別に基づく異様な審理がなされているのですから、この点が看過されたことは、到底許されることではありませんでした。

3 菊池事件国賠訴訟の提起に至る経緯について

菊池事件において、国賠訴訟が提起されるに至った最初のきっかけは、二〇一二年九月に、F氏の五〇回忌を迎えて開催されたシンポジウムにおける内田博文九州大学教授の「国民的再審請求権」という提言でした。教授は、特別法廷は憲法違反であり、再審によって無罪判決を得ることは司法の責務であって、遺族が再審請求できないとすれば、主権者たる国民が再審請求により、憲法違反の判決を取り消すことを求める権利（「国民的再審請求権」）を行使しうるとの見解を明らかにされたのです。

こうした内田教授の問題提起に触発されて私たちが改めて結成したのが菊池事件再審弁護団です。再審弁護団としては、国民的再審請求権を行使する前提として、先ずは、現行法上国家機関として唯一再審請求権限を有する検察官に対し、その権限を行使するよう要請することが先決ではないかと考えました。

こうして二〇一二年一一月、最高検察庁に対して、一六〇頁に及ぶ膨大な再審請求理由書とともに、再審請求要請書を提出したのです。

要請者は「らい予防法違憲国賠訴訟」をたたかった原告団（全原協）と全国ハンセン病療養所入所者協議会（全療協）、そして、菊池恵楓園自治会の三団体です。

そのうえで、検察官に再審請求権限の行使を促すためには、「特別法廷」を許可し続けた当事者である、最高裁判所に対して、「特別法廷」について検証を行わせることが必要であるとの判断の下に、二〇一三年一一月に、最高裁に対して、「特別法廷」を検証すべきであるとの要請書を提出しました。

こうした要請を受けて、最高裁判所が調査委員会を設置し、その調査結果を公表したのが、前述の調査報告書です。

私たちは、限界はあるものの、この調査報告書を足がかりにして、最高検察庁に対して、菊池事件について、検察官が再審請求することを更に迫ることができると判断しました。

そこで、この報告書を最高検察庁に送り、最高裁がここまで自らの誤りを認めている以上、検察庁としても、菊池事件をこのままにしておくことはできないはずだと迫った訳です。

しかしながら、二〇一七年三月、検察庁は「特別法廷」に関与したことの非は認めたものの、菊池事件の再審については、これを行わないことを公表しました。

こうした経過を経て、私たちは、検察官が菊池事件について、再審請求権限を行使しないのは、公益の代表として検察官に課せられる注意義務に違反するとして、国賠法に基づく慰藉料請求訴訟を提起したのです。これが、菊池事件国賠訴訟であり、原告となったのは、検察庁に対する要請を行った三団体の代表者らから構成される六名です。

私たちが、この訴訟に求めたところは、次の三点に要約することができます。

第一は、菊池事件の特別法廷が憲法違反であるということを裁判所に認めさせるということです。

先の最高裁判所調査報告が、遅くとも一九六〇年以降という限定を附すことで、菊池事件を、その謝罪の対象から除外したこと、憲法違反であることを明示していなかったことの二点を何としても乗り越えたいと思ったのです。

第二は、検察官が菊池事件について、再審請求しないことは、その職務上果たすべき注意義務を怠った違法となるということを認めさせるということです。

第三は、菊池事件の再審は、Ｆさんの名誉回復にとどまらず、原告らに代表されるすべてのハンセン病病歴者の人間としての尊厳を回復することに繋がると考えたということです。

こうした目的を実現するためには、以下のような争点を一つ一つ克服することが求められました[3]。

第一は、当然のことながら、菊池事件の特別法廷が憲法のどの条文に違反するのかを明確にするということです。

私たちは、人間としての尊厳を侵害した不平等な取り扱いであったとして、憲法一三条、一四条違反を主張し、更に公開での審理を保障した憲法三七条、八二条にも違反すると主張しました。もちろん、国は全面的にこれを争いました。

第二は、再審を求める要件つまり、特別法廷が憲法違反であるとして、このような事由によって、再審請求をすることができるのかということです。

再審事由に関しては、刑事訴訟法四三五条に七つの事由が列挙されている訳ですが、公判手続や判断が憲法違反であるということは、再審事由としては、規定されていないため、この点を克服することは、この訴訟の前提条件といえる争点でした。

第三は、検察官が、菊池事件について再審請求しないということが国賠法上の違法になるのかという争点です。

この点は、更に次の二つの争点に分けられます。

その一つは、検察官の再審請求権限の行使は、裁量に委ねられるのかということです。法的には、再審請求権限の羈束性の有無・程度ということになります。

その二は、検察官の再審請求権限の行使義務は誰に対して負うのかということである。

具体的には、当該判決を受けたF氏やその遺族に対してのみ負うのか、ハンセン病隔離政策の被害を受けた原告らに対しても負うのか、つまり再審請求権限行使義務の「名宛人」の如何という争点です。

第四の争点は、菊池事件再審と原告となった六名の被害との因果関係です。

F氏の再審を開始しないことによって、原告らに直接的にどのような被害（精神的苦痛）が生じたと言えるのかという問題です。

率直に言って、これらの各争点については、これまで裁判例がなく、これらの点について論じた学者、研究者の論文も、極めて限られていたので、提訴当時、多くの研究者や実務家からは、このような訴訟を提起したことに対しては、多くの疑問や消極的な意見が投げかけられるに至りました。

4 菊池国賠訴訟判決の要旨とその意義

訴訟は二〇一七年八月二九日に提起され、二年六月後の二〇二〇年二月二六日に判決が言渡されました。

判決は、菊池事件の特別法廷の違憲性について、明確に憲法一三条、一四条に違反するということを認めたうえで、更に、憲法三七条、八二条に違反する疑いがあるとの判断を示しました。

こうした判断は、次の五点において、先の最高裁判所調査報告書の限界を超える画期的な判断だということができると思います。

第一には、同報告書が、遅くとも一九六〇（昭和三五）年以降という限定を附していたのに対し、菊池事件の審理が行われた一九五二年にまで遡って「特別法廷」の違憲性を認めたということです。

第二には、同報告書が明確には認めていなかった「特別法廷」の違憲性について、憲法一三条、一四条に違反するということを明確に認めたということです。

このうち、憲法一四条違反についてはは、前述の通り、同報告書の公表にあたって、最高裁判所の事務総長も、実質的には一四条違反という判断であると受けとめて構わないと口頭説明していたところなのですが、この最高裁報告書では、ハンセン病を理由として、ハンセン病患者のみに「特別法廷」を許可したことを不利益な取り扱いであるとして、憲法一四条に違反するとしていたのに対して、判決では、この点に加えて、「予防衣を着用し、裁判官及び検察官は、証拠物を扱う際、手にゴム手袋をはめ、箸を用いるなどした」と認定したうえで、この点も合理性を欠く差別であるとの判断を示すという画期的なものでした。

そのうえで、こうした事実認定と判断は、「菊池事件における開廷場所指定と審理を総体として見ると、ハンセン病に対する偏見・差別に基づき被告人の人格権を侵害したものとして、憲法一三条にも違反することが認められる」という判示につながったのです。

この一三条違反との判示は、最高裁判所報告書には、全く論及されておらず、まさしく熊本地方裁判所の独自の判断であり、この判決の最も画期的な部分であるといっても過言ではないと思います。といいますのは、これまでの我が国の裁判史上において、刑事事件の法廷における審理が、被告人をはじめとする当事者の人格権を尊重しているかどうかという視点で吟味する必要があるなどという判断が示されたことは、前例が全くないからです。

こうした判断を導いたのは、菊池事件の審理においてなされた、予防衣の着用や箸を用いての証拠物の取扱いといった「非人道的な」対応が、F氏の尊厳を著しく阻害したという事実そのものであると思われますが、民事事件という制約の中で、裁判所が、当時の「特別法廷」における審理の在り様を、詳細に吟味したことに対して、敬意を表さざるを得ません。

私がとりわけこの点を高く評価するのは、裁判における審理が、憲法一三条に照らして、被告人をはじめとする当事者の人格権を尊重するものでなければならないということを明示しているからです。こうした判示は、例えば、聴覚障がいや視覚障がい更には知的障がいのある当事者の裁判や外国人の裁判における、現行の審理の在り方に対しても、抜本的な見直しを求める契機になりうるのではないかと感じています。

同判決の意義の第三は、同報告書が明確に否定していた憲法三七条、八二条違反の点について、憲法違反の疑いがあるとしたことです。

前述の通り、最高裁報告書は、裁判所の掲示板やハンセン病療養所正門等に掲示された「公告」等の存在から、形式的に公開要件は、充たされていたとの判断を示していましたが、判決では、多くの頁数を割いて、この点を批判的に検討しています。判決によれば、裁判所外の開廷場所としては、「傍聴人が入るのに十分な場所的余裕があり、開廷の告示をするなどの方法によりその場所で訴訟手続きが行われていること一般国民が認識することが可能で、かつ、一般国民が傍聴のために入室することが可能な場所であることが必要」であるとしたうえで、「少なくとも菊池恵楓園で行われた菊池事件の審理については、その場所で訴訟手続きが行われていることを広く国民が認識することが容易ではないというにとどまらず、当時の社会状況に照らし、一般国民において訪問することが事実上不可能な場所を開廷場所に指定し、一般国民の傍聴を拒否したに等しいとも考えられる」と述べて、憲法三七条一項、憲法八二条一項に違反する疑いがある判示していいます。こうした判事は、最高裁調査報告の判断の誤りを明確に指摘したものであり、地方裁判所裁判官の勇気ある判断として注目されるところです。

第四の意義は、憲法的再審事由について、一定の場合に、認められるとの判断を示したということです。

ご承知の通り、再審事由を定めた現行の刑事訴訟法は、憲法違反の審理がなされたことを再審事由としては明記していません。

しかしながら、国の最高法規とされる憲法に違反した審理で言渡された判決を再審で取り消せないとすることを憲法が容認しているとは考えられませんし、上告理由として、憲法違反の主張が挙げられていることと対比しても、実に奇妙なことといわなければなりません。今まで、こうした点について、議論がなされてこなかったこと自体が、おかしいという外はない訳で、私たちとしては、この点をとても重要な争点だと考えてきました。何故なら、国民的再審請求は、「特別法廷」の違憲性を再審事由としてなされることが前提になっているからです。

この点についても、判決は、注目すべき判断をしています。一定の場合には、憲法的再審事由が認められるとの判断を示したのです。

即ち、判決は、刑事訴訟法に明文の規定がないことを指摘したうえで、「手続に憲法違反があることが再審事由に当たると解することにも相当の理由があるというべきである」と認めたうえで、手続きに憲法違反がある場合に再審により救済すべき場合としては、「これらの憲法違反が直ちに刑事裁判における事実認定に影響を及ぼす手続違反」といえる場合に限られる、つまり、逆に言えば、こうした場合であれば、憲法的再審事由も認められるとの判断を示したのです。結論として、菊池事件に関しては、事実認定に影響を及ぼしたかどうかの判断はできないとして、再審事由があると認めることはできないとしたものの、一定の場合には、憲法的再審事由が認められることを明らかにした、初めての司法判断であり、評価されるべきではないかと考えます。

第五の意義は、検察官の再審請求権限の趣旨について、確定判決を受けた当事者のために行使されるべきであるということを認めたことです。

菊池事件国賠訴訟では、国は、検察官の再審請求権限は、公訴の提起と同じく、公益の代表者として付与されているものであり、確定判決を受けた当事者の利益のために行使されるものではないとして、広範な裁量が与えられていると主張しました。その根拠とされていたのは、沖縄返還密約を暴露した毎日新聞西山記者が提起された、いわゆる「西山国賠訴訟」についての東京高裁判決であり、この判決では、検察官の再審請求は、公益の目的のために行使されるものであり、結果として、確定判決を受けた者の利益になるに過ぎないとの判断がなされていました。しかしながら、熊本地裁判決は、この点においても、国の主張を排斥して、検察官の再審請求権限は、確定判決を受けた当事者の利益のために行使されるべきものとの判断を示しています。もっとも、判決では、民事事件において、確定した刑事時事件の判決の当否について具体的に検討することは適当ではない等の理由を挙げて、検察官が、菊池事件に関して再審請求しないことを注意義務違反とまで言えないとの結論となっており、この点では、不満が残ることとなりました。

以上に述べたところから、菊池事件国賠訴訟判決が、請求棄却との結論にも関わらず、画期的な判決であるということがお分かりいただけたのではないかと思います。

5 菊池事件国賠訴訟判決の限界について

こうした画期的な意義を有する判決でしたが、結論として、原告らの請求を棄却するという主文となりました。

その理由つまり判決の問題点として、次の二点を指摘することが出来ます。

第一は、私たちの憲法三七条三項違反の主張を認めなかったという点です。

菊池事件の第一審では、国選弁護人が、およそ弁護人としてあるまじき対応を取り続けていました。先ず、冒頭の罪状認否において、Fさんが、無実であると主張しているのに、「現段階では何も申上げることはない」と述べたにとどまって、結審に至るまで全く無罪の主張をせず、更に、検察官請求にかかる書証のすべてについて、証拠とすることに同意して、その信用性を争う機会を逸したうえに、検証にも立ち会わず、被告人質問もせず、逮捕直後の不完全な自白調書の取り調べにあたった警察官の証人尋問に際して、反対尋問すらしていないのです。私たちは、このような弁護人の犯罪とも言いうる背信的な行為とこれを注意することなく審理にあたった裁判所の訴訟指揮をとらえて、菊池事件においては、憲法三七条が保障する、弁護人の弁護を受ける権利が侵害されたと主張しました。

これに対して判決では、「(菊池事件の)裁判所は、弁護人の違法・違憲の訴訟活動を放置して結審したものとして、その訴訟手続き自体、本件被告人の実質的な意味での弁護人選任権を侵害した疑いがある」と判示しています。ここで、弁護人の弁護活動を「違憲」と認定したこと、裁判所の訴訟指揮を厳しく批判したことは評価できるのですが、判決は、控訴審以後の弁護活動が被告人の主張に沿う形で行われたことを理由に挙げて、「第一審の訴訟活動の瑕疵は一定程度治癒されたとみる余地もあり、菊池事件の審理を全体としてみれば、実質的な意味での弁護人選任権が侵害されたといえるかは疑問がある」として、憲法三七条三項に違反するとまでは認めがたいと結論したのです。

こうした判断は、第一審の弁護活動によって侵害されたもののうち、その後の弁護活動によって治癒されうるものとそうではないものとを区別することを怠った、無責任な判断という外はありません。特に、第一審の有罪判決の柱となった、凶器とこれを凶器であるとする法医学鑑定及び被告人から犯行を打ち明けられたとする親族の供述調書の信用性を弾劾する機会が、第一審弁護人の「同意」によって奪われてしまったということは、被告人の無罪を立証するうえでの致命的な障害となるものであり、その後の弁護人選任による弁護活動によっては、補うことのできない瑕疵なのだということが、判決では、全く考慮されていません。[4]

第二の問題点は、検察官の再審請求権限不行使と原告らの損害との因果関係に関する判断部分です。

判決は、原告らは、当該有罪判決を受けた者ではないから、検察官が再審請求権限を行使すべき職務上の義務を怠ったことにより直接被害を受けた者とは言えないと判断して、原告らの請求を棄却しました。

この点に関する私たちの主張は、最高裁判所による特別法廷の許可が、国の隔離政策の一環として行われたものであり、最高裁判所までもが、隔離政策に加担することによって、社会のハンセン病に対する偏見差別を著しく助長することになったという歴史上の事実に鑑みれば、原告らも「特別法廷」による被害者であり、原告らが蒙ってきた偏見・差別による被害の回復のためには、菊池事件において、再審により、「特別法廷」における審理は憲法違反であることを明らかにし、確定判決を取り消すことが必要不可欠であるという点にありました。この点に関しては、前述の最高裁判所裁判会議の謝罪談話にも、そうした趣旨のことが触れられていることも指摘したのです。[5]

しかしながら、判決では、こうした主張は、顧みられることはなく、原告らの切実な思いを踏みにじられるところとなりました。

6 判決確定に至る経緯

ご承知の通り、私たちは「請求棄却」という敗訴判決について控訴しないという決定をしました。

その理由を要約して述べれば、以下の二点ということになります。

第一は、菊池事件における「特別法廷」が憲法違反であるという判決を得たことで、再審請求への足掛かりを築くという、この訴訟の目的は達成できたと判断したということです。

そもそもこの国賠訴訟は、国民的再審請求を行うための布石として提起されたものでした。憲法違反の審理で死刑判決を下して処刑してしまった等という事実を是正しないで放置することが許されるのか、というこの一点こそが、私たちが、この訴訟において、明らかにしたい最大の獲得目的だったのであり、その目的は達成することができたと評価できると判断したのです。

第二は、控訴した場合に生じうるリスクを避けたということです。

判決は、実に誠実に、各争点ごとに私たちの主張についての判断を示したものでしたが、それだけに法律論的に見ると、危うさを宿していました。

つまり、この請求棄却に至る論旨を導くのであれば、法論理的には、原告らには、検察官の再審請求権限の不行使による損害が生じているとは認められないとの前述の第四の争点に対する判断を下すだけで充分であり、その余の争点についての判断を下す必要は全くない、つまり、判決の結論を説明するのに必要ない余分な事柄についてまで詳細に論じてしまっていると解釈される危険性を有していると判断されたということです。

控訴した際に、高等裁判所の裁判官によって、このような形式論理的な理由に基づいて、この判決の憲法違反との貴重な判断が取消される可能性は否定できないと危惧されたのです。形のうえで、勝訴したことになっている国には控訴権はなく、こうして、熊本地方裁判所のこの画期的な判決は、確定することになりました。

7 再審開始に向けての今後の課題と私たちに問われるもの

菊池事件の特別法廷が憲法違反であるとする判決の確定によって、再審開始に向けての大きな足掛かりはできたとは言うものの、再審開始に至るまでに越えなければならない課題は決して少なくありません。

第一には、確定した判決に基づいて検察庁に対して、再度、再審請求をせよとの要請を行う必要があります。

こうした要請は、次に述べる国民的再審請求権の行使に至る前提条件としても必須の過程となります。

私たちが、これ程までに要請を重ねても、国家機関として唯一の再審請求権限を有する検察官が再審請求しないという以上、主催者たる国民が動くしかないという理由付けとして必要だからです。

こうして私たちは、去る七月一日、熊本地方検察庁に、最高検察庁に対する再度の再審請求要請書を提出し、九月までに結論を出すように求めています。

第二には、菊池事件以外にも九四件行われたとされる、「特別法廷」で裁かれた当事者及びその遺族に対する再審請求の呼びかけの必要性です。

該当する当事者が特定されている訳で

はないため、マスコミ等の協力を得ての抽象的な呼びかけとならざるをえませんが、「特別法廷」が憲法違反であるという判例が確定したという事実を広く伝えて、この判決に基いて、再審請求権の具体的な行使が可能であることを知ってもらい、何件かの再審請求を提起することで、憲法的再審事由の確立への布石を広げていきたいと願っています。

第三には、再審に関する刑事訴訟法の改正のための取組みです。

狭山事件、袴田事件、大崎事件、飯塚事件等々再審のためにたたかっている諸団体とともに、再審法の改正に緊急に取り組んでいく必要があります。

既に、日弁連では、昨年の人権大会の決議を受けて、人権擁護委員会内に再審法改正特別部会を設置して、再審法の改正に全力で取り組むことを明らかにしていますので、こうした動きに直接的に関与していくことが求められています。特に、憲法的再審事由を明文化すること、検察官が再審請求権限の行使を怠る場合に、弁護士会などが、検察官に代わって公益的な立場から再審請求を行うことができる公益的再審請求制度を創設することは、菊池事件特有の課題として、ぜひとも実現する必要があると認識しています。

そして、第四に、いよいよ国民的再審請求権の行使に着手するという課題です。

私たちとしては、検察庁の判断を受けて、九月末を目標に、国民的再審請求権の行使に着手することにしていますが、そのためには、次の二つのことを達成しなければなりません。

一つは、国民的再審請求権に関する理論武装です。現在、内田名誉教授をはじめとする研究者の方々の助言をいただきながら、弁護団内部で検討を続けているところなのですが、国民的再審請求権とは、文字通り、主権者としての一人一人の国民が、憲法違反の審理で死刑判決がなされたという裁判が、取り消されることなく放置されることは、法治国家として許されないとして、主権者たる地位に基づいて再審開始を求めるというものです。もちろん、法律に、このような規定は存在しませんが、私としては、憲法一六条に規定された主権者たる国民の請願権の司法に対する行使として、国民的再審請求権を位置付けることが出来るのではないかと考えているところです。

第二は、「国民的」という表現に相応しいだけの国民的参加を築き上げる必要があるということです。

日本のハンセン病隔離政策が、八九年間もの長きにわたって存続してきた一因は、これを支持し、社会の隅々に偏見・差別の構造を作り上げてきた私たち国民の側にあります。とりわけ、人権問題に深くかかわりを持つ私たち法律家の責任は、決して小さくありません。

このことを自覚したうえで、「支援」などという枠を越えて、自らの生き方、自らの責任という視点で、この再審請求権の行使に参加する国民とこれに関与する学者・研究者をどれだけ生み出せるのか、この点を抜きにしては、国民的再審請求権の行使は意味がないと言って過言ではないと思っています。

何しろ、明文の規定のない、前例のない再審請求であるだけに、学者・研究者の方々の賛同をどれだけ得られるのかという課題はとても大きいと感じています。そのためには、何よりも、菊池事件についての関心を研究者の間に広げていくことが肝要であり、この際にも重要なことは、過去において、特別法廷の問題に関して、その違憲性を指摘してきた研究者は、ごくわずかに過ぎず、多くの研究者は、この憲法違反の法廷での審理を容認したり、あるいは無関心に看過してきたという事実の持つ意味を問いかけるということにあると考えています。

そのうえで、言うまでもないことではありますが、マスコミにおける「理解」を確立することも必要不可欠です。

菊池事件に関しては、当時のマスコミ報道は、F氏を犯人視する状況を生み出し、「特別法廷」という密室における審理を正当化し、無実を叫び続けるF氏の訴えを無視し続けたのであり、そうした視点に立っての報道姿勢のあり方を検証する必要性を確認しながらの、私たちとの共同作業が何よりも求められていると思っています。

こうした形で、今後における菊池事件の再審を求める運動の課題を列記していくと、いずれも、ハンセン病隔離政策において果たした私たち社会の側の責任を、私たち一人一人が、それぞれの置かれた立場に応じて、どのように受け止め、どのようにその責めを果たしていくのかということが問われているということになります。

何よりも、そうした責めを最も重く負うべきであるのは、法律専門家としての私たち弁護士です。

菊池事件の再審を何としてもやってほしいとの問題提起を受けてから既に二〇年を超える年月が経過しました。誰よりもF氏の無実を信じていて、誰よりもその雪冤を願っている遺族が、再審請求することが出来ないという現実を深く受け止めて、再審開始を勝ち取るために、残された寿命が尽きるまで全力を尽くす覚悟であることを改めて表明させていただいて、この拙い論考を閉じさせていただきます。

注

（1）一般には、一九五一年六月の第一次事件をダイナマイト事件と呼び、一九五二年七月の第二次事件を「菊池事件」と呼んでいる。当然のことながら第一次事件についても、再審請求をすべきであるが、私たちは、当面の課題として、第二次事件の再審開始を求めている。

（2）最高裁判所は、「特別法廷」の調

査にあたって、有識者委員会を設置したが、その委員として調査にあたった大阪弁護士会の石田法子弁護士は、こうした調査報告書の見解について、「告示さえすれば、ヒマラヤの山頂で開廷しても公開法廷ということになるのではないか」と批判している。

（3）本来は、菊池事件について、F氏が無実であるかどうかということ（これを法律的には、実体的再審事由という）を、中心的な争点とすべきであり、訴状では、このことについての私たちの主張を詳細に展開していたのだが、そのためには、熊本地検が保管している菊池事件の確定記録の吟味が必要不可欠であるところ、裁判所は、当初の段階で、この記録の取り寄せを求める私たちの申出に対しては、留保したままで、審理を進める旨を明らかにした。このため、私たちとしては、この点について、この裁判の中で判断を求める争点として維持することは困難であると考えるしかなかったものである。

（4）第一審の弁護人が同意した証拠の中には、凶器とされた短刀とこれを凶器であるとする法医学鑑定書が含まれていた。しかしながら、この凶器からは、手袋などしていなかったF氏の指紋は、検出されず、全身二〇数か所に傷を負わせ失血死させた凶器であるのに、血痕が全く付着していなかった。確定判決では、短刀が発見された小屋近くの小さな池で洗えば、血痕が消える可能性があるなどと説明しているが、夜間、電灯もない山中において、束の部分まで血痕が全くなくなるほどに池の水で洗い流すということは不可能であり、真実、この包丁が犯行に使用された凶器であるのであれば、犯人は、池の水で洗ったのちに、小屋に立てかけておくより、池の中に投げ入れて、証拠隠滅を図るはずである。

そもそも、この短刀なるものは、被害者が遺体となって発見された直後に小屋から発見されて領置したとされているものであるが、取り調べ段階で、F氏には全く提示すらされておらず、最初に法医学鑑定に付された段階では、凶器として鑑定人に提供されたのは、逮捕時にF氏が所持していた草刈り鎌であり、この短刀は、全く提示すらされていない。領置に際して、小屋の所有者に事情聴取して、同人の物かどうかの確認もされておらず、最終的に鑑定人に提示されたのは、発見してから、一か月以上経った後のことである。

このようなものが凶器とされているということについて、鑑定人や小屋の所有者に対する尋問は全く実施されておらず、短刀の発見者である警察官の証人尋問では、その短刀の発見日時について、調書における、検察官の質問事項と証人の証言内容とが、ともに後日に訂正されているという有様である。第一審の弁護人の怠慢が招いたこうした事態は、控訴審での弁護活動で治癒され得るものではない。

また、犯行当日の夜に立ち寄ったF氏から、犯行を打ち明けられたとする親族の供述調書では、その際に凶器を見せられたと明確に述べており、犯行直後に池で短刀を洗って小屋に立てかけたという確定判決の事実認定とは、決定的に矛盾する形になっているのだが、この親族に対する証人尋問も行われていない。こうした尋問が行われていれば、この短刀を凶器であるとする事実認定はありえないのであり、こうした弁護活動の怠慢とこれを放置した裁判所の訴訟指揮が、死刑判決を導いたという外はない。

（5）この点に関して、国は、仮に、検察官に再審請求権限行使義務があるとしても、その名宛人は、確定判決を受けたF氏かその遺族に限られ、原告らは、その義務違反を主張する法的利益を有しないと主張した。これに対して、私たちは、最高裁判所裁判官会議談話などを引用し、「特別法廷」による偏見差別被害は、F氏のみならず、原告らに及んだものであり、F氏と原告らは、隔離政策の被害者として家族以上の関係にあると主張し、検察官の再審請求義務の名宛人には、原告らも含まれると主張したものである。

死刑をめぐる状況

2019—2020

語ることを諦めた死刑囚たちを考える

上訴取り下げをめぐる問題点

篠田博之 月刊『創』編集長・安田好弘

上訴取下げの実情と問題点

安田　「語ることを諦めた死刑囚たちを考える」というテーマで篠田さんといろいろお話ししたいと思います。重要なテーマなんですが、ちょっと専門的な話になるので最初に控訴取下をめぐる問題について、何が問題なのかを説明させていただきます。

　刑事事件の場合、被告人は通常、地方裁判所で第一審の裁判を受けることになります。この場合、裁判所に出頭しなければなりません。そして判決のあと、裁判官はこう言います。「この判決に不服のある場合には、二週間以内に高等裁判所宛に、控訴状をこの裁判所に提出してください」と。

　もしこの期限内に控訴状を提出しないと一審の判決がそのまま確定します。控訴できるのは、被告人ご本人ともう一人弁護人です。この弁護人には、一審の弁護人も含まれていて、被告人の明示の意思に反してでも控訴をする権限があります。明示の意思とは裁判所に対する明示の意思と解釈されていますから、接見などで弁護士や支援者に対して言っていたことは考慮されません。そして、控訴をしますと、その瞬間から控訴審つまり高裁が始まることになり、その瞬間から、一審の弁護人の権限は消滅します。新たに控訴審の弁護人が選任されるまで、被告人は、弁護人がいない状態になります。国選弁護人だと、選任まで一カ月以上のタイムラグが生じます。この間に、被告人による控訴の取り下げが起きるんですね。

　控訴の取り下げには、いろいろな理由があります。控訴しないことがせめてもの反省の証だという考えもありますし、控訴しても良い判決が期待できないという諦めもありますし、時には控訴しないことによって抗議の意志を表すというものなど、様々な理由があります。そして、上告審つまり最高裁の場合もまったく同じです。

資料（九九頁）に上訴を取下げをした人、あるいは上訴をしなかった人の一覧表があります。控訴と上告を併せて、上訴と言いますが、これだけたくさんの人が上訴をせずに確定しているわけです。懲役刑ならわからないでもないですが、死刑という極刑ですから、上訴の取り下げは、確実に死を早めることになるわけですし、自殺行為と言っても決して間違いではないと思います。

さらに、一覧表を見てみますと、「控訴せず」という人もいます。これは、ご本人も控訴しなかったし、弁護人も控訴しなかったということです。今では少なくなりました。控訴したり上告すれば、それだけでも死刑の確定を遅らせ死刑の執行を先に追いやることができます。第一審や二審で死刑を回避することができなかったとしても、控訴し、上告して、一日でも長く生きながらえることができるようにする、それも死刑判決を受けた人たちへの重要な弁護活動です。いずれ死刑が執行されようとも、生きながらえること自体に価値を見いだす、私たち弁護人はそういう結論に達したわけです。今から三〇年以上前のことですが、「死刑事件担当弁護士の会」という集まりがあって、これはフォーラム90の発起団体の一つですが、その中で、死刑事件を担当する弁護士の任務として、一日でも命を長らえるようにするということが弁護人の重要な任務であると確認されて共有化されました。その背景には、いずれ死刑が廃止されるから、生きながらえて、その日を待とうという期待もありましたし、先ほども言いましたとおり、生きること自体に価値があるという考えに私たちが気づいたわけです。今では、今回のケースのように、仮りにご本人が控訴をしないと言っても、弁護人はそれに反してでも控訴をするというのが、弁護人の責務として一般に自覚されています。

さらに、その会合で私たち弁護人が確認し合ったのは、責任能力不存在による無罪を安易に持ち出すのを止めようということと、死刑違憲論の弁論に期待してはならないということでした。それまでの死刑事件では、弁護人が冒頭から事件当時被告は精神的に責任能力がない状態であったとして、無罪を主張することが多くありました。確かに、過去の判例などをみて、この事件は死刑を免れないと考えられるとき、冒頭から責任能力がな

この対談は二〇二〇年七月一八日、文京区民センターで行われたフォーラム90主催の「相模原事件・寝屋川事件から頻発する上訴取下げを考える」集会の第二部「語ることをやめた死刑囚たちを考える」に加筆したものである。『創』二〇二〇年八月号掲載のものにさらに大幅に手を入れていただいた。

なお、第一部は「相模原事件　死刑確定でなにが失われてしまったのか」と題する渡辺一史・篠田博之の対談（司会はダースレイダー）。『フォーラム90』173号に掲載されている。あわせて読んでいただきたい。

かったと主張して、何とか死刑を回避しようとすることも分からないではないのですが、その時、議論されたのは、そのような主張をすれば、弁護人が裁判所に対して死刑を回避できないことを自ら認めていることになり、裁判所が事実について見極めようとしなくさせてしまうし、弁護人自身にも事実を見極めることをないがしろにさせてしまい、弁護放棄につながるという考えでした。専門的な話になりますが、犯罪成立するためには、まず構成要件該当性があり、次に違法性があり、そして責任がなければならならず、これらがすべて充足して初めて有罪と認定できるという刑法の基本原則です。これを殺人罪でいいますと、まず人を殺すという行為がないと駄目なんです、人の手足を切ったりする行為はとても殺人とは言えませんから、この段階で振り落とされます。次に、そうしたことが違法でなければならないという要件です。例えば、正当防衛で殺してしまったとすれば、殺人の構成要件に該当するけれども違法ではないとして有罪になりません。そして、最後ですが、例えば幻覚や幻想から正常な判断ができずに人を殺してしまったとすれば責任能力がないとして無罪になります。ですから、責任能力の問題は、最後の問題であるのに裁判の冒頭から責任能力がなかったと主張するのは、あらかじめ争点を放棄するに等しく、十分な弁護とは言えないと考えたのです。

そして、死刑違憲論です。最高裁が展開する死刑合憲論は、極めて陳腐なものでとても説得力がありません。ですから、弁護人は、死刑違憲論を展開すれば何とか裁判所を説得できると誤解してしまいます。とりわけ、それぞれの弁護人が、高い見識と広い知識に基づいて、しかも鍛えられた弁護技術によって最高裁の死刑合憲論に反論するわけですから、ついつい自己陶酔の世界に陥ってしまい、しかももしかして勝てるかもしれないと錯覚してしまうのです。そのような場合、どうしても事実に対しての見落としが生じますし、さらに裁判所にも弁護人は死刑違憲論しか展開できないのかと事件を安直に受け取らせてしまいます。もちろん、現在の最高裁の状況からすれば、死刑違憲論が認められるはずもありません。もし、本当に認められると考えているのであれば、それは死刑事件の過酷な現実を理解していないのではないか。ですから、私たちは、当時、死刑違憲論に逃げないということで確認をしあいました。これが、今から約三〇年前に死刑事件を担当している弁護士が集まって議論した結論だったわけです。

話をもとに戻します。控訴を取り下げる権限は、本人にしかありません。手続上は弁護人もできますが、これは本人の意思に反してすることができません。もちろん、本人が控訴を取り下げると言えば、弁護人はそれを止めるように説得するのですが、その説得が功を奏さないこともあります。弁護人には、取り下げ

上訴取下げをした人、あるいは上訴をしなかった人

（『年報・死刑廃止 2019』。1993 年 3 月 26 日以降の確定死刑囚をもとに作成）

1	大濱松三（東京）	1977 年 4 月 16 日　控訴取り下げ
2	関　幸生（東京）	1982 年 9 月　上告せず確定（1993 年 11 月 26 日執行）
3	藤岡英次（大阪）	1983 年 4 月 14 日　控訴せず確定（1995 年 5 月 26 日執行）
4	佐々木和三（仙台）	1985 年 6 月 17 日　控訴取り下げ確定（1994 年 12 月 1 日執行）
5	須田房雄（東京）	1987 年 1 月　控訴取り下げ確定（1995 年 5 月 26 日執行）
6	井田正道（名古屋）	1987 年 4 月 15 日　上告せず確定（1998 年 11 月 19 日執行）
7	日高安政（札幌）	1988 年 10 月 11 日　控訴取り下げ確定（恩赦期待。1997 年 8 月 1 日執行）
8	日高信子（札幌）	1988 年 10 月 11 日　控訴取り下げ確定（恩赦期待。1997 年 8 月 1 日執行）
9	平田光成（東京）	1988 年 10 月 22 日　上告取り下げ確定（恩赦期待。1996 年 12 月 20 日執行）
10	今井義人（東京）	1988 年 10 月 22 日　上告取り下げ確定（恩赦期待。1996 年 12 月 20 日執行）
11	高田勝利（仙台）	1992 年 7 月　控訴せず確定（1999 年 9 月 10 日執行）
12	澤地和夫（東京）	1993 年 7 月　上告取り下げ確定（2008 年 12 月 16 日病死）
13	牧野　正（福岡）	1993 年 11 月 16 日　控訴取り下げ確定（2009 年 1 月 29 日執行）
14	宮脇　喬（名古屋）	1994 年 3 月 18 日　上告取り下げ確定（2000 年 11 月 30 日執行）
15	浜田美輝（名古屋）	1998 年 6 月 3 日　控訴取り下げ確定（2002 年 9 月 18 日執行）
16	日高広明（広島）	控訴せず確定（日付不明　2006 年 12 月 25 日執行）
17	小田義勝（福岡）	2000 年 3 月 30 日　控訴取り下げ確定（2007 年 4 月 27 日執行）
18	竹澤一二三（東京）	上告せず確定（日付不明　2007 年 8 月 23 日執行）
19	岩本義雄（東京）	控訴取り下げ確定（日付不明　2007 年 8 月 23 日執行）
20	横田謙二（東京）	2002 年 10 月 5 日　上告取り下げ確定
21	府川博樹（東京）	2003 年 1 月 5 日　上告取り下げ確定（2007 年 12 月 7 日執行）
22	宅間　守（大阪）	2003 年 9 月 26 日　控訴取り下げ確定（2004 年 9 月 14 日執行）
23	藤間静波（東京）	本人が控訴を取り下げ　弁護人が心神喪失状態、責任能力のない状態での取下げとして無効を申立、高裁は認めなかったが最高裁が認め控訴審が再開（2007 年 12 月 7 日執行）
24	名古圭志（福岡）	2004 年 8 月 26 日　控訴取り下げ確定（2008 年 2 月 1 日執行）
25	坂本正人（東京）	2004 年 11 月 13 日　上告せず確定（2008 年 4 月 10 日執行）
26	高根沢智明（東京）	2005 年 7 月 13 日　控訴取り下げ確定
27	山本峰照（大阪）	2006 年 3 月 21 日　控訴取り下げ確定（2008 年 9 月 11 日執行）
28	小林　薫（大阪）	2006 年 10 月 10 日　控訴取り下げ確定（2013 年 2 月 21 日執行）
29	高塩正裕（仙台）	2006 年 12 月 20 日　上告取り下げ確定（2008 年 10 月 28 日執行）
30	西本正二郎（東京）	2007 年 1 月 11 日　控訴取り下げ確定（2009 年 1 月 29 日執行）
31	山地悠紀夫（大阪）	2007 年 5 月 31 日　控訴取り下げ確定（2009 年 7 月 28 日執行）
32	前上　博（大阪）	2007 年 7 月 5 日　控訴取り下げ確定（2009 年 7 月 28 日執行）
33	尾形英紀（東京）	2007 年 7 月 18 日　控訴取り下げ確定（2010 年 7 月 28 日執行）
34	畠山鐵男（東京）	2007 年 11 月 1 日　控訴取り下げ確定（2017 年 9 月 16 日病死）
35	長谷川静央（東京）	2008 年 3 月 17 日　上告取り下げ確定
36	松村恭造（大阪）	2008 年 4 月 8 日　控訴取り下げ確定（2012 年 8 月 3 日執行）
37	松田幸則（福岡）	2009 年 4 月 3 日　上告取り下げ確定（2012 年 9 月 27 日執行）
38	神田　司（名古屋）	2009 年 4 月 13 日　控訴取り下げ確定（2015 年 6 月 25 日執行）
39	金川真大（東京）	2009 年 12 月 28 日　控訴取り下げ確定（2013 年 2 月 21 日執行）
40	津田寿美年（東京）	2011 年 7 月 4 日　控訴取り下げ確定（2015 年 12 月 18 日執行）
41	池田容之（東京）	2012 年 7 月　控訴取り下げ確定
42	田尻賢一（福岡）	2012 年 9 月 10 日　上告取り下げ確定（2016 年 11 月 11 日執行）
43	住田紘一（広島）	2013 年 3 月 28 日　控訴取り下げ確定（2017 年 7 月 13 日執行）
44	山田浩二（大阪）	2019 年 5 月 18 日控訴取り下げ　2020 年 3 月 24 日に 2 度目の控訴取り下げ
45	植松　聖（東京）	2020 年 3 月 30 日　控訴取り下げ

をやめさせる権限はありません。しかし、取り下げのほとんどのケースは、先程説明しましたように、新たな弁護人がつかない魔の期間に取り下げが行われているのが実情です。

この上訴権は、憲法三二条が保障する裁判を受ける権利に基づくものですが、一審だけでなく二審、三審に対しても認められています。これは、裁判に慎重を期し、誤った裁判を回避しようという考えに基づくものです。そうであれば、必要的上訴と言うのですが、本人が望むと望まざるとにかかわらず、自動的に上訴され、常に三度の裁判が行われるというのがその趣旨に合致することになります。特に死刑事件では、それが誤っていた場合、有罪・無罪だけではなく量刑についても誤っていた場合、取り返しのつかないことになりますから、必要的上訴という制度が求められるのですが、日本の法律では、本人の意思によって上訴を経なくてもいいということになっています。それで、死刑判決については必要的上訴という制度が必要だという議論がなされているわけです。しかし、裁判所はもとより国会もそのような動きはまったくありません。彼らは、裁判所が誤った判断をするはずがないという考え、あるいは、助かりたくない人を助けなくてもいいと考えているわけです。実に冷たい考えですね。医療従事者は、仮に患者さんが死にたいと思っていても、生きるように励まし、生きるために最善を尽くしていますよね。それが、医療に対する信頼の基本になっているんですよね。私たちだって同じです、自殺しようとする人があれば、体を張ってでも助けようとするでしょう。法律の世界ではそうではないのです、助かりたくない人間を助ける必要がないというわけです。無慈悲というほかありません。

そして、日本の上訴制度の問題点のもう一つは、検察官にも上訴権を認めていることです。上訴は、被告人とされている人の裁判を受ける権利の保障の一環として認められているのですから、検察官の上訴権はその趣旨を逸脱しているわけです。その結果として、被告人や弁護人が一生懸命頑張って死刑判決を免れたとしても、検察官は必ず上訴してくるわけです。今までは、控訴するだけにとどめていて上訴までしなかったのですが、永山事件や光市事件のように、検察官が上告する事件が増えています。しかも、最高裁は、検察官の上告を受け入れて、下級審が死刑を回避した判決をひっくり返すわけです。被告人にとっては、たまったものではありません。二度も三度も死刑の危険にさらされることになるわけです。光市事件の場合ですと、一審無期、二審無期、最高裁破棄差戻、差戻控訴審死刑、差戻最高裁死刑と、検察官に徹底的に死刑を追及され、結局、死刑にされてしまいました。検察官に上訴権を認めないというのは、英米法の世界では古くから当然のこととされているのですが、日本では、これを是正しようという声はほとんど上がってきません。追いかけて追いかけて、どこまでも追いかけて殺す、彼らがやっていることは、無慈悲な殺し屋というほかなく、司法システムの中の異質の存在と言うほかありません。長くなりましたが、以上が、上訴取り下げをめぐる日本の実情と問題点だと考えます。

今日は、寝屋川事件の山田浩二さんのケースと、相模原事件の植松聖さんのケースと、二つを取り上げて、控訴する権利、あるいは控訴の取下げについて議論をしていこうと思います。

まず篠田さんに、寝屋川事件について説明していただければと思います。

寝屋川事件――取り下げ無効の申し立てと一二月の高裁決定

篠田　相模原事件は今年、裁判があったばかりなので、みなさん基本的な知識があると思うんですけれども、寝屋川事件は事件そのものを忘れている人が多いので、少し説明したいと思います。この一年間で山田浩二被告が二回も控訴を取り下げたのですが、これは前代未聞じゃないかと思います。控訴取り下げというのは、自分で死刑を確定させるという行為なわけです。死刑台へのボタンを自分で押すということ。それを二回もやったわけです。

まず、その経緯を説明しますが、手続きをめぐる攻防戦が展開され、その経緯がかなりややこしい。関西を中心に新聞・テレビで断片的に報道されてはいますが、一般の人には相当わかりにくいと思います。被告人本人から私に届いた手紙でも、「裁判所の決定通知を受け取ったが、これは僕にとって良い決定？　悪い決定？」と聞いてきたくらいです。

まず寝屋川事件そのものについて少し説明します。二〇一五年夏に、男女の中学生が行方不明になって殺害されたんですけれども、当時、連日連夜、二人が姿を消した商店街の防犯カメラの映像がテレビで映し出されました。あどけない二人の中学生の映像に、多くの人が涙を流してテレビを見ていた、それが印象に残っているかと思います。

その後、山田浩二容疑者が逮捕され、裁判が行われて、二〇一八年一二月に大阪地裁で死刑判決が出ます。山田氏本人は死刑宣告にショックを受けるんですが、控訴します。その後、私との文通が始まって、彼は『創』に手記を発表します。

ところが二〇一九年五月一八日に、彼は突然、控訴を取り下げます。それが土曜日で、週明けに新聞報道されたのを見て私はびっくりして大阪拘置所に駆け付けました。取り下げの理由は、手紙を書くために貸与されたボールペンを時間内に返さなかったということで刑務官と口論になり、パニックになってそうしてしまったというんですね。

私は五月二三日に接見するんですけれども、会ってみたら、彼は取り下げたことを激しく後悔していました。これは当たり前で、取り下げると死刑が確定して、接見禁止になりますからね。彼はすごく落ち込んで後悔していたわけです。そこで私は、取り下げ無効という手続きができるからと勧めたんです。

安田さんたちも関わった奈良女児事件の小林薫元死刑囚のケースが前例としてあったものですから、私もある程度の知識がありました。山田被告は私が接見する前の日に、弁護人の接見を拒否してしまい、もう死刑確定だと半ば諦めてしまっていたんですね。なので、まだ手続きができるよと教えたら、じゃあやってみようということになったんです。

私は五月二三日、二四日と東京・大阪を往復して山田被告と話し合い、弁護士さんに連絡をして、週明けの月曜日に弁護士さんが山田被告に接見して、控訴取り下げ無効手続きをすることが決まるんです。

ただ当時は、ほとんどの人が、死刑が確定したのをひっくり返すのは難しいだろうという意見でした。私は、死刑事件の裁判をたった一本のボールペンをめぐるトラブルで打ち切ってしまうというのは納得できない、裁判に対する冒瀆だと言っていたんですが、山田被告は死刑が確定して接見禁止がついて、私とのやりとりもできなくなりました。

ところが、一二月一七日に大阪高裁第六刑事部が、「直ちに判決を確定させることには強い違和感とためらいを覚える」として、彼の無効申し立てを認めたんですね。これには多くの人が驚いたと思います。そしてすごいことに、その決定を受けて、山田被告は死刑確定者から未決処遇に戻り、再び接見ができるようになったんです。すぐに駆け付けたら面会できて、本人もすごく喜んでいました。死刑囚がそんなふうに再び「被告」に戻るというのは、あまり前例がないことだと思います。

ところが検察もこれを黙ってみているわけじゃなくて、二つの手を打ったんです。最高裁に特別抗告したのと、高裁に異議申し立てをしたんですね。そして二〇二〇年になって特別抗告は、最高裁がこれを棄却しました。ここまでは山田被告に追い風でした。もしかしたら裁判が再開するかもしれないと私も思いました。

ところがもうひとつ、検察による異議申し立てについては、大阪高裁第一刑事部で審理されていたのが、今年の三月一六日に、一二月一七日の第六刑事部の決定を差し戻すことになったんです。この大阪高裁の差し戻しに対して、今度は弁護側が最高裁に特別抗告をしました。そしてこの抗告が六月一七日、棄却されてしまうんです。山田被告が「これは良い決定か、悪い決定か?」と聞いてきたのはこの時です。

そして問題は、そうやって弁護側が検察側と攻防戦を展開している最中の三月二四日に、彼が二回目の控訴取り下げをするという仰天事態になるんですね。これには私も驚いて、それまで一年間やってきたことは何だったのかと脱力しました。

二度目の控訴取り下げ

篠田　二回目の取り下げ理由も一回目と似てるんですけれども、拘置所側との処遇をめぐる問題なんです。山田被告は、拘置所から嫌がらせを受けているとずっと訴えており、控訴取り下げは、ある種の命がけの抗議なんですね。一回目はボールペン一本の返却をめぐる口論でしたが、二回目はもう少し深刻でした。大阪拘置所が、山田被告になにか疑いを持ったらしくて、三月一九日に彼の独居房を捜索するんです。彼に言わせると、自分の裁判資料とかをむちゃくちゃにされたと。そのことで彼はもう怒り心頭に発して、二回目の取り下げをやるんですね。

一九日に取り下げを決めて、実際に取り下げたのは二四日でした。彼もさすがに悩んだのだと思います。私に控訴を取り下げたという手紙が届いたのは二八日の土曜日でした。それを読んで私は週明けの三〇日の月曜日に接見しました。

その三〇日は、実は相模原事件の植松聖被告が控訴を取り下げた日なんですね。植松被告は、一六日に死刑判決が出て、弁護人が二七日に控訴したのを取り下げると言っていたので、私は朝イチで接見して説得したわけです。でも彼の決意は固くて、結局取り下げ手続きをしてしまいます。私は横浜拘置支所で植松被告を説得した後、その足で大阪拘置所に行って山田被告と接見しました。

この時、既にマスコミはそれを嗅ぎつけていて、朝日新聞記者が三〇日に接見申し込みをしたんですね。でも私が行くことを電報で伝えていたので山田被告はそれを拒否しました。ただ朝日は独自に裏を取り、翌日、控訴取り下げをしたという報道がなされました。

でもこの二度目の控訴取り下げは、裁判所がすぐには受理しなかったようなんです。取り下げ無効手続きをめぐって攻防戦の最中だったために、高裁も真意を測りかねたらしく、弁護士と協議をしているんです。山田被告からは私のところに経緯を書いた詳細な手紙を送ってきていたのですが、それを公表したり本人がマスコミ取材に応じるのは少し待ってくれないかという弁護人の意向もあって、山田被告はその後も新聞社の取材依頼に応じませんでした。

そうしたら、そのあとコロナ騒動で、裁判所と拘置所の機能がほとんど停止した状態になってしまって、二度目の控訴取り下げはずっと受理されませんでした。弁護人が正式に二度目の控訴取り下げ無効手続きしたのは五月一二日でした。

そして現状がどうなっているかというと、六月の最高裁による弁護側の抗告棄却によって、昨年一二月の決定は差戻しになっていますから、下手をするともう一回死刑が確定してしまう可能性が出てきたんですね。そうなると再び、彼は死刑確定者に戻り、接見禁止になります。本人もその最悪の事態に備えて準備を始めているようです。

山田被告の二度目の控訴取り下げの事情については、実は私のところに届いた三月一八日付の手紙が注目されました。山田被告は二四日に控訴を取り下げて、その翌日、詳しい事情を書いた手紙を私に送るんですが、実はその前の手紙に、あとでよく見ると、取り下げの話が書いてあったんです。

彼は三月一六～一七日頃に次の『創』にまた手記を載せたいというので、私への手紙を書き、一九日にそれを発信するんですが、実は一晩思い悩んだ末に朝になって、「やっぱ無理す、取り下げます」「刑務官を恨みながら死刑場に行きます」と欄外に書いていた。手紙の本文では、「心折れそうになりますが頑張ります」みたいなことが書いてあったんで、私も大丈夫かなと思ってしまったんですが、欄外に「やっぱ無理す」って書き込んでたんです。

その時期は、実は相模原事件の裁判で死刑判決が出た時で、私は植松被告を説得するために連日、接見を重ねていました。植松被告はそうした動きを察知して、結審の公判廷で「控訴はしません」と宣言してしまうんです。相模原裁判については、事件の真相が何も明らかになっていないとして多くの人が批判しており、私のところにも植松死刑囚が控訴取り下げをしないように説得してくれという声がたくさん届いていました。障害者問題に関わっている人たちからもありました。

裁判は被告を裁くということだけでなく、事件を解明するという使命があるわけですが、相模原事件も寝屋川事件も一審では事件の解明がなされていない。裁判を終わりにしてしまってはいけないという声が多かったんです。ただ植松被告は何度説得しても、どうせ控訴しても判決は同じで意味がないし、法廷で控訴しないと宣言したのだから今さら違うというのは筋が通らないと譲りませんでした。

三月三〇日の植松被告の控訴取り下げと、山田被告が二度目の取り下げをした直後の接見が同じ日になって、私は同じ日に二人を説得することになりました。山田被告については、私が一九日の手紙の欄外をよく読んでいたら、すぐに接見して二度目の取り下げをやめてもらうことができたかもしれないんですが、ちょうどその時期、相模原裁判が大詰めだったんですね。

取り下げについての過去の経験

安田　ちょっと今、篠田さんから専門的な言葉がたくさん出ましたので、簡単に解説しますと、裁判所が出す結論には判決、決定、命令があります。判決は口頭弁論つまり法廷を開いて当事者の意見を聞いて出す結論です。これに不服の場合は、上訴、つまり控訴と上告になります。決定は、法廷を開かないで裁判所が出す結論です。裁判官一人が出す結論は命令といいます。命令に対する不服申立を準抗告と言い、命令を出した裁判官が帰属する裁判所に行います。地裁が出した決定に対する不服申立を抗告と言い、高裁に係属します。高裁が出した決定に対するそれを異議申立と言い、同じ高裁の他の部に係属します。抗告と異議申立に対する結論、これはいずれも高裁が出すのですが、これに対する異議申立が特別抗告と言って、最高裁に係属します。

山田さんの場合は、控訴取下に対する無効の判断を求めるものですから、高裁の担当部に係属し、決定で無効と判断しました。検察官はこれに不服ですから、異議申立をしてこれは同じ高裁の他の部に係属しました。検察官は、どうしたことかこの結論を経ないで最高裁に特別抗告もしたんですね。この特別抗告は異議申立の結論を経ずしてやったものですから、当然棄却されたわけですが、高裁の異議申立の方は認められて、もとの決定が取り消されて、高裁の担当部にもう一度判断し直すようにと差し戻されたわけです。しかし、弁護側は、この異議申立を認めた決定に不服ですから、これに対して最高裁に特別抗告をしました。この結論が出るまで、高裁の審理は止まるわけですが、最高裁は特別抗告を認めませんでした。それで、高裁の担当部が再審理を始めたんですね。ところが、その審理中に、二回目の取り下げがあったというわけです。裁判所は、二回目の取り下げについては、審理を棚上げにして、一回目の取り下げの再審理をしている最中に、コロナのために審理が止まってしまっているという話しでした。現在続いている再審理の結論が出たとしても、これに対する異議申立があり、次いで特別抗告があるわけですから、決着は先になるわけでしょうし、その後に二回目の取り下げの審理が始まるわけですから、最終決着はもっと先になると考えられます。

私も過去に、控訴取下げを一件、上告取下げを一件、経験しています。上告取下げの場合は、ご本人が精神的にまいってしまい、仙台拘置所だったんですが、上告を取下げれば拘置所の建物が消えてお花畑になると。そして自由の身になるんだと思いこんでしまって取下げました。これについては、取下げ無効の手続きをとりました。といっても、法律には何の規定もありませんでしたし、当時はそのような先例もありませんでしたので、考え得る申立を次々とやりました。その結果、上告取下は認められず、裁判は停止となり、彼は医療刑務所に移送されて治療が開始されました。しかし、皮肉なことにその結果治療が効を奏し、彼は正常に戻り、裁判は再開され、結局、法廷が開かれ死刑が確定することになるのですが、取りあえずは裁判は約二年止まりました。

二番目が裁判員裁判の第一号で死刑になった人だったんですけれども、この人の場合はご本人が控訴しないと言っていたんですけれども、一審の弁護人が本人の意思に反して控訴したんですね。そのあとすぐに私どもが弁護人になりました。

彼に話を聞くと、控訴審をやったところで判決が変わる可能性はないと。それだけはありません。一審の裁判の過程で、被害者の遺族の方に死をもって償ってほしいと、そういう趣旨のことを言われたから、それに従うべきだと決意した、それがせめてもの自分ができるつぐないだというわけです。私たちは、過去経験したいろいろな事件の話をして、一生懸命謝罪すれば、いずれ、被害者の人に許してもらえる日がくるかも知れない。そのためには、まず控訴して、生き延びることが大切だなどと説得し、一旦は納得してもらいました。そして、事実をもう一度細かく洗い直して、この事件が死刑に相当する事件なのかどうかを控訴審の裁判所に考え直してもらおうとしました。しかし、時間が経つにつれて、そして、事件の中身に入り込んで行くにつれて、ご本人の中に、一審で終わらせて責任をとるという考えが強固になっていって、遂には、激しい対立となって、接見室の中で、私たちが彼の考えを聞かないものですから、座っている椅子を私たちに向けて投げつけるまでになったんですね。もちろん、アクリル板は強固にできていますから、それぐらいではびくともしなかったのですが。そういうことがあっても、私たちは、彼の言うことを聞かなかったものですから、彼は自分で控訴を取り下げたんですね。それに対しては、私たちは、取り下げの無効を主張して、その効力を争ったわけです。そうすると、彼は、最後の手段、つまり、私たちを弁護人から解任したわけです。私たちは、この解任も無効だと争ったのですが、裁判所が、彼と面接して、彼の解任の意思を確認して、結局、解任有効、つまり、私たちは弁護人ではなくなってしまったわけです。となると取り下げも有効になってしまい、遂に彼は死刑が確定するということになったわけです。私たちの力量不足、弁護の失敗だったわけです。

最高裁に上告すれば一審二審と違って、最低三年ないし四年審理が寝かされるんですね。その間生き延びることができるし、もしかしたら、その間に死刑がない、あるいは停止の方向に進んでいくかもしれないし、一生懸命反省し謝罪すれば、被害者遺族の人の気持ちも変わるかも知れないと話したんです。それだけではありません、支援の人たち、特にこの支援の人たちの力が強いんですけれども、その人たちにも励ましてもらう、そして、彼の家族にも理解をしてもらって動いてもらう、お母さんは九州の離島に住んでおられたのですが無理を言って出てきてもらう。お兄さんにも動いてもらったのですが、でも駄目でした。必要的上訴制度があれば、このようなことは決して起こりません。確定した後も、彼は、死刑に服することを自ら申し出るなど、確定前と同じく、生きるということにまったく執着しておらず、死刑になってつぐなうという考えを変えなかったようですが、それから約九年後ですが、今年の一月、突然、彼から手紙が来ました。驚くことに、彼は、昨年末、法務大臣が再審請求中の人に死刑執行命令を出したことが憲法に違反するとして裁判を提起し、その裁判を認めなかった裁判官は裁判官としての資格がないとして弾劾裁判までやろうとしていたわけです。本当に驚きました。彼は、自分のためではなく、同じ死刑囚のために裁判まで提起していたわけです。私は、うれしいやら、なんやら、大変でした。そして、つくづく思ったのです。人が死ぬという気持ちから生きるという気持ちに変わるには、これほど長い時間が必要だということです。

今では、死刑事件は裁判員裁判で行われます。大がかりな装置、たくさんの裁判員が壇上に並んでいて、複数の検察官とその後ろに被害者遺族とその弁護士。被告人は、ただぽつんと弁護人席の前の椅子に座らされている。被告人にとって法廷は圧倒的な存在です。ただ背中を丸くして身を縮こめるしかありません。被害者の悲しい思いを聞かされ、傍聴席の激しい目線にさらされ、心理的にも限りなく萎縮してしまっています。そういう状況の中で想像できるのは、判決にしたがって自ら死を選ぶ、控訴審に希望を持つこともできない、つまりそれは、裁判に対する絶望の裏返しなのですが、控訴せずに死刑判決に従うという気持ちになってしまいます。裁判はあっという間に終わってしまいます。その間に面会に来てくれる人もほとんどいないし、自分自身がじっくり考える暇もない。私は、裁判員裁判では控訴しない人が増えると思っています。

先ほど篠田さんにお話しいただいた寝屋川のケースは、一種の抵抗ですよね。こういうケースでは、例えば一覧表の中に、澤地和夫さんという方がいます。この人は当時の後藤田正晴法務大臣が死刑を執行したことに抗議すると宣言して、取り下げをしたんですね。寝屋川の場合は、刑務官の不当な取り扱いに抗議するという意味合いもあったということですね。篠田さんは奈良女児事件の小林薫さんとも付き合ってこられたと思うのですが、どうでしたか。

篠田　今の一月の手紙の話は「生きたい」って言ってきたのですか。すごい話ですね、それは。

安田　九年間かかったんです。それまでは本当にとにかく自分は死ぬんだ、早く殺せと。殺さないのはおかしいと言い続けていたんです。

篠田　それはどういう文脈で、生きたいという話になったんですか?

安田　自分は控訴を取り下げたから何も言えないけれども、再審請求をして生きたいと願っている人を処刑するのは憲法違反だというわけですですから、その気持ちの背後には、生きたいという思いがあるのだと思います。

先ほど山田さんの話にもありましたけ

れど、ボールペンというのは、房の中で自由に持てないんですね。凶器になったり自殺に使われたりするという口実で、原則として朝借り受けて夕方になると取り上げられるんです。しかも何時に取り上げるというのは、彼らの裁量なんですね。二四時間所持できる人もいますし、極端な場合、午後四時に取り上げられる人もいるんですね。夕食が始まるわけです。夜九時が消灯時間、消灯と言っても電気は消えずに薄暗くなるだけなんですが、その夜九時まで持たせてくれる人がいたり。おそらく彼の場合は、いつもと違って理不尽にボールペンを取り上げられたのではないかと思うんですね。ボールペンがなければ手紙を書くことができませんからね。

篠田　夕方六時に返すということになっていたようで、彼はせっせと手紙を書いていたんですね。それで「ちょっと待って」とお願いしたんだけれども、刑務官が怒って…という、そういう喧嘩らしいんです。

ただ、その背景としては、以前から処遇をめぐって山田被告は、自分が刑務官からいじめを受けていると訴えていたことがあります。

小林薫さんと宅間守さんのケース

安田　篠田さんは小林薫さんともつきあってこられて、小林さんが控訴を取り下げたことについてはどうお考えでしょうか。

篠田　控訴取り下げ問題は、本人の死生観とつながっているところがあるのかなと思っています。いま例に上がった奈良女児殺害事件の小林薫元死刑囚ですが、私は確定の時期にわりと密にかかわっていました。当時、裁判が奈良で行われていたので、月に何度も奈良に通う生活でした。

奈良女児殺害事件を皆さんはご存じでしょうか。二〇〇四年、小学生の女の子を通りがかりに拉致して自宅に連れ込むんですけれど、裁判の認定だと、風呂に沈めて殺害したとなりました。でも実は小林さん本人はそうじゃなくて、いたずらをしようとして睡眠薬を飲ませたら風呂場で亡くなってしまったと言っていた。でも自分はもう死んでしまいたいから、検察側の主張を全部認めて死刑を望むと言うんですね。事実関係についても一切争わず、法廷では死刑を望むということだけを主張していた。弁護人はもちろん死刑に反対して控訴するんですが、本人が取り下げてしまう。

当時マスコミでよく言われたんですけれども、死刑判決を聞いて法廷でガッツポーズをしたというんです。私もずっと公判を傍聴していたんだけれども、判決の時はさすがに傍聴希望の倍率が高くて入れなかったので法廷のドアの前で聞いていたんです。判決直後に接見したら、真相は違うんだけれど、死刑になりたいので判決には満足していると言ってました。

なぜ死にたいと思うようになったかと

いうと、かいつまんで言ってしまうと、彼はずっと疎外された人生を送ってきた。小学生の時に母親を亡くし、学校に行ってもいじめられる。父親は暴力的なのでずっと嫌っていました。自分の人生に希望が持てないというなかで、女の子が亡くなってしまった瞬間に、これをきっかけに自分は死刑になるんだと決めたというんですね。奈良地裁で死刑判決が出た後も、私は相当説得して、すぐに取り下げずに控訴審の弁護団に会ってからでいいじゃないかと言い、本人も一時は了解していたんです。でも、判決後、「早く死ね」とかそういう手紙が何通も届いたらしくて、迷った末に控訴期限ぎりぎりに控訴を取り下げてしまいました。これにも私は驚いて奈良に駆け付けたんですが、一足違いで大阪拘置所に移送されてしまいました。

　接見禁止が付いて手紙のやりとりもできなくなり、もうこれで仕方ないかと思っていたら、その後、驚いたことに、安田さんたちの説得で、控訴取り下げ無効の申し立てをしたんですね。よく本人を説得したなと敬意を表したいと思います。

安田　私は端で見ていただけですけど、それは取下げで死刑が確定した後、一年後ですね。私は、裁判の時の被告人の気持ちとか心理状態というのは、事件を起こした時と同じような緊張状態と興奮状態にあると思うんです。しかし、時間が経過して、しっかりと自分が行ってしまったことを見直すことができるようになり、自分はいったいなぜこんなバカなことをやったんだろう、これからどうやって生きていけばいいのだろうか、反省とはどうすればいいのかとか、いろいろなことを考えられるようになってくると、だんだん生きる力が湧いてくる。そうすると一年前の、あの取り下げというのは、とんでもない話だということになるんですね。それで、小林さんの場合には取下げ無効を申し立てることになったのですが、裁判所は認めませんでしたね。

　それと同じようなことをやろうとしたのが池田小事件の宅間守さんだったんですね。世間では、宅間さんは、すぐに殺せと要求し、法務大臣がそれに応じないなら、国に対して損害賠償請求をして迫るとまで公言していたと言われていました。しかし、死刑が確定して一年後くらいに私たちのもとに伝わってきたのは、自分が事件当時どういう精神状態だったかを調べてもらいたい、そのために取下げ無効を申し立てたいという気持ちだったんですね。それで、私たちはどうしようかと考えている矢先に、それを打ち壊すかのように彼は執行されてしまったんですね。彼を黙らせるための執行だったと思います。彼が生きておれば、被害者の人たちにしっかりと謝ることができたのではないかと思います。

　繰り返しになりますが、時間が経たないと、どうにもならないんだということです。控訴の取下げというのは、紙一枚でいいんです。「控訴を取下げます」と書いて、拘置所の職員に渡せばそれでいいんです。ですから、ものすごく容易に行われるわけです。山田さんの二度の取り下げは、そういう背景があったのではないかと思います。

　裁判員裁判は、死刑事件の場合であっても、長くてもせいぜい二〇日ぐらい、時には四、五日で終わってしまうんですね。そうすると一般の人と出会う機会がない。あるいは拘置所で一般の人と面会したり文通する機会がない。裁判員裁判が始まる前は、法廷は一カ月か一カ月半に一回開かれていましたので、その間にいろんな人と面会したり文通をしたりしながら、被告人も育っていくし、外の人も彼に対する理解を深めていくというコミュニケーションが生まれます。それによって、人間はどんどん成長していくわけです。裁判員裁判では、そういう機会が確保されない。それで、孤立した中で、誰にも励まされることもなく、控訴したって変わるはずがない、自分が死刑になればそれでいい、という気持ちになってしまうのではないかという気がしているんですけれども、どうですか、裁判員裁判をご覧になっていて。

必要的上訴制度の導入を

篠田　裁判員裁判は、趣旨自体はともかく、相模原事件の裁判を見ていると、あの複雑な事件を二〜三カ月で審理してしまうというそのやり方にはどう考えても疑問が湧きますね。

　ただその前にちょっと補足しておくと、小林薫元死刑囚については、確定の前後は私がずっと関わっていて、そのあと安田さんたちがいろいろやってくれるんですけれども、控訴取り下げの時にどういう議論になっていたかというと、彼はもう死ぬことは覚悟してるんですけれども、裁判で本当のことが明らかになっていないとずっと言い続けたんです。だから私は、事実が違うのであれば、きちんと二審で争うべきであって、死にたい心情はともかく、ちゃんと事実は後世に残すべきじゃないかと言いました。そうしたら彼は割とそのことには、それもそうだと言っていたんです。

　そのあと、安田さんたちの「フォーラム90」が定期的にやっている死刑囚アンケートに彼は「裁判は茶番である」と書いていました。つまり裁判には納得していないというわけです

安田　小林さんは、私たちには、生きながらえたいという希望を話していましたね。

　今日のテーマに「裁判で語ることをやめた死刑囚」とあるんですけれども、今の日本の裁判制度というのは被告人が法廷で自由に語ることを認めていないいんです。意見陳述という機会があるわけですけれども、それも制限された中にある。また被告人質問も、質問されて初めて答えることができるということで、なかなか喋るというのは難しいんですね。結局は、弁護人が本人の話を聞いて、それを

法廷にどう表現するかということにかかるわけですけれども、なかなか裁判員裁判の中では、その時間を確保するのが難しいのが実情だと思うんです。

篠田　最後に、今日会場に九州からわざわざ山田被告の親族の方が来ているので少し発言してもらいましょう。実は一昨日、山田被告から手紙が届きました。今日の集会に参加した人たちにぜひ知ってほしい、自分は決して死刑を望んで取り下げたわけじゃない、と言っています。彼は死刑制度にも反対だし、本当は二審の裁判を受けたいんだ、誤解されているかもしれないのでぜひそこを強調してほしいと書いていました。じゃあ、会場からどうぞ。

会場　山田さんがいま一番困っていること、そして控訴を取り下げた原因は、大阪拘置所での処遇の実態なんです。先ほどもボールペン一本で取り下げてしまったという話がありましたが、収容者を挑発してパニックを起こさせてという、そういう待遇をしている場所なんです、拘置所というところは。そういう処遇のひどさを訴えているし、私どももいろいろなところに訴えているんですが、なかなか動いてもらえません。

篠田　要するに山田被告本人の取り下げ理由は、処遇に対する抗議なんですよね。

安田　確かに拘置所の中の処遇の厳しさというのは深刻なんですね。命を捨ててでも彼らに抗議したいという気持ちが起こっても不思議ではないと思います。不当な処遇から救済してくれる場所がないんですね、現実問題として。いろんな委員会がありますけれども、言っても何ら解決もしてくれない。

　日本の制度は、基本的なところで裁かれる人の権利を守っていないということです。建前上は三審までと言いながら、一審だけでもいいんだと彼らは言っているわけですね。オウム事件の麻原彰晃氏は控訴を取り下げてもいないのに、弁護人が控訴理由書を期限までに提出しなかったというだけで、控訴を無効にされて死刑を確定させられてしまった。そういうことを彼らは平気でやったうえで、死刑執行をしているわけです。やはり死刑制度そのものを、もう一度、根本から見直さなければいけないと思います。この控訴取下げの問題については、見直すべき最たるものだと思っています。この問題を理解していただいて、法律を変えていくように頑張っていきたいと思います。どうぞよろしくお願いします。

死刑執行とその差し止めのために
ある敗訴判決のご報告

金井塚康弘（弁護士）

2019—2020

死刑をめぐる状況

1 はじめに

昨年、この年報・死刑廃止でもご紹介をさせて頂いた行政訴訟が、残念ながら敗訴判決を頂いたので、ご報告をしたい。

昨年本年報で、公法上の法律関係等の確認請求事件（大阪地裁平成三〇年（行ウ）第42号事件）という聞き慣れない事件名の行政訴訟をご紹介した。二〇一八年（平成三〇年）五月三一日の第一回口頭弁論期日以降、二〇一九年（令和元年）一二月一六日の期日まで一一回の口頭弁論期日を経て結審し、本年（二〇二〇年・令和二年）二月二〇日、判決を受けた。

結論的には、残念ながら敗訴判決であるが、どこまで認められて、どこで敗訴したのかを明らかにすることが、今後のこの種の訴えをする人びとに有益となるはずだと考え、ご報告をしたい（なお、控訴をする予定であったが、力量不足もあり控訴はしていないので、確定している）。

2 提訴の根拠と死刑をめぐる裁判のこれまでの争点と判例

1

この訴訟の基本となっているのは、ある死刑判決を受けた刑事事件である。

松本健次さんという大津地裁で二件の強盗致死事件等の公訴事実で起訴され、一九九三年（平成五年）九月一七日に死刑判決を受けた方がいるが、強盗殺人を首謀して実行をしたのは逮捕される前に自殺してしまった実兄であり、兄の愛人の借金返済のため共謀して強行した犯行だ等として最高裁判所まで争ったが、二〇〇〇年（平成一二年）四月四日、上告が棄却され確定してしまった。この刑事事件が基本事件としてあり、松本さんは、これに対して再審請求を続けている。

その松本さんが原告となり、二〇一八年（平成三〇年）三月、死刑を執行されない法的地位ないし権利があることを根拠に提訴したのが本件の行政事件である。

松本さんは、現在も再審請求中であるが、再審請求中の死刑確定者に対する死刑執行は、違憲、違法であり、死刑を執行されない法的地位ないし権利があるとの主張を基本に、行政事件訴訟四条の実質的当事者訴訟として、国（法務大臣）に対し、「確定死刑判決に対する再審請求中である限り、同判決に基づく死刑の執行に応じる義務がないこと」の確認を求めるとして提訴した。

2

死刑確定者が、死刑の執行を阻止すべく、第二次世界大戦後、何度も提訴がなされている。根拠は、死刑制度自体が、そもそも違憲であるということを理由にするものが当初から多かったが、裁判所は、憲法三一条の表現から、法律に死刑が規定されていれば、「生命」も奪えるかに反対解釈をして、本来適正手続条項であるはずの三一条を根拠に死刑が正当化され、最高裁で死刑制度自体は合憲とされてきていた（最高裁一九四八年・昭和二三年三月一二日大法廷判決、刑集二―三―一九一）は、死刑という制度自体は、「一般に直ちに」残虐な刑罰に該当するとはいえないとし、執行方法により、例えば、江戸時代になされた「はりつけ、さらし首、釜ゆでの刑のごとき」執行方法の法律ができれば、憲法三六条違反となると判示した。これは、「残虐」という言葉の解釈論に過ぎない（注1）。

上記最高裁判決は、憲法一三条は、「生命、自由、幸福追求」権についても公共の福祉による制限が予定されているとし、憲法三一条は、「法律の定める手続きによらなければ、その生命もしくは自由を奪われ」ないと規定しているとして、その反対解釈により、生命刑である死刑が予定されていると解釈して多数意見は合憲とした。四人の最高裁判事（島、藤田、岩松、河村）が、「補充意見」を表明し、「ある刑罰が残虐であるかどうかの判断は国民感情によって定まる問題である」「国民感情は時代とともに変遷することを免れない」としていた。

現在のわが国の死刑執行方法である絞首刑は、法律上の規定や根拠はなく、執行方法が決められた根拠は明治初年の太政官布告しかないから違法である、あるいは、絞首刑は憲法の禁止する拷問ないし「残虐な刑罰」にあたるから違憲、違法として、死刑の執行を阻止しようとしてきたが、これもことごとく認められて来なかった。絞首刑という執行方法も、上記の最高裁一九四八年・昭和二三年判決から何十年経とうと、合憲、適法と繰り返し判示されてきた（最高裁一九五五年（昭和三〇年）大法廷判決、一九六一年（昭和三六年）七月一九日判決ほか）。「国民感情は時代とともに変遷する」と判示がありながら、近年では、最高裁一九九三年（平成五年）九月二一日判決でも、合憲とされ、大野裁判官が、「死刑廃止に向かいつつある国際的動向」や「死刑を残虐な刑罰と考える方向の重大な立法的事実が生じている」ことから、「死刑を厳格な基準の下に、誠にやむ得ない場合にのみ限定的に適用していくのが適当」とする補足意見を付したのが、ようやくという程度である。

　二〇一四年（平成二六年）九月二日判決は、裁判員裁判で死刑が言い渡された事件であるが、全員一致で「死刑制度がその執行方法を含め」合憲であることは最高裁判例であり、違憲主張にかかる「憲法一三条、三一条、三二条、三六条、三七条、三九条」の「これらの規定に違反しない」と繰り返した。「絞首」という執行方法が、銃殺刑、絞首刑や電気椅子による死刑を「残虐な刑罰」として薬物注射による死刑に代えてきたアメリカ合衆国の議論を元に違憲性を争った事件でも、最高裁の合憲の立場は不動である。二〇一六年（平成二八年）二月二三日判決でも、「絞首」刑も特に「残虐な刑罰」とはせずに、合憲と繰り返し判示している。

3

そこで、松本さんの訴訟では、敢えて、死刑制度自体の違憲性は問わず、行政訴訟により、死刑の執行を停止しようと考えた。

　行政訴訟で、死刑執行を阻止しようと試みる行政訴訟も、実は、これまでも提起されてきていたが、旧行政事件訴訟法の下では、適法な訴えとされて来ず、この提訴の方法でも敗訴判決が続いた。死刑執行方法の違法（前述のとおり、執行方法については具体的な法律の規定はなく、明治六年太政官布告しかない）を根拠に死刑執行義務のないことの確認を求める松下今朝敏死刑確定囚の訴えは不適法とされた（最高裁一九六〇年（昭和三五年）一二月五日判決）。また、孫斗八死刑確定囚が提起した死刑執行処分取消等請求事件も訴えが不適法とされ却下（門前払い）されている（大阪高裁一九六二年（昭和三七年）一〇月一九日判決）。

　しかし、二〇〇四年（平成一六年）六月に改正行政事件訴訟法が成立、公布され、取消訴訟の原告適格の実質的拡大、義務付訴訟の法定、差止訴訟の法定、当事者訴訟の一類型として公法上の確認訴訟の明記（四条）等々が行われた。これを受けて、これまで死刑執行の停止に向けて行政訴訟が提起されても、一九六〇年（昭和三五年）最高裁判決を初めとして、「不適法却下」の判決しか下され無かったことを乗り越え、司法判断を引き出すことの可能な法改正がなされたと考え、提訴をしたものである。

3 訴訟の争点と裁判所の判断

1

さて、大阪地裁二〇二〇年・令和二年二月二〇日判決が整理した争点は、次のとおりである。

　大きな争点は二つ、(1) 訴えが適法な

ものか、および、(2)請求中の原告に確定死刑判決に基づき死刑を執行される法的地位ないし権利があるのか。この(1)には、①本件には法律上の争訟性がない、②確認の訴えの利益がない、③行政事件訴訟が、刑事判決の取消変更を求めるものとして不適法だという三つの小論点があり、被告の国側が、本訴を門前払いにしようとして、力を入れて反論していたところで、(2)の争点については、当方が力を込めて主張した論点であり、被告国側は「争う」というだけの反論だった。

　結論的にいえば、(1)の争点で完勝し、(2)の争点で敗訴してしまったということになる。

2 法律上の争訟性について

　裁判所は、これについて、あっさりと法律上の争訟であることを認めた。国側の主張が、「本件訴えにおける紛争は、法令の適用により終局的に解決することができるものではないというべきだから」法律上の争訟性なしという程度のものであるから、裁判所が「原告は、被告を相手に、確定判決に対する再審請求中である限り、同判決に基づく義務がないことの確認を求め、憲法三一条、三二条、一三条等に基づいてそのような死刑を執行されない法的地位ないし権利を導き出すことができる旨主張し、被告がこれについて争っているところ、当該義務の存否を争う本件訴えは、当事者間の具体的な権利義務ないし法律関係の存否に関する現実の紛争ということができる。また、当該義務の存否は、法令の解釈・適用によって、解決できるものといえる。」「したがって、本件訴えは、裁判所法三条一項にいう『法律上の争訟』に該当する」と判示したのは、当然である。

3 確認の訴えの利益について

　この論点についても、裁判所は確認の利益を認めた。

　裁判所は、確認の利益の有無は、「①確認対象の適否（確認の対象とした訴訟物が当事者間の具体的紛争の解決にとって有効、適切であるか否か）、②争訟の成熟性（いわゆる即時確定の現実的必要性）の有無（原告の法律上の地位に現に不安、危険が存在し、それを除去するために確定判決をすることが必要かつ適切であるか否か）及び③方法選択の適否（当事者間の具体的紛争の解決にとって種々の訴訟類型のうちから確認の訴えを選択することが適切であるか否か）の観点から検討することを要する」として検討して、ことごとく認めているのである。

　裁判所は、①、②について、確認対象として適切性、争訟の成熟性も認めた後、方法の選択の適切性について、「刑事訴訟法四七五条一項に基づき死刑執行命令が出された時点で同命令の有効性を争うことは現実的に不可能又は著しく困難である上、検察官による死刑執行の指揮に対しては、その執行指揮をする前に、同法五〇二条に基づき異議の申し立てをすることはできないと解されること（最高裁判所昭和三六年八月二八日第一小法廷決定、刑集一五巻七号一三〇一頁参照）から、同法に基づく異議申し立てによって争うことも、やはり現実的には不可能又は著しく困難と言わざるを得ない」として、「以上によれば、原告は、再審請求中は確定死刑判決に基づく死刑の執行に応じる義務の存否の判断を求めるため、刑事訴訟手続によることはできないといわざるを得ず、本件訴えによりかかる法的地位の確認を求めることは、方法選択としても適切である」として、「本件訴えは、確認の訴えの利益を有する」と判示する。

国側が、刑事訴訟法にのみよって解決できる、解決すべきであるとしたこととは否定され、行政上の義務のないことの確認を求めることができるとされた。本件提訴で、この点は勝訴した部分といえるだろう。

4　行政事件訴訟によって刑事判決の取消変更を求めるものだといえるか

国側は、最高裁昭和三六年判決を援用するなどとして、本件松本さんの訴えが、行政事件訴訟によって刑事判決の取消変更を求めるものとして不適法なものだと主張・反論したが、この論点についても、裁判所は、国側のこれらの主張を認めなかった。

裁判所は、原告が求めたのは、確定した死刑判決を取り消したり、無効にすることではなく、「確定した死刑判決が有効であること〔絞首刑の執行方法の有効性〕を前提に、再審請求中である場合にもその執行に応じる義務という法効果があるがあるか否かということであって、これは刑事訴訟手続において審理・判断の対象として予定されている事項であるとはいえず、再審手続その他刑事訴訟法所定の方法により争うべきであるということは困難であるから、行政事件訴訟手続において、その審理・判断を求めることが許される事項であると解するのが相当」と判示して、「したがって、本件訴えは、行政事件訴訟によって刑事判決の取消変更を求めるものであるとして不適法であるとはいえない」として国側の主張を排斥した。

当たり前の判示といえば、そうなのであるが、この点も、本件提訴で勝訴した部分であると言える。

5　死刑を執行されない権利

問題は、争点(2)の再審請求中の死刑確定者である原告には、確定刑判決に基づき死刑を執行されない法的地位ないし権利があるのかの争点である。この争点では、全く敗訴してしまった。

(1)　すなわち、憲法三一条、三二条及び一三条や国際人権法のB規約（自由権規約）六条一項、二項、四項、七条違反に基づいて、また、刑事訴訟法四七五条二項ただし書等に基づいて、再審請求中の原告には、確定判決に基づき死刑を執行されない法的地位ないし権利があると主張したが、裁判所は、これを全て認めなかった。

まず、憲法三二条は、「刑事訴訟についてみると、刑罰権の存否及び範囲を定める手続について、独立した公平な裁判所の公開法廷における対審及び判決によるべきことを定めたものと解するのが相当である（最高裁判所昭和四二年七月五日大法廷決定、刑集二一巻六号七六四頁）、そうすると、独立した公平な裁判所において公開・対審の訴訟手続による確定判決を受けた場合において、その後の非常救済手続である再審手続の審理が終了しない間に死刑を執行されない法的地位を導き出すことはできない」と断じ、これに加え「確定判決を受けるまでに刑事訴訟法等に基づく適正な裁判手続が保障されていること等からすれば、憲法三一条及び一三条を根拠にしても、上記の法的地位が導き出されるということはできない」として、原告の主張は退けられた。

刑事裁判を受ける権利は、再審決定や再審判決を受ける権利も含まれると当然すべきであり、公開・対審・判決だけに切り縮めているのは、極めて失当である。

(2)　また、「B規約六条一項は、全ての人間は、生命に対する固有の権利を有し、この権利は法律によって保護され、何人も恣意的にその生命を奪われない旨規定し、同四項は、死刑を言い渡されたいかなる者も、特赦又は減刑を求める権利を有し、死刑に対する大赦、特赦又は減刑は、すべての場合に与えることができる旨規定し、B規約七条前段は、何人も、拷問又は残虐な、非人道的な若しくは品位を傷つける取扱い若しくは刑罰を受けない旨規定しているところ、B規約六条四項は、その内容からして死刑確定者の再審を請求する権利について定めたものではないし、また、上記(1)で説示したとおり、独立した公平な裁判所において公開・対審の訴訟手続による確定判決を受けている以上、再審請求中に死刑が執行されたとしても、B規約六条一項がいうところの『恣意的にその生命を奪われ』たとも、B規約七条前段がいうところの『拷問又は残虐な、非人道的若しくは品位を傷つける取扱い若しくは刑罰を受け』たということはできない」として原告の主張を退けた。

裁判所のこの部分の解釈論は、極めて失当で解釈論ともいえないものである。国際人権法学者と共同してこの点の解釈論を展開できなかったのが、心残りであり、今後の課題である。

(3)　刑事訴訟法四七九条二項ただし書を根拠として上記法的地位ないし権利があるとする主張に対しては、「同項が規定する所定の期間だけ〔本文の定める六箇月との〕期限が延長されることになるという以上に、その間における法務大臣の死刑執行命令が禁じられるなどの効果を導き出し得るものではない」として、同条項に基づき、再審請求中の原告には、確定判決に基づき死刑を執行されない法的地位ないし権利があることを導き得るとする原告の主張を退けた。

実定法の解釈として、死刑執行という極めて重要な事柄についての規定であるのに、このように切り縮める解釈はいかがなものであろうか。

(4)

最後に、裁判所がつけ加えた説示は、原告が、「再審請求を棄却する旨の決定が確定するまでの間は、死刑の執行を控えると慣習が形成され、維持されてきた」ので、「上記法的地位ないし権利を導く根拠」となるとする原告の主張については、「現状の実務を前提としても原告が主張する法的地位を導く根拠たり得る慣習法が確立しているとは認めることができない」とした。

刑務所、拘置所等の実務に携わる方々の人権尊重に向けた慎重な姿勢を裁判所が酌むことがなかったのは残念至極である。

4 まとめ

以上のとおりで、残念な敗訴判決に終わった。行政事件訴訟法にて、争い得ることが認められたのは、収穫であるといえるが、再審請求中の死刑確定者には、確定刑判決に基づき死刑を執行され法的地位ないし権利があるという点では、憲法上の「裁判を受ける権利」というものが、大変狭く切り縮められ、自由権規約(B規約)六条一項に「再審」は規定されていないなどという屁理屈ないし形式的理由を述べさせてしまったことが、痛恨事といえる。こちらは、非常救済手段の内の行政的「大赦、特赦及び減刑」が保障されるなら、なおさら司法判断を求める「再審」について保障されるべきだと考えるのであるが、裁判所はそうは考えないというのである。

法的争点だけの裁判であったので、国際人権法の資料等は、人権委員会の一般的意見(委員会による注釈ないし解釈指針)も出したが、国際人権法学者を専門家証人として証人尋問まで求めるということまではできなかった。証人申請した方が良かったのではないかと今も思う。

本報告をもって、一応の報告とし、今後、同種訴訟をされる方々の参考に供したい。

(註1)この最高裁判決の時期、いわゆる東京裁判が続いており、A級戦犯に死刑が相当かどうかも大きな争点だった。この死刑合憲判決の背景として、最高裁の政治的判断があったというべきである。

〔編集部より・『年報・死刑廃止2019』掲載の金井塚康弘「再審請求中の事件について死刑の執行ができるのか」もあわせてお読みください。〕

藤波芳夫さんの処刑
いま初めて明かす二〇〇六年クリスマスの日に起きたこと

2019―2020

（プロテスタント牧師）向井武子

死刑をめぐる状況

東京拘置所の教誨師をしておられた黒木安信牧師が二〇一五年に天に召された。

生前師は私に遺言されていた。「わたしが死んだら藤波芳夫さんの処刑について公表してください」と。それをここに記す。

＊

二〇〇六年一二月二五日から二八日の間に死刑執行がおこなわれるかもしれないと危惧されていた。長勢法務大臣のもと、東京、大阪、広島で四人の死刑が執行されたが、わたしはそのうち東京拘置所の秋山芳光さん（七七歳）と藤波芳夫さん（七五歳）とは手紙のやりとりをしたことがある。

藤波さんは獄中でキリスト教に入信されて一七年目のクリスマスの執行であった。

処刑台に立たれた時、「向井さんによろしくお伝えください」と教誨師に伝言されたという。

そのこともあってその日の夜遅くに教誨師から電話をいただいた。

《今日は少し詳しくお話しいたします。

わたしは二五日の朝八時三〇分までに拘置所に行くように言われました。

礼拝所には百合の花が飾られていました。

聖餐式の準備をして、ヒムプレイヤー（賛美歌自動演奏機）で賛美歌を歌えるように整えました。藤波さんは笑顔で九時二〇分に車椅子で入ってきました。

「先生、わたしは大丈夫ですから……」と言い、むしろわたしのことを気遣ってくれました。「わたしはイエスのもとに還るのですから」と。

わたしは詩篇二三篇（旧約聖書）を読みました。「たといわたしは死の蔭の谷を歩むとも災いを恐れません。あなた（神）が私と共におられるからです。」

そして最後に聖餐式が行われました。その中でローマ人への手紙六章を読みました。

「もしわたしたちが彼（キリスト）に

結びついて、その死の様にひとしくなるなら、更に彼の復活の様にもひとしくなるであろう……」（口語訳）

そして共に祈りを捧げました。この間一五分でした。そして彼と一緒にゆっくりと刑場へと向いました。そこにも百合の花が飾られていました。

わたしはもう一度聖書を開き、詩篇一二一篇を読みました。

「わたしは山に向って目を上げる。わが助けは何処から来るであろうか。わが助けは天と地を造られた主から来る。」

そしてわたしは彼を抱きしめました。そして酷いことに手錠をかけるのです。そして目隠しをしました。

藤波さんは祈りました。

「わたしは取り返しのつかないことをしてしまいました。被害者にお詫びします。キリストに出会えて本当によかったと思います」と。

わたしの方を見て「イエスさまにお会いしたら先生がいつまでも牧師の務めを果たせるようにお伝えします」とわたしに向って話しかけた後、車椅子からおろされ、看守に両脇を支えられて処刑されました……。

その後、棺の前で祈祷を捧げました。

「わたしは甦りであり、命である。わたしを信じるものは、たとい死んでも生きる……。」

その後わたしは検察官五人、矯正局長、拘置所長に対して抗議しました。

「一二月二五日に処刑するとは、あなたがたはキリスト教を馬鹿にしているとしか思えない。」

看守たちには「国家がこのような処刑をする、これは国家の罪である。法がある限り誰かが負わねばならないことである。それをあなたがたが負われ

〔編集部より〕

第一次安倍政権の長勢甚遠法務大臣は、二〇〇六年一二月二五日に四人の死刑を執行、それまで年一人、二人だった死刑の執行を、この日を最初として一一ヵ月の任期中に一〇人の執行を行う。それが鳩山邦夫法相の隔月複数名執行という時代を切り開く。この日こそ大量執行の嵐の始まりだった。

この日、東京拘置所で車椅子の七五歳の老人・藤波芳夫さんも執行された。執行の状況をその夜電話で教誨師から聞いた向井武子さんに当時書き留めた原稿を寄稿していただき、フォーラム90の通信に掲載した。一三年前のものとはいえ、執行状況は今もまったく変わっていない。漏れ伝わることのほとんどない執行時の状況を掲載する。

なお二〇〇六年九月末まで真宗大谷派の信徒である杉浦正健法務大臣が死刑を執行をせず、このままいくと執行ゼロの年になろうとしていた。政権は執行ゼロの年を作らぬために年末に執行を強行したのである。またこの日、東京拘置所で執行された秋山芳光さんは七七歳、一九九三年の後藤田正晴法相による執行再開後、最高齢の執行である。

たのです。あなたがたにたたりはありません。」なおも言葉を続けた。「七五歳になった老人を何故このような仕方で殺さなければならないのですか。病で自然に死んでいいのではないですか。法務省の者たちは人間を見ていないのです。」》

＊

一二時ちょうどに牧師は教会に帰られ一二時一〇分にクリスマス礼拝を行われた。

　黒木牧師はその日の夜、大分更けてからわたしに電話を下さったが、まだ抱きしめた藤波さんの身体のぬくもりが残る手で受話器を握りしめておられるのが感じられた。湧き上がる怒りと悲しみが伝わった。

　長い教誨師としての仕事が黒木牧師の身体を打ち続けているのだろう。先年、胃がんを患われたと聞いている。

　わたしと黒木牧師との関わりは今回が初めてではない。一九七五年、同じ東京拘置所で純多摩良樹＊（ペンネーム）さんの処刑に際して彼の支えになって下さり、献体後、所長に交渉して、戻された遺骨を預かって下さった。その遺骨をわたしが引き取った。今は遺族のもとで眠っている。

　死刑制度廃止の立場から教誨師の仕事に反対を唱える声も聞かれる。教誨師が、法務省管轄にあり、死刑囚を教誨活動によって従容として死につかせることを目的としているからだといわれている。

　しかしわたしは死刑囚と関わり、それらの人々を通して黒木牧師に出会い、思うことがある。

　いったい死刑囚の多くが独房という隔離されたところで、いつ訪れるともしれない死を待ちながら一番求めるものは何だろうか。「死刑が廃止されることだ」「生きることだ」と答えるだろう。そうであろう。そうでなければならない。しかし処刑の恐怖と不安の中に寄せられる深い「情」があるならその恐れは半減されるのではないか。黒木牧師が処刑台に立つ前の藤波さんを強く抱きしめられたと聞いて、きっと彼が求めていたものを黒木牧師は与えられたのだと思った。もしたった独りで死んでいかねばならないとしたら、死刑囚のこころはどんなにか苦悶することだろう。

　ここでわたしが「情」というのはコンパッションである。「共苦すること」である。

　人の苦しみはその人だけのものであって他者が負うことは不可能なことであっても、苦悩する魂に寄り添う人の共苦するこころは、彼（死刑囚）を救うに違いない。

　聖書では「情」とは「憐れに思う」ことである。これは「憐憫」とは異なる。はらわたがちぎれる程の苦しみで相手の苦悩に共感することである。キリストはその短い生涯の中で幾度悲しむ人苦しむ人に共苦され、癒していかれたことだろう。

　先日わたしは、日本キリスト教団教誨

事業協力会が出している『獄の友』を読んだ。その中に「獄につながれている人たちを自分も一緒につながれている心持で思いやりなさい。また自分も同じ肉にある者だから、苦しめられている人たちのことを心に留めなさい」と聖書に記されていると書かれていた。

黒木牧師はこの聖書の信仰思想のもと活動されているのだと思われる。

先に述べた純多摩良樹さんの信仰は、従容として死に臨む信仰ではなく自立した、主体的信仰であり、死（処刑）に対峙し、死を迎え撃つ信仰であった。

仏教の教えに「浄土」という世界があるようにキリスト教にも「天国」という教えがある。

この世と自己自身の裡なる不正や悪に闘いを挑みながら教誨を受けている死刑囚は多い。

施設法改悪によって信教の自由が真に守られるか危惧されるが、人数合わせのために人間の命を奪った二〇〇六年クリスマスの国家の犯罪に怒りを覚えながら、死刑に直面している一人の人を「情」で生かし、悪法を憎む教誨活動であっていただきたいと希う。

（二〇〇七年一月六日記）

＊純多摩良樹　一九六六年六月の横須賀線爆破事件で死刑判決、一九七五年一二月五日死刑執行、享年三二歳。加賀乙彦『死刑囚の記録』、『宣告』に描かれている。

昨年一月刊『ある若き死刑囚の生涯』（加賀乙彦著、ちくまプリマー新書）が純多摩良樹の生涯を描いている。純多摩良樹の著書に『死に至る罪　純多摩良樹歌集』短歌新聞社、一九九五年一二月刊がある。

（向井武子　プロテスタント牧師。著書に『祈りの子は滅びない』日本文学館、二〇〇七年、『死刑の母となって』新教出版社、二〇〇九年がある。）

（初出『フォーラム90』一七一号、二〇二〇年三月刊）

死刑執行と抗議行動

二〇一九年一二月二六日の執行

死刑確定者の権利擁護を！
無法下の死刑執行を民事訴訟で糾す

安田好弘（弁護士・フォーラム90）

1、安倍政権、49人目の死刑執行

今回の執行についてわかっていること、あるいは問題だと思っていることについてお話ししたいと思います。

魏巍さんについては、最高裁で弁護人をやっておられた大熊さんに、ぜひお話しをしてほしいとお願いをしたのですが、自分の依頼者については語りたくないということでした。弁護士の多くが死刑事件の弁護を避けようとする中で、大熊さんは、たくさんの事件の弁護を引き受けてきました。なんとか今回だけは例外だと思って話してもらえないかとお願いしたわけですが、やはり自分のやり方を変えるわけにはいかないということなので、今日は私が分かる範囲で話をさせていただくことになりました。

大熊さんの話によると、真相についてはなかなかわからないところがあるということです。魏巍さんは三人あるいは四人で一連の事件を起こしています。事件によって人が入れ替わったりしているのですが、彼が関わった事件で一番大きな事件だと言われている一家四人殺害事件については、彼は従犯的な立場であったのではないかと言われています。他の二人の共犯者は事件後中国に帰国し、一人は中国で死刑になって処刑され、もう一人の人は、中国での自首が認められて無期懲役になったということです。そして、中国で裁かれたこの二人の人が同郷の出

身者で、もともと付き合いが長かった。そこに魏巍さんが加わってこの事件になっていく。そういう外形的なところから見てみても、魏巍さんは従犯的な立場ではなかったかという話が窺えます。もちろん詳しい話は聞くことができませんでしたけれども、十分に事実が明らかになったかどうかについては、弁護人としてもたいへん疑問があるということでした。

今回の執行の日、私どもは朝九時半のニュース速報で初めて知りました。普段ですとマスコミから第一報が入るのですが、今回は公表されたあとに連絡が入りました。おそらくこの第一報を流した人は、事前に今回の執行を知っていたのでしょう。朝九時半ですから、ちょうど執行が終わる時刻に報道解禁、それで第一報を流したのではないかと思います。

昨年一年で、合計二回、三人の人が執行されました。このかん、政府はオウム事件の死刑囚の人たちを除いて、年二回執行するということをやってきているのではないかと思います。安倍政権になってからこれで四九人が執行されたことになるのですが、これは一つの学年の教室全員が処刑されるという大変な数なんですね。私は、いつも数字と現実の人とを重ねてみるのですが、例えばこの場所で四九人というと前から八列目ぐらいの人たちが全員、安倍政権に処刑されたということになります。これは大量虐殺、連続的殺人という以外の何物でもないと思うんです。

2、この執行の三つの問題

今回の執行で問題となるのは、大きくわけて三つあると思います。一つは再審請求中の執行であるということ、もう一つは森雅子法務大臣が就任して僅か五〇日後の執行であったということ。それから年末の執行であったということです。再審請求中の執行というのは、一昨年か

2019年12月26日に死刑を執行された方

名前（年齢） 拘置先	事件名 （事件発生日）	経緯
魏巍（ウェイウェイ）さん（40歳） 1979年11月14日生まれ。中国河南省出身、2001年留学のため来日。 福岡拘置所	福岡一家4人殺害事件 （2003年6月20日）	2005年5月19日　福岡地裁（川口宰護） 2007年3月8日　福岡高裁（浜崎裕） 2011年10月20日　最高裁（白木勇） 2019年12月26日執行（再審請求中） 共犯のうち2名は中国で逮捕・訴追され、王亮（ワン・リアン）被告は無期懲役、楊寧（ヤン・ニン）被告は05年7月12日死刑執行。

ら延々と続いているわけですが、これで政府は完全に再審請求は死刑執行の停止事由にしないということを固めたと言っていいと思うんです。

その結果どういうことが起こっているか。例えば、私は、昨年の一二月後半に二人の死刑確定者と接見しました。しかし、二人ともたいへん緊張していました。一人は、自分は第5房から3房に転房させられた。自分の隣の4房は空房で、左隣の第2房も空房だ。第1房はたまたま被告人じゃなくて被疑者として身柄を拘束されている人が入っているので、いつ出るかわからない。つまり出口に一番近い第3房、彼が刑場に連れて行かれる時に誰も気づかない場所にわざわざ移されたと。そして同時に、今までずっと自分の相談にのってくれていた刑務官が配置換えになったということで、たいへん緊張していました。彼は再審請求中ですけれども、彼が言うには、再審請求中の人でも処刑されている。しかも前の年は一二月二七日に処刑されている。今回も二七日が仕事納めだから、二六日に執行される恐れがあるということでたいへん緊張していました。普段、そんなに緊張する人じゃないのですが、見ていても肌に伝わってくるほどの緊張感でした。

もう一人の死刑囚も、もう何が何でもやられるんだ。だから自分は依然として、旧拘置所の建物に収容されて残されている。このかんの、看守の人あたりも大変きつい、と、たいへん緊張していました。どうしたらいいか、私に死刑を執行してはならないという裁判を起こしたいという相談もありました。つまり再審請求中の執行が当然の如く行われることによって、再審請求している人自身においても、このような緊張状態を強いられているということなんですね。

政府は、再審請求中に執行をしてはいけないという条文がないから執行できると言ってきましたが、誤判の回避や人命尊重の趣旨等から再審請求中は、事実上、執行を差し控えてきたとも言ってきました。刑事訴訟法の四七五条第一項では、「死刑の執行は法務大臣の命令による。」と規定し、第二項では、「死刑執行の命令は、判決確定の日から六ヵ月以内にこれをしなければならない。」と規定し、但し、「再審請求を行われているときはその手続が終わるまでの期間は、六ヵ月に算入しない。」としています。しかし、法務大臣が六ヵ月以内に死刑執行の命令を出さなかった場合はどうするか、何一つ書いていないんです。法律の趣旨は、再審請求中は死刑執行命令を出してはいけないという趣旨ですから、その趣旨は、六ヵ月を経過しようと全く同じはずです。冤罪の人を死刑執行することは絶対に許されない以上、それを訴えている人を死刑にすることも同じです。ところが政府は、六ヵ月以降に再審請求した人は、この条文には引っかからないから執行してもいいんだという解釈なんです。

しかし、これはとんでもない話でして、

そもそも、死刑にかかわることは、法律で定めなければならないんですね。憲法三一条は、「法律の定める手続によらなければ、その生命を奪われない。」と明示しているんです。ですから再審請求中でも執行できるということであれば、それは法律に定めがなければならないのですが、彼らは自分たちなりの勝手な解釈をして、死刑を執行しているんです。彼らは、法律の反対解釈だと言っていますが、憲法は、「法律の定める手続」と規定していますから、「解釈」ではだめなんですね。彼らがやっていることは、恣意的な死刑執行という以外ないと思っています。これが第一の問題です。

次に、彼女が就任後五〇日しか経ってないのに死刑執行した点についてです。法律が、法務大臣だけが死刑執行命令を出せると規定したのは、法務大臣により慎重な判断をさせるためです。単に裁判所の結論だけで執行してはならない。法執行の最高責任者たる法務大臣が、今一度、記録を精査しなおし、社会状況も鑑み、そして死刑執行をせざるを得ないと考えた時だけ執行が許されると規定しているわけですから、法務大臣がその義務を放棄することは許されないことです。就任後五〇日間でどれだけの記録を見ることができるか。今回の彼の事件は、たいへんたくさんの事件、強盗から始まって詐欺もあり窃盗もあり、さらに最も重いとされている四人に対する強盗殺人もあります。さらに傷害まであるわけです。ましてや共犯者三人のうち二人が中国で裁判を受け日本では裁判を受けていない事件ですから、真相がなかなか分からない。それをわずか五〇日で結論を出すということは、それこそ法務大臣に死刑執行命令を規定している法律の趣旨に反する行為だと思うんです。

もう一つはこの年末に死刑執行したことです。いわゆる残務整理のように彼らは死刑執行をしたと思えるんですね。しかし、収容されている死刑確定者にとっては、たいへん大きな問題です。二六日に死刑を執行するということは、二七日が仕事納めですから、一月の初めから一二月の仕事納めの日まで、毎日、死刑を執行される危険があるということなわけです。法律の規定では、一二月三〇日、三一日、一月一日、二日、三日、さらに土日と祝日は死刑執行をしてはならないとしてあります。つまりそれ以外はいつでも死刑執行できるわけです。しかし前の年もそうですけども、今回も一二月二六日の仕事納めの前日に執行するということは、一月四日から一二月の仕事納めの前日まで、土日祝日を除いて死刑確定者は常に死刑執行の危険に晒されているということです。これほど残酷なことってあるでしょうか。彼らは毎日怯えている。正月を前にして、直前まで彼らは怯え続けざるを得ない。この一二月二六日に死刑執行するということは、死刑確定者をいじめている、苦しめている。死刑を異常にして残虐な刑罰にしていると言っていいと思うんです。

なぜ彼らがこんなことができるかというと、いつ執行するかということについて法律がないからです。彼らはいつ死刑執行をするかどうかについても恣意的に自分たちで勝手に決めることができる。法律のコントロールなしに自分たちでできる。だからこういうふうな、確定者にとって一番苦しい状況の中で死刑執行するということを平然とやる。これが三つ目の大きな問題だと思うんです。

3、世論調査の読み方

先日、死刑に関する世論調査が発表されました。五年に一回にやられるわけですけれども、今日のパンフレットとともに日弁連の死刑制度に関する政府世論調査結果についての会長談話が配られていますが（資料参照）、この世論調査の中身については法務省のホームページに出ておりますので見て欲しいのですが、いろんな解釈ができると思います。この中では第三段落ですか、世論調査の結果を分析すると、死刑もやむを得ないと回答したものを一括りにすることはできず、むしろ将来的の死刑存廃に対する国民の態度は拮抗していると評価すべきであると。死刑制度に関する世論をさらに幅広く正確に把握するためには質問項目をさらに練るべきだということも書いてあるわけです。

確かに彼らの発問というのは「死刑を廃止すべき」、あるいは「死刑もやむを得ない」という意見のどちらに賛成ですか反対ですかという世論調査なんですね。死刑廃止すべきと、死刑もやむを得ないということは質問が対になっていないのです。片方はやむを得ないという許容の問題、片方は廃止すべきという積極的な問題ですから、このどちらかを選べという時に、やむを得ないという意見の方が多くなるのは当たり前なんです。ですからこのような八〇％の数字になると思うのですが、それにしてもこの八〇％という数字はたいへん大きな数字で、この数字が生きている限り政治家はそう簡単には死刑廃止に手をつけない、それくらい大きな数字だろうと思うんです。

そして五年前に比べて、今回の数字はどうなのかということもしっかり見極めなければいけないと思います。そうすると、死刑を廃止すべきというのは約一％減っているんですね。死刑を存置すべきだというのは約一％増えている。ほとんど同じ状態でも少し悪くなりかけている。さらに見てみると、今回一八、一九歳の人たちも調査対象にしているのですが、その人たちが他の世代に比べて死刑廃止が多い、その人たちがいるので数字がそれほど悪くならないですんでいるというのが実情なんですね。こういうことを考えていくと、死刑に対する世論というのは、現実としては前回に比べてさらに厳しい状況にあるということを認識しなければいけないと思います。

（資料）
死刑制度に関する政府世論調査結果についての会長談話

本年1月17日、死刑制度に対する意識調査を含む「基本的法制度に関する世論調査」の結果が公表された。

調査結果を見ると、死刑制度に関し、「死刑は廃止すべきである」と回答した者が9.0％（前回調査9.7％）、「死刑もやむを得ない」と回答した者が80.8％（前回調査80.3％）となっている。

この数字だけに着目すると、国民の大半が死刑に賛成しているかのように見える。しかし、「死刑もやむを得ない」と回答した者のうち、「状況が変われば、将来的には、死刑を廃止してもよい」と回答している者は39.9％にも上っているのであって、「将来」の死刑廃止の当否に対する態度という基準で分けてみると、廃止賛成は41.3％、廃止反対は44.0％となる。また、仮釈放のない終身刑が新たに導入されるならばどうかという問いに対しては、「死刑を廃止する方がよい」と回答した者が35.1％、「死刑を廃止しない方がよい」と回答した者が52.0％となっている。これらの数字を踏まえるならば、上記9.0％対80.8％という回答比率をもって死刑廃止賛否の態度を表す数字と評価することは不適切である。さらに、「死刑もやむを得ない」かつ「将来も死刑を廃止しない」を選択した者のうち20.5％もの者が、終身刑が新たに導入されるならば、「死刑を廃止する方がよい」と回答している。

世論調査の結果を分析すると、「死刑もやむを得ない」と回答した者を一括りにすることはできず、むしろ将来の死刑存廃に対する国民の態度は拮抗していると評価すべきである。死刑制度に関する世論を更に幅広く正確に把握するためには、当連合会が2018年7月に内閣総理大臣及び法務大臣に提出した「》死刑制度に関する政府世論調査に対する意見書」（2018年6月14日公表）において指摘したように、質問表現の修正や質問の追加等を行う必要がある。

当連合会は、2016年10月7日、第59回人権擁護大会において、「》死刑制度の廃止を含む刑罰制度全体の改革を求める宣言」を採択した。2019年10月15日には、「》死刑制度の廃止並びにこれに伴う代替刑の導入及び減刑手続制度の創設に関する基本方針」を取りまとめ、死刑制度廃止のための法改正の要点並びに死刑の代替刑及びその減刑手続制度の内容に関して検討すべき主な事項を公表したところである。

このような経過の中で、当連合会は、政府に対し、再三にわたり、日本において国連犯罪防止刑事司法会議（コングレス）が開催される2020年までに死刑制度の廃止を目指すべきであることなどを求めてきた。ところが、政府は、世論調査の結果、すなわち、上記「死刑は廃止すべきである」及び「死刑もやむを得ない」の各回答割合を根拠に、死刑廃止に関する国民的議論を喚起するような施策を取らないままである。

しかし、上記のとおり、今回の世論調査の結果をもって国民の多数が死刑制度に賛成しているなどと単純に結論付けることはできない。死刑廃止が国際的潮流となっている中で、死刑制度に関する情報公開も進めることなく、世論調査の結果を根拠に死刑廃止に関する議論をしようとしない政府の態度は直ちに改められるべきである。

当連合会は、改めて、政府に対し、死刑執行の実態（基準、手続、方法等）や死刑確定者に対する処遇、死刑廃止国における犯罪に関する統計等、死刑制度に関する情報を国民に広く公開し、死刑制度の廃止及び関連する刑罰制度の改革を進めるように求める次第である。

2020年1月23日
日本弁護士連合会会長　菊地裕太郎

前回から始まった、終身刑が導入されれば死刑廃止に賛成ですか反対ですかという発問があるのですけれども、この発問も前回の調査よりも死刑廃止をしていいという意見は減っているんです。ですから終身刑を導入して死刑を廃止するというのは、確かに存置の人からの賛成も得ているけれども、しかし存置の人たちの意見をひっくり返すほどの大きな力にはなっていないと言えると思うんです。

4、無法下の執行を民事訴訟に

そういう中で私たちはどうするかを考えていかなければいけないと思います。5年前の前回から、昨年の世論調査の時まで多くの人たちがあちこちでいろんな工夫をして運動をやり、死刑廃止を訴え、絵画展もやり、映画もやり、集会も開きました。さらに弁護士会は死刑廃止の宣言を出し、各地域で死刑廃止の集会を開いてきた。しかし如何ともしがたい。それによって世論は動くよりもむしろ存置の方が少しずつ増えつつあるという、こんな厳しい現実があるということを認識した上でどうするかを考えていかなければいけないと思うんです。

もちろんそういう厳しいなかで、何が絶対的に正しいかというのは言えませんけれども、私自身は従来通り死刑廃止を訴えるとともに、同時に、死刑存置の立場から死刑廃止を考えてみる。そういう運動のやり方、スキームの作り方、コンセプトの作り方も考えていかなければいけないと思うんです。

私は弁護士ですから、法律の場面で、法律を通して死刑を見ていくと、日本の死刑は法律のない中で行われている。死刑判決は裁判所が出します。死刑の命令は法務大臣が命令します。これは法律で定められています。そして、死刑の執行指揮は検察官がやるとなっていますし、死刑に立ち会うのは検察官と刑事施設の長、さらにその人たちが指定した人たちが立ち会うとなっています。しかし法律の規定には、誰が死刑執行をするかということについての規定が全くない。現在は、拘置所の職員が所長から命令されて執行させられているのですが、しかしそれも、拘置所の長は職員に対して、死刑執行を命令することができるとはどこにも書いてないのです。そしてさらに、法務省の中にある刑務所の職員あるいは拘置所の職員の服務規律に死刑は書いてないのです。にもかかわらず、拘置所長の命令によって職員は死刑執行をしている。法律がないのに、拘置所の長が職員に死刑執行を命令し、職員は死刑執行の義務がないのに死刑執行をやらされているのです。死刑執行は、殺人です。彼らは、法律がないのにそれを公然とやっているんですね。これが日本の死刑の現実です。

どのように死刑執行するかについて、いま唯一あるのは、明治六年に過去の太政官布告を改正したものがあるのですが、そこに確かに死刑執行の方法が書いてあります。「凡絞刑ヲ行フニハ先ツ両手ヲ背ニ縛シ紙ニテ面ヲ掩ヒ引キテ絞架ニ登セ」、つまり両手を背中で縛り、顔を紙でで覆い、階段を登らせていけと。地上高架式といって、地上から二〇段の階段を登らされて舞台の上に引き立てられるんですね。そして、「踏板上ニ立シメ次ニ両足ヲ縛シ次に絞繩ヲ首領ニ施シ其咽喉ニ当ラシメ繩ヲ穿ツトコロノ鉄鐶ヲ頂後ニ及ホシ」、頂後っていうのは後頭部です。輪を結んでいる鉄の留め金を後頭部のここに当てろと。

私は死刑執行された人の遺体を二体引き取ったことがあります。二人ともここに、この絞繩の鉄鐶が激しく当たった傷跡が残っていました。おそらく、頭蓋骨が陥没するぐらいの強さで鉄の輪の留め金が当たったんだろうと私は思いますけれども、後頭部に鉄の留め金を当てろと書いてあるわけです。そして「之ヲ緊縮ス」締めろと言っている。そして「次ニ機車ノ柄ヲ挽ケハ」今はボタンですけれども、柄を引けというわけです。「踏板忽チ開落シテ囚身地ヲ離ル凡一尺空ニ懸ル」、つまり突き落としてつま先が地べたから三〇センチの位置になるように吊せ。「凡二分時死相を験シテ解下ス」、およそ二分間吊したままにして、死んでいるかどうか確認して、体を地面に下ろすといってるんです。死刑の執行の方法については、明治六年に定められたこの規定があるだけです。法律の規定なんてどこにもありません。

法律がないから、法務省は好き勝手に死刑をやっていますし、やることができているわけです。そこには、法治主義とか民主主義とか国民主権という、近代国家の基本原則がまったく通用していません。私たちは刑場さえ見ることができていないわけです。

大阪に金子武嗣という弁護士がいらっしゃって、この人は私どもと一緒に日弁連で死刑廃止運動をやってきた人です。大阪の弁護士会の会長などもやった人ですが、この人ともう一人の大阪の弁護士が、二億円のお金を拠出して、弁護士が死刑確定者の権利擁護のために闘うことを支援しようと動き始めました。今の死刑制度は法律が全くないところで勝手に行われていると。これは憲法違反だし、そもそも法律違反だし、彼らのやっていることは職権乱用であると。その一つ一つについて弁護士が死刑確定者や執行された人の遺族に代わって、裁判を起こそうではないかと。しかも起こす相手は、あの頑迷な刑事裁判所じゃなくて民事裁判所、一般の私たちの感覚と似かよった感覚を持っている民事の裁判官に、今の死刑の問題を真剣に考えさせようじゃないかと。法律が欠けている部分を、はっきり欠けていると裁判所に言わせようじゃないか。そうすることによって法律を作ろう、作らなければならないということになるだろうと。法律を作るということは国会で議論すること。国会で議論するということは私たちがその議論に参加できるということ。民主主義、国民主権というのはそういうことだと。国民主権のないところで死刑執行はなされていると。それをどこかでひっくり返そうじゃないかと。金子弁護士らは考えているわけです。

　私もそれに賛成します。おそらく、弁護士の心ある人はそれに参加してくれると思うんです。司法にも政治にもそして広く社会にも、死刑をめぐる無法状態を訴え、法務省の手から死刑を取り戻し、国会でそして社会で、死刑制度をどうすべきかを議論しようじゃないかということを提起すること、これも運動の有力な手段になると思います。どこかで一つ風穴が開けば、それが広がっていくと考えるわけです。

　ぜひこういう厳しい時代、厳しい状況の中で皆さんも次に何をやっていくかということを考えていただきたいと思います。どうぞよろしくお願いいします。

（二〇二〇年一月二五日、フォーラム90、アムネスティ・インターナショナル日本、「死刑を止めよう」宗教者ネットワーク、監獄人権センターの四団体主催で文京区民センターで開催した「森雅子法相による死刑執行に抗議する集会」での発言。）

死刑執行やめろ！福岡は連日の福岡拘置所抗議だった。

死刑廃止・タンポポの会

　一二月二六日、年末の死刑執行が今年もありました。前日に死刑廃止・タンポポの会は福岡拘置所に「死刑執行するな」の申し入れをしましたが、結局、福岡拘置所での死刑執行となりました。どうして未然にわかっている「殺人」を、わたしたちは止めることができないのでしょうか。激しい無力感と怒りが身体の奥底から湧き上がって、仲間と連絡を取り合っているのに、つい、声を荒げてしまう自分がいました。

　連日の申し入れ書作成とメール連絡におわれて、へとへとになりながら、組合事務所に行って、二五日、二六日の申し入れ書を情宣ビラ用に印刷し、横断幕などを準備して、ゆで卵とチーズ、おにぎりを食べて、仲間と合流し、福岡拘置所に向かいました。

　福岡拘置所には、昨日よりたくさんの警備員が待っていました。パトカーが到着し、警察官が二人降りてきました。門の外には矯正管区機動隊員が四人。門の中からも数名、こちらをうかがっています。機動隊員は身体が大きいのでかなり威圧感があります。

　代表のYさんが申し入れ書を持って拘置所内に入り、外で待機するわたしとMさんが拘置所に向かって抗議の声をあげました。どうしても感情的になってしまうので、申し入れ書を読みましたが、今日は昨日より雨脚が強く、紙が濡れてくちゃくちゃになってしまいます。Kさんが紙を差し替えてくれたり、傘をさしてくれたりしました。カメラ撮影で行動の記録を撮ってくれる仲間、行動をしっかりと見守ってくれる仲間がいました。「ひとりじゃない」、いつも同じ場所に立ってくれる仲間たちの存在があるから、こういう行動も続けられます。

申し入れ書は、いつも通り、庶務課長が受け取り、その先のことはわかりません。わたしたちがしていることはガス抜きでもない、自己満足でもない。本当に殺されたくないから、殺したくないから死刑廃止を訴え続けている。つたわってほしいな。せめて、門の前にいた制服の人たちに。

移動して、福岡天神コア前で、横断幕の設営。しかし、雨が降り続けて、ビラの受け取りが悪い。マイクの調子も悪く、天神ではほとんど使えなかった。くやしい。くやしかったけど、横断幕がこれ以上濡れるのも困るし、ビラも濡れるので、三〇分ほどで撤収した。

福岡拘置所前での抗議行動

参加者は、入れ替りがありつつも拘置所前七人、天神七人でした。雨の中、連日の行動に遠くからJRや電車に乗って、あるいは長距離を自転車に乗って、仕事の合間にと駆けつけてくれる仲間たちのおかげで、死刑執行抗議行動をすることができました。今、濡れた横断幕は、わたしのうちのベランダに干されています。次の出番がないといいですが。

福岡拘置所の死刑確定者の再審請求弁護人が、二六日朝、三人の確定者の接見に入ってくれていました。拘置所の中はいつもと変わらぬ様子で、執行があったと気が付かない人もいたとのことです。多くの死刑確定者が不安な時間を過ごすこの時期、息をつめ、耳をすまして、あたりを警戒しているはずなんですが、早朝にこっそり執行しているのでしょうか？

一日も早く死刑廃止したいです。

（ヒソカ）

事件全体が解明されないままの執行

片山徒有（被害者と司法を考える会代表）

「被害者と司法を考える会」の代表をしております片山徒有と申します。今日は昨年の暮れに執行された死刑執行について、抗議声明を出した責任もありますので、少しお話をさせていただきたいと思って参りました。

　私自身は、死刑廃止と心に決めて声に出す活動を始めてまだ一年ぐらいです。なかなか死刑廃止と言葉に出すことが難しかった事情があります。それはなぜかと言いますと法務省が死刑執行についての情報公開をしていないから、執行しないでほしい、死刑制度に代わる政策を考えてほしいという要望を出し続けてきました。ところが昨年、情報公開請求をしましたところ、数千ページの文書が出てきましたが、内容はほぼない。執行に至る責任者の名前も書かれていない、証拠資料も真っ黒。そんなものが出てきたものですから、これは納得できないことなので、思い切って死刑制度反対に力を入れようというふうに思いました。同時に「死刑をなくそう市民会議」というのができて、そこに入れていただいたおかげもあって、より一層死刑の問題を活動の中心に据えることになりました。

　昨年暮れに死刑が執行されたのは、福岡一家殺害事件という事件の方です。たまたま私に事件が起きた直後の十年ちょっと前に、亡くなられたご主人のご兄弟の方からメディアの方を通じて相談がございました。そこで福岡に出かけ、お話をする機会がありました。被害者像と言いますと、ステレオタイプで厳罰を望む、加害者のことを許せないという声が多いというふうに、みなさんお感じになるかもしれませんが、そのご兄弟の方は決してそのようなことはなくて、事件全体の解明を強く希望されておられました。

　どうして私のところに相談があったかと言いますと、その少し前に別のたいへん重大な犯罪が起き、その犯罪被害者支援をしていたところから共通点があるのではないかと思いつかれて、相談に至ったということでした。決して警察の捜査に納得されることなく、今回執行された方がどのような関わりを持っていたのか、あるいは事件の全体像は全く解明されないまま終わってしまうのではないかという不安を強く訴えておられたという印象があります。その後、刑事裁判が開かれて、死刑判決を受けたということは新聞で読んでおりましたけれども、まさかこのような時期に執行されてしまうということは私としても予想外のことで、たいへん驚き、またショックを受けた次第です。

　犯罪被害者というものは、たいてい本

人が傷を受ける、痛みを受ける、あるいは家族の命がなくなるということで事件との関わりを持つことになります。それはたいへん悲しいことですし辛いことです。しかしながら一方で、死刑執行で新たな命が奪われるということについても、たいへん慎重に考えたいと私は思っています。犯罪被害者の多くが、同様のことを思っておられると思います。ただ、この国では刑事裁判では被害者の声、被害者の心情を強く煽り立てて、厳罰を求めさせ、そして強く量刑に反映させるような仕組みを作っています。その後どういう扱いになっているかと言いますと、死刑事件については、被害者通知制度というものが適用されていません。他の事件については、例えば裁判後に刑務所でどのような教育を受けているか、どのような処遇を受けているか、希望すれば半年ごとに通知をいただける仕組みがあります。しかし死刑事件については実際に通知がありません。従いまして、執行の報道を知って、ああ自分の事件の加害者が執行されてしまったのだということを、あとになって知ることになるわけです。被害者といえども公平に扱ってほしい。また事件後に相手方から謝罪を受けたい、本当の事実を知りたいという方もおられると思います。あるいは事件の全体像を見てみた場合、一部の人だけ処罰を受けるのは、納得できないという方もおられます。何よりも命が奪われたあとになって、あの人は実は首謀者ではなかった、あるいは無関係であったということがわかったとしても手遅れになります。従いまして、死刑については執行してほしくない、あるいは制度としても、やめてほしいと常に強く思っているところです。

「死刑をなくそう市民会議」の活動になりますけれども、今後、法務大臣に対する働きかけも少し企画をしているところです。この国が例えば海外から見て、たいへん野蛮な国だと思われているのではないかということ、あるいは最近の捜査手法を考えた場合、冤罪の可能性もまだまだあるのではないか。あるいは被害者の声、心情を理解したうえで、執行は思いとどまるべきではないかみたいなことも含めて、いろいろな要望を出したいと思っております。死刑廃止活動に足を踏み入れているかいないか、自分でもまだわからない初心者ではございますけれども、今後とも死刑執行がなされないように、また死刑制度そのものも廃止できるように、微力ながら活動を続けていきたいと思いますので、どうぞよろしくお願いいたします。

（二〇二〇年一月二五日、「森雅子法相による死刑執行に抗議する集会」での発言。初出『フォーラム90』一七一号）

死刑廃止をめざす日本弁護士連合会の活動報告

2019—2020

小川原優之（弁護士）

死刑をめぐる状況

1 はじめに

日本弁護士連合会（日弁連）は、日弁連会長を本部長とする「死刑廃止及び関連する刑罰制度改革実現本部」を設置しています。私は、この実現本部の事務局長を務めていますので、二〇一九年一〇月から二〇二〇年八月にかけての日弁連の主な活動について報告します。

今年はコロナウイルスの感染が世界的に拡大したことから、当初、四月に京都で開催される予定だった国連犯罪防止刑事司法会議（コングレス）が、来年二〇二一年三月に延期されることとなり、日弁連の活動も大幅に変更されることとなりました。

なお、以下の報告で、意見にわたる部分は私見であることをお断りしておきます。

2 死刑制度廃止に向けての基本方針を策定

日弁連は、二〇一九年一〇月、死刑制度廃止に向けての基本方針を策定しました。

①刑法第九条に規定する刑の種類から「死刑」を削除し、また、死刑の執行方法を定める同法第一一条を削除するとともに、そのほか刑法を含む全ての法令において犯罪に対する刑罰として定められた刑種としての「死刑」を全て削除するほか、関係法令に定められた死刑に関する規定の削除又は改正を目指す。

②刑の種類として死刑を廃止することに伴い、その代替刑として、仮釈放の可能性のない終身刑を新たな最高刑として導入し、死刑制度廃止の時点における死刑確定者及び以後の死刑に相当する犯罪に対して適用する刑とすることを目指す。

③仮釈放の可能性のない終身刑から、例

外的に仮釈放の可能性のある無期刑に刑の変更（減刑）を認める手続制度を設けることを目指す。

例えば、仮釈放の可能性のない終身刑を言い渡された場合、原則として終身服役するわけですが、例外的に二〇年服役後、裁判所への減刑手続きの申立ができ、裁判所が許可すれば通常の無期刑（仮釈放のある無期刑）へ減刑され、その後一〇年を経過すれば仮釈放審査のための申し立てができるようにするような制度です。

現在の無期刑は、法制度上は一〇年を経過すれば仮釈放可能なのですが、実際には、仮釈放になる例はまれで、刑務所で死亡する人が多く、仮釈放のない終身刑化していることが指摘されています。

私は、死刑の代替刑として考えた場合、法律上仮釈放があれば、被害者遺族や市民は、やはり安心できないだろうと思います。他方、現在の無期刑を言い渡された人でも、十分に反省し社会復帰可能な人もいるはずであり、そのような人はむしろ早期に仮釈放されるべきです。

私は、法制度として、仮釈放のある無期刑と仮釈放のない終身刑の両方が必要であり、仮釈放のない終身刑ならば死刑に代替しうると思いますし、また仮釈放のある無期刑については、早期に社会復帰するための中間施設の整備などが必要だと思います。

3 国会議員への要請活動

日弁連では、この基本方針について国会議員への要請活動を組織的に行うこととし、超党派の国会議員による「日本の死刑制度の今後を考える議員の会」の議員をはじめ、多くの国会議員への要請活動を継続的に行っています。

私も主に与党自民党や公明党の複数の国会議員の方と面談し、日弁連の基本方針についてご説明してきました。

死刑存置の議員や立場を明確にしていない議員がほとんどですが、徐々に死刑制度の問題点について理解が深まってきているように感じます。また、冤罪による誤執行への懸念から、死刑執行停止に同意される議員もいます。日弁連では、今後も、組織的に、この要請活動を継続する方針です。

また二〇一九年一一月六日には、マスコミの方に理解してもらうため、基本方針についてのプレスセミナーを行いました。

4 いのちなきところ正義なし

二〇一九年一一月二二日、衆議院議員会館で開催された聖エジディオ共同体主催、イタリア大使館、「日本の死刑制度の今後を考える議員の会」、日弁連後援の国際シンポジウム「いのちなきところ正義なし」が開催され、日弁連からもアピールしました。また袴田巌さん、袴田秀子さんも参加されました。

5　死刑廃止の実現を考える日

二〇一九年一一月二五日、日弁連主催で、「死刑廃止の実現を考える日」を開催しました。「『死刑のある社会』を報道するということ」というテーマで朝日新聞井田香奈子国際報道部次長に講演していただき、また「イギリスにおける死刑制度の廃止について」（ソール・レ・フロインド氏）、「フランスにおける死刑制度の廃止について」（リシャール・セディヨ氏）からも特別報告をしていただきました。

河村建夫衆議院議員（自民党。「日本の死刑制度の今後を考える会」会長）と、公明党代表山口那津男衆議院議員にも参加していただくことができました。

また来日したローマ教皇フランシスコが同日東京ドームで行ったミサには、袴田巖さんも参加されましたが、日弁連も、その実現に向けて働きかけました。

6　死刑執行への抗議声明

二〇一九年には、全く残念なことに八月二日に二名、一二月二六日に一名に対する死刑の執行が行われ、その都度、日弁連会長は、「死刑執行に強く抗議し、直ちに死刑執行を停止し、死刑制度の廃止を目指すことを求める会長声明」を出して、抗議しました。

7　基本的法制度に関する世論調査

二〇二〇年一月一七日、死刑制度に対する意識調査を含む「基本的法制度に関する世論調査」の結果が公表され、「死刑は廃止すべきである」と回答した者が九・〇%、「死刑もやむを得ない」と回答した者が八〇・八%でした。この数字だけに着目すると、国民の大半が死刑に賛成しているかのように見えるのですが、日弁連では、一月二三日、『死刑もやむを得ない』と回答した者のうち、『状況が変われば、将来的には、死刑を廃止してもよい』と回答している者は三九・九%にも上っているのであって、『将来』の死刑廃止の当否に対する態度という基準で分けてみると、廃止賛成は四一・三%、廃止反対は四四・〇%となる。また、仮釈放のない終身刑が新たに導入されるならばどうかという問いに対しては、『死刑を廃止する方がよい』と回答した者が三五・一%、『死刑を廃止しない方がよい』と回答した者が五二・〇%となっていることなどから、世論調査の結果を分析すると、「死刑もやむを得ない」と回答した者を一括りにすることはできず、むしろ将来の死刑存廃に対する国民の態度は拮抗していると評価すべきであるとの会長声明を出しました。

8　宗教界への働きかけ

日弁連では、キリスト教だけでなく、

仏教の団体に対しても、死刑廃止について働きかけを重ねているのですが、日本の主な仏教団体のすべてが加盟している全日本仏教会の社会・人権審議会は、「死刑廃止について宗教者はいのちの尊厳と人権的見地からどのように捉えるか」という理事長からの諮問に対し、「釈尊がお示しになられた『己が身にひきくらべて、殺してはならぬ。殺さしめてはならぬ。』という不殺生の教えにもあるように、仏教の教義と死刑が相いれないことは明白である。」との答申を出しました。

これを受けて理事長は、二〇二〇年一月三一日付けで、「私ども仏教者は、仏さまの教えに基づいて『死刑廃止』についてどのように捉えていくかが問われています。いのちの問題として仏教者間で死刑についての問題を共有し、社会全体とのより一層の議論を深めていくことを期待しています。」との談話を出しました。

今後全日仏では、加盟する諸団体や僧侶、信徒に対し、「いのちの問題として仏教者間で死刑についての問題を共有し、社会全体とのより一層の議論を深めていく」活動をするとのことですので、日弁連としては、今後も全日仏に対し、継続して死刑廃止を働きかけていくことになります。

9 二〇二〇年度の方針

日弁連は、二〇二〇年度の活動方針として、死刑制度の廃止を実現するため、

①法務省内に、死刑制度を含む刑罰制度改革のための協議を行う審議会（有識者会議などを含む）が設置されるよう働きかけること。

②国会において、死刑執行停止法案を速やかに成立させること。

を目標とすることとなりました。

もともと日弁連は、「死刑制度の廃止を含む刑罰制度全体の改革を求める宣言」（二〇一六年福井宣言）のなかで、死刑制度の廃止とともに、「刑法を改正して、懲役刑と禁錮刑を拘禁刑として一元化し……拘禁刑の目的が罪を犯した人の人間性の回復と自由な社会への再統合・社会的包摂の達成にあることを明記すること」を求めていますが、今後、後述するような「刑事政策の熱い時期」を迎えることになります。

10 「新自由刑」と少年法「改正」

八月七日の日本経済新聞によれば、

「懲役・禁錮刑を一本化『新自由刑』創設

法務省は六日の法制審議会の部会で、懲役刑と禁錮刑を一本化して新たに『新自由刑』（仮称）を創設する取りまとめ案も示した。受刑者の処遇を巡り、刑務作業や更生に向けた指導をより柔軟に行う狙いがある。

刑事罰の名称の見直しは刑法が制定された一九〇七年以降、初めてとされる。

同省は刑法の改正案を来年の通常国会に提出する方針。

　自由を拘束する刑罰には主に、刑務作業を義務づける懲役刑と義務のない禁錮刑がある。指導は刑法上は明文化されておらず、『懲役刑の受刑者は全て作業が義務付けられ、指導時間の確保が課題となっていた』」（同省）という。

　このため懲役と禁錮を一本化して新たな自由刑を設け、案では『（受刑者に）必要な作業を行わせ、または必要な指導を行うことができる』と示した。特に若者の更生に力を入れ、就業や修学を支援する指導などが想定される。処遇内容は刑務所長ら各刑事施設長が判断する。」と報じられています。

　また日本経済新聞によれば、「部会は早ければ九月の次回会合で要綱案をまとめる方針。法務省は来年の通常国会に少年法改正案を提出する方向で検討している。」とあります。

11　来年に延びたコングレス

　さらには国連犯罪防止刑事司法会議（コングレス）の新たな日程が、二〇二一年三月七日から同月一二日と決まりました。

　このように二〇二〇年九月から二〇二一年三月にかけては、「刑事政策の熱い時期」なのであり、この機会に、法務省内における審議会（有識者会議などを含む）の設置と協議に基づく法案が成立するまでの間、暫定的に死刑の執行を停止する法律の制定を求める活動を行う必要があり、日弁連としては、前述した二〇二〇年度の活動方針に基づき、積極的に活動を展開する予定です。

◉書評から

前田朗著『５００冊の死刑』

「死刑をめぐる論点は多く、しかも複雑に絡み合っている。これに丁寧に向き合い、声なき声にも耳を傾け、関係者の声を誠実に受け止め、国際動向にも目を凝らすという仕事を引き受ける人は、数少ない。

　前田朗氏は、一九九六年から『年報・死刑廃止』という出版物に「死刑関係文献案内」を連載してきた。それを十一章に分類して、新たに編集しなおして、「死刑廃止再入門」と銘打った。そこには、四半世紀の歴史がある。ということは、死刑廃止という課題も、未解決のまま、日本社会にぶら下がつているわけである。この書物は、このかなり深刻な状況を適確に表現している。」

（新倉修「重い課題にどう向き合うか」「週刊読書人」20年4月10日号より引用）

死刑をめぐる状況
2019—2020

処刑直前に送られてきた応募作品を読む

第15回死刑囚表現展

太田昌国

縁の深い二氏の死刑がこの一年間に執行された

この社会に暮らす多くの人びとにとって、死刑とは「他人事」には違いない。本誌『創』は、或る事件を起こして死刑囚となった人びとについて熱心な取材を行い誌面に反映させてきているから、いかなる犯罪も、それが行われた時代の「一断面」を隠しようもなく映し出すものであることに、読者は気づいておられよう。そう、自分には無縁に思えるかもしれない「事件」も「犯罪」も、そして「死刑囚」も、深い社会的な意味合いをもって、同じ時代を生きる私たちに語りかける何ごとかをもっていると言える。

二〇〇五年以来開かれていて、今年第一五回目を迎えた「死刑囚表現展」の講評を書き始めようとして、まず触れておかなければならないことがある。この表現展に縁の深い、河村啓三と庄子幸一の二氏の死刑がこの一年の間に執行された。

一八年一二月二七日に執行された河村は、表現展初期の段階で、自らが起こした事件や人生を振り返って『こんな僕でも生きてていいの』『生きる　大阪拘置所・死刑囚房から』『落伍者』の三作品が、いずれも優秀賞や奨励賞を受賞して、すべて単行本として出版されている（インパクト出版会）。一九年八月二日に執行された庄子は、第二回以降毎回数多くのすぐれた俳句・短歌作品を応募してきており、ほぼ毎回のように何らかの賞を受賞してきた。

こうして、この一五年の間に、「表現」を通して知り合った幾人もの死刑囚を、私たちは彼岸に見送ってきた。喪失感は深く、死刑廃止への道はなお遠い、と自らの無力さをかこちつつ、講評を書くことにしたい。庄子はいつも響野湾子の筆名を使っていた。今年は、四月二八日の日付で、二〇〇〇首近い短歌といくつもの詩編の応募があった。応募の締切日は毎年七月末日なので、選考委員の手元には、八月一〇日頃に作品コピーが送られてくる。だから今年の私たちは、つい一週間前の八月二日に刑死した庄子の作品と対面することになった。

処刑される自分を想像する歌も

噛み砕く2錠の痛み止めなれど
次々過ぎる悔痛《いた》み湧く胸

罪悪深き底方《そこい》の井の中で
詫びの届かぬ歌ばかり書く

ここ数年の庄子が詠む歌には、自らが犯した殺人行為を悔い、それをいかに表現しようとも、すでにこの世にいない犠牲者にその思いが届くことはないことの「絶望」を表現するものが目立った。同時に、処刑された「仲間」への思い、処刑される自分を想像する歌も頻出した。

迫り来る我が執行の時期感じ
物書く量の増えし夕暮れ

庄子が詠む短歌と俳句にはすぐれた作品が多く、ここに掲げた歌は必ずしも庄子の代表作とは言えない。しかし、ここ数年私のこころにはこの種の歌や句が重く残り、居座っている。罪過と悔悟、罪と償い——そのことにとことん苦しんだひとりの人間がここにはいる。庄子は今回が死刑囚表現展の最終回だと思い込んで、選考委員宛ての書簡も認めていた。

詩句作り選者と触れむ空間に　今生きているビバ・ラ・ビーダ（生きてるっていいね）

この作品は、人間的な交感を断ち切られた孤絶した空間にあって、選者が行う講評を無上の楽しみにしていたらしい心情がうかがわれて、こみ上げてくるものがある。書簡の末尾には、「処刑され続けた友に遺す」言葉として、「アディオス・アミーゴ、ケ・エステー・ビエン、ヤ・メ・カンセー」というカタカナ書きのスペイン語が現われる。これは「友よ、さらば。お元気で。私はもう疲れた」の意だ。少し読みづらい書き文字のカタカナの末尾が「ヤ・メ・カンセー」だと解読できた時、文字表現に拘《こだわ》っていた庄子の最後の気持が溢《あふ》れ出ていると思えて、ギクッとした。すでに処刑された友に「お元気で」と声をかけつつ、自分は「もう疲れた」と呟《つぶや》く姿が、私には堪えたのだ。

いくら詠んでも書いても、自らが犯した事件を思い起こせば果てしのない自己懐疑が

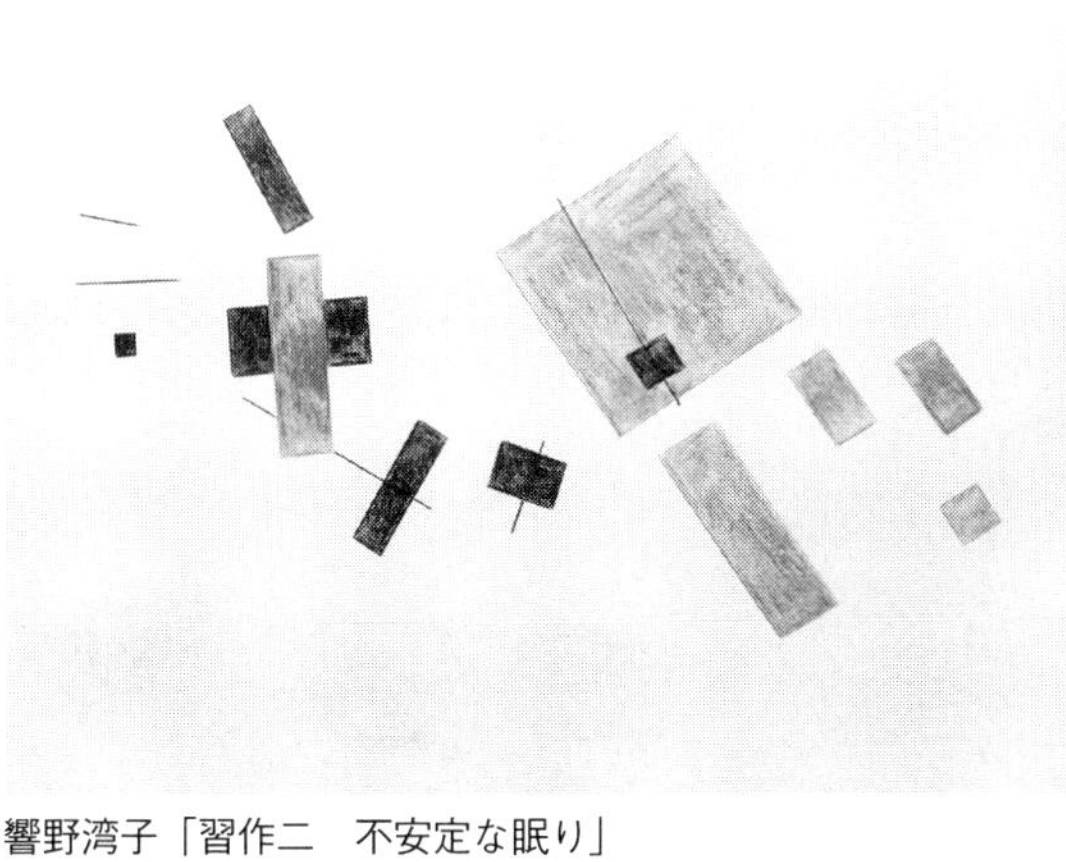

響野湾子「習作二　不安定な眠り」

【庄子幸一さんの表現展選考委員への手紙】

私は誰に向かって何のために書いて来たのかを思考している。

人の処刑に引かれてゆく姿は筆舌し難く苦しくて悲しい。

恐ろしかった瞳に写るものすべてが一瞬にして脳を溶かしカオスの淵に立たされた者の胸をめったやたらに打ち鳴らされる胸鐘。その想いは私の胸にだけ収めるべき物であるのか、心ある人々と共有すべき為に死刑囚の苦悩の一端であっても伝え知らせるべきか。

筆に溺れてはいないか、人の死を他人事の瞳として見てはいないか。そも何の為に書き続けているのか思考する時、私の胸には言い表せない虚風が吹く。それでも、私は風でありたい。

私は私を隠す為に歌い続けてきたのではないだろうかと時多く獄布の中で深く考え悩んで来た。贖罪の歌を償いの歌を幾ら書き詠み続けても、ここに居る私は私でしかなく私の内なる心を書き綴ることにより何物か正体の判らぬきっと大切な物から逃避しているのではないだろうか？

今でもそれは判らない。だが確かな事は精神の中から湧いて出てくる苦しき飢えを癒さんが為であることは確かなように思う。決して人の処刑の姿を虚飾する事無く、そして見てきた事、起きた事をひたすら書く事により自分の不安定な心の飢餓感に溺れ果て来た事は真に私の中の事実だと思う。目の前を、生きている私の目の前を殺される為に引き連れてゆく人間の命の影を見、その命の動悸を正常に心でとらえ書く事はある意味、苦しく吐き出した血痰の様なものだと思う。

心の中で常に願望する文字は希望に満ちた光り指す文字なのだろうが絶望する中にのみ重暗く私の歌は存在する。またそれでしか私の命は存在しないと思う。死刑囚徒とはそういうものだと思っている。

目の前の房から引き出された尾形氏、私を引き出しにきたと思いほぞをかためた時に隣房より連れ出された津田氏、その時の心の寒さ。目の前を二監房隣りから引き出されて静かに消えた服部氏。いつも職員に菓子ばかりねだっていた死刑確定囚としての意識の無かったであろう藤間氏の足音。私の目の前を白き影を引き擦りて歩き消えた宮城氏。高見澤氏、嘘の入り込む隙の無い人の全ての影と、姿と、瞳を見て見送り続けた寂しさの記憶として自分の心に刻み込まれた思い出の記憶は時が流れずいつもふいに胸に蘇る。

抽象的に死刑囚とはこう考えるべきという感情に流されて言葉を作り上げて自分を偽る。私の中の私の死刑囚徒の身分の命を枯らす事は出来ない。虚飾に飾った文字は美しいが死刑確定囚としての苦しみや哀しみが無い事を知り真実のみを書き続けて十五年。真実を書き続けるのは悲しくそして苦しかった。その悲苦の中よりかすかな私を揺り動かす希望無き中に希望より小さな、しかし、確かな時間が生まれた。その生まれたそれは死刑囚徒として「生きて来た時間」

皆様方から掛けて頂いた心ある御言葉の中に生きている死刑囚徒を理解されようとしている御心が私の胸の中に「生きている時間を」生まれさせて下さいました。本来であれば類想句、駄句はもっと整理すべきものだと思うのですが、何故か心の中に時間的余裕が無い生活の中に追い込まれておりますので、歌句数が多くなりました事を心より深く御詫び申し上げます。

最終回の十五年！　皆様方のたゆみない私達を想い続けて下さり寄り添いつつ文芸としての心からのご支援ご配慮を厚く御礼申し上げます。お疲れさまでした。

私は最後に自分を自分の鞄の中に入れる事が叶いとても幸いでした。ありがとう。

処刑され続けた友に一言残そうと思います。

アディオス・アミーゴ。ケ・エステー・ビエン。ヤ・メ・カンセー。

皆様のご健康を心から願いつつ、皆様が想う願い事を心から叶う事を念じて居ります。

二〇一九年四月二八日

生まれる文字表現に対する「疲れ」を、彼は言いたかったのかもしれぬ。

他方、庄子は今回初めて、四点の絵画作品も応募してきた。選考会場の壁に貼られた庄子の作品を見た選者の北川フラムは、一目見て「透明感のある絵にびっくりした。何かもうスウッとしている感じ。楽天というか、透明になっているというか」と言った。そうか、庄子は、文字表現の壁に突き当たり、別な表現方法に挑んでいたのか。そこでは、せめても「透明な」境地に行き着けたのだろうか。あまりに深い印象を残した表現者だけに、受け止める側の私の思いもあちらへこちらへと浮遊する。同時に、新たな表現方法を見つけていた庄子の命を絶った「制度としての死刑」を憎む。

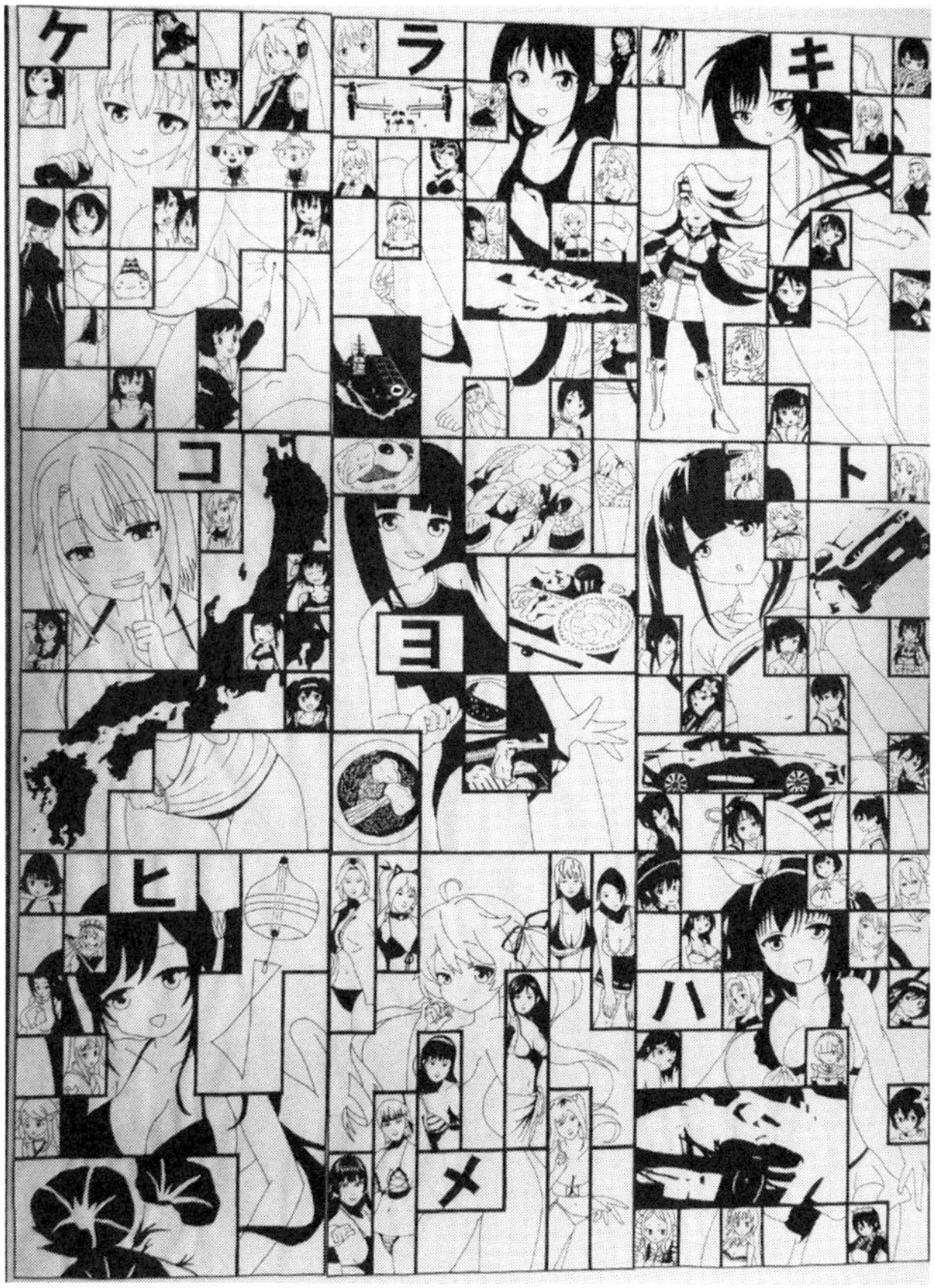

加藤智大「メルシー原正志」

なお、庄子の作品の一部は、「響野湾子詩歌句作品集」(『年報・死刑廃止２０１３』、インパクト出版会)で読むことができる。

『差別待遇』に触れた句の加藤智大死刑囚の心情

加藤智大も常連の応募者だが、選者の従来の評言に批判と不満を持つ加藤の表現はいつも挑戦的だ。今年の複数の作品は、彼の表現に孕《はら》まれている言うに言われぬ「憤怒」の根拠を指し示しているように思える。無題の詩はいう。

「僕の心に親が残した/しつけと称す暴力の傷/それを語れば人のせいにするなと責められ/そこを避ければ己から逃げるなと責められ/どちらにしても責められるとは

／生きていることが悪いのか／お望み通り死にますよ／じゃあね」

「ごった煮」と題する千句に及ぶ作品がある。「柿食えば金が無くなり拘留時」などの戯れ句も含めてそれこそごった煮の多様な作品が居並ぶ中に、定期的に現われる傾向的な作品群がある。「弟は床の残飯食わされず」「弟は裸足で雪に立たされず」「弟は便器の水を飲まされず」「弟は拾った子だと笑われず」「弟は口にタオル詰められず」……。一定のインターバルをもって現われる、親がなした自分と弟に対する「差別待遇」に触れた句を読んで、この過去の事実に拘らずにはいられない加藤の心情を思い、いたたまれぬ思いがした。

他方、絵画作品からは、彼の独特の才能が変わることなくうかがわれる。作品の一つは「メルシー原正志」と題されている。いつも、それこそごった煮の政治的・社会的メッセージと裸婦像が混在一体化した作品を応募している原正志への、感謝を込めたエールなのだろう。昨年も作者は、後出する何力へのエールを送っていた。他者の表現にも深い関心を持ち続けている加藤が、今後書く（描く）文章と絵に注目したい。

▼加藤智大「ごった煮」より

消しゴムが消せば消すだけ消えていく
ランドセル善意が肩にのしかかる
許してと幼い僕も叫んだが
鏡なし自省不要の独居房
死にたくも死にたくなくもないのだが
弟は床の残飯食わされず
選考に加えてくれよ同世代
暴力が悪なら母はなぜ無罪
課題くれみんなの個性が光るから
しけいしゅう仮名で親しみ持てますか
環境も先進国の既得権
暴力はダメと躾ける平手打ち
弟は便器の水を飲まされず
再犯も初犯も防ぐ衣食住
僕の死を喜ぶ君も殺人鬼

風間博子死刑囚の「病床二十八句」

例年は絵画作品を寄せる風間博子からは「病床二十八句」の応募があった。手術を受けるために医療センターに入院した時期もあって、絵を描くことができなかったという。「春雷や心に枷《かせ》のガン告知」「亀鳴くや隈無《くまな》く臓腑撮られたり」「青葉木菟《あおばずく》検査の日々の続きをり」「眼裏《まなうら》の亡父亡母《ちちはは》吾子《あこ》や遠花火」など、季語の鮮やかな生かし方が素人目にもわかる病床句の群のなかに、「定まらぬ思ひにも似てあっぽっぽ」（あっぽっぽ＝簡単服）の句が混じり、読む者をほっとさせる。「雪冤」を期して表現に励む風間が、来年は絵画作品も応募できるほどに健康を取り戻すことを切に願う。

西山省三はこの間、政治・社会の在り方にストレートな怒りを表わす短歌や川柳を詠み続けている。その怒りは共有するが、それが生のままの言葉となって繰り出されると、「表現」としては今一つ物足りなくなる。そんな中に、「何も無き独房にてカメラの見張する」という句があった。「カメラ」には「監視」のルビが振ってある。選考会でも「カメラの」は主語なのか目的語なのかをめぐって若干の議論があった。私は、一日二四時間絶え間なく死刑囚独房の天井で作動している監視カメラを、西山が逆に監視している情景を読み取ってこそ面白味が生まれる作品だと思った。この解釈が作者の意に適うものかどうかは知らぬが、西山の表現にかつて込められていた切々たる心情とユーモアが復活することで、作品はいっそうの深みと広がりを獲得できると確信した。

拘置所の病舎にあって闘病中に書いた作品

音音《ねおん》も常連だが、彼もまた病を得て、拘置所の病舎にあって闘病中に書いた作品が多い。作者は、「闘病はせず、病いとどうにか上手く付き合っていこうと思い、沿病という気持ちで過ごす」と表現している。当初から機知に富む言葉遣いに長《た》けたこの人らしい気構えだ。「詼歌・沿病譚」は、緊急治療を勧める医師と、それを拒否する作者とのやり取りから始まる。「社会なら救急車にて入院です　透析視野に入れてのことです」「それなりの覚悟を持って今日があり　今更治療は望みません」「それはそれ今は治療に専念し　身体治すの最優先に」「医療拒否その後起こした事件ゆえ　今更治療は受けられません」「医師として看過ごす事は出来ませんあなたの罪は領域外」「頑な態度に対し誰しもが　そうは言っても体治せや」「殺すしかないと言われたこの命　『治せ』に感謝も尚頑なに」……。

おそらく、お互いが現実にやり取りした言葉をそのまま生かしているのだろうが、双方の心の動きが手に取るようにわかり、読ませる力がある。その後、減塩食が始まり「治療」過程に入るのだが、作者の表現には、ユーモアと言葉遊びに加えて、自らを客観視する対象化の視点があることが、読ませる力の根源だと思う。拘置所で供されるランチを「スマホなく、素手補で写し」て投稿した一二点の絵も、着想が冴えている。死刑囚表現展について「出品より構想練るの楽しくて7末過ぎても練る練る練る」「表現展すでに伝統の格があり　新たな妄想個展開催」などと詠む作者の回復祈るや切、と伝えたい。

堀慶末は第一三回の特別賞受賞作『鎮魂歌』が刊行されたばかりだ（インパクト出版会）。今回の「その歩むところ」は短編集だが、拘りや屈折のない、あまりに素直な発想と文章の書き方に違和感が残った。『鎮魂歌』を含めて作者はこれまで六編の作品を応募してきているが、それぞれが持っていた独自の個性の輝きが懐かしいと思った。

檜あすなろ死刑囚の小説「10連体」「戦場の死刑兵」

檜あすなろの小説「10連休」と「戦場の死刑兵」は、ここ数年来の作品の連作と考えられる。最初の作品には、働き方改革とか「どうせ殺される死刑囚を密に戦場に派遣する」とか現実の社会との接点を持ったモチーフの必然性が感じられた。だが、二度目以降は作品をいたずらに冗漫にさせるだけで、物語の展開を根拠づける内面的な核心が欠けているようだ。作者には酷な言い方かもしれないが、どうしても書きたいという動機を失った地点で綴られているとしか思えない。短い作品でよい、考え直して、頑張ってほしい。

　何力は、日本語の理解度がますます増している。だが、それは作者にとっては、苦痛が増したり怖いことでもあったりする。「日本語が上達したが虚偽調書　吟味するたび苦痛倍増」「文字だけでだんだん怖くなる刑死」。何力の短歌や俳句には、取り調べや公判の際に立ち会う通訳の力量次第で「人生が変わる外人」の運命に触れた作品が散見される。作品の外部のことではあるが、来日して働く外国人が増える現状に対して政治が責任をもって対処すべき対外国人日本語教育の充実、的確な通訳者の育成、そしてもちろん、日本語を十分には理解できない外国人の弱みに付け込むことのないまっとうな取り調べや調書の作成などの課題が浮かび上がる。行政や司法、報道に関わる人びとにも、死刑囚がなす表現に関心を持ってほしい理由はここにあるのだ。

　北村真美はきわめて過酷な立場に置かれていると思うが、「差入に　本を送ると　姪の愛」という句に少し救われる思いがした。死刑囚の作品を読むという行為では、こうして、作品の外部に仄めかされている事柄に心動かされることが往々にしてある。

　文章では他に、石川恵子、上田美由紀、川崎竜弥、北村孝、高尾康司、高橋義博、西口宗宏、山田浩二、保見光成、露雲宇流布から作品が寄せられた。

「刺青入りの服」ユニークな立体作品

　絵画作品では、北村孝紘の「刺青入りの服」に注目した。さまざまなサイズの茶封筒に刺青が描かれていて、それを指示書通りに表現展のスタッフが組み立てると、高さ九〇センチほどの服が出来上がった。表現展に立体的な作品が現われ始めたのは数年前からだが、発想のユニークさと（北村の作品は例年そうだが）丹念な描き方において、一段階を画す作品となった。呆れるほどに制限が多く不自由な獄中にあって、その限界を突破して、創りたいものを自由に創る。そんな気概を感

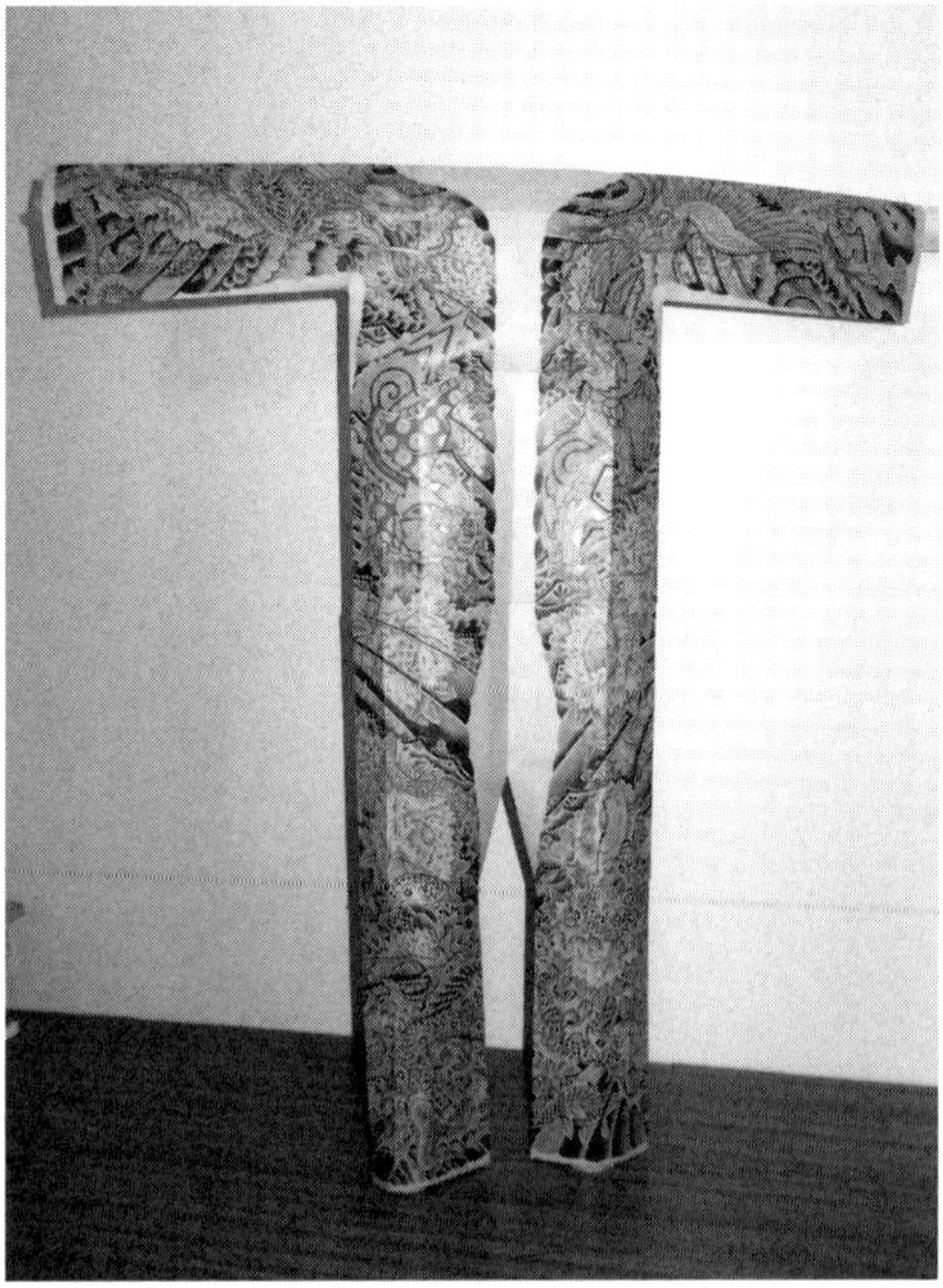

井上孝紘「刺青入りの服」

奥本章寛「カレンダー 2019 年 12 月 ほくほく」

じ、ゆくりなくも、「限界芸術」を論じた鶴見俊輔の大事な仕事を思い出した。

奥本章寛の、一二枚の絵から成る「カレンダー」を見ることはこの表現展での楽しみとなった。それはこの人が描く絵が醸し出す、誰もが子どものころを思い出すよう誘われる雰囲気によるものなのだが、死刑囚として獄中にある人が二度と目にできないであろう情景を描いているだけに、私の中でその「楽しみ」は「切なさ」と同居している。

その対極にあるのが、西口宗宏の描く世界だ。昨年の「自画像」と但し書きのある作品「届かぬ光・阿鼻叫喚」も、己が自身への切り込み方に凄みがあったが、今年の「A SELF」と題する自画像の描き方も容赦ない。この人物はどんな事態に直面しているのだろう？ 想像は尽きることがない。他の一枚一枚の絵にも物語性があって、観る者の感覚を刺激して止まない。西口は二〇一六年の第一二回に初めて応募して以降、表現展の場をとみに活性化させている。

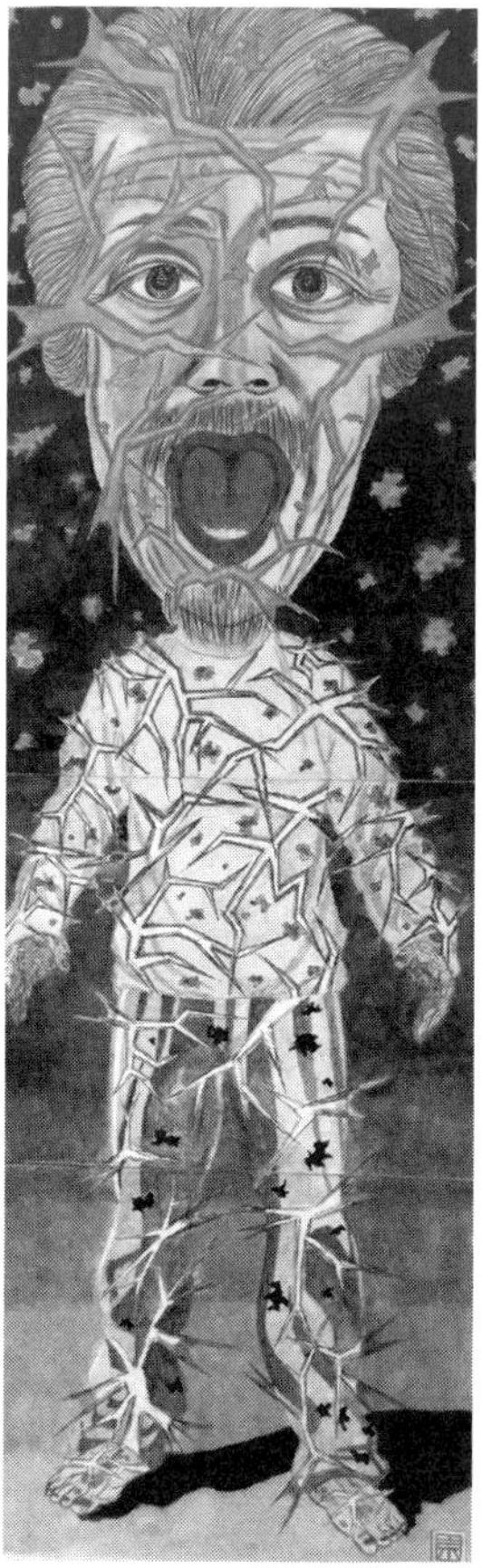
西口宗宏「A SELF」

絵画では他にも、上田美由紀、金川一、北村孝、北村真美、高尾康司、原正志、山田浩二、露雲宇流布こと長谷川静央の皆さんからの応募があった。紙幅の制限上触れることができなかったことをお詫びしたい。

最後に、今年の受賞者は以下のように決まった。

響野湾子／絵画「明鏡止水賞」＋文章「鼓動賞」（作品タイトルに因んで）
加藤智大／絵画「アニマ程近し賞」
井上孝紘／刺青入りの服「新境地賞」
風間博子／俳句「清風賞」
音音／誑歌「敢闘賞」

死刑囚表現展は、来年の二〇二〇年には第一六回目を迎える。死刑囚の表現によって焙り出されるこの時代の諸断面は、ますます切実なものとなって私たちに迫り来るだろうと予感する。（文中敬称略）

（初出『創』二〇一九年一二月号）

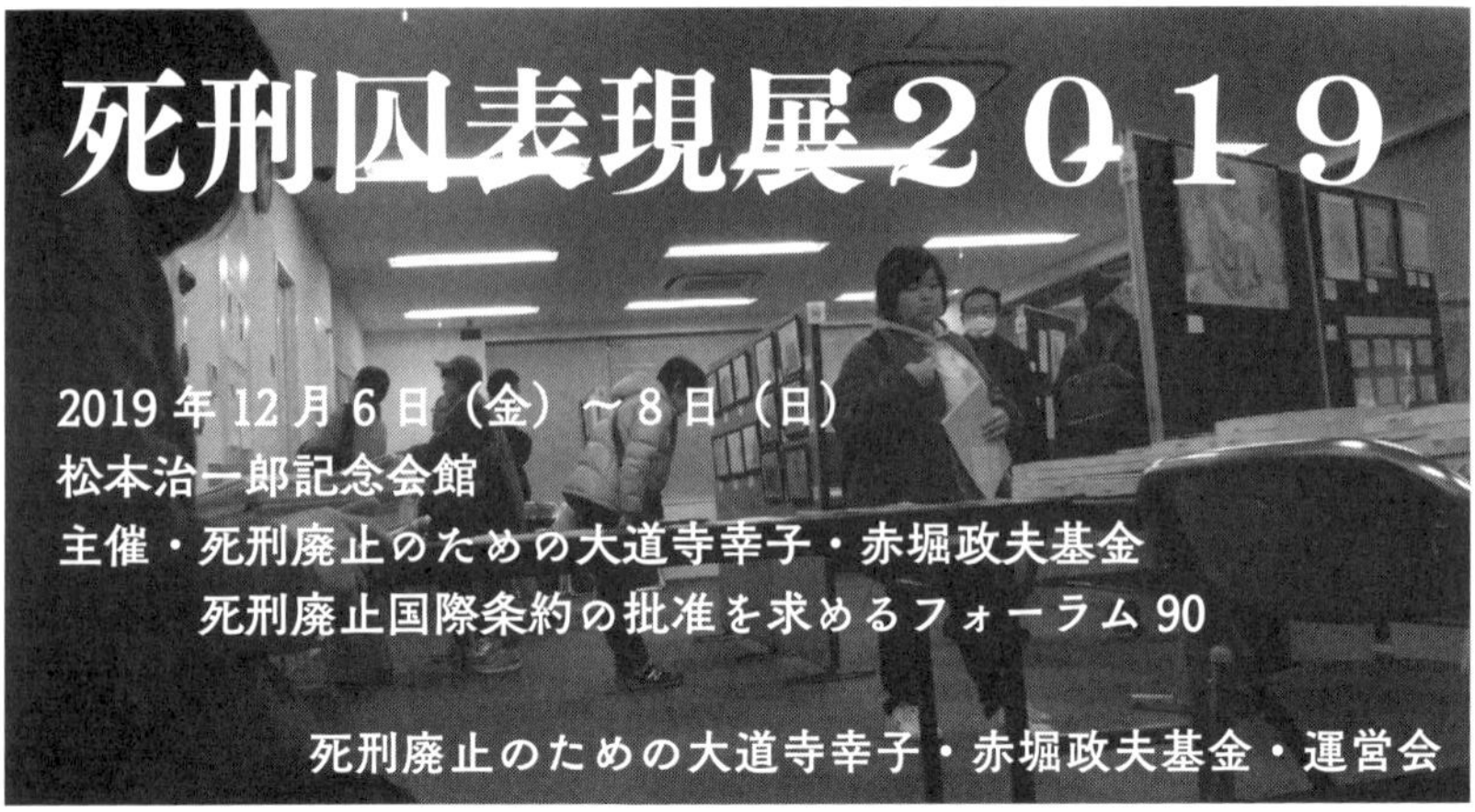

死刑廃止国際条約の批准を求めるフォーラム90は例年世界死刑廃止連盟（WCADP：本部パリ、二〇〇二年設立）が提唱する死刑廃止デーの一〇月一〇日前後に、日本でも「響かせあおう死刑廃止の声」という集会を持ってきた。死刑廃止のための大道寺幸子・赤堀政夫基金はその集会で選考委員による公開の講評シンポジウムを持ち、会場の一画で絵画作品を展示してきた。二〇一九年は一〇月一二日四谷区民ホールで開催する予定だったが、台風19号の直撃のため集会は中止となった。急遽、応募作品全点を一二月六日から八日もでの三日間、中央区入船の松本治一郎記念会館にて展示とギャラリートークを行った。

YAHOO!ニュースに篠田博之月刊『創』編集長が一一月一七日に予告記事を、共同通信社の47ニュースに「『時代の断面』映し出す、6日から死刑囚表現展　執行3カ月前に届いた短歌や絵画も」を竹田昌弘共同通信編集委員が一二月三日に書いてくれた。また朝日新聞は一二月五日に「死刑囚の心情　如実に」を、神奈川新聞は一二月八日に「死刑囚　詩歌に死生観　今日まで都内で展示」が掲載された。

そうした効果もあって三日間で三九六人の人が来場し、それぞれの方が長時間熱心に鑑賞してくれた。死刑廃止集会の一画で行う展示会とは違った人々が集まり鑑賞してくれ、手応えのある展示会になったと感じる。このやり方で来年以降も行う予定だ。

多くの人がアンケートを熱心に書いてくれたのでその一部を掲載する。

◆一度にたくさんの死刑囚を直にガラスごしに見たような気持ちになりました。正直、そのガラスはマジックミラーであってほしいというのが本音でした。それだけ生々しく、迫ってくるものがありました。

会場でいただいた「Forum90」の、表現展選考会ドキュメントを一緒に読めたのがとても良かったです。毎年の応募があり、それを毎年けい続的に見ている選者たちのまなざしが印象的でした。

◆死刑囚の方の作品を見るのは二度目ですが、見はじめると、作品そのものよりも、ある種の重苦しさをまず感じてしまいます。しかし、じっくりと見ていると、それぞれの方の個性がにじみ出てきて、結局ただ表現をしたいと強く感じている一人の人間が作った作品にすぎないのだと分かるようになる気がします。かたよった見方で作品を見ないようにしなければと強く感じます。

・山田浩二さん「HELP! Original Version」自分の弱さ（人間の弱さ）を、ここまで正直・素直に表現するのは、とても勇気のいることだと思いました。だけど誰もが本当は抱えている気持ち。

・音音さん「東拘ランチ　スマホなく素手補で写し投稿ランチ」食事は、人間の生活の根幹だと思います。音音さんの「素手補」の力で、音音さんの生活を感じることができました。

・加藤智大さん「ドット絵 Befor-After 下絵と仕上げ・1マスでも可愛く」①1マスのわずかな違いが、結果を大きく変える。結果が違って見えても、実はわずかの差。②小さな一歩でも人は変わることができる。変わってしまうこともある。③結果だけを見ると細かい部分を見誤る、など、さまざまなメッセージを読み取りました。

　他の皆さんの作品も、いずれも心に残りました。皆さんが生きて作品を創り続けられることを祈っています。

◆こういう機会がないと、こんなみなさんの作品がみれることが無いのでとてもありがたく思います。

　上田美由紀さん、こんなかわいいのをかくなんて、ちょっとびっくりしました。意外です。どういう思いが入ってるのか、考えました。子供たちのことを想ってるのか？　こういうかわいいものが好きなのか？　再審開始をのぞんでることなど、情報が一般人は得られないので、もっとみなさんのことを詳しく知りたいと思いました。

　奥本さんのカレンダーが色えんぴつのかんじと、明るい色の多さがびっくりです。すごい絵心があって、一番印象的でした。

　山田さん、一番具体的に気持ちを表していて、刑務所の中はやっぱりヒドいんだなと実感できました。なんとか再審開始できますように。

◆加藤智大さんのイラストロジックを実際にやってみたかったです。

◆奥本さんのイノシシの絵がとても好きでした。絵にはその人らしさがあらわれるなと感じます。来年もまた楽しみにしています。

◆一つ一つの作品が重く心に響きました。

　このうけとった感じを言葉にするのはとてもむずかしいです。でも安易に言葉にしてしまうのは危険な気もします。

　多くの人にみてもらいたい、いやみるべき

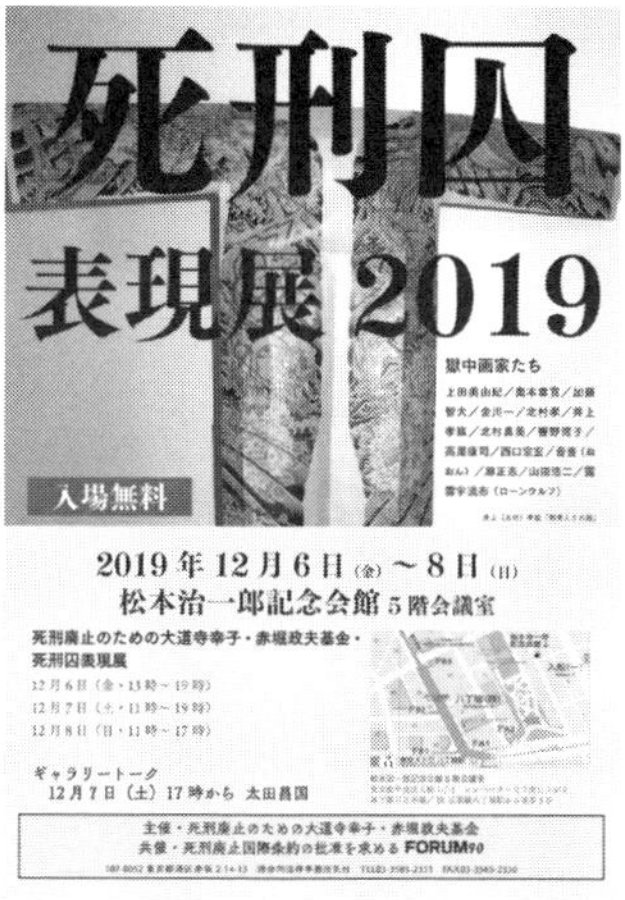

展覧会だと思いました。

◆死刑囚という一くくりにされている人々でなく、一人一人が個性をもつ人格、人間ということが伝わってきます。正直、正視するのが恐い。目をそむけたい気持ちをおさえられません。死刑、人により殺されることを待つ日々で、作品がつくられたことは、想像が困難です。ことばにすることも難しい。死刑囚の皆さんにも静かな表現の時間が与えられているということでしょうか。

◆今迄死刑廃止について深く考えた事がないが、本日作品展を見て少し意識が変わった。廃止後がどうなるか、考えて見ようと思う。

◆どの作品にも、「生きる力」があふれていました。それなのに、この方たちが、死刑囚であるということが、胸につきささりました。伝える力がすばらしい作品だと思いました。これらの作品が、より多くの人の目にふれ、多くの人が、死刑について、考える契機になってくれればと思います。

　直接、死刑囚の方の表現を目のあたりにする機会が少いので、重要な機会となりました。

◆古い作品展を見られたらなと思いました。その上で、今日の作品展を見てどう感じるかなと。それぞれの作品に、作者そのものが反映されているように感じたので、死刑に至る人達の時代背景、世の中の流れ（世相）も合わせて見たかったです。

◆特に原正志さんの絵と庄子幸一さんの短歌。原さんの絵は、強烈な印象を受けました。人物以外のバックの細かい字群、そして、色彩、生涯忘れられない絵の一つになりました。庄子さんの短歌は、生きている間に歌集を出版させてあげたかったと切に思います。もし、彼が犯罪の前に短歌に出逢っていたらと思います。

◆金川さんの作品、とても引きつけられました。遠目にも目立ってました。刺青の作品も！

　死刑囚の接点として、これからもつづきますように。

◆このような活動があったことを初めて知りました。何を書いても上から目線になってしまいそうで何も書けないのですが心を揺さぶられる時間でした。来年も見に来ます。

◆私たちはどうしても死刑囚のことを忘れて暮らしています。でも、作品を見ることで、死刑囚の人たちの存在、生活ぶり、思いを感じることができます。そして、自分だったらどうなのか？と想像することになります。

　死刑囚の人たちが私たちと同じように生きている、考えている、思っている、感じている、そして、私たちは忘れてはいけない。そのことを感じさせてくれる、とても貴重な機会になります。今後もぜひ続けてください。

◆金川さんの作品、すばらしいと思いました。無実を訴え続けて数十年？　再審されないのはさぞ悔しいことでしょう。その上で描かれ

た絵、心のよりどころでしょうか。

◆大道寺さんの句集に触れて来ました。これは辺見庸さんの著書を通してできた出会いですが、心にその悔恨の深さが伝わりました。

死刑廃止の思想は、辺見さん、太田さんの主張をかみしめながら考えていますが、なかなか感情の部分で受け入れることができていません。「人を殺す」という特殊なことをしてしまう背景は様々で、同情しかない場合もあるように思いますが。

死刑執行の恐怖を痛々しく想いながら、殺された者も死への恐れ、暴力への恐怖を味合って落命したのだと思うと、死刑という「死」への過程を体験し、おびえることでもなければ、殺された人が浮かばれないようにも考えてしまいます。

戦争と死刑制度は国家による殺人…と頭では分かっているのですが、ひっかかるところが、別の次元なのかと思い、結論は出ません。

「こんなにも悔いて、苦しんでいるのに」と作品に触れては、むごい制度だとは思います。

◆今回は、じっくりと見られました。朝日の記事に山田さん、奥本さんの罪が書いてあり、特にカレンダーの可愛らしい絵との落差に驚きました。

◆たましいの叫びがひびいて来ました。そして複雑な思いにも捉われました。口ではうまく言い表せませんが…

あと、表現する画才がある人はこのように世の中とつながれますが、そのような気力や才を持たない人はどのようにすごしているのか…とふと思いました。思いはそれぞれあると思います。ありがとうございました。

◆加藤智大氏の作品を見に来た。どの作品も力作揃いだったが、やはり加藤氏の作品が印象に残った。氏の独特のパズル感覚が作品に表れていたと思う。全体の印象として、作品から発声する「生への希求」と犯した社会的罪の大きさ両方の迫力とで、観賞者としては大変に消耗するものではあったが…。可能な限り継続して下さい。

◆「死刑囚」という言葉にどこか恐い印象をもっていました。しかし、実際に作品を拝見し、伝わってくるものは想像していた以上に純朴なものでした。今感じていること、見ていること、が、まるで子供の作品のように真っすぐに描かれていて、作品の印象と作家の印象とに大きなギャップはあるものの、とても素晴らしい展示でした。

『倒錯した「真理」と死刑制度』開催に当たって

第九回死刑映画週間

太田昌国（フォーラム90・死刑映画週間チーム）

昨年一一月、死刑廃止全国合宿が沖縄で開かれた機会を捉えて、終了後各地から参加した有志一〇名ほどで辺野古の米軍基地建設阻止闘争の現場を訪れた。建設予定地は海上だから、現在は海を埋め立てるための土砂の運搬工事が行われている。反対派の人びとは、毎日三ヵ所の現場で、座り込み、運搬車の前への立ちはだかりなどの行動を粘り強く続けている。わずかな時間だったが、座り込み行動を共にしながら、地元の人と話をした。

「死刑」の問題になり、ひとを殺めてしまった者を死刑にすることに、どういう論理で反対するのか、とその人は問うた。

あなたと私は、いまここで、戦争の準備としての基地新設に反対して行動を共にしている。戦争は、国家（時の政府）による自国兵士の動員指令から、始まる。ひとたび戦争になれば、兵士が他国の兵士・民間人を殺しても、殺人罪に問われることはない。むしろ、勲章や手厚い危険手当によって報いられる。死んでも、遺族には通常の社会保障の枠組みを超えた恩給が付与される。孫の代までだ。なぜ、「姿見せぬ」国家だけは、「目に見える」兵士に命じることで、こんな殺人の権限を行使できるのか。国家は何事もなかったかのように未来永劫（？）続くと信じられているが、人を殺めた兵士のなかには、経済的報酬を得たとはいえ、戦場での自らのむごい戦闘行為の記憶に慄き、悩み、苦しみ続けて、こころを病んで後半生を送るひともいるというのに。

同じことは、死刑についても言える。死刑は、国家（時の政府の一員である法相）が命を下して執行される。現場に立つのは、公務員としての看守だ。そこでは、人を殺めること＝処刑することが「公務」だ。ここでも、「下手人」が殺人罪に問われることはない。むしろ、特別手当金や「特別休暇」が付与される。なぜ国家は、これらの「公務」に関してだけは例外的な特例を設けて、経済的な報酬や休暇の付与によって報いるのか。後ろめたいものでもあるのか。国家の強制力を行使して、「公務」の限界を超えた「特別な」任務を遂行させたという「自覚」でもあるのか。

「戦争」と「死刑」をいいように操る国家の姿は、似てはいないか。国家は、どこか超然たる位置に潜みつつも、国軍兵士や公務員に殺人の命を下す。殺めた兵士も公務員も「殺人犯」の汚名を着せられることはない。つまり、誰も「殺人」の責任を問われることはないのだ。死ぬのは「敵」国の兵士や民間人だから構わないのか。「殺人者」だから殺すしかないのか。ひとを殺しておいて、これは無責任の体系そのものではないのか。

国家には（ただひとつ国家だけには）こんな権限が付与されているのだと信じ込むよう、私たちは教育されて、成長する。だから、この問題に疑問を持ち、問いかけるひとは少ない。

第9回死刑映画週間
2020年2月15日（土）～2月21日（金）
倒錯した「真理」と死刑制度
映画（監督 制作年）× 語る人（一回限り、裏面参照）
『金子文子と朴烈』（イ・ジュンイク 2017）× 石川優実
『友罪』（瀬々敬久 2018）× 瀬々敬久
『デビルズ・ノット』（アトム・エゴヤン 2013）× 柳下毅一郎
『フォンターナ広場』（マルコ・トュリオ・ジョルダーナ 2012）× 小倉利丸
『眠る村』（齊藤潤一・鎌田麗香 2018）× 齊藤潤一
『39 刑法第三十九条』（森田芳光 1999）× 香山リカ
『抵抗 死刑囚の手記より』（ロベール・ブレッソン 1956）× 太田昌国
『霧の旗』（山田洋次 1965）
「真理省」の壁に「戦争は平和、自由は隷従、無知は力」なるスローガンが掛かる
或る国の〈架空の〉物語を書いたのはジョージ・オーウェルだった。
「こんな馬鹿なことが起こるわけはない。フィクションだから可能な世界だ」
――該当する時代を知らない人はそう考えがちだ。だが、
私たちがいま住む社会ではこのスローガンが〈真理〉として通用していないか。
死刑についてはどんな「真理」が語られているだろう？
「人を殺したからには死刑は当然」「国家が死刑の権限を持つのは当然」
――ここに集う8本の映画を観て、私たちは別な「真理」を摑み取ることができるだろうか。
渋谷 ユーロスペース

だが、いつの時代にも、死刑と戦争の不当性を訴えるひとはいた。「殺人」をひとに命令しておきながら、自らは陰に潜む「国家」の在り方に根本的な疑義を提起するひとがいた。

今から五〇年前の一九七〇年、死刑廃止国は一三ヵ国だった。一九八〇年でも二三ヵ国に過ぎなかった。それが、いまは、法律上・事実上の死刑廃止国は一四二ヵ国だ。地球上の国家の三分の二を占める。死刑は非人道的な刑罰だとの考え方が広まったからだ。個別国家の枠組みの中では実現がなかなか難しいことを、国家を超えた、類的な規範をつくって、徐々に実現していこうとする民間レベルでの努力の結果だ。戦争を否定し廃絶する道は、まだまだ遠いが、死刑に関してはここまで来ている。これは、私たちの希望の証しだ。軍事基地廃絶・軍隊廃絶・戦争廃絶もそんな展望で考えたい―。

沖縄のひとは、なるほど、そう考えるとよいのか、と言った。。

（初出・映画週間パンフレット）

ゲストのトークから

まとめ 可知亮

今年の死刑映画週間は二月一五日〜二一日だった。初日から入場者が少ないのは選んだ上映作品の問題だろうかと当初は考えた。その後も入りの悪さは続く。これは新型コロナの影響だ、と思い当たる。

死刑映画週間の一月後には、映画館が続々と一時閉鎖を決めていくことになる。三月になってユーロスペースの劇場支配人がメディアに「新型コロナの影響は二月の死刑映画週間の頃から始まった」と語っている。昨年の七割の入りであり大きく赤字となったが、最後まで上映できたことはよかった。

石川優実さん 金子文子と朴烈

初日のトークゲストは#KuToo運動を始めた石川優実さん。石川さんは#KuToo運動を始める前まではフェミニズム的な考えは持ってなかったという。

映画について「裁判のシーンで裁判長が入ってくると全員が起立するけど、文子と朴烈は起立しない。いったい誰が起立するなんて決めたのだろう、初めて考えさせられた」「写真撮影シーンでは最初は朴烈が椅子に座っていて、文子は後で立っている。でも最終的には二人は同じ位置になって撮影をしている。そこもいいなあと思った」と。

石川さんは今回のトークゲストになったことで、初めて死刑について考えるきっかけができた、今後も死刑問題は考え続けたいと話した。

（二〇一七年韓国、監督＝イ・ジュンイク）

瀬々敬久さん 友罪

トークゲストはこの映画の監督である瀬々敬久さん。製作会社WOWOWからの依頼でこの映画の監督をしたとのこと。原作者薬丸岳さんの小説はほとんど読んでい

て、最初の作品「天使のナイフ」以来一貫して少年犯罪をテーマとして扱っていることに感服していたと話した。もちろんこの作品も読んでいた。この作品は酒鬼薔薇事件を下敷きにしたもので、監督自身は事件当時ピンク映画を撮っていたが、そんな映画でもこの事件を参考にした作品もあった。そんなこともあり、その後も酒鬼薔薇事件についてはずっと気になっていた。

「主人公たちを演じた生田斗真さんと瑛太さんは、深く役柄について考察して演じてくれた。特に瑛太さんの鬼気迫るような演じ方は、ご本人が考えて作り出したものだ」と話された。確かに瑛太さんの演技はすごかった。

（二〇一八年日本、監督＝瀬々敬久）

柳下毅一郎さん
デビルズ・ノット

この映画はアメリカでは有名な冤罪事件「ウエスト・メンフィス3事件」を忠実に再現して描かれた、とトークゲストの柳下さんは話され始めた。三人の幼い男の子が惨殺され、三人の少年が犯人として捕まる。が、冤罪の可能性が高いと暗示して映画は終了する。実際の事件でも真犯人はわからないまま、犯人とされた少年たちは無罪とは認定されないままに釈放されている。

この映画のテーマは「喪失」である、と柳下さんは語った。冤罪であれば捕まった人は真犯人ではないし、たとえ真犯人が捕まったとしても、殺された子たちはこの世に戻ってこない。母たちの「喪失」は決して埋まらない、と。

また、この事件が冤罪であることを最初に全米に知らしめたのは一九九六年製作『パラダイス・ロスト』というドキュメンタリー作品であるという。これが公開されて、ジョニー・デップやトム・ウエイツなどの有名人が活動し始め、少年たちの釈放につながった。『パラダイス・ロスト』の監督ジョー・バリンジャーは、今年日本公開の大量殺人事件を扱った映画『テッド・バンディ』も監督している、と柳下さんは紹介された。

（二〇一三年米、監督＝アトム・エゴヤン）

小倉利丸さん
フォンターナ広場

一九六九年一二月一二日にイタリアミラノのフォンターナ広場で実際に起こった爆破事件を描いた映画である。小倉さんはこの作品はほぼ事実に忠実に描かれていると話された。「この映画は死刑事件を描いたものではないが、映画の中で多

使用写真 ©2013 DEVILS KNOT LLC.ALL RIGHTS RESERVED

くの事件の深層に関わる人たちが次々と殺されていく。これは「隠された死刑」であろう。この事件は当初はアナキストが起こしたテロ事件だと報道されたが、その後極右またはそれに連なる人たちによる事件であるとわかってきている。実は背後にある国家の犯罪ではないのか、と言われている。実際に裁判では、犯人とされた人は全員無罪となっている」と。

その後小倉さんは、第二次大戦の敗戦国である日本、ドイツ、イタリアでは現在に至るまでのファシズムの系統が残っていることを話された。そしてフォンターナ広場爆破事件は、決して過ぎ去った事件ではなく、現在まで続く問題を内包していると。

現在でも毎年一二月一二日にミラノのフォンターナ広場では、多くの人が参加してデモが開催されているとのことだ。

（二〇一二年／イタリア、フランス／監督＝マルコ・トゥリオ・ジョルダーナ）

眠る村

齊藤潤一さん　河井匡秀さん

名張毒ぶどう酒事件のその後を描いた本映画のトークは、監督である齊藤潤一さんと名張事件弁護団の河井匡秀さんとの対談である。

齊藤さんは「奥西勝さんが病死されて、この事件の被害者の人たちも本当のことを言ってくれるのではないか、と考えて取材を始めた。本音では奥西さんは犯人ではないのではないか、と言う人が出てくるかもしれないと考えたのです」とこの映画の制作のきっかけを話された。河井さんは「私は齊藤監督の前の作品『約束』がたいへん好きだったのですが、この作品も撮るべくして撮られたなあ、と思います」と。村人たちは被害者の人たちなのでなかなか本当のことを語られないと続けた。なぜなら、ずっと警察や検察などの国家権力に恐い目にあわされているから、そこから抜け出すことはできないのだ、と。

対談後の質問では客席から「本当の犯人はわかっていないのか」と問われ、河井さんは「犯人ではないかと思われる人は私たちの調べで確かにいます。しかし冤罪を晴らすのは本当の加害者を捕まえることではなく、奥西さんが犯人ではないことを勝ち取ることです。私たちはこれからも再審を続けます」

（二〇一八年日本、監督＝齊藤潤一・鎌田

麗香）

香山リカさん
39 刑法第三十九条

精神科医である香山さんはこの映画が公開された一九九九年当時は、なぜ刑法39条を問題にするような映画を作るのだろう。きちんと加害者の精神鑑定をして、鑑定によって正しく39条を適用することも必要なのだ、とこの映画に疑問を持っていたそうだ。心神喪失状態であるとなれば無罪にすべき、という考え方である。ただし、この法律によって死刑を免れた人は今まで一人もいないことも事実である。

二〇年近くたった今回、改めて映画を見て印象が変わった。それは、今の社会がより厳罰主義になってきていること。被害者側に立つ言動の持つ社会的な力が増してきていること。などによって、刑法39条に言及すること自体ができにくいような状況になってきていることが、大きな問題であると考えているからだ、と。「医学に基づくきちんとした精神鑑定ができ、法律がきちんと適用されるような社会状況から遠ざかっている。これは何とかしていかなければいけない」と語られた。

（一九九九年日本、監督＝森田芳光）

太田昌国さん
抵抗　死刑囚の手記より

太田さんの話は、フランス・ヌーベルバーグの監督たちのブレッソン監督へのオマージュ紹介から始まった。それは、ゴダールの「ドフトエスキーがロシア文学に占める位置、モーツァルトがドイツの音楽に占める位置、それと同じような位置をロベール・ブレッソンはフランス映画において占めている」という言葉。その後、本作品以外のフランス・レジスタンスを描いた映画を紹介していった。『鉄路の闘い』『海の沈黙』『広島わが愛』『禁じられた遊び』等が語られた。ナチス協力に対応するレジスタンス神話から、フランスのベトナム・アルジェリア植民地へと話は重層的に語られていった。

最後に敗戦後七〇年以上が経っているにもかかわらず、日本がいかに重層的な思考をしてこなかったのか、敗戦国としての重要なことがなされてこなかったことが話された。

使用写真　© 松竹／光和インターナショナル　collection Gaumont

（一九五六年フランス、監督＝ロベール・ブレッソン）

『霧の旗』は松本清張原作、橋本忍脚本、倍賞千恵子、滝沢修、露口茂、新珠三千代、金子信雄、市原悦子、川津裕介らの古典的名画。トークゲストは一週間で七人のためこの作品には付けなかった。

余談ですが、山田洋次監督は新しい映画の現場さえなければトークゲストにお願いできたのですが、残念ながら今回はご登壇いただけませんでした。その新しい映画の主人公は、新型コロナで亡くなった志村けんさんだったようです。

（一九六五年日本、監督＝山田洋次）

来年二〇二一年二月には一〇回目の死刑映画週間を行いたいと考えています。それまでにコロナ騒動が収まっておりますように。

使用写真 ©1965 松竹株式会社

第6回〔2017年2月〕

「袴田巖　夢の間の世の中」金聖雄、2016（再）
「白バラの祈り　ゾフィー・ショル　最期の日々」マルク・ローテムント、独、2005
「M」フリッツ・ラング、独、1931
「壁あつき部屋」小林正樹、1956
「首」森谷司郎、1968
「死刑弁護人」齊藤潤一、2012（再）
「独裁者と小さな孫」モフセン・マフマルバフ、ジョージア 英 仏 独、2014
「7番房の奇跡」イ・ファンギョン、韓国、2013

第7回〔2018年2月〕

「スペシャリスト～自覚なき殺戮者～」エイアル・シヴァン、イスラエル 仏 独 オーストリア ベルギー、1999
「獄友」金聖雄、2018
「弁護人」ヤン・ウソク、韓国、2013
「新・あつい壁」中山節夫、2007
「プリズン・エクスペリメント」カイル・パトリック・アルバレス、米、2015
「HER MOTHER 娘を殺した死刑囚との対話」佐藤慶紀、2016
「ヒトラーへの285枚の葉書」ヴァンサン・ペレーズ、独 仏 英、2016
「白と黒」堀川弘通、1963

第8回〔2019年2月〕

「日本の黒い夏〔冤罪〕」熊井啓、2000
「教誨師」佐向大、2018
「羊の木」吉田大八、2018
「獄友」金聖雄、2018（再）
「激怒」F・ラング、米、1936
「FREE MEN」アン・フレデリック・ヴィドマン、スイス、2018
「ハンナ・アーレント」マルガレーテ・フォン・トロッタ、独・ルクセンブルグ・仏、2012
「この声なき叫び」市村泰一、1965

死刑映画週間これまでの上映作品

第1回〔2012年2月〕

「私たちの幸せな時間」ソン・ヘソン、韓国 2006
「真幸くあらば」御徒町凧、2010
「エロス+虐殺」吉田喜重、1970
「帝銀事件 死刑囚」熊井啓、1964
「BOX 袴田事件 命とは」高橋伴明、2010
「サルバドールの朝」マヌエル・ウエルガ、スペイン、2006
「ダンサー・イン・ザ・ダーク」ラース・フォン・トリアー、デンマーク、2000
「ライファーズ」坂上香、日本、2004
「休暇」門井章、2008

第2回〔2013年2月〕

「死刑台のエレベーター」ルイ・マル、フランス、1958
「少年死刑囚」吉村廉、1955
「ハーモニー」カン・テギュ、韓国、2010
「第一の敵」ホルヘ・サンヒネス、ボリビア、1974
「略称・連続射殺魔」足立正生、1969
「ヘヴンズストーリー」瀬々敬久、2010
「真昼の暗黒」今井正、1956
「死刑弁護人」齊藤潤一、2012
「再生の朝に」リウ・ジエ、中国、2009

第3回〔2014年2月〕

「執行者」チェ・ジンホ、韓国、2009
「最初の人間」ジャンニ・アメリオ、仏伊アルジェリア、2011
「声をかくす人」ロバート・レッドフォード、米、2012
「軍旗はためく下に」深作欣二、1972
「さらばわが友 実録大物死刑囚たち」中島貞夫、1980
「約束 名張毒ぶどう酒事件 死刑囚の生涯」齊藤潤一、2012
「塀の中のジュリアス・シーザー」ダヴィアーニ兄弟、伊、2012
「ヘヴンズストーリー」瀬々敬久、2010（再上映）

第4回〔2015年2月〕

「死神博士の栄光と没落」エロール・モリス、米、1999
「ゼウスの法廷」高橋玄、2014
「私は貝になりたい」橋本忍、1959
「軍旗はためく下に」深作欣二、1972（再上映）
「北朝鮮強制収容所に生まれて」マルク・ヴィーゼ、ドイツ、2012
「BOX 袴田事件 命とは」高橋伴明、2010（再）
「天国の駅 HEAVEN STATION」出目昌伸、1984
「証人の椅子」山本薩夫、1965

第5回〔2016年2月〕

「絞死刑」大島渚、1968
「約束 名張毒ぶどう酒事件 死刑囚の生涯」齊藤潤一、2012（再）
「スリーピング・ボイス～沈黙の叫び～」ベニト・サンブラノ、スペイン、2011
「愛と死のかたみ」斎藤武市、1962
「シャトーブリアンからの手紙」フォルカー・シューレンドルフ、仏 独、2012
「袴田巖 夢の間の世の中」金聖雄、2016
「九人の死刑囚」古川卓巳、1957
「息子のまなざし」ダルデンヌ兄弟、ベルギー 仏、2002

死刑をめぐる状況

死刑映画を観る

偏見、差別と死刑

「黒い司法」と「雪冤」

2019―2020

中村一成

現在二〇二〇年八月末。まずこの一年間における、死刑制度を巡る二つのことについて記したい。一つは内閣府が二〇一九年に実施した死刑制度についての世論調査の結果だ。本書の読者には言うまでもないかもしれないが、その前年の二〇一八年には、オウム真理教信者らが起こしたとされる事件で死刑判決を受けた者たちの大量執行があった。「社会の敵」を抹殺していくプロセスは「リアルタイム速報」としてテレビや新聞社サイトで報じられ、国家による殺人が身体性を削いだ「ネタ」として発信されていった。一線を超えた、「殺人の実況中継」という異常事態を経て、この国の「世論」がどのように動いているかに私は関心があった。結果は「存置」が前回の二〇一四年を〇・五ポイント上回る八〇・八%、「廃止」は〇・七ポイント減の九・〇%だった。「分からない」は微増の一〇・二%、現実には根拠のない「犯罪抑止論」を信じる人は例年と同水準の六割程度（五八・三%）だった。社会学的にはあり得ない「誘導設問」で圧倒的な死刑世論を喧伝してきた「成果」でもあるのだろうが、この国の人々にとって「人を殺す刑罰」についての感性はこの程度、あの「執行速報」は、観る者の内面を耕すことのない見世物、まさに情報としての「消費」だった。

そしてもう一つは「津久井やまゆり園事件」における被告人の死刑判決だった。彼は弁護人による控訴を取り下げ、むざむざと刑が確定、事件の「問い」は封印された。役に立つ人間、立たない人間、生きる価値のある人間、ない人間を判断し、後者を社会から排除する。彼の凶行が優性思想に基づくものであるのはもちろんだが、「命の選別」という発想は、レイシズム、そして死刑それ自体にも通じている。私たちの社会は、その彼と同じ論理でしか、彼に対峙することができなかった。これは一つの敗北なのだ。事件直後から今に至るまで彼とその言動を支持する書き込みはネット上に散見し、通底する発想に基づく著名人、無名人の発言も後を絶たない。

差別はいけない、人間には尊厳がある。命の選別は許されない。これら私、私たちの社会を成り立たせているはずの「諒解事項」が崩壊した——死刑制度はそれを内側から腐敗させていく「トロイの木馬」だった——世界で、単なる情報ではない「芸術」を通して、社会や国家、そして命について考える営為の重要性はさらに増していると思う。昨年の締切以降、公開、放送された映像作品から二点取り上げたい。米国映画『黒い司法　〇%からの軌跡』とテレビドキュメント『雪冤　ひで子と早智子の歳月』である。

『黒い司法』

ミネソタ州ミネアポリス近郊で、アフリカ系米国人のジョージ・フロイドさん（享年四六歳）が、白人警察官に八分四六秒間、膝で首を踏まれて窒息死した。「息ができない」と言い残しての非業の死だった。彼を悼み、ヘイトクライムを糾弾する声は、“Black Lives Matter (BLM)”運動として全米に燃え広がり、国境を超えた広がりを見せている。後に「反差別運動」の歴史の一頁として語られるであろうこの抵抗運動は、問題の根にある奴隷貿易と植民地主義、すなわち現代世界のはじまりにある不正の追及に及んでいる。

一九九一年に起きた「ロス暴動」のトリガーとなったロドニー・キング暴行事件など、白人警官によるアフリカ系住民へのリンチや虐殺は、一九五〇年代から六〇年代の公民権運動を経て以降も絶えることなく続いてきた。その背景には、先住民迫害と奴隷制でその地盤を築いた米国の病理であり、奴隷制と植民地主義が全世界にばらまいた絶対悪「レイシズム」がある。

米国史が専門の貴堂嘉之氏（一橋大）によれば、そもそも米国南部の警察は、奴隷の叛乱や逃亡を防止するためのパトロール集団をルーツに持つ。「白人優位の秩序」を守るために結成され、運営されてきた自警団だという。南北戦争で公的な奴隷制が終わった後も南部では、仕事がなく、放浪していた解放奴隷を捕まえ、道路工事などの過酷な労働現場に投入した。警察組織が「事実上の奴隷制」を支え続けたのである。一九八〇年代以降に強化されたドラッグ取り締まりでも、警察は黒人など有色人種を執拗かつ苛烈に取り締まった。人種プロファイリングである。裁判でも有色人種の刑が重い傾向は明白で、黒人社会で流布する薬物の量刑を重くする法改定がなされるなどし、有色人種の囚人が激増した。一説では民営刑務所の経営を安定させるための「利用者（囚人）」供給策だったとも言われるから恐ろしい。

アフリカ系米国人を白人と対等な人間

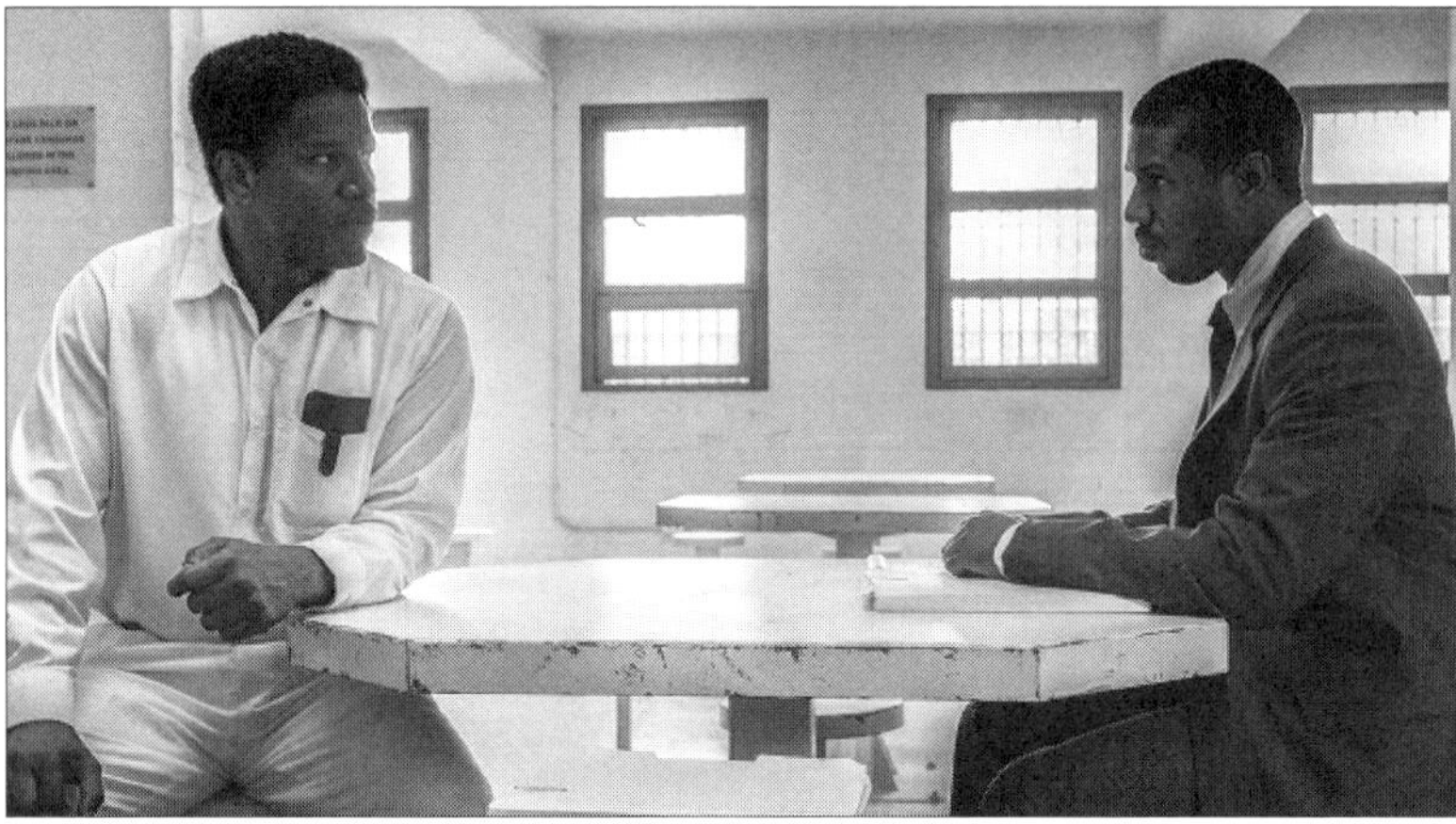

『黒い司法　0％からの奇跡』2019年米、ワーナブラザース。デスティン・ダニエル・クレットン監督

ではない「奴隷」か社会の敵と見なす。これは「古典的レイシズム」と「現代的レイシズム」それぞれの典型である。属性と犯罪を結びつける発想は差別そのもの。それは元来、マイノリティを「社会秩序（≒自分たち）への不満や怒りを抱いている存在」「何をするか分からぬ存在」などと見做す傾向の強い司法当局の差別汚染をより深刻にしていく。人種隔離政策（アパルトヘイト）時代の産物である黒人居住区（≒劣悪住環境地区）に生れ、低学歴と貧困のスパイラルの中に沈められた者たちは、警察官にとっては潜在的犯罪者だ。何かが起これば「容疑者」としてマークされる。「どうせお前／お前らだろう」との眼差しは人の心を荒ませ、自尊感情を破壊する。なかには小さな犯罪に手を出す者も出る。すると彼がそこに至った構造的背景は無視され、彼個人ではなく、「黒人だから」と括られ、得てして白人よりも重い刑が科される。行刑施設で、似たような境遇を持つ者たちとの「触れ合い」を経て出所すれば、そこにあるのは「犯罪予備軍」との眼差しである。「やり直し」の契機も繋がりもない者のなかには、再び犯罪に手を染めてしまう者も出て来る。このサイクルは、「街のヤンチャ」をいっぱしの「悪党」に仕立てていく。かつて三親等以内の男で一番多い仕事がヤクザだった私の実感であり、取材での見聞だ。そして、白人警官が職務上、見聞きしたこれらの個別的かつ部分的な事実が、経験からくる「強度」と、現場ゆえの視野の狭さ、非客観性をもって彼らや白人社会の中に刻み付けられ、見込み捜査や冤罪を後押ししていく。最悪の循環である。

人口の約一割のアフリカ系米国人が、死刑囚の約四割を占めるという異様な実態はこの制度化された差別構造なくしてはありえない。しかも米国では十人に一人が冤罪ともいわれる。アラバマ州モンゴメリーを拠点に、人種や障害、性別への差別などで不当に身柄を拘束されたり、刑務所に収監された人たちに法的支援を提供している非政府組織「司法の正義構想」"Equal Justice Initiative (EJI)"は、こうした構造的、制度的な不正と闘う運動体である。本作は、その事務局長を務め、自らも数十人の死刑囚を救命してきたアフリカ系米国人の弁護士、ブライアン・スティーブンソンさんのノンフィクション作品"Just Mercy"（『公正な慈悲』あるいは『ただ慈悲だけを』）を映画化している。

映画の起点は一九八〇年代後半、ハーバード大ロースクール生のブライアン（マイケル・B・ジョーダン）がアラバマ州ローランドにやってくる。ここはグレゴリー・ペック演じる白人弁護士アティカスが、濡れ衣を着せられた黒人青年トムを弁護する姿を描いた『アラバマ物語』（一九六二年、ロバート・マリガン監督）の「故郷」だ。ピューリッツァ賞を受賞した原作と、アカデミー賞で主演男優、脚本、美術の三部門を受賞した「名作」にちなみ、この地は「『アラバマ物語』記念館」を開設、観光施設にしている。ブライアンも複数の地元民からはもちろん、「冤罪」の隠蔽に走るレイシスト検事からも「公民権運動の記録」としてのこの博物館を訪問するよう勧められる。他でもないこの地で今現在、収監されている「レイシズム司法」の被害者を救出しようとする者に対してだ。グロテスクの極みである。

ここには、白人たちの娯楽に過ぎない『アラバマ物語』に対する根源的批判がある。「良心的な白人」が「不幸で無力、可哀想な黒人」を救出しようとする筋立てでしか物語を構想できなかった原作者、映画制作者たち、そしてこれを賛美した受け手の限界である。「白人の良心」を基盤に纏め上げられたこれらの作品は、本作に登場する類のレイシストとその「沈黙の共謀者」たちの消費物だった。銀幕の中の「良心」に自己を同一視し、現実の差別に沈黙（＝共犯）する自身から目を背け、安心する。「白人社会は正義を実現する」「その白人である私は本質的に差別者ではない」と。何ら改善していない差別を陳列ケースに入れて過去のものとし、社会的、制度的な差別や、理不尽な司法の犠牲になった者たちの「今、ここにある痛み」に向き合おうとしない。これが欺瞞でなくて何だろうか。

批判的な意味でこのような作品群を「白人救世主物」という。たとえばハリウッドを代表するヒットメーカー、S・スピルバーグの歴史もの『アミスタッド』（一九九七年）や、先住民虐殺の下手人、リンカーンを美化した『リンカーン』（二〇一二年）はその典型例だ。奴隷船で起きた叛乱や南北戦争という具体的史実に材を取りながら、そこで描かれるのは「白人」の善意と良心なのである。単なる「自己満足」「自己肯定」を通り越した歴史改竄と言っていい。実際、後者は、歴史研究が明らかにしてきたリンカーンの実像を、「正義の味方」としてKKKを描いたD・W・グリフィスの差別映画『國民の創生』（一九一五年）の時代に引き戻したと批判されてもいる。「救われる存在」としての黒人表象や、先住民虐殺の事実を無視したリンカーン賛美には、スピルバーグ自身の「歴史認識」や「人間観」が投影されているのだろう。

確定囚と同じアフリカ系米国人であるブライアンが、法を武器に「差別大国」の不正と闘う設定（これは『アラバマ物語』に対する批判として脚色されたわけではない事実なのだが）は、この「白人救世主物」という米国映画の「伝統」への否である。実際、現実を肯定しても生きていけるマジョリティとは違い、自らを押し殺して現状に順応する生き方を拒むなら、マイノリティは闘うしかないのだ。私はここに、朝鮮学校への弾圧激化を巡り、朝鮮学校出身の弁護士が次々と誕生しているこの国の状況を重ね合わせる。いずれにせよ事前に『アラバマ物語』を観た方が、制作陣の思いを汲み取って本作を鑑賞できると思う。

さて映画である。一九八七年、パルプ林業で一定の成功を収めていたウォルター・マクシミリアン、通称、ジョニー・D（ジェイミー・フォックス）が仕事帰りに突如、抜き身の銃器を手にした警官たちに拘束される。クリーニング店でアルバイトをしていた一八歳の白人女性が射殺され、彼が被疑者だというのだ。ちなみに白人警官に呼び止められるたびに、弁護士を含め登場する黒人たちが、両手を警官の見える位置に晒して丸腰と無抵抗をアピールする様は実にリアルである。ポケットに手を入れたり、抵抗でもしようものなら、裁判もなく「推定有罪」として「即決処分（＝射殺）」されてしまうのが彼らの常識なのだ。この理不尽極まる逮捕劇の場面に、司法修習時代、ボスの「お使い」で南部の刑務所を訪問するブライアンの日常を捉えたカットが交錯していく。

映画ではかなり割愛されているが、作中でも、ジョニー・Dの救命に血眼になる理由を聞かれた彼が、「境遇が似ているから」と語るシーンもある。少し補足しておきたい。

ブライアンさんは一九五九年、南部の貧しい黒人集住地域で生まれた。幼少期から人種差別に晒されて育ち、一六歳の時には、祖父が、空き巣に入った少年に殺された経験を持つ。黒人が殺されても警察がまともな捜査をしない現状（だから“Black Lives Matter”なのだ）や、前述した構造的な差別に基づく不当な扱い、貧困や展望のなさで犯罪に走って塀の向こうに落ちる青年たちを目の当たりにしたことで、彼は弁護士を志した。一度、プレゼンテーション番組「TED」に登場し、レイシズムに汚染された米国の不公正・不公平な司法の実態や、一八歳から三〇歳の黒人の実に三人に一人が牢獄や刑務所にあるか保護観察中であること、「まず処罰」の発想が、いかに社会を暴力的にしているかなどについて縦横無尽に語っている。本稿のタームを幾つか入れて検索すればすぐにヒットするので、ぜひこちらも視聴して欲しい。

修習生時代に訪問した刑務所で、黒人死刑囚の異様な多さ、いつ「公」に殺されるか分からぬ者たちの苦しみに触れた彼は、ロースクールを卒業して弁護士資格を取得した後、いくつか来ていた好条件のオファー（日本でリメイクされた"SUITS"など、リーガルドラマの舞台になる類のビジネス専門事務所だろう。刑事被告人の多くは「優秀な」私選弁護人を雇う経済力などなく、一筋縄ではいかぬキャラクターの持ち主も少なくない。そんな住む世界の違う者たちの弁護を引き受ける者たちが集う場ではなかったのは確かだったと思う）を断り、アラバマ州での、しかも刑事弁護を主とした開業を決断する。

北部出身の黒人である彼は最初から地元司法当局からの警戒対象である。そこは奴隷制時代、数多くの黒人奴隷が上陸・売買された保守的な南部の町だ。奴隷制を可能にしたレイシズムは今も染みついている。「犯罪者＝黒人」という偏見、「どうしようもない奴は殺すしかない」との「常識」も罷り通る。死刑囚の支援活動をするといえば、OKを出していた不動産オーナーが約束を取り消す始末だ。そんな中でブライアンは、死刑囚の支援活動をしてきたエバ・アンスリー（ブリー・ラーソン）らと活動を始める。ワープロすらない極貧スタート。「若さ」に任せ、ブライアンは冤罪かもしれぬ死刑囚との面会を重ねる。自分で車を繰って刑務所に向かう彼が見るのは、周辺で雑草刈の作業に従事する受刑者たちである。この場面には、かつて南部のプランテーションで綿花を収穫していた黒人奴隷たちの姿が重ねられている。

彼が見たのはレイシズムに毒されたアメリカ刑事司法の実態だった。手間暇、そして「世間」からの反発を受けながらも、依頼人の主張を信じて全力を傾注する。こんな「やる気のある弁護士」を雇える経済力があるか否かが死刑を含めた量刑に直結する。そして、戦争と並ぶ国家による殺人「死刑」の存在を自明とする、いわば「死の文化」が社会の隅々にまで浸透した、「血と暴力の国」の「人権感覚」である。

そんなブライアンの元に、ジョニー・Dの事件が舞い込んでくる。検察側の証拠は、物理的に不可能な事件の目撃証言と、車を見たという各一人ずつの証言だけ。それだけで一人の人間の生が否定されていた。ブライアンはジョニー・Dに面会、再審請求を勧めるが取り付く島もない。「お前には分からない。黒人は生来有罪なんだ！」。社会への絶望と諦念である。アリバイはあったのだ。最初から犯行は認めてない。それでも警察は証言を捏造してまで自分たちの見立てを押し通し、司法もそのでっち上げに同調し、彼に死刑を言い渡したのだった。社会に対する信頼感覚が粉微塵にされていた。差別被害の一つ「前提の崩壊」である。だがブライアンに「諦める」という選択肢はない。彼はジョニー・Dの家族の元を訪ね、親族や友人に、正義を実現するまで闘うとの思いを訴える。集まった親族や友人・知人の証言は、ジョニー・Dの完全なる冤罪を裏書きしていく。そして彼が犯人とされたのは、もう一つの「事情」があったことが判明する（詳述しないが、これもまた数々の黒人リンチ、冤罪事件でみられる「事実」である）。何としても現状をこじ開けるとのブライアンの「熱情」に、諦念に支配されていたジョニー・Dも解放への希望を託すが、「奴らは何でもやる」という彼の言葉通り、警察と検察は常軌を逸した妨害活動をしてくる。そして司法機関はもちろん、白人住民たちも彼らの行動に反発と敵意を露わにする。地域共同体を怒りと憎しみ、猜疑心で満たした凶悪事件には「犯人」と「処刑」が必要なのだ。ジョニー・Dは、事件前の「街」を取り繕い、偽りの「日常」を続けるための生贄だった。

生命の危険まで感じさせる嫌がらせや脅迫に晒されながらもブライアンは駆けずり回り、認定事実を根底から覆すだけの決定的な証言を得る。広報活動も奏功し、事件は全米的な関心を集め、EJIの態勢も整っていく。だが敵は警察、検察だけではなかった。人種差別に加えて「自分たちの判断」の誤り、「先輩の失敗」を認めたくない裁判所は、なんと再審請求を却下する。司法村の結束という日本の再審でも立ちはだかる壁だった。嵩にかかって攻めたてる警察、検察を前に、ブライアンはジョニー・Dを救い出せるのだろうか……。

物語の核は、ジョニー・Dの冤罪事件だが、本作の深みは、彼らの雪冤の闘いを軸にして、幾人もの死刑囚たちの生が描かれていることだ。その一人が、ベトナム戦争に出征し、待ち伏せ攻撃を受けて自分以外の部隊員全員が死亡、生還したが重度の心的外傷後ストレス障害（PTSD）に苦しむハーバード・リチャードソン、通称ハーブ（ロブ・モーガン）である。

本来、精神医療にかかるべき彼は、奇行の数々の挙句に名誉除隊を強いられてしまう。孤立し切った生活のなかで、ある女性の関心を買おうと作った爆弾が破裂、無関係だった近所の少女を死に追いやってしまった。彼自身、何故そんなことをしたのかが分からないのだが、司法は彼に死刑を言い渡した。やがて彼の執行日が決まる。

当日の朝、執行を告げられてそのまま刑場に連れて行かれ、数時間後には確実に骸とされる日本と違い、米国では事前に執行日が知らされる。明日か明後日に訪れる自らの死を知った者たちがリクエストした夕食（通称・スペシャル・ミール）の写真（たとえばそれらを再現したヘンリー・ハーグリーブスの写真集『A Year of Killing』など）をご覧になった方もいるだろう。ここも日本の死刑制度を考えるポイントだと思う。

ブライアン必死の執行停止策は退けられ、執行の日を迎える。頭髪を剃刀で奇麗にそり落とされ、眉毛を整えられる。死ぬ前の身だしなみではない。円滑に高圧電流が頭蓋の中を流れるようにするためだ。すべてが「つつがなく」人を殺すために用意されているのは日本も同じ。ベトナムに派兵され、「壊された」挙句に誰の助けもない社会に投げ出され、不幸としかいいようのない事件で無関係の少女を殺めてしまった。そんな彼が、自身を合法的殺人の手先とした国によって殺されていく。自らの罪を悔い、償う権利すら奪われるのである。

最期まで諦めずに闘い、執行にも立ち会うブライアンにハーブがこう告げる。「貴方だけが親身になってくれた」「ベトナム戦争の方がよかった。生き残る余地があった」……。そんなハーブの最期を孤独なものにだけはすまいと、上階の死刑囚房にいる仲間たちは食器で鉄格子を叩き――あたかも彼の人生と旅立ちを祝福するベルのように――電気椅子に縛り付けられたハーブに向けて叫ぶのだ。「ずっと一緒だ」「一人にはしない」と。

ここには国家殺人としての死刑の本質と、民間人には殺人を禁じ、その禁忌を破った者たちを厳しく処罰する国が、一方では「国権の発動」として合法的に人を殺して罰せられないという死刑制度の矛盾が凝縮されている。本作は「冤罪囚」の救援に焦点化されているが、冤罪か否かに止まらぬ、死刑制度それ自体への問いかけもしっかり描かれている。

無実で収監された者を救命するのは当然だが、ブライアンと制作陣は実際に罪を犯した「弱き者」、「取り返しのつかない過ち」を犯した者を突き放しはしない。その眼差しの温かさが本作をより豊かにしている。原題の“Just Mercy”もそこに起因すると思う。互いが少しの「慈悲」を持ちあえれば、そして人間社会では不幸にして起きてしまう「取り返しのつかない出来事」を赦すことができれば、貧しいものや立場の弱い者が取り残され、排除されることのない「公平、公正な社会」は近づくのだ。それはブライアンが、自由の身となったジョニー・Dと共に出席した、死刑制度を巡る米議会の公聴会で語ったこの一言に象徴されている。「人には誰しも犯した罪以上の価値がある」。

「絶望は正義の敵です。権力者が事実を曲げても、希望があれば前へ進める。そして立ち上がれる。たとえ『座れ』と言われても、『黙れ』と命じられても」。ラストで流れるブライアンの言葉は、本作の「伝言」だ。レイ・チャールズの伝記映画『RAY／レイ』(テイラー・ハックフォード、二〇〇四年)で主人公を演じオスカーを獲得したジェイミー・フォックスやロブ・モーガンの名演はもちろん、手練れた演出とテンポのよい展開で、やや長尺の一三七分を一気に魅せる。死刑とレイシズムという重いテーマを説得力あるエンターテイメントに仕立てる米国映画の底力には感服する他ない。ただ一つ、あえて難を言えば、日本語タイトルはそんな作品の心を裏切るものではないか。もしかすると腐敗した司法の現地に、黒人の弁護士と、諦めない黒人確定囚たちが斬り込むとの意なのかもしれないが、一義的にこのタイトルは、「暗黒司法」「司法の闇」を意味したと解するほかない。日本の配給・宣伝関係者は、レイシズムに汚染された刑事司法の在り様、即ち「劣なるもの」を「黒い"Black"」と表する感覚に疑問を感じなかったのだろうか。マルコムXなら激怒しただろう。「またブラックなのか」と。

『雪冤　ひで子と早智子の歳月』

さてこの日本でも警察や検察などの捜査機関は、社会階層や思想性はもちろん、人種や民族、性別や、性的志向、知的、精神障害を持つ者など、当局が考える「健全な日本国民」とは異なる者への「偏見」「差別」と親和性が高い。特に事件発生で捜査が始まる殺人や放火、強盗などでは、その偏見と差別性が明らかになる。現業労働への差別意識をはじめ、婚姻届けを出さずに暮らす男女や、隣近所との付き合いを避けて生きている独身者など、「社会のスタンダード」とは異なる生き方をする者たちや、様々な嗜好性の持ち主、さらには社会的少数者（マイノリティ）に疑いの眼が向けられるのだ。

史上初の死後再審で無罪になった「徳島ラジオ商殺し事件」はその典型だ。徳島県警の捜査では、とある有力容疑者が浮上していたというが、捜査指揮をする検察は積み上げた事実を無視、やはり捜査線上の一人だった被害者の「内縁の妻」、冨士茂子さん（第五次再審請求中の一九七九年、六九歳で死去）こそが犯人に違いないと主張し、従った県警は冨士さんを逮捕、懲役一三年の判決が確定した。斉藤茂男のルポ―ルタージュ『われの言葉は火と狂い』などに詳しいが、当局の意思決定を左右したのは事実と論理ではない。二度の離婚歴があるカフェの元女将で、周囲の男たちとも対等に渡り合って生きる勝気なシングルマザーに対する検事の偏見だった。司法試験を通ったエリートは、「良妻賢母」的価値観に自らを合わせない冨士さんを、人殺しに違いないと決めつけたのだ。

『袴田事件　夢の間の世の中』（二〇一六年）や『獄友』（二〇一八年）など、「針の穴をラクダが通るほど難しい」、すわなち限りなく不可能といわれる再審の壁に挑み続ける者たちと並走してきた金聖雄監督の新作が、テレビドキュメンタリー『雪冤』である。本作に登場する二人、袴田巖さんと石川一雄さんの捜査にも、捜査員の予断と偏見が顔をのぞかせる。

「袴田事件」（明々白々な冤罪事件を

『雪冤　ひで子と早智子の歳月』はETVスペシャル2020年7月18日23時から放送　© Kimoon Film

犠牲者である袴田さんの名を冠して書きたくはないが……）は、一九六六年、静岡県清水市（現・清水区）の味噌製造会社が放火され、焼け跡から一家四人の他殺体が見つかった事件である。発生から約一カ月半後、従業員だった袴田さんが強盗殺人、放火などで逮捕された。同居人や身近な者、第一発見者を疑うのは捜査の常道である。その中でも彼が最重要人物とされたのは、その素性だったといわれる。元日本フェザー級六位のプロボクサーで、かつ日本チャンピオンの座を諦めて引退していた経歴に、捜査員が目を付けたのである（彼が一九六〇年に達成した年間一九試合の記録は破られていない。今では選手の健康管理上、不可能な試合数だが、彼がいかにタフなファイターだったかを証明している）。殴り合いを仕事にするような人間なら、そもそも野卑で暴力に走るまでのハードルが低いはず。しかも夢破れて都落ちした「落伍者」である。こんな捜査員の見立てが日本司法史上の汚点、最悪の権力犯罪の「根拠」だった。

取り調べは一日平均一二時間に及んだ。取調室に「オマル」を持ち込み、衆人環視、嘲笑の中で排泄行為を強いられた。自尊感情を破壊すれば、多くの人間はその場の「強者」の言いなりになる。これも捜査の「常道」だ。捜査員の暴力と怒号が延々と続く。深夜にそこから解放されても戻るのは警察署の留置場、国連の各種人権条約に基づく委員会や欧州から再三に渡って人権蹂躙の温床であると批判されながらも、一向に改められない「代用監獄」である。一晩中電気で照らされ、トラ箱に放り込まれた酔っ払いの怒号は眠りを許さなかった。すべては袴田さんを諦めさせ、捜査当局の作文を呑ませるためだった。

劇映画『ＢＯＸ　袴田事件　命とは』（髙橋伴明、二〇一〇年）で再構築された、拷問としか形容しようのない「取り調べ」の結果、袴田さんは捜査当局の創作を是認し、一旦は犯行を「自白」してしまう。そして事件から一年後になってなぜか、職場の味噌樽の中から血の付いたズボンなど五点が発見される。捜査側の「決定的証拠」だったが、そのズボンは袴田さんのサイズではなく、実際の実験でも当人が穿けなかった。だが裁判所は矛盾の数々を無視し、一九八〇年一二月、死刑判決が確定。以降、袴田さんは精神に変調を来していく。

第二次の再審決定で二〇一四年、静岡地裁は再審開始を決定、半世紀近い拘留を続けることは「耐え難いほど正義に反する」として釈放を決めた。あとは再審の扉が開くのを待つだけかと思われたが、検察の即時抗告を受けて東京高裁は二〇一八年六月、静岡地裁の決定を取り消した。

そして再審開始を目指すもう一人が石川さん。「狭山事件」の元服役囚だ。埼玉県狭山市で一九六三年、女子高校生が行方不明となり、家族の元に脅迫状が届いた。警察は、身代金引き渡し場所に大量の捜査員を待機させたが犯人は逃走、女子高生は他殺体で発見された。その後、警察は現場近くの被差別部落に住んでいた石川さんを別件逮捕。後に殺人などで再逮捕した。一審では死刑、高裁では無期懲役に減刑されて一九七七年に確定した。

地裁で死刑を言い渡された後、石川さんは刑場のある東京拘置所で六年間を過ごし、そこで袴田さんに出会った。互いの無実が認められる日を信じ、「カズちゃん」「イワちゃん」と呼び合う仲だったという二人の関係については、金監督の前作『獄友』を観て欲しい。部落解放同盟などは、「狭山冤罪」の背後には、部落差別があったと主張している。同じ年三月に起きたいわゆる「吉展ちゃん誘拐事件」に続いての犯人取り逃がしの大失態で、激しく批判を浴びた警察は石川さんの暮らす部落を集中的に捜査。彼に目を付け、部落差別に起因する極貧で学校に通えず、非識字者だった彼を強引な取り調べで容疑者に仕立て上げたという。部落差別が事件の背景との点については否定する意見もあるが、かつて事件取材（狭山ではない）に関わった我が身を振り返っても、「部落差別に起因する冤罪」との主張には思い当たるフシはある。

大きな事件が起きると警察当局は、近隣の犯歴者の洗い出しや聞き込みを行う。被差別部落があればそこも洗い出しの対象になる。ムラ（部落）周辺での捜査機

© Kimoon Film

関（公権力）の聞き込みは、周辺住民たちの「公」には語れなかった部落／部落民への差別意識を引き出していく。曰く「同和地区の連中はろくでもない」「常識がない」「何をするか分からない」等々……。「捜査」の衣を纏い、官が煽動していく「差別」が民との間で循環増幅していき、「あそこに犯人がいる」「奴が犯人だ」との空気が形成されていく。ムラへの捜査に地域が抗議した例は幾つかあった。それに輪をかけるのは、捜査当局の見立てと同一化し、周辺地域での聞き込みなど、捜査員と同じ行為を繰り返すマスメディアである。

　部落だけではない。在日外国人らマイノリティへの偏見と敵視を基盤に成り立つこの事実上の「人種プロファイリング」は、おそらくは今も続く捜査の「常道」だ（部落差別に「人種」というと違和感を覚える人もいるだろうが、国連の人種差別撤廃条約では、社会的出自に基づく差別もれっきとした人種差別の一類型として認定されている）。ニュースバラエティに元捜査員と称して出演し、与太話で小銭を稼ぐ輩たちが、態様が余りにも残虐な未解決事件、たとえば「八王子スーパー強盗殺人事件」や「世田谷区一家殺人事件」の犯人を「日本人ではない」と「プロファイリング」してのける軽薄（とそれを平気で流すメディアの感覚）は、人を疑うことを基本動作とする捜査の現場で生きている。沖縄に出張した大阪府警の機動隊員が、反対運動参加者を「土人」「シナ人」と罵ったメンタリティは、警察組織の構造が生み出している。再審無罪となった「東電OL事件」の背景にも、外国人を「怪しい」とみる意識が働いたと思う。

　ただ本作がフォーカスするのはこの二人ではない。彼らと共に闘う袴田さんの姉、ひで子さんと、石川さんのパートナー、石川早智子さんこそが本作の主人公である。一貫して弟の無実を信じ、釈放後は買い取ったビルで彼と二人で暮らし、闘いを共にするひで子さん。そして早智子さんは、徳島県内の被差別部落に生を受け、出自を隠して生きるなかで部落解放運動に繋がった。彼女は解放同盟が全面支援してきた「狭山差別裁判闘争」へ参画。一九九四年に無罪主張を維持したままで仮釈放された（これは異例である）石川さんと出会い、翌年には結婚、再審の扉に挑み続ける一雄さんと二人三脚の歩みを続ける。

この二人を通じて、「雪冤」の闘いが浮き彫りにされていく。想像もつかない不条理劇の主人公にされたやり場のない怒り、明日執行されるかもわからぬ恐怖からだろう、「自らの世界」を構築し、そこの万能の神と自らを位置づける袴田さん。家の中を一日中、歩き回り、呪文のような言葉を唱える彼だが、それでも時間を掛けて娑婆での日常を打ちたてていく。「街をパトロールする」と4、5時間、地元を散歩する。最初はひで子さんが付き添っていたが今は一人だ。楽しみは自分のお金で買い物をすること。「神が生活する基準」と言い、店員に一万円を出して「釣りは要らない」という。ひで子さんはその「願望」に対し、黙って一万円札を渡す。巖さんが何を思っているのかは分からないが、何かしらの充足を感じているのは確かだ。散歩、買い物、うたたね、将棋、買い食い、淡々と過ぎていく日常だが、袴田さんは判検一体となった抵抗で、いまだ死刑囚のままである。

そして石川さんである。脅迫文の筆跡や、逮捕直後の徹底捜索で見つからなかった「被害者の万年筆」が、なぜかその後、石川宅の鴨居の上にあるのが発見された不自然や、そこに入っていたインクが、実は被害者が使っていたものとは違うことなどの「合理的疑い」の数々。検察側が非公開とし、再審闘争で開示させた一九一点の証拠からは、逮捕直後に石川さんが書かされた上申書と、脅迫文の筆跡がまるで違うことも明らかになった。だが再審の扉は開かない。袴田事件に象徴されるように、死刑冤罪は一九八〇年代以降、「開かずの扉」となっている。だがその一方で、無期、長期刑事件では前述の「東電ＯＬ殺人事件」をはじめ幾つもの再審無罪が出てきた。しかし狭山事件だけが、地を這う努力で積み上げた「合理的疑い」を無視されるのは何故なのか。その事実は部落差別に基づく冤罪との説を補強する。収監中に死去した両親の墓に、石川さんは仮釈放から四半世紀が過ぎた今も参っていない。「人殺し」の汚名を晴らしてからと決めているのだ。時に意見を違えながらも、早智子さんは柔和な笑みを湛え、その闘いをどこまでも共にする。

狭山再審は実現せず、前述の通り二〇一八年六月、東京高裁は袴田事件の再審開始決定を取り消し、この「耐え難い」不正義を続けることを選んだ。収監こそ逃れているが、権力は袴田さんが死刑囚のまま寿命が尽き、司法の恥を糊塗する展開を望んでいるのだろう。「帝銀事件」や「名張毒ぶどう酒事件」で実現したように。裁判所前で泣きじゃくる支援者たち。権力の「力」を思いらされた後の報告集会。ただ俯くしかない支援者たちを前に、ひで子さんは声を振り絞る。

「確かに残念ですよ。だけど五〇年闘ってきた。これからも頑張っていきます」

再審の扉があく日を見据え、体を鍛えている石川さんと、散歩を続ける袴田さん。二人の姿が交錯する。雪冤の闘いに捧げた一生について訊かれたひで子さんは言う。「後悔なんか何もない、私は私なりに生きて来た。それでいいと思う」。

生きてる間の雪冤が果たされるか否かは分からない。ただ明らかなのは、彼らは様々な葛藤、不安、恐怖に打ち勝ち、この日、この瞬間の闘いに勝利していることだ。早智子さんとひで子さんの曇りのない笑顔には、屈せざる者だけが持つ輝きがある。

（中村一成（なかむらいるそん）ジャーナリスト。近著に『映画でみる移民／難民／レイシズム』影書房、二〇一九年がある）

死刑をめぐる状況 2019—2020

死刑関係文献案内 二〇二〇年

前田朗

一……非国民／政治犯／主体性

前田朗『500冊の死刑――死刑廃止再入門』（インパクト出版会、二〇二〇年）

『年報死刑廃止』に一九九六年から連載された「死刑廃止関係文献」を再編集して一冊にまとめた。表題の通り五〇〇冊に及ぶ死刑関係文献を簡潔に紹介し、コメントを付した死刑文献総覧である。次の一一章から成る。

第1章 再燃する死刑論議、第2章 死刑の現場へ、第3章 死刑囚からのメッセージ、第4章 死刑存廃論、第5章 凶悪犯罪と被害者、第6章 死刑と冤罪、第7章 死刑の基準、第8章 裁判員制度と死刑、第9章 世界の死刑――比較法と国際法、第10章 歴史と現代、第11章 死刑と文学。

第1章では、①死刑に向き合うために、②死刑をめぐる旅――森達也、③妥協なき精神を――辺見庸、④死刑囚の母となって――向井武子、⑤傷だらけの記録――日方ヒロコ、⑥時代を引き受ける知性――鈴木道彦、⑦死刑事件弁護人――安田好弘、⑧映画に見る死刑――京都にんじんの会を紹介する。

第3章「死刑囚からのメッセージ」では、①本当の自分を生きたい――木村修治、②死してなお闘う――永山則夫、③虹を追いかけた狼――大道寺将司、④暗黒世紀を見据えて――坂口弘、⑤こんな僕でも生きてていいの――河村啓三、⑥その他多くの死刑囚の表現を紹介する。

第6章「死刑と冤罪」では、①大逆事件、②帝銀事件、③免田事件、④財田川事件、⑤松山事件、⑥三鷹事件、⑦松川事件、⑧福岡事件、⑨波崎事件、⑩名張毒ぶどう酒事件、⑪袴田事件、⑫鶴見事件、⑬飯塚事件、⑭和歌山カレー事件、⑮秋好事件、⑯本庄事件を紹介する。

私の基本的立場は「はしがき」に次のように記した。

「私自身の死刑論は本文に譲るが、一点だけ予め述べておくと、死刑問題は、国家が生命権を保護される者と保護されない者を分画し、生きるに値する者と生きるに値しない者を区別することを善しとする制度である。平時における死刑と戦時における戦闘死の区別が良く語られるが、そこに基本的差異はない。国家が国民と非国民を分画し、敵／味方の判別を権力的かつ徹底的に遂行するのが死刑である。国民主権の下であれば、主権者たる国民が、保護されるべき〈われわれ〉と保護されない〈彼ら〉の間に超えられない溝をつくることである。

ここで非国民と称しているのは、外国人だけではない。その社会で他の人々とともに生きることを否定されてきた者には、先住民族やマイノリティもいれば、植民地人民もいる。政治的思想や行動によって『非国民』の烙印を押された者もいれば、何らかの障害や病気ゆえに社会的排除の対象とされた人々も含まれる。

近代日本は、明治維新において新しい国家を形成して、国際社会に登場した。その際に、国内を平定して、国民を統合するために、日本国憲法、教育勅語を定め、『標準的』とされた国語をつくり出して、国民統合を進めた。内と外に線を引いて、内側の住民には国民となることを強制し、外側の者を外国人として排除した。あいまいな立場は許されない。内と外を移行する者は弾圧されるか、排除される。国際連帯を唱える者は、非国民とされる恐れがあった（前田朗『非国民がやってきた！』、『国民を殺す国家――非国民がやってきたPart.2』、『パロディのパロディ井上ひさし再入門――非国民がやってきたPart.3』いずれも耕文社）。

「非国民」には生命の保護が与えられず、人間の尊厳も否定される。あらゆる自由と権利が剥奪され、法の外の存在とされる。制度としての死刑は、人間を人間と見ない制度でもある。

前田朗『５００冊の死刑――死刑廃止再入門』
（インパクト出版会、20年１月）

私はパスポートにアフガニスタン入国記録があったためアメリカのケネディ空港で身柄拘束され取り調べを受けたが、「9・11」と「テロリズム」に関する発言のために「テロリスト」容疑者とされ、イサカ空港で連邦捜査員の取り調べを受けたのは鵜飼哲である。

鵜飼哲『テロルはどこから到来したか――その政治的主体と思想』（インパクト出版会、二〇二〇年）

鵜飼は「テロリズム」という言葉の多義性と曖昧性を超えて、その来歴をたどり直すならば近代啓蒙主義の諸概念の特殊な「政治性」に突き当たり、植民地支配状況における主体の顛倒に接着することに注意を払う。

「テロリズム」とは「主体性の戦争」を引き寄せる範疇である。南アフリカで、アルジェリアで、イスラエル／パレスチナで、そしてパリの「シャルリ・エブド」で炸裂した矛盾は、現代の私たちが抱える危機の表現であると同時に、近代西欧の原初から紡がれてきた思想や原理そのものに孕まれた闇である。この闇を開き、そして畳み直す思想の営みの彼方に、私たちは「テロリズム」の必然性を見出すことになる。

スペインのフランコ政権時代における青年サルバドールの処刑を扱った映画『サルバドールの朝』上映後のトークで、鵜飼は「政治犯の処刑」というテーゼを分析視座に据える。それは「非国民の死刑」とほぼ重なる。

『サルバドールの朝』はスペイン史の文脈では、共和国から内戦を経て、フランコ独裁政権のトンネルを抜け出て再び「民主主義国」となった現在の映像作品として理解できる。

日本に引き寄せるならば、日本、ドイツ、イタリアという枢軸国が敗戦を経て、「民主化」した時期になお独裁を維持し続けたスペインの物語である。独裁という観点では、民主化闘争を闘った韓国独裁政権時代の経験と吻合することになる。

だが、鵜飼はもう一つの磁場にも視線を送る。サルバドールの母語はカタルーニャ語であることが、映画では強調されているからだ。舞台はバルセロナであり、スペインに「征服」されたカタルーニャの都である。もう一つの「植民地」であるバスク独立運動の作戦行動による要人暗殺ゆえに、カタルーニャ人のサルバドールが政治的に処刑される歪んだ構図の中で、スペイン近代史が浮き彫りになる。遠く遡ればムスリム支配下のスペインが射程に入り、「レコンキスタ」がスペインのみならず、近代西欧史にいかなる相貌を与えたかが想起される。

日本という「島国」の現在に生きる私たちは、朝鮮民族の安重根が伊藤博文を「暗殺」した時に、台湾の政治犯が処刑される事態を想像する能力を欠いていないだろうか。リアルな現実すら想像できないのではないか。

スペイン、ポルトガル、ドイツにおいて「死刑という政治」がいかに公論を支配したのか。政治的犯罪と一般的犯罪の区別が、いかなる意味を有し、いかに線を引き直してきたのか。このことが日本で理解されないのはなぜか。

「西ドイツは戦後のかなり早い時期に死刑を廃止しています。それは一二年間のナチス支配のもとで、死刑があまりにも濫用されたことを身にしみて体験したからです」。ところが「ゾルゲ事件の尾崎秀実以外、死刑と言う形で殺された人はいないはずです。当時の国家権力の基本方針は、政治犯を殺害することよりも、転向させることでした。この転向という現象が、むしろ戦後の思想的課題として出てくることになります。」

他方、日本による植民地時代を経て、後に独裁政権を経験した韓国や台湾では「その時代を人々が知っているということが、現在なお死刑が完全に廃止されてはいないとしても、執行はしない、あるいはきわめて抑制的であるという状態を作り出すひとつの歴史的要因になっています。」

日本で映画『サルバドールの朝』を見ることの意義を、鵜飼は、東アジアにおける植民地支配と軍事独裁の歴史的経験の中で死刑の政治性を問い直すことに見出す。

それでは「主体性」とは何か。誰が、誰の主体性を問うのか。

この問いにまったく異なる視角から迫る契機を与えてくれるのが、団藤重光の刑法学である。

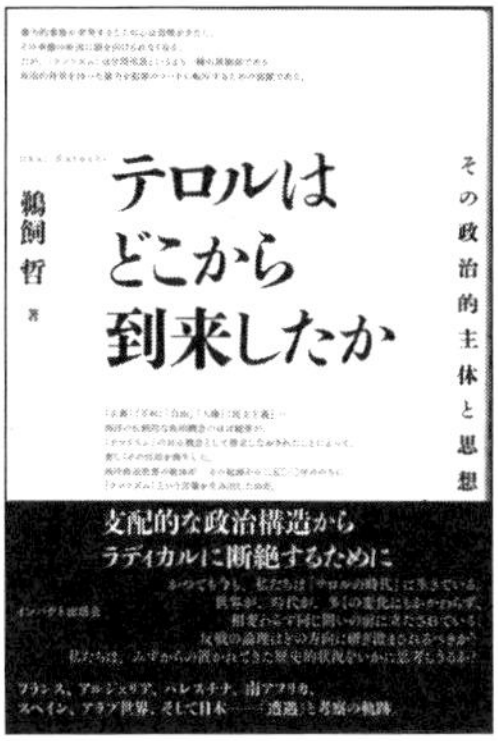

鵜飼哲『テロルはどこから到来したか――その政治的主体と思想』
（インパクト出版会、20年2月）

福島至編『團藤重光研究――法思想・立法論、最高裁判事時代』（日本評論社、二〇二〇年）

龍谷大学矯正・保護総合センター「団藤文庫研究プロジェクト」の成果として出版された共同研究であり、日本を代表する死刑廃止論者・団藤の思想形成過程を詳細に論述している。

①畠山亮「法学教育史から見る法制史についての一考察――東京帝国大学生・団藤重光の受講ノートをたよりに」、②太田宗志「東大と防空――団藤重光と東京帝国大学特設防護団法学部団」、③小石川裕介「法学の研究動員と団藤重光――戦時下の学術研究会議を中心として」、④高田久実「改正刑法準備草案と団藤――名誉に対する罪をめぐる戦前・戦後の刑法改正事業」、⑤出口雄一「昭和二八年刑事訴訟法改正と団藤重光」、⑥児玉圭司「団藤文庫『警察監獄学校設立始末』から見えてくるもの――明治三二年・警察監獄学校の設立経緯」、⑦赤坂幸一「最高裁判例の形成過程と団藤重光文書」、⑧村井敏邦「学者としての良心と裁判官としての良心」、⑨古川原明子「凶器準備集合罪の法益と団藤補足意見」、⑩福島至「迅速な裁判を受ける権利の保障をめぐって」、⑪斎藤司「流山事件最高裁決定と団藤重光補足意見の意義と特徴」。いずれも団藤文庫資料を元に最高裁判事としての団藤の意見形成過程を解明する力作である。共謀共同正犯、凶器準備集合罪、迅速な裁判等をめぐる最高裁判事たちの意見交換、最高裁調査官の役割、補足意見と少数意見の意味などを巡って、団藤が辿った理路が浮き彫りになる。

死刑廃止論との関係で留意するべきは、団藤の「主体性の理論」である。

私はかつて「日本法理の歴史意識」という論文で、小野清一郎と団藤重光の二人に絞って、日本法理及び大東亜法秩序論がいかなる法理であったかを解明し、戦後に再編された団藤刑法学――その理論的中核をなす主体性の理論と人格形成理論の淵源の一つが小野清一郎の日本法理であったことを論じた。「戦前・戦後の連続性／断絶性の問題」そのものを取り上げた（後に前田朗『ジェノサイド論』に「侵略の刑法学——日本法理の歴史意識」と改題収録）。その後このテーマは本田稔、宮本弘典、出口雄一らがさらに深めることになったが、玄守道はもう一つの接近方法を示す。

　玄守道「団藤重光の人格責任論——その形成過程に着目して」は、人格責任論と主体性の理論の形成過程を解明する。玄は刑法理論だけでなく、団藤初期の刑訴法学形成過程や、行刑理論の構築においてすでに人格責任論がみられたことに着目する。レンツやメツガーの理論に学びながら、団藤独自の理論がいかに形成されたか。「団藤は犯罪論、刑罰・行刑論、刑事手続論を人格ないし主体性の理論を基礎に動的に一貫して把握しようとしている」という。その上で一九四九年の人格責任論論文を詳しく分析する。団藤の「普遍的な理論構築への問題関心」と、人格の動的・発展的性格を理論に組み込もうとする野心的な試みに着目しつつ、理論的整合性には難があり人格責任論を支持することはできず、団藤から継承すべきは問題意識や思考方法だという。

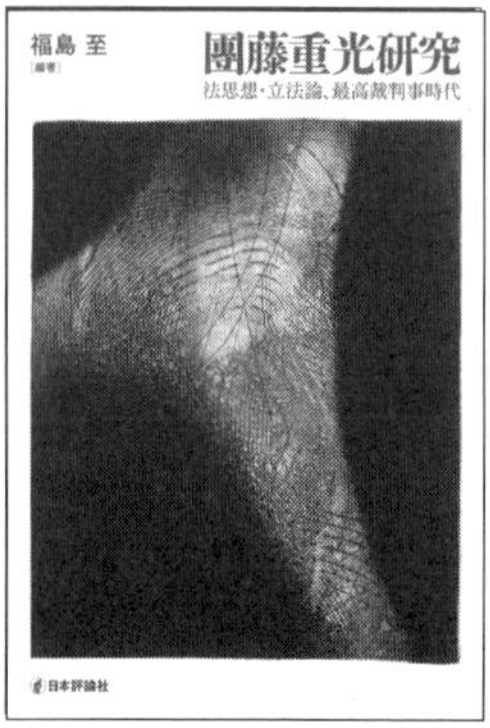

福島至編『團藤重光研究——法思想・立法論、最高裁判事時代』（日本評論社、20年3月）

　弟子の平川宗信がいち早く指摘したように、団藤の人格責任論は、主体性を犯罪者に突きつけ、その責任を問うための理論であり、刑事法学者の主体性が宙に浮いていた。そのことは、若き団藤の初期のテーマの一つである「中華民国刑事訴訟法」が如実に示していた。大東亜法秩序論の小野清一郎の指導を受けつつ、日本刑事訴訟法ではなく、中華民国刑事訴訟法を論じた団藤の「主体性の理論」とは、端的に「主体性剥奪の理論」であった。他者の主体性の剥奪と、己の主体性の形成とが表裏一体となっているにもかかわらず、そのことに無自覚な支配の理論に他ならなかった。第二次大戦後に本格的に展開された団藤刑法学・刑事訴訟法学も「主体性の理論」の展開としては同じレベルから脱することができなかった。

　ところが最高裁判事としての団藤は「主体性の理論」を自分自身に突きつけ、同僚判事たちに突きつけた。ここから団藤理論は思いがけない飛躍を遂げる。その結果が、補足意見から反対意見への変遷である。支配の理論の中に他者の主体性を組み込む知的営為が始まる。

　退官後、団藤は「主体性の理論」を最高裁だけでなく法務省にも突きつけて死刑廃止論を牽引することになる。版を重ねた『死刑廃止論』は団藤刑法学の到達点であるが、それ以前の団藤刑法学そのものを継承しつつ否定する。否定しつつ再確認する。再確認しつつ解体する。再審請求死刑囚の執行に際して法務省を批判する舌鋒の鋭さに団藤理論のすべてが賭けられていた。ここで団藤は初めて「主体」の難問に遭遇し、すべてを引き受ける。人格責任論は破綻したが主体性の理論は団藤の人生と学問を貫いたと言えようか。

二……死刑賛成弁護士

犯罪被害者支援弁護士フォーラム『死刑賛成弁護士』（文春新書、二〇二〇年）

二〇一六年、日本弁護士連合会が死刑制度の廃止を含む刑罰制度全体の改革を求める宣言を採択した。これに反旗を翻した弁護士も少なからず存在したが、犯罪被害者支援弁護士フォーラムに所属する弁護士がその中心と言えよう。同フォーラムは二〇二〇年に「犯罪被害者の被害の実情を踏まえた活動を基本に据え、被害者の権利の拡充、被害者のための制度の実践、研究、改善策の提言などを目的として集まった弁護士の有志団体」であり、会員は二一名である。本書は一二名の会員が分担執筆している。

序章のタイトル「命は大事。だから死刑」（上谷さくら）に本書の基本的立場が明示されている。

「実は、私たちのように被害者側の代理人をする弁護士はごく少数です。日弁連の中にあっては、『絶滅危惧種』と言っても過言ではありません。／本来、理不尽な目に遭った被害者を救うのが『正義の味方』ではないか、と多くの国民が感じているはずですが、それとは反対にほとんどの弁護士は加害者の味方です。その理由は、現在の憲法や刑法、刑事訴訟法などの成り立ちと関りがあります。」

上谷は、憲法に弁護人依頼権や黙秘権などの「加害者の権利」が定められ、被害者の権利が定められていないこと、刑事手続きにおいて被害者が締め出されてきたことに触れ、刑事弁護は「加害者を弁護する」ものであると位置づける。その上で、上谷は死刑廃止論の論拠に疑問を提示し、「永山基準」は四〇年近く昔の基準であり、「国民の生活状況や人権意識がすさまじいスピードで変化していくなかで、この古い基準が適正かどうか検証されることもなく、頑固に残り続けていること自体、不当ではないでしょうか」として、死刑判決が少なすぎる現状を批判する。

被疑者・被告人を「加害者」と呼び、加害者の権利と被害者の権利を対立させ、刑事弁護は「加害者の味方」と断定し、「公

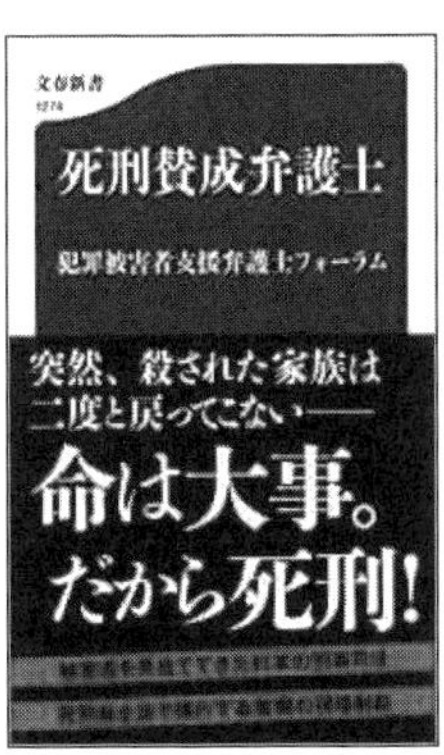

犯罪被害者支援弁護士フォーラム『死刑賛成弁護士』（文春新書、20年7月）

リカでこそ現場処刑ではないのかの検証もない。ちぐはぐな論述が多い。

　他方、犯罪被害者の救済をはじめとする主要な問題意識はいまなお重要課題であり、正面から受け止める必要がある。死刑制度を有する日本司法が犯罪被害者を見捨ててきたのであり、死刑廃止論者が犯罪被害者を見捨ててきたわけではない。死刑廃止論において犯罪被害者の救済が論じられてきた事実を本書は度外視している。対話を進めるために被害者論の充実はいっそう重要である。戦争被害者、災害被害者、事故被害者、差別被害者を救わない国における被害者救済の在り方を根底から問う必要もあるだろう。

三……………国際人権法

阿部浩己『国際法を物語るIII　人権の時代へ』（朝陽会、二〇二〇年）

「人権の時代へ」とあるように『テキストブック国際人権法』『国際法の人権化』『国際人権を生きる』の著者であり、国際人権法学会理事長、日本平和学会会長などを歴任し、アジア国際法学会理事である著者による国際人権法入門編である。

　この半世紀の飛躍的な発展を踏まえて、本書は国際人権法の過去と現在を、コンパクト、かつわかりやすく解説する。「人権を基軸に据えて変容を続ける国際法の動態的な姿を描き出します」（はしがき）とあるように、国際法の発展の中に人権法を位置づける。

　それゆえ国際法における法の主体として、国家のみならず、国際機関の活動を概説すると同時に、個人やNGOといった主体に焦点を当てる。国際人権規範が整備され、そこに創出された国際人権保障システムがどのような成果を上げてきたのか。どのような限界を有しているのか。国際法が国内裁判を通じてどのように実現されてきたのか。多様な主体と、多様な手続きに視線を送りながら、その全体像が見えるように工夫している。

　国際人権法の教科書や入門書はいまでは珍しくないが、本書はコンパクトでありながら動態的把握を試みている。国際人権法の到達点を示しながら、その限界も指摘する。人権NGOの活躍を高く評価しながら、その硬直化には用心の必要があることを指摘する。その意味では論争的でさえある。

　全十章から成るが、第七章「死刑の現在」で「死刑への支持が世論調査で際立つ日本にあっては実感しにくいところもあろうが、人間の尊厳を最重視する国際社会では、死刑廃止の潮流がますます強まって、とどまるところがない」として、国連総会で二〇〇七年以来、死刑廃止決議が採択されていること、賛成票が二〇〇七年は一〇四（反対五四・棄権二九）だったのが二〇一八年は一二一（反対三五・棄権三二）となったこと、国連人権理事会が普遍的定期審査において日本を含む各国に死刑廃止の勧告を出していること、拷問禁止委員会や自由権規約委員会など人権条約機関が日本に死刑廃止等の数々の勧告を出していることを指摘する。

　国際的な死刑廃止の動力は、第一に欧州評議会とEUであり、第二に東欧やアフリカなどの抑圧政権の民主化と人権保障であり、第三に政治指導者の意思と裁判官の決意であり、第四にNGOの貢献である。

　死刑存置国として米国の存在を無視できないが、阿部によると、かつては揺るぎない「死刑大国」だった米国にも死刑廃止の波が及んでいる。第一に、連邦最高裁の動向である。アトキンス対バージニア事件判決では知的障碍者の処刑が残虐な刑罰にあたるとされ、ローパー対シモンズ事件判決では犯行時一八歳未満の少年の死刑執行が違憲とされた。死刑自体は合憲判決が続いているが、反対意見が出されるようになってきた。第二に、処刑数の推移である。一九九八年には九八人だったのが二〇一八年には二五人になっている。すでに二〇州が死刑を廃止し、一一州で一〇年以上処刑がない。死刑存置国ではあるが、米国全体に死刑があるわけではない。

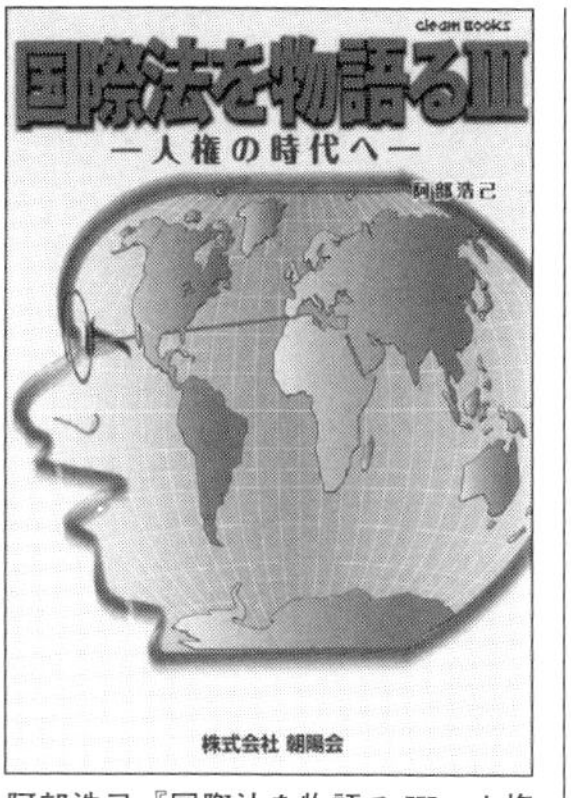

阿部浩己『国際法を物語るIII　人権の時代へ』（朝陽会、20年6月）

　国連人権理事会の「超法規的・略式・恣意的処刑特別報告者」が、日本では国民の多数が死刑を支持しているとされるが、死刑に関して十分な情報が与えられているかに疑念を表明したことがある。二〇一六年、日本弁護士連合会が死刑制度の廃止を含む刑罰制度全体の改革を求める宣言を採択した。阿部は「大量処刑も厭わぬ日本の死刑のあり方については、国際社会の実情を見るにつけ、根本的に見つめ直すべき時が来ているという思いを強くする」と締めくくる。

四……凶悪犯罪

朝日新聞取材班『相模原障害者殺傷事件』（朝日文庫、二〇二〇年）

　被疑者・被告人への一二回にわたる面会記録、二〇二〇年一月八日から三月一六日までの一七回公判の傍聴記録、記者たちのコラム、識者コメント、死刑判決後の二回の面会記録を一冊にまとめた事件追跡記録である。

　二〇二〇年三月一六日、横浜地裁は、相模原の津久井やまゆり園における一九人殺害、二四人負傷という驚愕の事件の被告人に死刑を言い渡した。

　判決理由の大半は「本件犯行時における被告人の責任能力の有無及びその程度」に充てられた。裁判所依頼の大沢鑑定によっても弁護側依頼の工藤鑑定によっても「パーソナリティ障害及び大麻使用障害・大麻中毒に被告人がり患していたとしても、これらが犯行に格別の影響を及ぼさなかった」とした上で、犯行に相応の影響を及ぼした可能性のあるのは「動因逸脱症候群を伴う大麻精神病」のみであるとし、これにつき詳しく検討した結果、被告人が動因逸脱症候群を伴う大麻精神病にり患していた疑いを排斥し、犯行への影響を否定した。

判決は、本件犯行の動機は「被告人自身の本件施設での勤務経験を基礎とし、関心を持った世界情勢に関する話題を踏まえて生じたものとして動機の形成過程は明確であって病的な飛躍はなく、了解可能なものである」と論じた。その上で「本件犯行は、計画的に敢行されたものであり、動機との関係で一貫した合目的的なものであった」とし、被告人には違法性の認識があったとした。

「動機の了解可能性、本件犯行の計画性、一貫性、合目的性、違法性の認識等に照らすと、本件犯行に特別不合理な点は見受けられない」という判決の論理は、刑事裁判の認識枠組みとしては自然なものかもしれないが、本件では、一般に動機の解明がなされなかったという受け止め方がなされた。被告人が肝心の部分について法廷で語らなかったためである。犯行直後から被告人が饒舌に語ってきた言葉の数々も、犯行動機としてみた場合、良識ある人々には「了解不可能」なもののため、判決の認定と一般の受け止めの間に齟齬が生じたと言えよう。

本書はこの疑問に答えようとするが、答えのない現実に途方に暮れながらの暗中模索となっている。

「『重度障害者はいらない』と言い、45人を殺傷したその考えと行動を、『了解可能』といえるのか。」

「被告の考えは異常か正常か。社会には何が問われたのか。」

「取材班にとって、裁判は隔靴掻痒だった。断片的だが重要な事実がところどころで明らかにされるのに、検察官も弁護人も私たちが期待するほどには深く掘り下げることをせず、審理は出来事の表層をなぞるようにして進んだ。」

真相はどこにあるのか。いや、表層の下に果たして深層はあるのか。心の闇の奥にはさらなる闇が待ち構えているのではないか。

取材過程で若い記者たちは「こう思うことって、誰にでもあるんじゃないか」と呟く。差別的な優生思想を一部でも肯定するかのような言葉に驚きながら、記者たちは自分に向き合わなければならない。差別意識がまるで空気のように社会に存在し、誰の心にも潜んでいるのでは

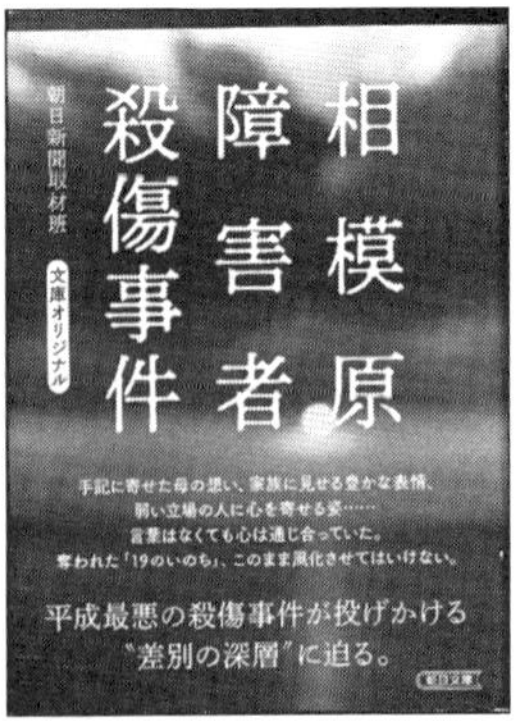

朝日新聞取材班『相模原障害者殺傷事件』（朝日文庫、20年7月）

ないか。「そこがこの事件の恐ろしさであり、向き合い続けなければいけない理由だと思う。」

判決後の三月二七日、弁護人が死刑判決を不服として控訴した。しかし、被告人は同月三〇日、控訴を取り下げ、これにより同月三一日に死刑判決が確定した。死刑確定後の面会の際、元被告人・確定死刑囚は、死刑には納得していないが「一、三審と続けるのはおかしい、間違っていると思うので」と述べ、面会ができなくなるので「本当は選びたくない、みなさんとやりとりしたいですけど、どっちが大切かと言うと取り下げることです」と言う。

月刊『創』編集部編『パンドラの箱は閉じられたのか――相模原障害者殺傷事件は終わっていない』（創出版、二〇二〇年）

『開けられたパンドラの箱――やまゆり園障害者殺傷事件』（創出版）の続編である。問題意識や取材方法や叙述の方法は前著を踏まえているが、本書では、刑事裁判が始まって以後の法廷傍聴や、死刑判決をどう受け止めるかを中心の柱に据えている。死刑判決前文も資料として収録している。

冒頭で篠田博之（月刊『創』編集長）は「死刑判決確定で本当にこの事件は終わったのか」と問い次のように述べる。

「植松元被告が事件を起こした動機や、そもそも津久井やまゆり園で障害者の支援を行っていた元職員が、なにゆえに障害者殺傷に至ったのかといったことは、解明すべき第一のポイントだ。ただ今回の裁判は、植松元被告の刑事責任能力があるのかないのかにもっぱら焦点があてられ、事件の解明が十分なされたとは言い難い。刑事責任能力はあると判断され死刑が宣告されたのだが、では彼がいったい何ゆえにあの事件を起こすに至ったのか、いまだに謎は残されたままだ。」

月刊『創』編集部編『パンドラの箱は閉じられたのか』
（創出版、20年6月）

そこで本書第一部では、公判の様子を伝えるとともに、植松元被告との面会における会話、本人の手記、友人知人など関係者の証言、障害者問題にかかわる人々の意見をできるだけ記録に残し、読者が考える素材を提供しようとする。

本書第二部では、死刑判決をどのように読み、受け止めていくべきかが主題とされる。もっとも、死刑論として有意義な発言は見られない。障害者差別や、障害者の自立をめぐる問題については、「被害者・尾野一矢さんめぐる大きな取り組み」、「元利用者家族が語ったやまゆり園と殺傷事件」、「やまゆり園検証委員会中間報告と施設の実態」という座談会記録が収録されている。

津堅信之『京アニ事件』（平凡社新書、二〇二〇年）

二〇一九年七月一八日に発生した京都アニメーション放火殺人事件は、三六名が死亡、三三名が重軽傷を負う悲劇であった。

京都アニメーションは、アニメ業界が東京に一極集中する中、京都を拠点として地方発のアニメスタジオ、聖地巡礼において独自の世界を切り開き、実在の風景をアニメ作品に取り込む手法や、微妙な中間色にみられる色使いが特徴的で、少女の表情やキャラクターの細やかな動きは他の追随を許さないなど、日本アニメ史に特筆される業績を上げてきた。

このため京アニ・ファンをはじめ、内外の多くの人々に衝撃を与える事件であり、アニメづくりに打ち込み、青春を賭けてきた若きアニメーターたちの死は深い悲しみで社会を包むことになった。

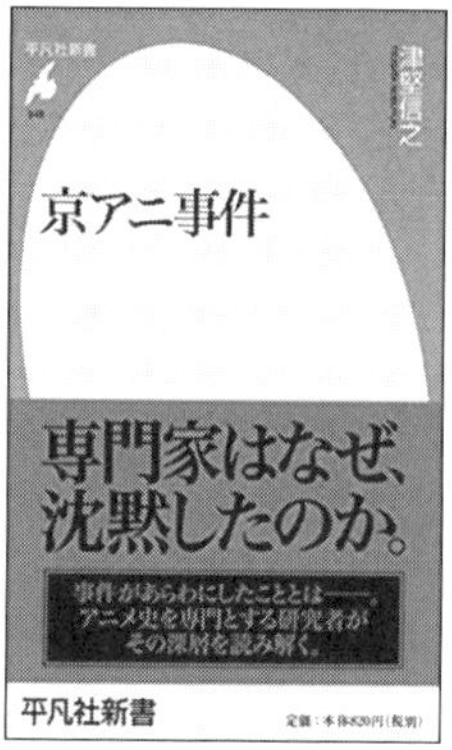
平凡社新書
津堅信之
京アニ事件
専門家はなぜ、沈黙したのか。
事件があらわにしたこととは――、アニメ史を専門とする研究者がその深層を読み解く。
平凡社新書
津堅信之『京アニ事件』
（平凡社新書、20年7月）

他方、事件直後に身柄拘束された被疑者が「パクリやがって」という言葉を発したという報道もあって、犯行動機や被疑者の人物性にも焦点があてられた。

津堅はアニメーション研究家であり、日大芸術学部映画学科講師である。事件直後からメディアに取材を受け、京アニや事件の影響についてコメントしてきたが、アニメーション研究者としての知見と体験をもとに、京アニ事件の全体像を明らかにしようとする。事件はメディアを通じていかに報道され、いかに受け止められたか。事件による被害はどのようなものであったか。そもそも京アニとはどのような存在だったのか。事件はアニメ史にどのような影響を与えるのか。そして事件をいかに記録するか。こうした観点で事件を読み解き、アニメーションの在り方を考える重要素材として共有しようとする。

死刑についての論及はないが、凶悪犯罪と実名報道、特に被害者保護について論じている。ジャーナリズム論の観点からではなく、「アニメ制作従事者が犠牲になった」という観点から、「報道機関はなぜ京アニの意に反して実名を公表したか」と問う。事件の重大性を正確に伝えることや、再発防止という議論について、津堅はそれだけでは説得力がないことを指摘する。遺族側の判断も分かれ、事件直後から取材に応じた遺族もいれば、実名公表後に応じた遺族もいる。それではどう考えるべきか。

津堅自身は、単に事件を正確に伝えるということではなく、被害者が常に実名を公表して仕事をしてきた、アニメという大衆文化の担い手であり、「公」の立場で仕事をしてきたことから「可能な限り早期に実名公表すべき」だったという。津堅はこの観点と、犯罪被害者の権利保護を重ね合わせながら、報道の在り方を考えるべきという立場を示す。

五……冤罪と死刑

いのまちこ・たたらなおき『デコちゃんが行く——袴田ひで子物語』（静岡新聞社、二〇二〇年）

無実の死刑囚・袴田巌の姉・ひで子の五四年の闘いを描いた漫画である。

静岡県清水の味噌工場殺人放火事件の犯人にされ、四八年の闘いを経て二〇一四年、静岡地裁で再審請求が認められ、釈放された袴田巌だが、二〇一八年、東京高裁の無責任な決定により再審開始が取り消された。

いのまちこ・たたらなおき『デコちゃんが行く—袴田ひで子物語』（静岡新聞社、20年5月）

再審を求める運動には、弁護士や多くの市民の参加があったが、その中心にいたのはつねに袴田の姉デコちゃんだった。

半世紀を超える歳月、冤罪死刑囚の家族の立場で、デコちゃんはいかに生きてきたのか。いかに闘ってきたのか。想像を絶する闘いを潜り抜けたデコちゃんの自然体の様子には誰もが驚かされるだろう。どんな苦難に見舞われても明るく元気に、前を向いて生きるデコちゃんには、誰もが感嘆するだろう。だが周囲の驚きや感嘆とは裏腹に、デコちゃんは飄々と、冷静に、優しく生きる。その謎を、いのまちことたたらなおきのコンビが漫画で解き明かす。

デコちゃんは、いま、87才です。
とんでもない事件に巻き込まれながら、
「へこたれてたまるか」と
ガシガシ障害を踏み越えて
ブルドーザーのごとく進んで行くデコちゃん。
人生に迷い元気をなくしている現代人にこそ、
デコちゃんを知ってほしいと思うのです。
さあ、ごいっしょにデコちゃん物語へ。

一九三三年、静岡県浜名湖畔で生まれた少女は、朝日が昇る時刻に生まれたので「日が出る子」、ひで子と名付けられた。二人の兄と二人の姉がいて、年下の弟が末っ子の巌であった。デコちゃんは明るいを超えて騒々しいほど元気な、しっかりした子どもだった。小学校では姉御肌の気質を発揮。中学卒業後、地元の税務署に勤務し、仕事に精を出した。二〇才代、職場の花として自由気ままな暮らしを謳歌した。

税務署を退職し、税理士事務所で働いていた一九六六年、静岡県清水市（当時）のみそ工場で発生した強盗殺人放火容疑事件に弟・巌が巻き込まれ、事件の犯人とされ、ついに死刑判決を言い渡された。袴田家に突如として降りかかった地獄の日々である。ここから半世紀に及ぶデコちゃんの物語である。

和歌山カレー事件林眞須美死刑囚長男『もう逃げない――いままで黙っていた「家族」のこと』（ビジネス社、二〇一九年）

一九九八年七月二五日、和歌山市園部の夏祭り会場で発生した和歌山カレー事件は林真須美死刑囚の犯行とされ、世間的には一件落着とされている。だが林死刑囚は獄中から冤罪を訴え、再審弁護団が結成され、真相解明が続けられている。

本件には実に多様な特徴がある。四人殺害、六三人が中毒症状という重大凶悪事件であり、同時にマスメディアによる狂乱的報道の弊害を考えるべき事件である。林死刑囚とその夫・健治の独特のパーソナリティにも焦点が当てられてきた。死刑確定後は、再審請求を通じて改めて事件の謎が指摘され、ヒ素の出所を含めて未解明の事実が残されていることが浮上している。本書では、死刑事件容疑者・死刑囚の子どもが置かれた状況が一つの主題となっている。

林夫妻には四人の子どもがいた。長女（小学五年）、次女（中学二年）、長男（当時中学三年）、三女（当時四歳）である。事件から二十年余りを経て、当時の子どもたちは成人しているが、死刑囚の子どもとされ、メディアから逃げ、社会から逃げることを余儀なくされてきた。「もう逃げない」というタイトルには、彼らが置かれてきた状況が端的にあらわされている。四人はそれぞれの道を歩んでいるが、両親との関係を維持し、母親に面会を続けているのは長男だけである。

「両親が逮捕された一九九八年一〇月四日を最後に、ぼくたち家族は崩壊した。崩壊の原因をつくったのは両親だ。カレー事件よりずっと前、両親が保険金詐欺に手を染めた瞬間に、まだ生まれてもいないぼくたちきょうだいの運命は、決まっていたのかもしれない。」

「運命」に翻弄され、泣かされ、慟哭し続けるしかなかった長男は「林眞須美の息子」と発覚するリスクを冒しながらも、地元の和歌山で暮らし、母親との関係を切断することなく生きている。メディアの取材も受け、ツイッターでの情報発信も続けている。そして本書を世に送り出した。姉妹へのマスコミ取材を回避するために防波堤になっている意味もあるだろう。事件について多くの人々に考えてもらいたいという。冤罪であると声高に訴えるためではない。母親を信じているが、一〇〇％無実とまで確証できていないと言う。もし母親が犯人なら死刑はやむを得ないとまで考えている。

こうした現在から、事件と、事件当時の自分たちきょうだいのことを振り返る。事件後に学園で体験したいじめの数々を

和歌山カレー事件林眞須美死刑囚長男『もう逃げない――いままで黙っていた「家族」のこと』（ビジネス社、19年8月）

思い起こす。いじめに耐えなければならなかった子どもたちの苦難。友だちをつくることもできない。「カエルの子はカエルやな」と罵倒される。給食を運べば「ヒ素、入ってんと違うか?」と言われる。「抵抗するならおまえら国賊だ」。学園職員からの性暴力被害。

付き合った女性に本当のことを言えない葛藤。ようやく結婚にこぎつけたと思った時には「大事な娘を死刑囚の息子にやれるか!」という怒号で追い出される。

誰にも守ってもらえない「死刑囚の子ども」という十字架。

それでも自分らしく生きる道を探し続ける。

「ぼくと父が和歌山で暮らしていること、そしてメディアに出ることを不快に感じる人が大勢いることはわかっている。とくにカレー事件のご遺族、被害者の方々は、ぼくや父、そして『カレー事件』という字面を見るだけでもつらいことだろう。しかしどうか、わずかな身内が母を信じ続けることだけは許していただきたい。/それが、ぼくのこれまで、そして、これからの人生にとってなくてはならない『心の支え』だからだ。」

高見澤昭治『無実の死刑囚［増補改訂版］——三鷹事件竹内景助』（日本評論社、二〇一九年）

二〇〇九年に初版が出たが、一〇年後の増補改訂版である。初版本がきっかけとなり、竹内景助の無実を信じる長男が再審請求を行った。竹内死後四四年目の第二次再審請求である。

第一次再審請求は、竹内本人が一九五六年に申し立てたが、一九六七年一月一八日に竹内が死去し、同年六月七日、東京高裁が本人死亡により再審請求手続き終了と決定した。弁護団が異議を申し立てたが、一九六八年四月一九日、却下された。弁護団は最高裁に再審審理を求めて特別抗告したが、同年一一月に却下された。

高見澤昭治『無実の死刑囚［増補改訂版］——三鷹事件竹内景助』（日本評論社、19年9月）

第二次再審請求は、二〇一一年一一月一〇日、東京高裁に提出された。請求人は長男の健一郎である。弁護団には高見澤昭治弁護団長の他、野嶋真人、米倉勉、中村忠史、佃克彦、中野大仁らが加わった。

再審請求は膨大な書面によってなされたが、理論的には「確定判決の証拠構造と新証拠」及び「新旧全証拠の総合的再評価」に分けられる。

第一の新証拠は、電気工学・鉄道技術の専門家である曽根悟（東京大学名誉教授）による「三鷹事件鑑定書」である。記録を綿密に精査した曽根鑑定によると、最初に暴走した六三型電車は第一車両の運転室内における操作だけで第一車両と第二車両のパンタグラフを上昇させることはできない。第二車両のパンタグラフは何かと衝突して上がったのではなく、何者かが運転席に乗り込んでパンタグラフを上昇させた。犯人は第一車両及び第二車両のパンタグラフを上げることで速やかに加速させようとした。

本件で唯一の情況証拠である坂本保男の目撃状況について、現場の明るさ等から人物を識別できなかったこと、及び坂本が「実は警察から言わされたんだ」と述べた聴取書を新証拠とした。

加えて、自白の任意性・信用性の欠如、動機の不存在、実行行為の不自然・不合理性、単独では実行できず、犯人は複数であること等、詳細な理由書を提出した。東京高裁では再審請求以来、裁判官、検察官、弁護人による二六回に及ぶ打合せが行われた。

二〇一九年七月三一日、東京高裁は再審請求を棄却する決定を下した。同年八月五日、弁護団は東京高裁に異議を申し立てた。

「棄却決定は、竹内が七回も供述を変遷させ、秘密の暴露など自白の信用性を担保する事実が存在せず、基本的に脆弱なものであることを無視し、さらに自白と客観的事実との矛盾として、第二車両のパンタグラフが発車時に上がっていたことや、犯人は第七車両で前照灯のスイッチを『入位置』にして、手ブレーキを寛解し、戸閉め連動スイッチを非連動にしていることについて、完全な証明ができていないことや、反対仮説が成り立つことを理由に排斥しており、論理則違反、科学的知見に基づく経験則違反、鉄道員なら当然に知っている経験則違反が多々含まれている。」

一九四九年七月一五日の事件発生から七一年の歳月を経た。当時、竹内以外に被告人とされた人々も弁護団も証人もほとんど他界した。だが三鷹事件の資料を保存し、再審請求を支える人々がいる。「竹内さんは無実だ！三鷹事件再審を支援する会」及び「三鷹事件の真相を究明し、語り継ぐ会」が活動を続けている。

岩瀬達哉『裁判官も人である——良心と組織の狭間で』（講談社、二〇二〇年）

年金問題をはじめ数々のテーマを取材してきたジャーナリストによる司法への切込みである。一〇〇を超える裁判官に取材したという。実名で取材に応じた裁判官もいれば、匿名のケースも少なくない。当然のことながら現職ではなく、重要証言者は元裁判官が多い。司法論議としては特に新味はなく、七〇年代の司法の反動化以来の裁判所の揺れ動きや、原発をめぐる司法判断の実態は司法界ではよく知られた話である。

「第八章　死刑を宣告した人々」では、戦後改革にもかかわらずＧＨＱが死刑制度を容認したことから説き起こして、死刑が維持されたままの現在に転じる。大阪此花区パチンコ店放火殺人事件では絞首刑が「残虐な刑罰」にあたるかどうかが争われ、大阪地裁は、絞首刑には前近代的なところがあるが、憲法三六条に反するものではないとした。

　裁判の証人として、死刑の残虐性を証言した元検察官の土本武司、福岡拘置所で死刑執行に立ち合った検事で、裁判官を経て弁護士になった村重慶一、大阪地裁堺支部の裁判官の時に死刑を言い渡したことがある小林克美、宮崎地裁時代に涙ながらに死刑を言い渡した小松平内、最高裁調査官や東京高裁裁判長を歴任した木谷明らの言葉が紹介される。

「僕は、個人的には死刑制度に反対なんです。だけど、裁判官になる時に、憲法違反でないかぎり法令に従うと約束しているわけだから、担当した事件が死刑以外にないと判断した以上、言い渡すしかない。嫌な役目だけど。これも裁判官が背負うべき宿命なんです」

　本当に死刑反対なら裁判官にならなければ良い。死刑制度のある国で裁判官になるのは死刑賛成だからだ。本当に死刑反対なら死刑は憲法違反と判断することはいくらでも可能だ。憲法判断を回避して法令を適用するのは死刑賛成だからだ。こうも言えるが、それだけでは済まない、裁判官の苦悩はたしかにあるのだろう。

「第九章　冤罪と裁判官」では、主に懲役一三年の再審事件であった徳島ラジオ商事件にかかわった裁判官たちを取り上げる。再審開始決定書を書いた秋山賢三は退官後、弁護士として再審請求に力を注いだ。後に人権弁護士として活躍することになる。

「第十章　裁判所に人生を奪われた人々」では、大阪東住吉放火殺人事件で無期懲役となり、二一年がかりで再審無罪を勝ち取った青木惠子を取り上げ、誤判を犯した裁判官と冤罪を見抜いた裁判官を紹介する。

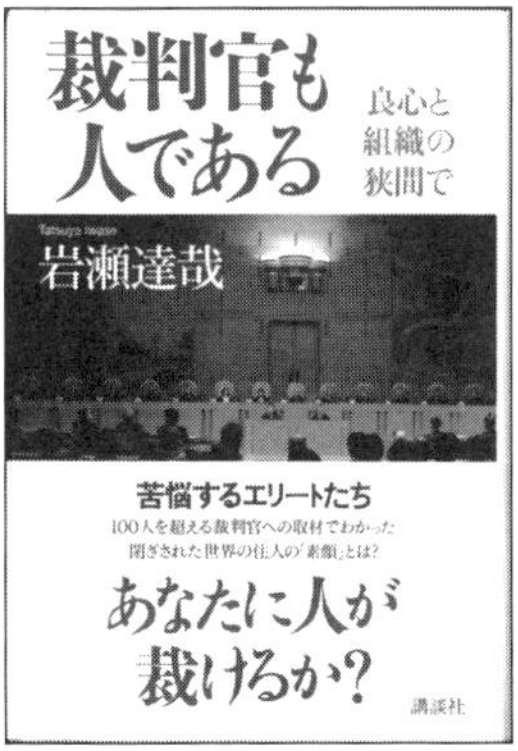
裁判官も人である
良心と組織の狭間で
岩瀬達哉
苦悩するエリートたち
100人を超える裁判官への取材でわかった
閉ざされた世界の住人の「素顔」とは?
あなたに人が裁けるか?
講談社
岩瀬達哉『裁判官も人である——良心と組織の狭間で』
（講談社、20 年 1 月）

『冤罪白書』編集委員会『冤罪白書２０１９』（燦燈出版、二〇一九年）

　編集委員会は村井敏邦（委員長）、市川寛、木谷明、白取祐司、戸舘圭之、西嶋勝彦、福崎伸一郎、水野智幸の構成である。

　大崎事件、湖東記念病院事件、松橋事件、袴田事件など、最近の再審請求事件の動向、冤罪救済への関心の強まりを背景に「冤罪についてより掘り下げた分析と情報を提供し、冤罪救済への動きを具体的・現実的に進める誘因」を作るべく企画された「白書」である。

　いま、闘われている冤罪事件を二〇件取り上げている。①松橋事件、③恵庭事件、③北稜クリニック事件、④狭山事件、⑤小石川事件、⑥三鷹事件、⑦鶴見事件、⑧袴田事件、⑨天竜林業高校事件、⑩豊川事件、⑪福井女子中学生殺人事件、⑫名張事件、⑬湖東記念病院事件、⑭日野町事件、⑮和歌山カレー事件、⑯姫路郵便局強盗事件、⑰マルヨ無線事件、⑱飯塚事件、⑲菊地事件、⑳大崎事件である。

この内、死刑関連事件は次の九件である。

狭山事件は、一九六四年の一審判決は死刑であったが、一九七四年の二審判決で無期懲役となり、一九九四年に石川一雄が仮出獄となり、現在、第三次再審請求中である。

三鷹事件は、一九五〇年の一審判決では無期懲役であったが、一九五一年の二審判決で死刑となり、竹内景助は一九六七年に獄死。二〇一一年に長男が

『冤罪白書』編集委員会『冤罪白書2019』
（燦燈出版、19年10月）

第二次再審請求したが、二〇一九年、東京高裁が請求棄却決定。異議申立て中である。

鶴見事件は、一九九五年の一審判決で死刑、控訴審でも死刑となり後に確定。二〇〇六年の第一次再審請求は、二〇一二年に棄却されたが、二〇一七年、第二次再審請求をして現在に至っている。

袴田事件は、二〇一四年、第二次再審請求が認められ、再審開始とともに袴田巌死刑囚が釈放された。だが二〇一八年、東京高裁が再審開始決定を取り消し、請求を棄却。最高裁に特別抗告中である。

名張事件（名張毒ぶどう酒事件）は、奥西勝死刑囚が二〇一五年に獄死したため第九次再審請求が終了決定となった。同年、第一〇次再審請求するも、二〇一七年、請求棄却となり、これに異議申立て中である。

和歌山カレー事件は、二〇〇九年、再審請求し、二〇一七年、請求棄却となり、即時抗告して審理中である。加えて原審の根拠となった誤鑑定について、鑑定人に対する名誉毀損訴訟を提起し、係属中である。

マルヨ無線事件は、一九六八年の一審判決で死刑となり、後に確定。一九七三年から本人・尾田信夫が再審請求を始めたが、後に日弁連の支援を受けて、現在、第七次再審請求中である。

飯塚事件は、一九九九年の一審判決で死刑となり、後に確定し、二〇〇八年、死刑が執行された。二〇〇九年、再審請求したが、二〇一四年、請求棄却決定、即時抗告したが、二〇一八年、即時抗告棄却決定となり、最高裁に特別抗告中である。同一時期に同一鑑定人によって行われたDNA型鑑定が誤鑑定であったことが判明して、再審無罪となった足利事件との関連で大きな話題になった。

菊地事件は、一九五三年の一審判決で死刑となり、後に確定し、一九六二年に第三次再審請求が棄却された翌日、死刑が執行された。二〇一二年、検事総

長に再審請求要請書が提出されたが、二〇一七年、最高検は再審請求しないと決定。二〇一六年、最高裁はハンセン病特別法廷について調査報告書を公表した。二〇一七年、国家賠償請求訴訟を提起し、審理中である。

　資料として「袴田事件／地裁・高裁決定の比較検証」が収録されている。再審開始の静岡地裁決定と、これを取り消した東京高裁決定を、左右見開きで比較できるように編集がなされ、論点ごとに両者を見比べることができる。

六…………死刑と無期

加賀乙彦『死刑囚の有限と無期囚の有限――精神科医・作家の死刑廃止論』（コールサック社、二〇一九年）

　作家であり精神科医である加賀乙彦（本名小木貞孝）が半世紀を超えて死刑について書き続けてきた諸著作・論文の中から、死刑囚と無期囚を対比して、その置かれた状況の相違からまったく異なる精神状態、生活環境を生きることになったことを示す批評文を選んで編集した著書である。『文学と狂気』（一九七一年）、『虚妄としての戦後』（一九七四年）、『死刑囚と無期囚の心理』（一九七四年）、『死刑囚の記録』（一九八〇年）、『ある死刑囚との対話』（一九九〇年）、『生と死と文学』（一九九六年）、『科学と宗教と死』（二〇一二年）、及び小説『宣告』（一九七九年）からの抜粋を編集している。

　「序文」によると、加賀は一九五五年に東京拘置所医務部技官となり、死刑囚や無期囚に数多く面接するようになり、五六～五七年には宮城・大阪・札幌の拘置所で死刑確定者と面接した。他方、五六年、千葉刑務所で無期受刑者の面接をした。こうした調査を踏まえて、留学先のパリ滞在中に書き上げた論文が「日本における死刑囚と無期囚の精神医学的・犯罪心理学的研究」であった。ここから始めた加賀の研究は、クリスチャンとして、精神科医として、そして作家としての加賀自身のアイデンティティ形成にも密接につながっている。『死の家の記録』、『白痴』、『罪と罰』、『悪霊』などドストエフスキーの作品に感化を受けた加賀は、精神病者や犯罪者について深く知りたいと考え、精神科医で監獄医という道を歩むことになった。「ドストエフスキーの描いた世界の真実性をこの眼でたしかめてみたいということがどこかにあり、私なりの努力をしてこの世の現実を少し知ったあげくにドストエフスキーの作品の細部が自分の経験と一致したことに改めて

加賀乙彦『死刑囚の有限と無期囚の有限―精神科医・作家の死刑廃止論』（コールサック社、19年10月）

驚いた」という。

「死刑囚の有限と無期囚の有限」という表題は、初期の研究以来、加賀の死刑論の基本テーゼとなっている。加賀は精神病理学における「時間恐怖」という概念を採用し、死刑囚と無期囚ではその現れ方が異なることに着目した。死刑囚の場合は「制限された時間に対する恐怖」として現象するが、無期囚の場合は「無制限の時間に対する恐怖」となる。同じように長期収容されているにもかかわらず、「時間恐怖」の視点から見ると、まったく異なる時間を生きていることがわかる。長期収容者が精神病理学的な症状を呈するとしても、死刑囚と無期囚とではそのメカニズムが異なる。

加賀は「死刑囚と私たちの時間」にも説き及ぶ。「人間の死はいつ来るかわからない。しかも私たちの未来に確実におこる出来事は死だけである」から、死刑囚と私たちはその限りで同じではないか。誰もが死刑を宣告されているというパスカルや、ハイデガーやサルトルの思索に学びながら、加賀は、死刑囚・正田昭が残した「死刑囚が存在することは悪であり、生きていることは恥である」という言葉を受け止め、死刑囚の死と私たちの死の違いにも目を向ける。「恥辱の形をとった死」は一般の人の死とは異なる。その上で加賀は「パスカルの比喩は、有効である」と考える。死刑囚もまた人間であるから、共通する面があるからだ。

「パスカルの比喩、これは、おそろしい逆説なのである」。

六……………アメリカの死刑冤罪

アンソニー・レイ・ヒントン『奇妙な死刑囚』（海と月社、二〇一九年）

死刑冤罪で無実を勝ち取ったヒントンによる回想記である。

一九八五年、アラバマ州バーミングハムで発生した強盗銃撃事件の被疑者とされたヒントンは、別件の殺人も追起訴され、翌年、死刑を言い渡され、アラバマ州立刑務所の死刑囚監房に放り込まれた。事件当時、現場から二四キロ離れた職場にいたにもかかわらず、二九歳の派遣従業員だったヒントンはアメリカ刑事司法制度のそびえる壁に突き当たった。死刑制度が一時期の停止状況から復活した時期のアラバマは全米でもっとも死刑の多い州であった。公設弁護人制度が不備であり、貧しい被告人は有能な弁護人による弁護を受ける機会に恵まれない。人種差別の激しいアメリカのため、貧しい黒人には至る所に死刑という罠が用意されている。貧しい黒人であるがゆえに人種差別を受け、その結果として死刑囚になったヒントン。これはヒントン固有の問題ではなく、アメリカでは「よくある話」にすぎない。

だが、恐怖の「よくある話」を生き抜き、闘い抜き、生還する例も稀ではあるが、確かに存在する。絶望の独房で命を賭けて闘い続けたヒントンは、ついに自由を手にする。闘いの主人公はヒントン自身だが、ヒントンを救い出したのはブライアン・スティーヴンソン弁護士であった。非営利団体「司法の公正構想（イコール・ジャスティス・イニシアチブ）」事務局長のスティーヴンソン弁護士は、貧しい黒人死刑囚を次々と救い出してきた人権派弁護士である。ヒントンの正義を求める志とスティーヴンソンの熱意が重なり合い、アメリカ刑事司法の壁を乗り越えることができた。

物語は、一九八六年一二月一〇日、ジェファーソン郡刑務所から始まる。ガラスのこちらにはヒントン、向こう側には面会に来た母親が座っている。刑務所に収容された息子に「おまえはいつ家に帰ってくるんだい」と尋ねる母親と、「あと少しの辛抱だよ、母さん」、「いま、手続きをしているんだ。じきに家に戻るから」と語る息子。無実の罪で囚われ、有罪を言い渡された息子は真実のために祈る。悪夢が終わるように祈る。奇跡を願って祈る。

「私が犯した唯一の罪は、黒人に生まれたことだ。というより、アラバマ州で黒人として生まれたことだ。法廷に並んでいたのは、白人の顔ばかりだった――白い顔、顔、顔。板張りの壁、木製の調度品。法廷は荘厳で、威圧感があった。金持ちの邸宅の図書室に紛れ込んだ、招かれざる客になったような気がした。」

警察官も、検察官も、裁判官も、弁護士も、そして陪審員も、誰一人として味方はいない。死刑囚として監獄にたどり着いても、看守たちによる責め苦を味わうことになる。自暴自棄になって自分を捨てたら、それでおしまいだ。死刑による恐怖に脅えるだけの人生が待っている。

五四人の仲間たちが処刑室に連行されるのを見送りながら、ヒントンは三〇年に及ぶ精神の闘いを続けた。差別に負けないように教えてくれた母親、親身になって面会してくれる幼馴染レスターだけが、ヒントンの無実を信じている。絶望的状況にもかかわらず、ヒントンは孤独にさいなまれるのではなく、周囲の死刑囚たちと関わる。死刑囚の人生を聞き取り、告白に耳を傾ける。母親死亡の通知を受け取った死刑囚を慰める。ともに本を読み、学ぶ。少年時代のこと、事件のこと、裁判のこと、故郷に残した家族のこと。

スティーヴンソンと「司法の公正構想（イコール・ジャスティス・イニシアチブ）」の努力によって、弾痕の鑑定がなされ、ヒントンの無実が証明されていく。だが司法制度は無実の囚人に優しく微笑んではくれない。巡回裁判所、控訴裁判所、そしてアラバマ州最高裁へと事件は

アンソニー・レイ・ヒントン『奇妙な死刑囚』
（海と月社、19年8月）

たらいまわしになる。時間は容赦なく奪われていく。母親の死が追い打ちをかける。ついにヒントンとスティーヴンソンは連邦最高裁に裁量上訴を訴える。

かくしてヒントンの闘いが勝利を手にするのに事件から三〇年の歳月を要した。

「自由！

私は目を閉じ、空を仰いだ。母さんに祈りを捧げた。神に感謝した。それから目をあけ、たくさんのカメラのほうを見た。とてつもなく長いあいだ、私は闇のなかにいた。昼も夜も、闇の日々が続いた。でも、それももう終わりだ。これまでは太陽が輝くのを拒む場所で暮らしてきた。もうたくさんだ、二度と戻るものか。

「陽は輝く」。そう言うと、私はレスターとブライアンのほうを見た。それぞれのやり方で、私を救ってくれた二人の男。

「陽は輝くのです」。そう繰り返したとたんに、涙があふれだした。」

二〇一五年四月三日、無実が証明されたヒントンは死刑囚監房から釈放された。その時の映像はいまもオンラインで見ることができる。

一九八三年、免田事件の免田栄が無実を証明して再審無罪で釈放されてから三七年の歳月が流れた。松山事件、財田川事件、島田事件でも、確定死刑囚が再審無罪で社会復帰した感動の時を私たちは知っている。袴田事件の袴田巖は再審開始決定によって釈放された。どの死刑冤罪も同じであり、みなそれぞれに違う。あまりに似ていることに驚かされると同時に、あまりの違いにも気づかされる。そして、再審の闘いに深い深い感動を覚える。二度とあってはならない死刑冤罪という悲劇に、私たちは何度も感動させられてきた。

アメリカにおいても同様である。死刑存置国の刑事司法が作り出す誤判による死刑の恐怖。ヒントンの「勝利の涙」を私たちは共有できる。ヒントンとスティーヴンソンの笑顔に私たちは限りない安堵を覚えることができる。だが名状しがたい悲劇が「よくある話」になってしまっていないか。もう一人のヒントンはどこにいるのか。いや、全米の死刑囚監房に何人のヒントンがいるのか。本書は人間から奪えないもの、奪ってはならないものを私たちに教えてくれる。

「本書をお読みになっているあなたが、いま死刑囚監房にいる場合、または犯していない罪を問われて収監されている場合、あるいは実際に罪を犯して収監されている場合――どうか本書を読み、希望を見いだしてほしい。闘いつづけてほしい。生きつづけてほしい。自分は変われる、この状況をかならず変えられると信じてほしい。たとえ最悪の間違いを犯したとしても、あなたはただそれだけの存在ではない。あなたがどこにいようとも、あなたがだれであろうとも、仲間に手を差しのべ、暗い場所を照らしだしてもらいたい。」

八…………死刑と小説

長江俊和『出版禁止――死刑囚の歌』（新潮社、二〇一八年）

著者は映像作家、小説家であり、深夜ドラマ「放送禁止」に始まり「検索禁止」「掲載禁止」「恋愛禁止」など「禁止」シリーズを送り出している。

本書は「実際にあった事件を取材した記事やルポルタージュを編纂したものである。それらは、時代や書き手、テーマが異なっており、一見独立したものであるかのように思えるのだが、意外なところで関連していた。そこで、関係各所の承諾を得て、一冊の本として纏めさせてもらった」としているが、記事やルポルタージュを装った作品群を配置したミステリーである。

長江俊和『出版禁止――死刑囚の歌』
（新潮社、18年8月）

「鬼畜の森――柏市・姉弟誘拐殺人事件」の主人公に設定された望月辰郎元死刑囚の「見えない動機」を探り、事件の真相に迫るドキュメントの体裁である。望月元死刑囚が詠んだという、六首の獄中歌を紹介した短歌雑誌『季刊和歌』が発売されると、遺族が販売の中止を要請し、回収騒ぎにまで発展した。『季刊和歌』該当号は事実上の出版禁止となっているという。

　さらに編者は、二〇一五年四月、東京都墨田区向島のマンションの一室で起こった惨劇についての記事も取り上げる。何者かに家族が襲撃され両親は死亡、一人娘も瀕死の状態で見つかった。ところが、現場で発見された紙は、望月辰郎の鬼畜の和歌が書かれた短歌雑誌の記事だった。編者は二二年前の事件との符合に驚く。

石井光太『死刑囚メグミ』
（光文社、19年11月）

二つの事件は氷山の一角に過ぎず、事件の背後には人間のどす黒い悪意が渦巻いていた。編者はその事実を知り、戦慄する。「悪魔」という言葉は人類の最大の発明だ。人の悪行を全て悪魔のせいにできるなら、これほど便利な言葉はない、と。

石井光太『死刑囚メグミ』（光文社、二〇一九年）

　二〇一二年、ドバイから空路でクアラルンプール空港（マレーシア）に着いた際に、荷物の中に覚醒剤を隠しているのを発見された日本人女性・小河恵は、ドバイ空港で見知らぬ人物からキャリーケースを預かったが、中身が覚醒剤であるとは知らなかったと主張した。

　裁判所は、被告のいう人物が特定できず、被告自身がこれまで同じ空路を複数回行き来していたことから、密輸に関与したと認定し、死刑判決を言い渡した。マレーシアで日本人が死刑を言い渡されたのは初めてであった。

　東亜新聞記者でバンコク支局勤務になった東木幸介は、青森県五所川原の小学校時代の恩師からのメールで、死刑を言い渡された小河恵が小学校の同級生であったことを知り、マレーシアのカジャン刑務所に面会に行く。無実を訴える元同級生の事件を調べ始めた新聞記者は、五所川原、埼玉県草加市の住宅街、成田国際空港、北千住の総合病院、南千住の泪橋病院、クアラルンプールのパレス・オブ・ジャスティス（裁判所）の記憶と記録をたどりながら、事件の真相に迫る。

　イラン・イラク戦争、バブル崩壊、9・11アメリカ同時多発テロ事件の結果、麻薬生産と取引の世界地図が激変した。ヘロインから覚醒剤への転換が歪んだ欲望を加熱させ、イラン、ドバイ、マレーシア、そして日本という密輸ルートがつくられた。その渦中での事件という構図が見えてくる。

再審請求への補助金と死刑囚の表現展の募集要項
死刑廃止のための大道寺幸子・赤堀政夫基金から死刑判決を受けたみなさんへ

1、再審請求への補助金　募集要項

（1）補助金は、下記住所まで、本人または関係者の方がお申し込み下さい。

（2）申し込み締め切りは毎年7月末とします。

（3）なお補助金は弁護人もしくは弁護人になろうとする人（恩赦代理人を含む）にお渡しします。

（4）補助金は、確定死刑囚1人に対して1回限りとさせていただきます。

（5）優先順位は、緊急性・必要性を考慮し当方で考えさせていただきます。

（6）今回選定されなかった人も、次回に再応募できます。

（7）告知は速やかに申請者に行います。

2、死刑囚（未決を含む）表現展と優秀作品の表彰　募集要項

（1）死刑囚（確定囚、未決囚を問わない）による作品を公募します。

（2）公募する作品は、小説、自伝、エッセイ、評論、詩歌、脚本、絵画、まんが、その他、あらゆる分野の未発表でオリジナルな表現作品です。

長篇作品は、1回1作品だけの応募に限ります

他人を誹謗・中傷することに主眼を置いた作品は、運営会及び選考会の判断によっては、これを受け付けない場合もあり得ます。

（3）締めきりは毎年7月末、基金が依頼した選考委員によって優秀作品を選定し、優秀作品に賞金（3万円を予定）を贈呈します。

（4）応募作品は10月10日の国際死刑廃止デー前後に展示を予定しています。作品の著作権は制作者が、所有権は基金が持ち、これらの作品を死刑廃止運動に役立てるために使います。

（5）選考委員：池田浩士・太田昌国・加賀乙彦・川村湊・北川フラム・坂上香・香山リカ

応募作品には必ず題名をお付けください。絵画作品の場合、裏にタイトルの明記をお願いします。

なお第17回締め切りは2021年7月末日です。これまでの応募者、受賞者の応募も歓迎します。

送り先
〒107-0052 港区赤坂2-14-13
港合同法律事務所
大道寺幸子・赤堀政夫基金運営会

死刑をめぐる状況　2019―2020

ストックホルム宣言から四三年

死刑廃止に向けた国際的動向二〇一九年

中川英明（公益社団法人アムネスティ・インターナショナル日本　事務局長）

1. はじめに

アムネスティ・インターナショナルは、犯罪の種類や状況、犯罪の有無、個人の特質、死刑執行方法などを問わず、例外なく死刑に反対しています。そして、死刑の全面的な廃止に向けて活動を行っています。死刑は「生きる」という最も基本的な人権、生存権を根本から否定する刑罰だと考えるからです。

一九七七年に発表した「死刑のためのストックホルム宣言」において「死刑は生きる権利の侵害であり、究極的に残虐で非人道的かつ品位を傷つける刑罰である」と述べたアムネスティ・インターナショナルは、それ以来、あらゆる死刑に例外なく反対する姿勢を明確にし、死刑のない世界の実現に向かって活動してきました。このような活動は、死刑廃止への世界的な潮流につながり、一九八〇年には死刑廃止国際条約を起草するための検討作業が国連で始まりました。その後、自由権規約第二選択議定書（いわゆる死刑廃止国際条約）が一九八九年の国連総会で採択（総会決議四四／一二八：賛成五九、反対二六、棄権四八）され、一九九一年に発効しました。

一九九〇年に死刑制度を廃止していたのは四六カ国でしたが、それから三〇年を経た今、死刑を廃止した国は一〇六カ国にのぼります。通常犯罪に対してのみ廃止した国（八カ国）と事実上の廃止国（二八カ国：死刑制度を公式に廃止してはいないが、過去一〇年間に死刑執行がなく、死刑執行をしない政策や確立した慣例を持っていると考えられる国）を含めると、世界の三分の二以上にあたる一四二カ国で法律上または事実上、死刑が廃止されているのが今日の世界の現実です。

国家の刑罰としての死刑制度は廃止すべきだとの認識が国際的に広がり、定着して、死刑制度廃止に向かう潮流が脈々と続く中、その流れに抗い、死刑制度存置を堅持する五六カ国のうち、二〇一九年には前年と同数の二〇カ国において死刑執行がありました。

2. 二〇一九年の死刑執行と死刑判決

アムネスティ・インターナショナルでは、世界各国の死刑制度と死刑執行の状況を継続的に調査し、その結果を毎年報告書にまとめて公表しています。二〇二〇年四月に発表した最新の報告書「二〇一九年の死刑判決と死刑執行」の概要を以下にご紹介します。

【アムネスティ・インターナショナルが確認した死刑判決・執行の数について】

以下の文中や図表の中で数字の隣に「+」がついている場合、例えば、タイ［一六+］は、タイで少なくとも一六件の死刑執行または死刑判決があったことをアムネスティは確認したけれども、実際には一六件より多いと考えていることを意味します。

国名の後に「+」がついているが数字がない場合、例えば、シリア［+］は、その国で一件以上の執行または判決があったことをアムネスティは確認していますが、信頼に足る数値を出せるほど十分な情報を得ていないことを意味します。

世界的および地域別の総計では、「+」は、中国の場合も含め二件とカウントしています。

一部の後退はあったものの、二〇一九年の世界における死刑の適用状況は、死刑を廃止する方向に向かって世界が進んでいることを示しています。二〇一五年から続く死刑執行数の減少傾向は二〇一九年も変わらず、アムネスティが確認した世界の死刑執行件数は過去一〇年間で最も少なく、前年比では五%減でした。執行数の減少の要因は複数ありますが、死刑を頑なに維持し続けるエジプト、日本、シンガポールなどで死刑執行数が大幅に減少したことや、世界で二番目に執行数が多いイランで、二〇一七年に麻薬取締法改正された影響で、死刑執行数が二年連続で過去最低だったことが挙げられます。

しかし、死刑の完全廃止の流れに逆行する対応を取る国もありました。イラク、サウジアラビア、南スーダン、イエメンでは、前年に比べ死刑執行数が大幅に増加し、バーレーンとバングラデシュでは、一年間停止していた死刑執行が再開されました。フィリピンでは、死刑を再導入する法案が議会に提出され、長らく死刑執行がなかったスリランカと米国の連邦政府は執行再開の指示を出しました。

※二〇〇三年以来連邦レベルでの死刑執行が停止されていた米国では、二〇二〇年に連邦レベルでの執行が再開され、七月から八月にかけて五人が処刑されました。

主要な死刑執行国である中国、北朝鮮、ベトナムなどが、死刑情報の開示を厳しく制限していることが、世界全体の死刑数値を正確に把握する上での妨げとなっています。アムネスティは各国政府に対して死刑情報の開示を求めていますが、多くの死刑存置国が、情報開示に応じませんでした。部分的ながら開示した国もあり、例えば、ベトナムは執行情報の一部のみを公表しましたが、不完全な統計数値からは死刑状況を正確に評価することができませんでした。また、死刑の執行日を事前に公表せず、処刑される死刑囚の家族らに執行を事前に知らせない国もありました。日本もその一つです。

二〇一九年中に死刑を廃止する決定を行った国はありませんでしたが、死刑制度の存置に消極的な姿勢がうかがえる国が複数ありました。米国ではニューハンプシャー州が死刑を廃止したため米国の死刑廃止州は二一となり、全米で最多の死刑囚がいるカリフォルニア州は死刑執行を停止する決定を行いました。また、カザフスタン、ロシア、タジキスタン、マレーシア、ガンビアが死刑執行停止措置を維持したほか、バルバドスは、絶対的法定刑（裁量の余地のない刑罰）としての死刑を憲法から削除しました。さらに、中央アフリカ共和国、赤道ギニア、ガンビア、ケニア、ジンバブエといったアフリカ諸国やカザフスタンにおいて死刑廃止に向けた動きがありました。

a）死刑執行

アムネスティは、二〇一九年に世界で少なくとも六五七件の死刑執行があったことを確認しています。この数字は、前年の六九〇件から五％減少しており、二年連続で過去一〇年の間で最も少ない数値となりました。しかし、この数値には、これまでと同様に中国の数千件ともいわれる処刑数は含まれていません。同国では死刑に関する情報は国家機密として扱われています。

国別の死刑執行数を見ると、前年より大幅に減ったのは次の三カ国でした。

エジプト（四三件＋→三二件＋）
日本（一五件→三件）
シンガポール（一三件→四件）

反対に、執行数が大幅に増えたのは、以下の四カ国でした。

イラク（五二件＋→一〇〇件＋）
サウジアラビア（一四九件→一八四件）
南スーダン（七件＋→一一件＋）
イエメン（四件＋→七件）

死刑執行が多いのは、イラン、サウジアラビア、イラクであり、この三カ国の死刑執行件数は、二〇一九年に確認できた世界の死刑執行件数の八一％を占めています。

サウジアラビアの死刑執行件数一八四件は、アムネスティがこれまでに確認した同国の年間執行件数で最多でした。この急上昇の背景には、政府に批判的なイスラム教シーア派に対する圧力としての死刑の適用が増えていることが挙げられます。

イラクの執行数が九二％増えたのは、「イスラム国」を自称する武装集団のメンバーやその関係者とされる人びとに対して死刑が執行されていることが主な要因です。

イランでは、二〇一九年も死刑執行数が減少（二五三件＋↓二五一件＋）しており、同国としては歴史的に見ても低い水準にとどまりました。その背景には二〇一七年に改正された麻薬取締法が機能していることがありますが、イランが、いまだ世界の死刑執行件数の三八％を占める死刑大国であることには変わりがありませんでした。

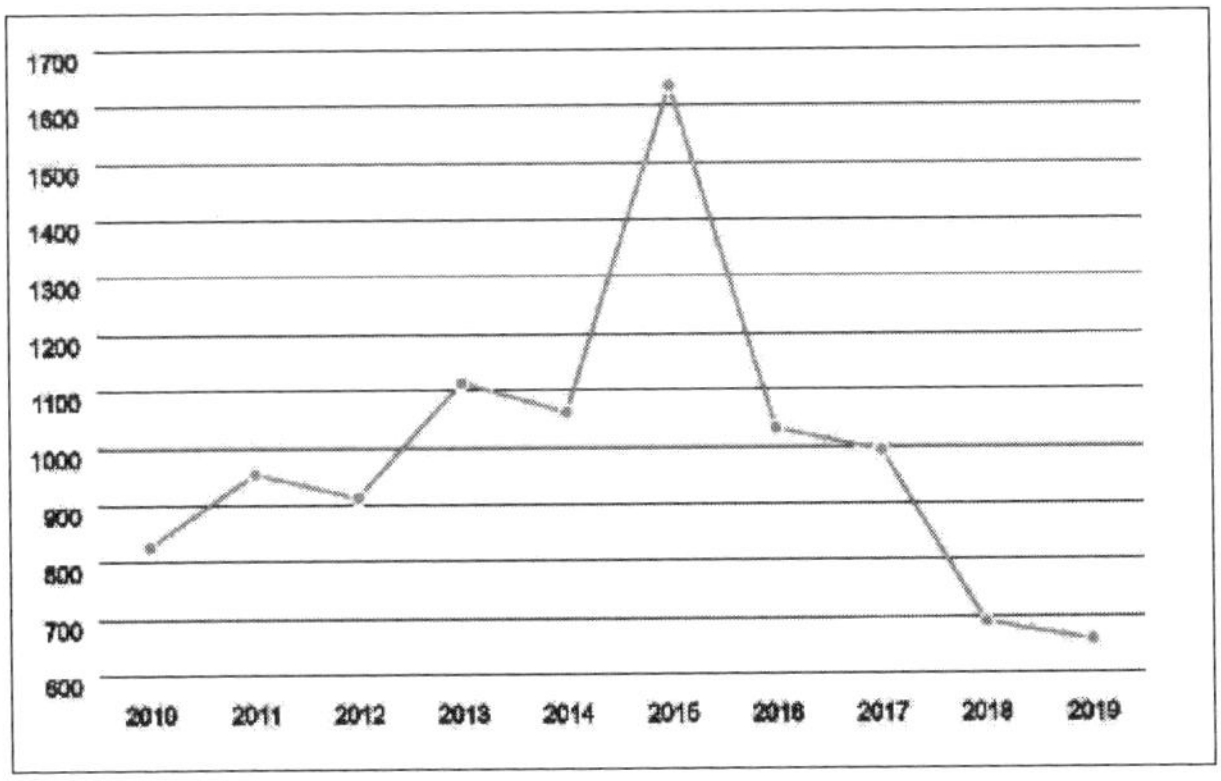

死刑執行数の推移

二〇一九年には、二〇一八年と同数の二〇カ国で死刑執行があったことをアムネスティは確認しました。しかし、死刑執行国には変動がありました。二〇一八年に執行があったアフガニスタン、台湾、タイでは二〇一九年には執行がなく、前年に執行がなかったバーレーンとバングラデシュは執行を再開しました。さらに重要なことには、前年に執行を確認できなかったシリアにおいて、執行数に関しては信憑性のある数値が得られなかったものの、複数の執行があったことが確認できました。

前年に続き二〇一九年も死刑執行を続けたのは、以下の一七カ国でした。

ボツワナ、中国、エジプト、イラン、イラク、日本、北朝鮮、パキスタン、サウジアラビア、シンガポール、ソマリア、南スーダン、スーダン、米国、ベトナム、イエメン

b) 死刑判決

二〇一九年の世界の死刑判決件数は二、三〇七件でした。各国における死刑判決に関する情報の質や量が異なるため、過去との単純な比較は難しいのですが、二〇一八年の二、五三一件よりわずかながら減少したことになります。

死刑判決を下した国の数は、前年の五四カ国から二カ国増え、二〇一九年は五六カ国となりました。

これまで死刑判決が多かったマレーシア、ナイジェリア、スリランカの死刑判決に関する公的な数値情報を入手することができませんでしたが、一方で、前年とは違い、当局筋から数値を入手できたザンビアでは、死刑判決数は前年と比較して大幅に増えました。

二〇一八年には死刑判決がなかったマラウイ、モルディブ、ニジェール、トリニダード・トバゴの四カ国で死刑判決が下されたほか、これまで死刑判決の有無が確認できなかったシリアで複数の死刑判決があったことが確認できました。しかし、判決件数に関しては情報が不足しており、信頼に足る件数が確定できませんでした。二〇一八年には死刑判決があったチャド、リビア、パプアニューギニアの三カ国では、二〇一九年は一件も確認されませんでした。

前年と比較して、死刑判決数が大幅に減少したのは、次の九カ国でした。

コンゴ民主共和国（四一件↓八件）
エジプト（七一七件＋↓四三五件＋）
インド（一六二件↓一〇二件）
イラク（二七一件＋↓八七件＋）
クウェート（三四件↓五件＋）
リビア（四五件＋↓〇件）
マリ（一八件↓四件＋）
パレスチナ（一三件↓四件）
タイ（三三件＋↓一六件＋）

一方で、死刑判決数が大幅に増加したのは以下の九カ国でした。

インドネシア（四八件＋↓八〇件＋）
ケニア（一二件＋↓二九件＋）
レバノン（五件↓二三件＋）
パキスタン（二五〇件＋↓六三二件＋）
シエラレオネ（四件↓二一件）
スーダン（八件↓三一件＋）
チュニジア（一二件＋↓三九件＋）
イエメン（一三件↓五五件）
ザンビア（二一件↓一〇一件）

二〇一九年末における世界の死刑囚の人数は、少なくとも二六、六〇四人でした。

c）国際法違反の死刑

二〇一九年においても、国際法・国際基準に反する形で死刑を適用した国がありました。いくつかの例を以下に挙げます。

・少なくとも一三件の公開処刑がイランで行われました。
・一八歳未満で犯した罪により少なくとも六人が処刑されました（イラン四人、サウジアラビア一人、南スーダン一人。モルディブ、イラン、パキスタン、サウジアラビア、南スーダンにも犯行時一八歳未満の死刑囚がいると思われます）。
・精神障がい者や知的障がい者に対する死刑判決が、日本、モルディブ、パキスタン、米国などで確定しています。
・バーレーン、バングラデシュ、中国、エジプト、イラン、イラク、マレーシア、パキスタン、サウジアラビア、シンガポール、ベトナム、イエメンなどでは、国際基準に則った公正な裁判手続きを経ることなく死刑判決が下されています。
・バーレーン、エジプト、イラン、サウジアラビアでは、拷問や虐待で強要されたと思われる「自白」に基づく裁判で、死刑判決が下されています。
・バングラデシュとレバノンでは、被告

人不在のまま死刑が宣告されました。

・ガーナ、イラン、マレーシア、ミャンマー、ナイジェリア、パキスタン、サウジアラビア、シンガポールでは、絶対的法定刑としての死刑が科せられました。

・エジプトとパキスタンでは軍事法廷で民間人が裁かれ、死刑判決を言い渡されました。

・バングラデシュ、イラン、パキスタン、サウジアラビア、イエメンでは、特別法廷で死刑判決が下されました。

国際法では、死刑は「最も重大な犯罪」のみに制限するよう求めていますが、それに反して、死刑が故殺以外の犯罪に適用されている国があります。

薬物犯罪：中国（＋）、イラン（三〇人）、サウジアラビア（八四人）、シンガポール（二人）の四カ国では、少なくとも一一八人が薬物犯罪で処刑されました。一一八人は、世界の死刑執行件数の一八％にあたり、前年の一四％から増加しています。ベトナムの情報は入手できませんでしたが、薬物犯罪に対する死刑判決は、八カ国で少なくとも一八四件ありました。内訳は以下のとおり。

バーレーン（二件）、バングラデシュ（二件）、中国（＋）、インドネシア（六〇件）、マレーシア（一八件）、シンガポール（一二件）、スリランカ（一五件）、ベトナム（七三件）。

汚職など経済犯罪：中国

冒涜罪またはイスラム教の預言者を侮辱した罪：パキスタン

誘拐：イラン

強かん：エジプト、イラン、サウジアラビア

反逆罪、国家治安に反する行為、外国機関との共謀、スパイ行為、国の方針への異論、反乱やテロへの参加、権力への武装蜂起、その他国家に対する犯罪（いずれも死者の有無は問わない）：パキスタン、サウジアラビア

● 死刑全廃止国の数

年	1980	1990	2000	2005	2010	2011	2012	2013	2014	2015	2016	2017	2018	2019
国数	23	46	75	86	96	96	97	98	98	102	104	106	106	106

● 法律上または事実上廃止国合計数

年	2006	2007	2008	2009	2010	2011	2012	2013	2014	2015	2016	2017	2018	2019
国数	128	134	138	139	139	140	140	140	140	140	141	142	142	142

● 死刑執行国の数

年	2006	2007	2008	2009	2010	2011	2012	2013	2014	2015	2016	2017	2018	2019
国数	25	24	25	18	23	20	21	22	22	25	23	23	20	20

死刑廃止国および執行国の推移

死刑の適用範囲の拡大：インド、タイ、ナイジェリア（カツィナ州とタラバ州）

3. 地域別概況

a) 執行方法の変化

南北アメリカ

米国では、ニューハンプシャー州が二一番目の死刑廃止州となり、死刑囚が最も多いカリフォルニア州は死刑執行を停止しました。その一方で米司法長官は、ほぼ二〇年ぶりとなる連邦政府の死刑執行に向けた手続きに着手しました。南北アメリカ地域では、過去一一年間に死刑を執行したのは米国のみ、また、トリニダード・トバゴは、すべての殺人に絶対法定刑として死刑を科す唯一の国です。

米国の死刑執行数は過去二八年間で二番目に少なく、前年より三件少ない二二件で、過去数年の平均レベルでした。死刑判決は過去四六年間で二番目に少ない数でした。

死刑を執行した州と件数：七州、計二二件
アラバマ（三）フロリダ（二）ジョージア（三）ミズーリ（一）サウスダコタ（一）テネシー（三）テキサス（九）

死刑判決があった州と件数：一一州と連邦政府、計三五件
アラバマ（三）アリゾナ（一）カリフォルニア（三）フロリダ（七）ジョージア（二）ノースカロライナ（三）オハイオ（六）オクラホマ（一）ペンシルバニア（二）サウスカロライナ（二）テキサス（四）連邦政府（一）

死刑囚がいる州と人数：三〇州と連邦政府、計二、五八一人
八州に一〇〇人以上の死刑囚がいる。
カリフォルニア（七二八）フロリダ（三三九）、テキサス（二一三）アラバマ（一七五）ノースカロライナ（一四三）オハイオ（一四〇）ペンシルベニア（一三三）アリゾナ（一一六）

執行は、六州で致死薬注射によって行われました。テネシー州では、致死薬注射手順の合法性を問われたことを受け、電気椅子が処刑に使用されました。全米執行件数の四〇％以上が集中するテキサス州は、この年も米国内で最多の処刑数を記録しました。前年は執行がなかったミズーリ州では1件の執行があり、前年に執行があったネブラスカとオハイオ州での処刑は二〇一九年にはありませんでした。

全米の死刑判決数は三五件で、前年（四五件）比二二％減、二〇一〇年（一一〇件）比では六八％減でした。また、死刑判決を下した州と連邦政府を合わせた一二件は、前年の一六件からは二五％減少し、二〇一〇年の二四件からは半減しています。

前年に死刑判決を下したけれども二〇一九年は死刑判決がなかった州は、アーカンソー、ルイジアナ、ミシシッピ、ミズーリ、ネブラスカ、ネバダ、テネシーの七州で、反対に、前年はなかったのに二〇一九年に判決があったのは、ジョー

ジア、ノースカロライナ、サウスカロライナの三州でした。テキサス州の死刑判決数は、前年比四三%減となりました。

二〇〇九年に死刑を廃止したニューメキシコ州では、州最高裁判所が州内に残る二人の死刑囚に減刑措置を取りました。

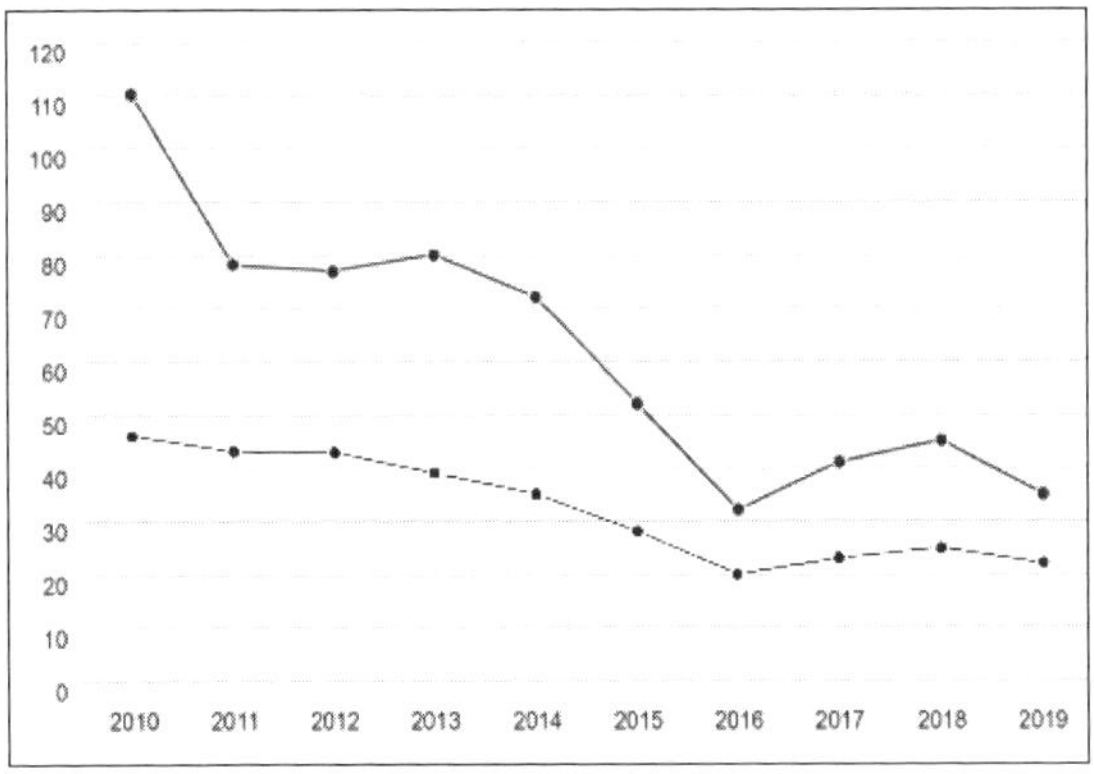

米国での死刑執行・死刑判決の推移

（上が死刑判決数、下が死刑執行数）

死刑廃止に向けた動きは、米国以外の国でも引き続きみられました。バルバドスが絶対的法定刑としての死刑を憲法の規定から削除したほか、アンティグア・バーブーダ、バハマ、ベリーズ、キューバ、ドミニカ、グアテマラ、ジャマイカ、セントクリストファー・ネービス、セントルシアの九カ国には死刑囚は一人もおらず、新たな死刑判決もありませんでした。グラナダとセントビンセントおよびグレナディーン諸島の二カ国では、この年も死刑囚は一人でした。

米国以外の国で死刑判決が下された国は、ガイアナとトリニダード・トバゴの二カ国だけでした。トリニダード・トバゴは、カリブ海諸国の死刑判決数の八〇%、死刑囚（八五人）の五九%を占めています。米州人権委員会は、カリブ海諸国において一〇年以上も処刑がないことに触れ、死刑を存置する国に対し、法律から死刑を削除するか、死刑執行を公式に停止するよう求めました。

【特筆すべき動き】

ガイアナでは、殺人容疑者二人に死刑判決が言い渡された一方で、殺人罪に関する絶対的法定刑としての死刑が廃止された二〇一〇年以前に死刑判決を受けていた死刑囚二人が、二五年の禁錮刑に減刑されました。

バルバドスは、法律に量刑の自由裁量を導入しました。その結果、この地域では、すべての殺人に必ず死刑を適用するのはトリニダード・トバゴだけとなりました。この国で死刑判決を受けたのは八人とされ、そのうち五人が同一の事件の被告でした。死刑囚五〇人中一二人は、死刑判決後五年以上が経過したため、死刑執行は憲法違反となりました。

近年は死刑が執行されていない同国では、殺人発生率が高く検挙率が低い状況に改善がみられず、市民から死刑執行の再開を求める声が上がることもあります。警察発表では、殺人事件は、前年五一七件、二〇一九年は五三六件と増える一方で、解決した事件は、前年の半数の四二件にすぎませんでした。

米国では、一九七七年以降の死刑執行数の累計が一、五〇〇件に達する中、州レベルでは死刑廃止に向けた進展が見られた一方で、連邦レベルでは死刑執行を推し進めようとする動きが見られました。

ニューハンプシャー州では、五月三〇日の州議会でクリストファー・サヌヌ知事が拒否権を行使したにもかかわらず下院法案四五五が成立し、死刑が廃止されました。さらに、その一カ月後、オレゴン州議会で上院法案一〇一三が可決され、九月二九日に発効しました。その結果、死刑が適用される犯罪数が一九から大きく減らされ、四つ（二人以上の死者を出したテロ行為、一四歳未満の子どもに対する計画的殺人、警察官を狙った計画的殺人、殺人罪で服役中の受刑者による殺人）となりました。

三月一三日、カリフォルニア州のギャビン・ニューサム知事は、法的に死刑執行を停止する行政命令に署名しました。その時点で同州内の死刑囚は七三七人でした。

オクラホマ、ペンシルバニア、サウスカロライナ、バージニアの四州は、収監環境の違法性を問われたため、独房の廃止に向けた措置を取りました。

米国では州レベルでこうした進展が見られた一方、七月二五日、ウィリアム・バー司法長官は連邦刑務局に対し、致死薬注射の新手順に基づく処刑予定を立てるよう指示し、死刑囚五人の処刑が一二月と二〇二〇年一月に行われることが決まりました。その後、新しい執行方法に対する死刑囚の異議申し立てを審理するとして裁判所が執行の差し止めを行いましたが、一旦中止された処刑は二〇二〇年七月と八月に行われました。

新任のシェーン・コーエン軍事法廷判事は八月三〇日、二〇〇一年九月一一日の同時多発テロを計画した容疑で起訴された被告五人の裁判を二〇二一年一月一一日に開始することを決定しました。この裁判の公判前審問では、拷問による自白強要の疑いがあるなど数々の問題点が指摘されています。また、二〇〇〇年に米戦艦襲撃を主導した容疑で起訴されたアブド・アル・ラヒム・アル・ナシリ容疑者の審理で、連邦裁判所は、利益相反を理由に、前判事が担当したに公判前の決定をすべて退ける決定を四月に行いました（その後、公判前審問は一二月に再開されました）。上述の六人全員が、軍事委員会で有罪と判断されれば死刑判決を受ける可能性がありますが、軍事委員会の訴訟手続きは公正な裁判の国際基準を満たしておらず、もし死刑となれば、国際法違反の恣意的な人命の剥奪となります。

国際法や国際基準に違反する、精神的障がい者あるいは知的障がい者への死刑の適用は二〇一九年も引き続きありました。その一方で、二月には、二〇一八年一月にアラバマ州で処刑三〇分前に執行停止命令が出たバーモン・マディソン被告の死刑判決を連邦最高裁判所が破棄しました。裁判長は判決の中で、精神障がいの種類にかかわらず、死刑とは何か理解できず、なぜ国が自分を処刑するのかを理解できない者を処刑することを米国憲法修正第八条が禁じていることをあらためて確認しました。別の裁判でも、連邦最高裁判所がテキサス州刑事控訴裁判所の判決を覆しています。連邦最高裁は被告の知的障がいをあらためて認定し、死刑か否かが問われる裁判において知的障がいの有無を判定するためにテキサス州裁判所が実施する調査（ブリセーニョ評価）を厳しく批判しました。知的障がいの調査指針に「知的障がいに対する素人の見識や固定観念」を取り入れたことに、医学的な見地からは何の根拠もないと重ねて主張したものでした。

一一月一三日に米州人権委員会は、二〇一七年の勧告に従い、ヴィクター・サルダーニョの有罪判決・死刑判決を見直し、死刑判決を取り下げるよう米国当局に求めました。被告の精神疾患が控訴審で正当に考慮されず、その点で、米国は、米州人権条約の複数の規定に違反したというのが米州人権委員会の指摘でした。

この一年間で、フロリダ、ノースカロライナ、ペンシルバニア各州で三人の死刑囚が無罪となり、一九七三年以降で死刑囚が無罪となった件数は一六七件となりました。また、テキサス州刑事控訴裁判所は一一月一五日、ロドニー・リード死刑囚の処刑に中止命令を出し、当初の審理を担当した裁判所に、判決で採用された死亡時刻を含む犯行状況を疑問視する別の専門家の見解や矛盾する新たな証拠の検討を命じました。

b）アジア・太平洋地域

死刑執行があった国は、二〇一一年以来最も少なく、日本とシンガポールで確認された死刑執行数が、両国のこれまでの平均的レベルまで減少した一方で、インドとスリランカでは死刑執行の再開の動きがあり、フィリピンでは死刑制度復活への動きが見られました。

ベトナムにおける死刑執行数は、公表された一部の数値から前年に近い数ではないかとみられますが、同国をはじめこの地域の国から得られる情報には制約が多く、地域的死刑状況の的確な評価はできませんでした。また、前年には得られた公的な数値情報を、二〇一九年はマレーシアとスリランカから得ることができなかったなど、入手できた情報に変化があったため、地域全体の数値の評価も影響を受けました。

アジア・太平洋地域で死刑を執行した国は二〇一九年には七カ国あり、この一〇年近くで初めて減少しました。バングラデシュは死刑執行を再開しましたが、前年に死刑執行があったアフガニスタン、台湾、タイでは執行がなく、マレーシアは、前年七月に公式に開始した死刑執行停止措置を維持しました。

この地域における死刑執行総数は二九件（ベトナムを除く）で、日本とシンガポールにおける執行数の減少を反映し、前年比で微減しました。この地域総数には、これまでと同様に、数千件ともいわれる中国の執行数は含まれていません。北朝鮮やベトナムと同様に、中国も死刑に関する情報の開示を拒み続けています。パキスタンの死刑執行数は前年と同数であり、二〇一四年に死刑執行を再開して以来の減少傾向が続いている一方で、死刑判決は少なくとも一、二二七件が確認され、前年比一二％増となりました。この増加は、審理待ちの事件が溜まっていた同国で裁判所が増設され、判決数自体が増加したことによるもので、過去の未決事件の審理を急いだ結果でした。

この地域で死刑判決を下した国は一七カ国で、前年と同数でした。二〇一八年は死刑判決を下したパプアニューギニアでは、二〇一九年には一件も死刑判決がありませんでしたが、前年は死刑判決のなかったモルディブでは二人に死刑判決が下されました。

アジア・太平洋地域における死刑の適用は、依然として国際法・国際基準に違反し続けています。自由権規約では、死刑は「最も重大な犯罪」にのみ適用すべきだとされているにもかかわらず、薬物犯罪、汚職などの経済犯罪や、冒涜罪など国際人権法では犯罪とみなされない罪など、「最も重大な犯罪」にあたらない犯罪にも広く死刑が適用されています。

モルディブとパキスタンの死刑囚には、一八歳未満で犯した罪で死刑を言い渡された者もおり、民間人が、特別法廷や軍事法廷で死刑判決を下された例も多数ありました。

【特筆すべき動き】

アフガニスタンでは、二〇一〇年以降で初めて死刑執行がありませんでした。公的数値に基づくと、死刑判決は一四件あり、そのうち四件がテロ関連、一件が誘拐殺人、八件が殺人でした。二〇一八年に司法長官室に設置された特別委員会が継続して死刑判決事件を監督しましたが、同委員会が精査した一〇二件のうち、二五件が死刑判決を承認され、二六件が減刑を勧告され、五一件が有罪判決を棄却されました。死刑囚は、カブールとバグラムの二つの拘置所に収容されており、その数は五三八人でした。

バングラデシュでは、二人がそれぞれ別の事件の殺人罪で処刑されました。新たな死刑判決は二二〇件にのぼりましたが、その大半は殺人罪に下されたものでした。二二〇件の死刑判決のうち、三九件は被告人不在のまま、六八件は特別法廷で、それぞれ判決を言い渡されています。一九七一年のバングラデシュ独立戦争中の大規模人権侵害を捜査するために設置された戦争犯罪法廷で一四件が有罪となっています。薬物取引で死刑判決を受けたのは二人でした。

中国は二〇一九年も数千人に死刑を科

し処刑しており、依然として世界最大の死刑執行国であるとアムネスティは確信しています。この年もアムネスティは、中国に対し死刑に関する透明性の確保と情報の全面開示を求め続けましたが、死刑に関わる数値は相変わらず国家機密扱いとされ、死刑の適用を限定しているという当局の主張や同国における死刑の動向を検証することはできませんでした。

死刑が四六種類もの犯罪に適用される状況は変わらず、国際法・国際基準が定める「最も重大な犯罪」に該当しない、暴力とは無縁の罪にも死刑が適用されています。アムネスティは二〇一九年も、判決情報を掲載する最高人民法院のオンラインデータベースなどを検証しましたが、死刑判決を受ける犯罪の大半が殺人と薬物である傾向に変わりはありませんでした。汚職罪による死刑判決は減少し、同罪で執行猶予付き死刑の判決を受けたのは一人だけでした。執行猶予付き死刑判決は、二年後に減刑される可能性があるとされています。

新疆ウイグル自治区における死刑をめぐる隠蔽体質は、引き続き大きな懸念事項となっています。中国当局は、「人民戦争」や「厳打高圧」と呼ばれる治安対策を近年強化しており、大多数を占めるイスラム教徒の少数民族の住民に影響が及んでいます。これらの取り締まりは死刑の増加につながるのが常で、イスラム教徒の少数民族の人びとに対する法手続きに公正な裁判の保障がなく、違法な処刑の可能性があると学者たちは非難してきました。二〇一七年に当局に拘束された新疆大学学長のタシュポラット・ティイプさんは、「民族分離主義」の容疑で秘密裏に有罪を宣告され、いつ処刑されてもおかしくない状況におかれていると言われていました。新たな罪を犯さなければ減刑対象となる「執行猶予付き死刑」規定があり、二年間の収監中にこの要件を満たしたタシュポラット・ティイプさんは、二〇一九年九月に執行猶予期間が終了したはずですが、所在がわからない状態が続いています。

この年、最高人民法院（SPC）が発表した死刑裁判の新たな指針は、九月一日に施行されました。新指針には、SPCによる再審での弁護人依頼権を被告に認め、その決定後五日以内に裁定が通知されるとあります。また、この指針には次の規定も定められています。

> SPCの最終裁定後、死刑囚とその家族に死刑執行が目前であることを通知し、家族との面会を認めなければならない。また、裁判所の自由裁量で、処刑が間近となった死刑囚は、家族や友人らに最後の別れを告げることもできる。また、死刑囚は、ビデオ録画などで、死に際に最後の言葉を残すことが許される。さらに、下級裁判所には、安全保障、外交、治安など慎重を要する事案や重大で難しく、複雑な事案や死刑の適用を考えられる事案については、SPCの司法委員会との協議が求

められる。

指針は、誤った有罪判決や、大きな議論を世間に巻き起こした事件があったことを受けて見直されたものでした。国営新華社通信によると、遼源の中級人民法院は、誤審の賠償金として一月に四六〇万元（約七、〇〇〇万円）を元被告に支払ったとされています。元被告は、一九九四年に殺人罪で執行猶予付き死刑を言い渡されましたが、数度の控訴を経て二〇一六年に釈放された後、二〇一八年には死刑判決が破棄され無罪が確定したのです。

インドでは、第一審の死刑判決数が前年比三七％減少したとの国立法科大学の報告がありました。今年の死刑判決一〇二件のうち二八件が殺人罪で、五四件が性暴力絡みの殺人でした。八月五日、ラーム・ナート・コヴィンド大統領は、子どもへの性的暴力に併合罪加重を適用し、死刑判決を可能にする改正性犯罪児童保護法を承認しました。世界の注目を浴びた二〇一二年の強かん殺人事件で有罪判決を受けた被告四人の上告が一二月一八日に最高裁で棄却されたため、処刑の日程がいずれ決められることとなります。

インドネシアでは、前年（四八件）の二倍近い八〇件の死刑判決が下されました。罪別では、薬物六〇件、殺人一八件、子どもの強かん一件、テロ関連一件でした。被告の八人は外国籍で、いずれも薬物関連の罪に問われたものです。

日本では三件の死刑執行があり、二〇〇八年以降で最多であった前年の一五件から大幅に減少しました。八月二日に処刑された日本人男性二人と、一二月二六日に処刑された中国籍の男性一人は、いずれも殺人罪で有罪判決を受けていました。弁護人によると、中国籍の男性は再審を請求していました。死刑に直面する者の権利を保障する国際上の保護措置に反して、日本は三年連続で再審請求中の死刑確定者を処刑しています。

新たに下された死刑判決は二件で、ここ数年と同じ水準でした。過去一〇年で最多だった二〇一〇年（一〇件）に比べると低い水準を保っていることになります。最高裁判所で五件の死刑判決が確定し、年度末時点での死刑確定者数は、死刑判決を受けている一二一人

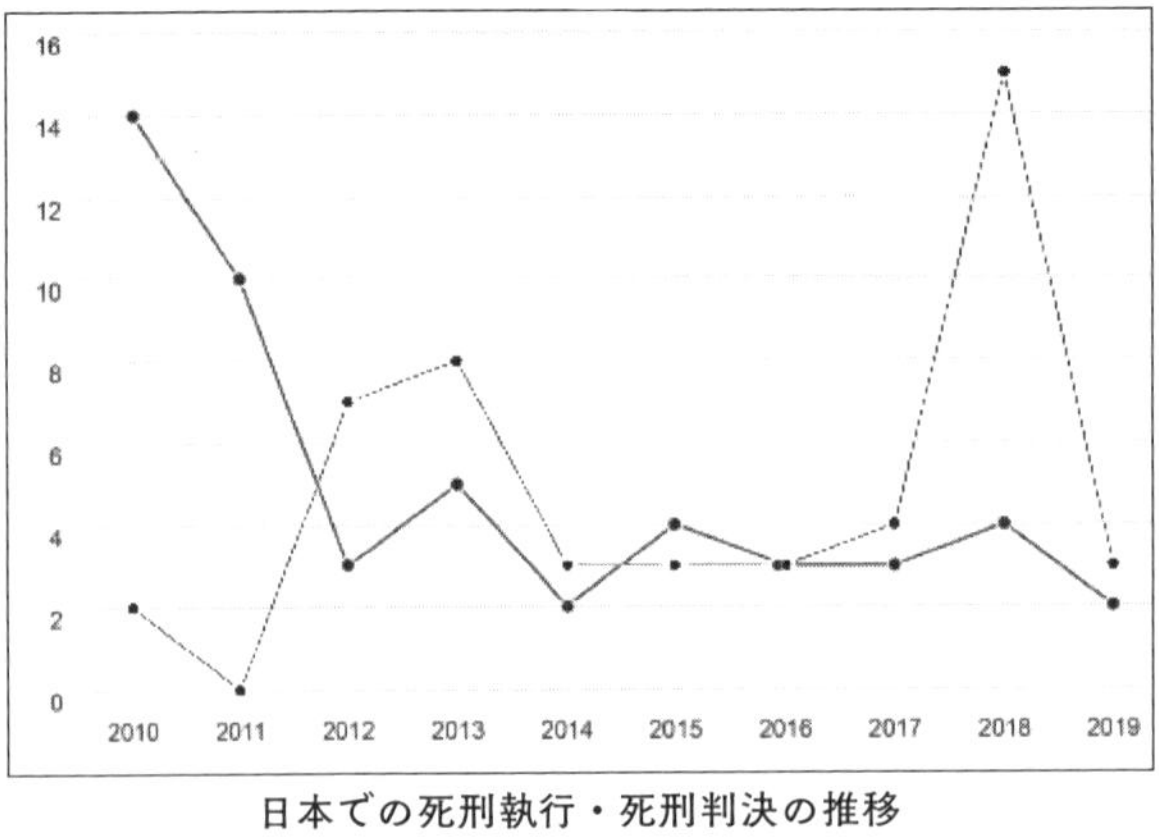

日本での死刑執行・死刑判決の推移

（墨罫が死刑判決数、網罫が死刑執行数）

中一一二人となり、うち六人は外国籍でした。死刑確定者の一人である袴田巖さんは、二〇一四年に釈放されましたが、二〇一九年も死刑判決は維持されたままでした。

精神・知的障がい者数人に対する死刑判決は二〇一九年も維持されましたが、彼らに対する死刑は、国際法・国際基準に違反しており、重大な懸念があります。

モルディブでは、年末時点の死刑囚は一九人でした。そのうち三人は法的救済策が尽き、五人は犯行時の年齢が一八歳未満でした。

パキスタンにおける執行数は、急上昇した二〇一五年以来減少傾向をたどり、前年と同水準の少なくとも一四人が絞首刑で処刑されました。そのうち一人の死刑判決は、反テロ裁判所で下されたものでした。

最高裁監視室長官のソハイル・ナシル氏が明らかにした数値によると、モデル刑事裁判所がこの一年に言い渡した死刑判決は五四一件でした。モデル刑事裁判所は、四月一日から未決事件の審理を開始し、九一件の新たな死刑判決が通常の裁判所や特別法廷で下されました。ほとんどが殺人の罪でしたが、その他はスパイ罪が二件（軍事法廷）、冒涜が一件でした。死刑判決九一件のうち五〇件は、反テロ法廷で下されたものでした。

パプアニューギニアでは、死刑判決は一件もなく、九件の死刑判決があった前年と比較すると、大きな前進だと言えます。年末時点で二〇人の死刑囚がいるとみられ、そのうち死刑が確定しているのは一〇人でした。

フィリピンでは、九月の中間選挙で与党PDPラバンが下院、上院ともに圧勝したことを受け、ドゥテルテ大統領は、四度目となる一般教書演説で、違法な薬物取引や略奪に関連する凶悪犯罪に対して死刑の復活を再度訴えました。

フィリピンは、死刑の廃止を目指す市民的および政治的権利に関する国際規約（自由権規約）の第二選択議定書（いわゆる死刑廃止国際条約）の締約国ですが二〇一九年末時点で、死刑の復活に向けて一〇の法案が上院で、一三が下院で審議中でした。

シンガポールでは、当局の発表によれば、死刑執行数は前年の記録的な一三件から三分の二減少し、四件にとどまりました。

台湾では、死刑執行は一件もありませんでしたが、死刑判決は殺人罪で二人に下されました。年末時点での死刑囚は三九人で、いずれも死刑が確定しています。

一八年間収監されていた死刑囚が、新証拠で有罪と死刑判決に疑義が生じたため、三月に釈放されました。台南高等裁判所が、この死刑囚の再審請求を認めて有罪判決を破棄し、証拠不十分で釈放が決まったものです。

獄中で死亡した三人の死刑囚のうち、二人は病死、一人は自殺でした。

立法院は一二月一七日に刑務所法を改

本地図の国境は一般的なもので、アムネスティの考えを示すものではない。

地図に示した13カ国は、いずれも過去５年間、死刑執行が続いていた。

数字右の「＋」は、「少なくとも」を意味し、「14＋」なら「少なくとも14件の執行があった」ことを示す。数字なしの「＋」は、1件以上あったことは確かだが、それ以上の数値を示すほど信頼できる情報がなかったことを意味する。

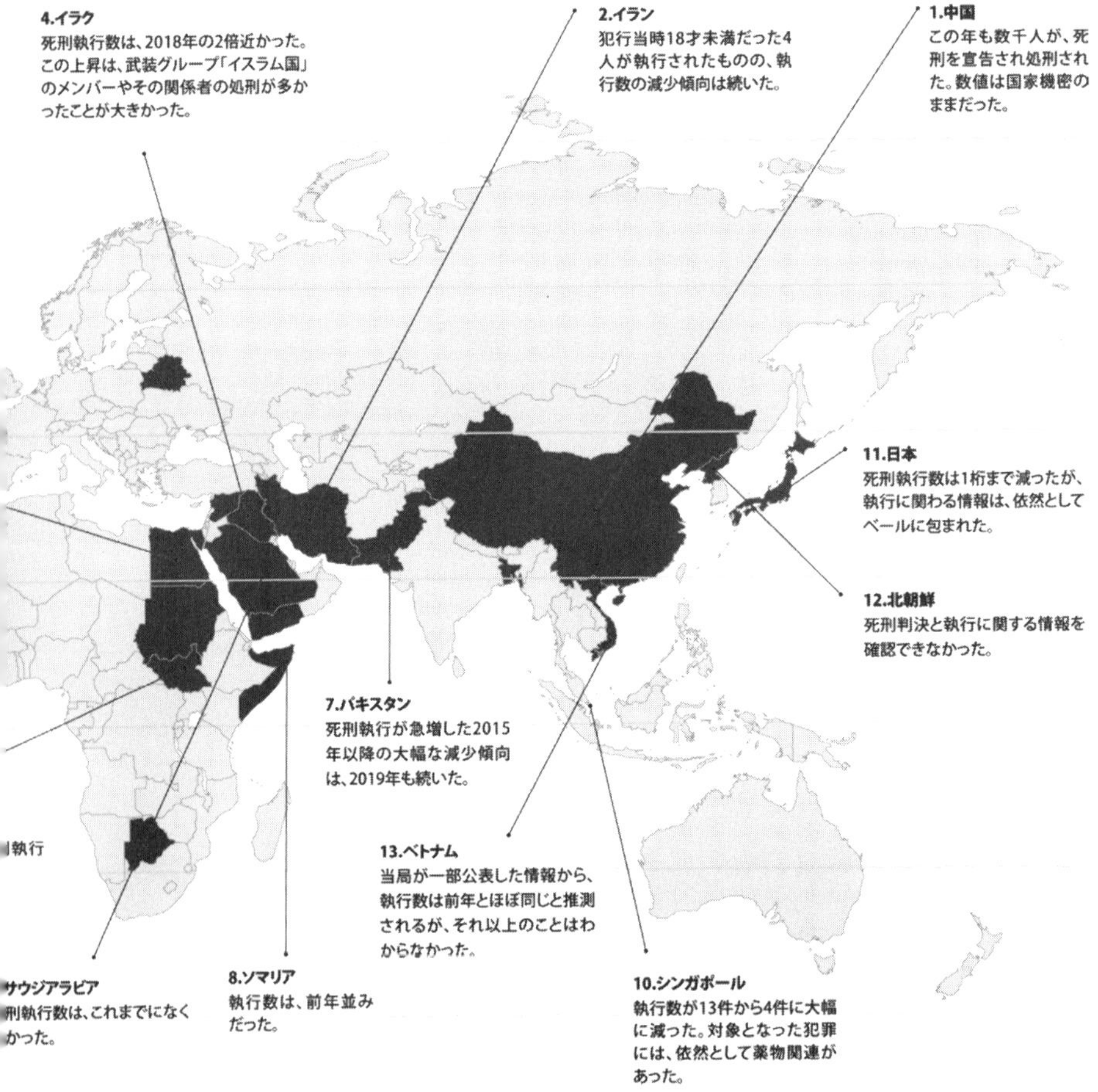
4.イラク
死刑執行数は、2018年の2倍近かった。この上昇は、武装グループ「イスラム国」のメンバーやその関係者の処刑が多かったことが大きかった。
2.イラン
犯行当時18才未満だった4人が執行されたものの、執行数の減少傾向は続いた。
1.中国
この年も数千人が、死刑を宣告され処刑された。数値は国家機密のままだった。
11.日本
死刑執行数は1桁まで減ったが、執行に関わる情報は、依然としてベールに包まれた。
12.北朝鮮
死刑判決と執行に関する情報を確認できなかった。
7.パキスタン
死刑執行が急増した2015年以降の大幅な減少傾向は、2019年も続いた。
|執行
13.ベトナム
当局が一部公表した情報から、執行数は前年とほぼ同じと推測されるが、それ以上のことはわからなかった。
サウジアラビア
刑執行数は、これまでになく
かった。
8.ソマリア
執行数は、前年並みだった。
10.シンガポール
執行数が13件から4件に大幅に減った。対象となった犯罪には、依然として薬物関連があった。

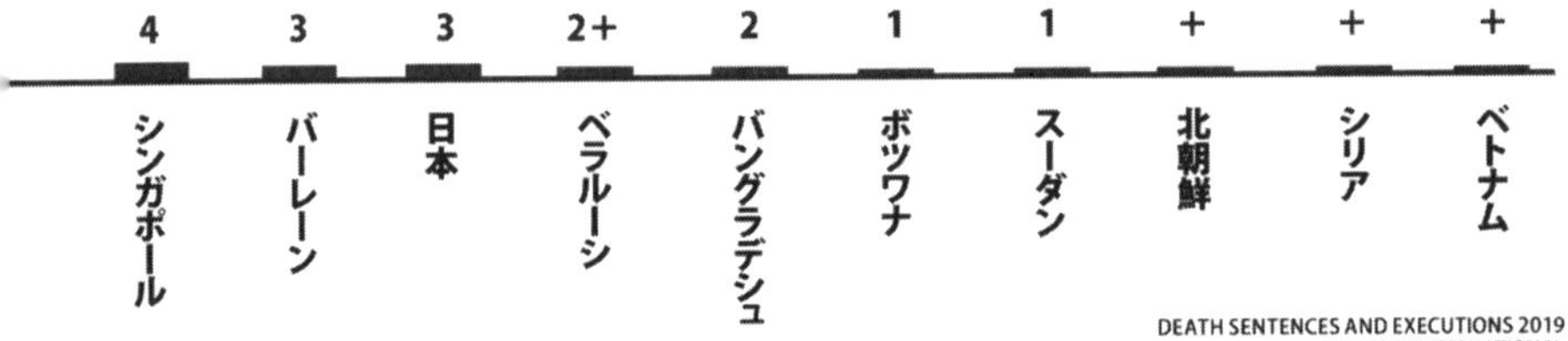
4
シンガポール
3
バーレーン
3
日本
2+
ベラルーシ
2
バングラデシュ
1
ボツワナ
1
スーダン
+
北朝鮮
+
シリア
+
ベトナム

DEATH SENTENCES AND EXECUTIONS 2019
AMNESTY INTERNATIONAL

2019 年死刑執行国

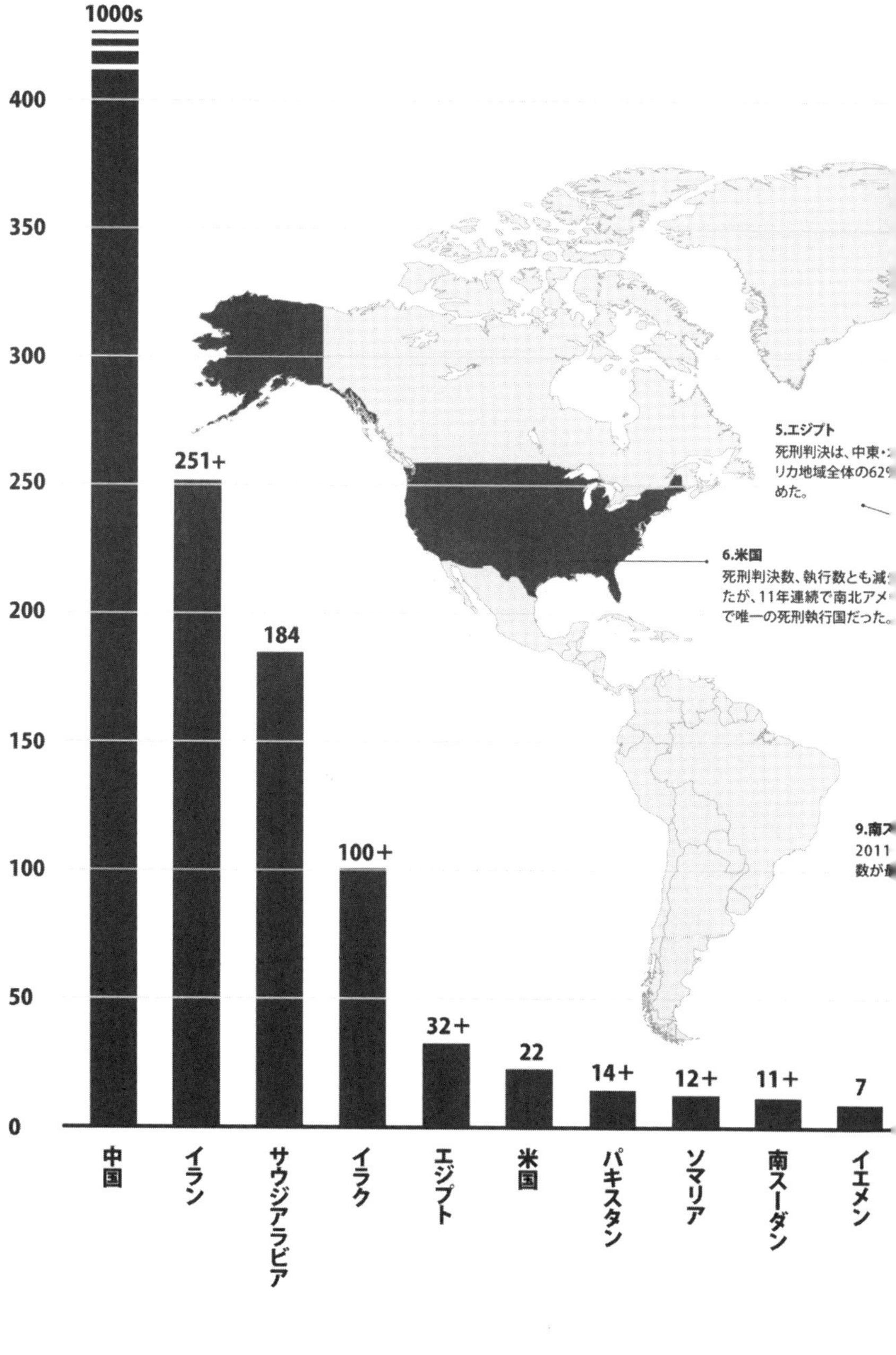
1000s
400
350
300
250
200
150
100
50
0
251+
184
100+
32+
22
14+
12+
11+
7
中国
イラン
サウジアラビア
イラク
エジプト
米国
パキスタン
ソマリア
南スーダン
イエメン
5.エジプト
死刑判決は、中東・
リカ地域全体の62
めた。
6.米国
死刑判決数、執行数とも減
たが、11年連続で南北アメ
で唯一の死刑執行国だった。
9.南
2011
数が

正し、死刑囚との連絡・面会の手続きのほか、刑務所内での作業機会や職業訓練の各要件を改善しました。

タイでは、少なくとも一六件の死刑判決が下されましたが。前年にはあった死刑執行はありませんでした。死刑判決のうち一件は、最高裁での上告審で初めて死刑判決が下され、被告女性は上告の道を閉ざされました。

五月三日、ワチラロンコン国王は戴冠式を記念し、法的救済策が尽きた死刑囚に恩赦を与える国王令を発布しました。公的数値によると二四三人が恩赦の対象となり、死刑囚数が激減しました。当局によると、一一月現在で死刑判決を受けているのは女性五六人を含む三一二人（前年五五一人）でしたが、そのうち、タイ人四九人と外国籍三人の死刑が確定しています。五月二七日発行の官報では、強かん致死が死刑の対象となる刑法改正が公布されました。

c）ヨーロッパと中央アジア

ベラルーシでは、この年も死刑判決が下されたほか、処刑も行われました。

死刑制度を維持するカザフスタン、ロシア連邦、タジキスタンでは、死刑執行停止が維持されました。カザフスタンは、死刑廃止を目指す市民的および政治的権利に関する国際規約（自由権規約）の第二選択議定書への加盟のための手続きを開始することになっています。

d）中東と北アフリカ

イラクとサウジアラビアでの大幅な増加により、死刑執行件数が前年日一六％増となったこの地域では、一年間の停止後に死刑を再開したバーレーンなど七カ国で死刑執行がありました。死刑執行件数が突出していたのはイラン、サウジアラビア、イラクで、この三カ国で地域全体総数の九二％（世界全体総数の八一％）を占めています。死刑判決数は、エジプトとイラクなどでの減少を反映して、四〇％減となりました。エジプトの死刑判決数は、減少したとはいえ、依然として地域全体の死刑判決数の六二％を占めています。

中東・北アフリカ地域の死刑執行数は二〇一九年には増加しています。死刑執行数は五七九件となり、二〇一八年の五〇一件から一六％増え、二〇一五年以来の減少傾向にストップがかかりました。バーレーン、エジプト、イラン、イラク、サウジアラビア、シリア、イエメンの七カ国で死刑の執行がありましたが、イラクとサウジアラビアにおける増加が、全体の死刑執行数を押し上げた主な要因となりました。イラクでは前年の五二件から九二％増となる一〇〇件、サウジアラビアでは前年の一四九件から二三％増の一八四件の処刑がありました。

バーレーンでは、前年は一件も執行がなく、シリアで死刑執行があったことは確認できたものの、得られた情報は不十分で、執行件数に関する信頼に足る数値を入手することはできませんでした。イランでは、執行数は前年より二件減少しましたが、依然として地域最多の二五一件の処刑が確認されました。イランに続くサウジアラビアでは一八四件、イラクでは一〇〇件の処刑があり、この三カ国で地域全体の死刑執行数の九二%を占めました。

イスラエルとリビア以外の同地域の国で死刑判決がありましたが、総件数は七〇七件で、前年（一、一七〇件）比四〇%の減少となりました。この傾向は、エジプト（前年七一七件→四三五件）とイラク（前年二七一件→八七件）での大幅な減少を反映するものです。

イスラエルでは、例外的犯罪を除き、通常の犯罪に対する死刑は廃止されています。

e）サハラ以南のアフリカ

この地域で死刑執行があったのは、前年も死刑を執行したボツワナ、ソマリア、南スーダン、スーダンの四カ国でした。これら四カ国のうち、南スーダン以外では執行件数が減少しましたが、地域全体では前年より一件増えています。死刑判決数は、一〇カ国で増加したため、全体では五三%の急増となりましたが、死刑廃止に向けた前向きな動きが五カ国で確認されています。

アフリカサハラ以南地域における二〇一九年の死刑執行数は、前年から一件増の二五件であり、ボツワナ、ソマリア、南スーダン、スーダンの四カ国で前年同様に死刑が執行されました。ボツワナ、ソマリア、スーダンでの死刑執行数は、それぞれ一件ずつ減りましたが、南スーダンでは、前年の少なくとも七件から少なくとも一一件（前年比五七%増）に増えています。

同地域における死刑判決は、前年より一カ国多い一八カ国で下され、件数は前年の二一二件から三二五件へと五三%増となりました。死刑判決が増加したのは次の一〇カ国です。

ケニア（一二件＋→二九件＋）
マラウイ（〇件→八件）
モーリタニア（三件→八件）
ニジェール（〇件→八件）
ナイジェリア（四六件＋→五四件＋）
シエラレオネ（四件→二一件）
ソマリア（一五件＋→二四件＋）
スーダン（八件→三一件＋）
ザンビア（二一件＋→一〇一件）
ジンバブエ（五件＋→六件）

死刑廃止に向けた前向きな動きがあったのは、中央アフリカ共和国、赤道ギニア、ガンビア、ケニア、ジンバブエの五カ国でした。報道によると、中央アフリカでは三月、国民議会議長が廃止法案を検討する委員会の設置を決定したとのことです。

赤道ギニアのテオドロ・オビアン・ンゲマ大統領は、ポルトガル語圏諸国共同体の要請に応じ、死刑廃止法案を近いうちに議会に提出すると四月一五日に発表しました（この法案が上程されたことを、アムネスティは二〇一九年末までに確認することができませんでした）。

ガンビアでは、アダマ・バロー大統領が二二人の死刑囚を終身刑に減刑したと五月に司法長官兼法務大臣が発表しました。この人数は前年末に確認された死刑囚の数と同じであり、七月までに新たな死刑判決は下されませんでした。同国で一一月に憲法審査委員会が改憲草案を発表した際には、現行憲法の見直しにあたり、ガンビアが加盟する国際条約とその法的義務を十分考慮したことを同委員長が強調しました。この改憲草案で特筆すべきは、生きる権利に対して死刑を例外とする規定が、現行憲法から削除されたことです。

最高裁判所が二〇一七年の裁判で殺人罪に対する絶対的法定刑としての死刑を無効にしたケニアでは、最高裁の命令によりタスクフォースが設置され、死刑の見直しを行っています。タスクフォースは一〇月に報告書を出し、その中で「死刑は犯罪の抑止に有効ではない」「市民は犯罪者の更生と社会復帰を歓迎する」などの所見とともに、議会に対して死刑廃止や、死刑に替わる終身刑の導入などを検討するよう勧告しました。

ジンバブエでは死刑囚三四人が終身刑に減刑され、年末現在の死刑囚数は八九人となりました。同国の司法・法務・議会省が政府に勧告していた死刑廃止に対して、政府は死刑廃止に向けた戦略と政策を実行中だと報じられています。

4・おわりに

死刑廃止を推進する国際的な連盟組織であるWorld Coalition against the Death Penalty（二〇〇二年設立）は、毎年一〇月一〇日をWorld Day against the Death Penalty（世界死刑廃止デー）と定め、国際的な運動を展開しています。日本でも「死刑廃止国際条約の批准を求めるフォーラム90」をはじめとする団体が、一〇月一〇日にイベントを開催するなどして、死刑廃止への理解と支援を求める活動を続けています。

二〇二〇年の世界死刑廃止デーのテーマに選ばれたのは、Access to counsel: A matter of life or death（弁護人へのアクセス～それが生死を左右する）です。世界には、公正な裁判手続きによらずに死刑判決が下されたり、拷問による自白が証拠として採用されたり、裁判の過程において被告人の主張に対する適切な検討が与えられなかったりするような事例がいまだに散見されますが、死刑を存置する国の刑事手続きにおいては、国際法と国際基準に則った刑事司法手続きと公正な裁判によって被告人の罪状と量刑についての判断が行われるべきであることは言うまでもありません。

日本では、死刑判決を言い渡す裁判官や死刑執行を命じる法務大臣が、自らの判断について「慎重に慎重を重ねている」

という常套句を用いて説明することが繰り返されています。公正な刑事司法手続きのことを、英語ではデュープロセスと言います。死刑を求刑する裁判において、例えば米国では、連邦憲法と連邦最高裁の判例に基づき、一般的なデュープロセスよりもさらに厳格で手厚い刑事司法手続き（スーパー・デュープロセス）を適用することが求められます。しかし日本では、死刑を求刑される事件における裁判手続きが、それ以外の刑事事件の裁判における手続きよりも厳格で慎重なものとなっているわけではありませんし、死刑確定者に対して刑を執行する際の手続きと運用に関する情報を法務省と現場の拘置所が隠匿している現状にあっては、慎重な判断や手続きを当局が具体的にどのように行っているのかを検証する術はなく、「慎重に慎重を重ねる」との発言は、刑事司法に関わる者の心構えの問題や精神論を述べているものにすぎないととらえるほかないように思えます。

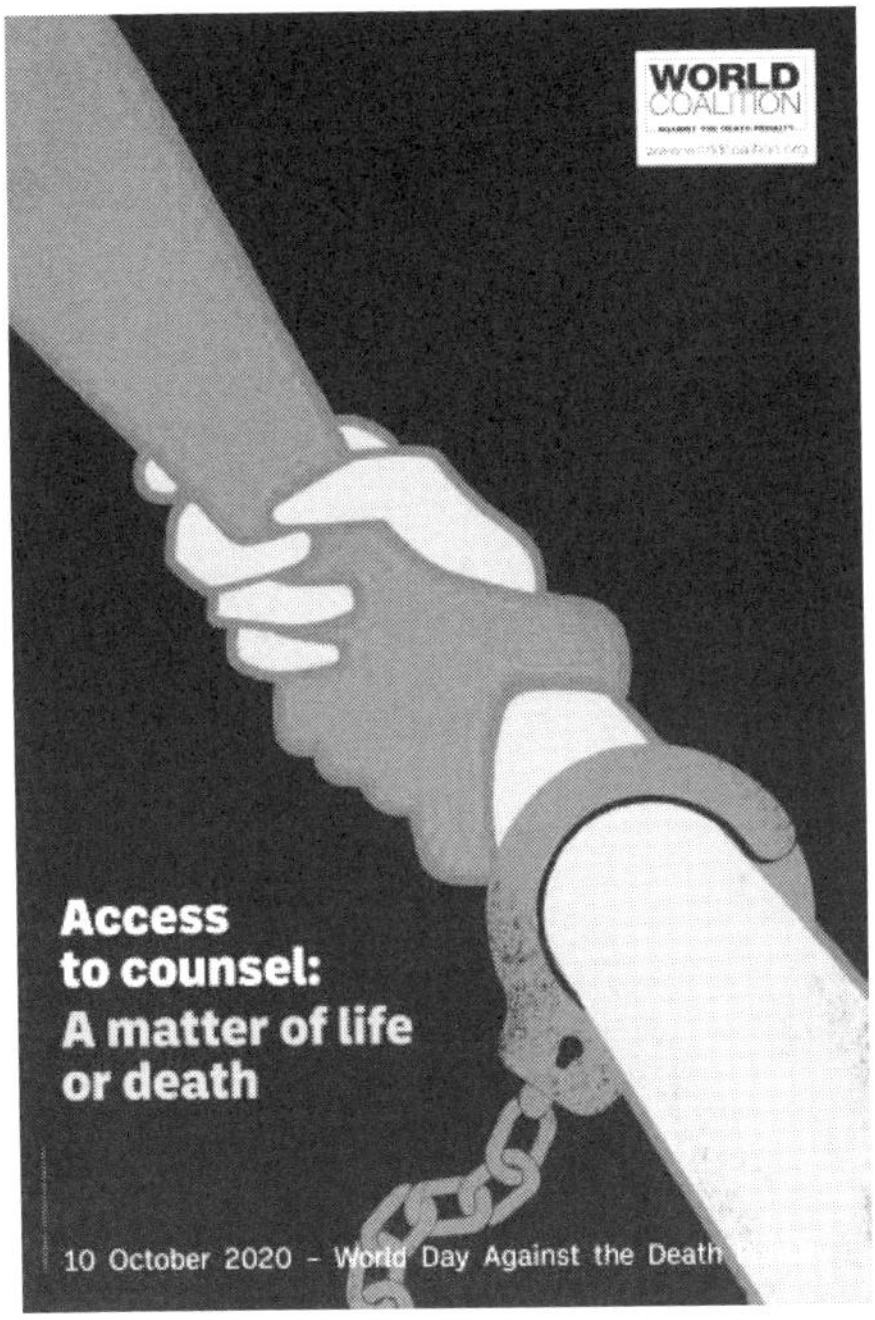

World Coalition Against the Death Penaltyの2020年版ポスター

　日本では、また、再審請求中の人に対する死刑執行が続いています。国際法でも国内法においても確立された刑事司法手続きのひとつである再審請求の手続きが完了しないままに死刑を執行することは、公正な刑事司法手続きを完了していない人を殺すこと、あるいは手続きを完了させないままに殺してしまうことです。法治国家を標榜するのであれば、決して許されない所業だと言わざるを得ません。

　死刑廃止を目指す自由権規約第二選択議定書が採択されてから三〇年が経ちます。日本の国内法や刑事司法手続きの規定のみならず、その運用もが、国際法や国際基準に則ったものとなるように、一定の世論の支持を得るための運動と、議員や為政者に対する効果的なはたらきかけを粘り強く続けていきたいと考えています。

（図表はアムネスティ・インターナショナル日本からの提供によるものです。この論稿は筆者個人の意見を記したものであり、その所属する組織の方針やポリシーを必ずしも代弁するものではありません。）

死刑をめぐる状況

2019—2020

□は死刑判決
▽は無期懲役判決（死刑求刑）
△は有期刑判決（死刑求刑）
◇はその他の判決

死刑判決・無期懲役判決（死刑求刑）一覧

菊池さよ子
救援連絡センター

□二月一二日最高裁第三小法廷

（岡部喜代子裁判長）

二人強盗殺人事件で上告棄却・死刑確定判決

堺市で、元象印マホービン副社長（当時八四歳）ら二人を殺害し、金品を奪ったとして強盗殺人などの罪に問われ、一、二審で死刑判決を言い渡された西口宗宏さん（五七歳）に対し、上告を棄却、死刑が確定した。

判決は「被害者に落ち度はなく、遺族らは厳しい処罰感情を抱いている。動機も身勝手で、酌量の余地はない」とした。弁護側は反省しているとして無期懲役を求めた。

判決によると、一一年一一月五日、商業施設の駐車場で主婦（当時六七歳）を車に押し込んで現金などを強奪、ラップを顔に巻き窒息死させた。一二月一日には、元象印マホービン副社長宅に宅配便の配達員を装って侵入し、現金などを奪った後、同様の手口で殺害したとされる。

▽三月八日名古屋地裁

（吉井隆平裁判長）

夫婦殺人事件で無期懲役判決

名古屋市南区の住宅で八十代夫婦を殺害して財布を奪ったとして、強盗殺人の罪に問われた無職松井広志さん（四四歳）の裁判員裁判で、強盗殺人ではなく殺人と窃盗の罪が成立するとして、無期懲役（求刑死刑）の判決を言い渡した。

検察側は「借金があり、強盗目的だった」と主張したが、判決は「金品目的なら広範囲を物色するのが自然なのに、バッグを物色、財布を持ち去るだけにとどめたのは不自然だ」と指摘。「殺害してまで金品を奪おうと考えるほど追い詰められていたかは疑問だ」とした。

また動機について「（被害者のうち）妻が事件直前にかけた言葉を嫌みととらえ、怒りを覚えたとの供述が不自然とは言えない」と判断。殺害後に窃盗を思い立った可能性を認めた。

知的障害などの影響から心神耗弱状態だったとの弁護側主張について、判決は「軽度の知的障害があるが、犯行に与えた影響は限定的」と完全責任能力を認定。「計画性は高くなく、自首で捜査を進展させた事情もある」と死刑を回避した理由を述べた。

判決によると、被告は一七年三月一日、夫婦（当時夫は八三歳、妻は八〇歳）の首を刃物で刺して殺害、約一二〇〇〇円が入った財布を盗んだとされる。

被害者宅を訪ねた知人女性が夫婦の遺体を発見した。近くのアパートに住んでいた被告が愛知県警に自首し、同月五日に逮捕された。

▽三月一三日福岡高裁（野島秀夫裁判長）

対馬父娘殺人事件で控訴棄却・無期懲役判決

長崎県対馬市で、父娘を殺害し、家に放火したとして殺人と現住建造物等放火の罪に問われ、一審長崎地裁で無期懲役とされた元鉄工所経営須川泰伸さん（四〇歳）の控訴審判決で、一審に続いて無期懲役を言い渡した。

被告は一貫して無罪を主張し、弁護側は「第三者の犯行の可能性がある」と指摘。検察側は死刑が相当としている。検察、弁護側双方が控訴していた。

裁判員裁判で審理された一審判決は、複数の状況証拠に基づき被告を犯人と認定した一方、計画性を認めず死刑を回避した。

控訴審判決は、火災現場にあったガソリン缶から被告の掌紋が出たことや、犯行に使われた車のブレーキペダルに被告のサンダルの足跡が残っていたことから、被告の犯行と判断した。動機や経緯については「（請け負っていた）漁船の修理を巡って口論になり、突発的に殺害した」と指摘、

2019年死刑判決

判決日	裁判所	裁判長	被告	現在
2月12日	最高裁第３小法廷	岡部喜代子	西口宗宏	確定
3月15日	神戸地裁姫路支部	藤原美弥子	上村隆	控訴審
3月15日	東京高裁	藤井敏明	川崎竜弥	上告審
5月24日	大阪地裁	樋口裕晃	筧千佐子	上告審
7月11日	最高裁第１小法廷	山口厚	保見光成	確定
7月19日	最高裁第２小法廷	山本庸幸	堀慶末	確定
12月13日	福岡地裁	柴田寿宏	中田充	控訴審
12月17日	東京高裁	青柳勤	岩間俊彦	上告審

計画的な犯行とした検察側主張を退けた。

　判決によると、一六年一二月六日午後から七日朝までの間、対馬市内で漁業を営む男性（当時六五歳）の頭を鈍器で複数回殴って殺害し、次女（当時三二歳）も殺害。ガソリンや灯油をまいて火を付け、全焼させたとされる。

□三月一五日神戸地裁姫路支部
（藤原美弥子裁判長）

三人死亡事件で死刑判決

　元組員ら男性三人の死亡に関与したとして二件の殺人と逮捕監禁致死の罪に問われた、無職上村隆さん（五二歳）の裁判員裁判の判決で、「強固な殺意に基づく冷酷な犯行だ」として求刑通り死刑を言い渡した。弁護側は即日控訴した。

　被告は公判で三人死亡の起訴内容を否定していた。判決は、指示役とされる韓国籍の陳春根被告（一審で無期懲役判決、控訴中）から報酬を得るために実行したと指摘。「不合理な弁解を繰り返し、反省していない」とした。

　陳被告への判決で同支部の木山暢郎裁判長は、会社役員の男性（当時五〇歳）の殺害については「遺体が見つかっておらず死因が不明」として無罪と判断。しかし、この日の判決では「拳銃で殺害し遺体を焼却した」と被告から打ち明けられたとする関係者の証言が信用できると認定した。

　判決によると、陳被告と共謀し二〇一〇～一一年に会社役員を射殺し、元組員の男性（当時三七歳）を窒息死させ、無職男性（当時五七歳）を監禁して死亡させたとされる。元組員以外の二人の遺体は見つかっていない。

　初公判からの審理期間は一六六日で、裁判員裁判としては二〇七日に及んだ陳被告の裁判に次いで過去二番目の長さとなった。

□三月一五日東京高裁
（藤井敏明裁判長）

元同僚ら浜名湖遺棄事件で控訴棄却・死刑判決

　静岡県で勤務先の元同僚と知人の男性を殺害し浜名湖周辺に遺体を捨てたとして、強盗殺人などの罪に問われた川崎竜弥さん（三五歳）の控訴審判決で、東京高裁は死刑とした一審静岡地裁の裁判員裁判判決を支持し、被告の控訴を棄却した。

　被告側は「二人を殺害する理由がない」と無罪を主張したが、判決は一審判決に不合理な点はないとし、落ち度がない二人を財産奪取の目的や理不尽な理由で殺害したとした。

　判決によると、一六年一月二九日ごろ、浜松市のマンションで元同僚（当時六二歳）を殺害し、キャッシュカードなどを奪った。同年七月五日ごろには、静岡県磐田市のアパートで知人（当時三二歳）

を殺害。いずれも遺体を損壊して捨てたとされる。

△五月二〇日大阪高裁（村山浩昭裁判長）

四人殺傷事件で控訴棄却・懲役三〇年判決

大阪府門真市の住宅で一六年、大工を営む男性（当時四三歳）を刺殺し、子ども三人に重軽傷を負わせたとして殺人や殺人未遂などの罪に問われた無職小林裕真さん（二六歳）に対する控訴審判決で、被告が心神耗弱状態だったとして死刑求刑に対し懲役三〇年とした一審判決を支持し、検察側、弁護側双方の控訴を棄却した。

一審大阪地裁の裁判員裁判で、検察側は「生命軽視の度合いが甚だしい」と死刑を求刑したが、判決は妄想型統合失調症の影響で、責任能力は限定的だったとし、「有

最近の死刑判決と執行数

年	地裁判決数	高裁判決数	最高裁判決数	新確定数	執行数	病死等	確定者総数
1992	1	4	4	5	0	0	56
1993	4	1	5	7	7	0	56
1994	8	4	2	3	2	0	57
1995	11	4	3	3	6	0	54
1996	1	3	4	3	6	0	51
1997	3	2	4	4	4	0	51
1998	7	7	5	7	6	0	52
1999	8	4	4	4	5	1	50
2000	14	6	3	6	3	0	53
2001	10	16	4	5	2	0	56
2002	18	4	2	3	2	0	57
2003	13	17	0	2	1	2	56
2004	14	15	13	15	2	1	68
2005	13	15	10	11	1	0	78
2006	13	15	16	20	4	0	94
2007	14	14	18	23	9	1	107
2008	5	14	8	10	15	2	100
2009	9	9	16	18	7	4	107
2010	4	3	7	8	2	2	111
2011	9	2	22	24	0	3	132
2012	3	4	9	10	7	0	135
2013	4	3	6	7	8	3	131
2014	2	8	6	6	3	5	129
2015	4	1	3	3	3	1	128
2016	3	4	6	6	3	2	129
2017	3	0	3	3	4	4	124
2018	4	2	2	2	15	0	110
2019	2	3	3	3	3	0	110

12 月末現在。確定者数は確定判決時。

期刑の上限の懲役三〇年が相当だ」と判断した。

　判決は、犯行直後の警察官に対する「だまされた」などの被告の発言について、「質問とかみ合わない支離滅裂な言動で、自らの状況を完全に理解していたと言えない」とし、完全責任能力があったとする検察側の主張を退けた。

　一方、心神喪失状態で無罪とする弁護側主張についても、被害者宅の下見をするなどしており「妄想に完全支配されていたとは認めがたい」と否定した。

　判決によると、一六年一〇月一九日未明、面識のない被害者方に侵入し、二階で寝ていた被害者を短刀で約三〇回突き刺して失血死させ、長女（二二歳）、次女（二〇歳）、長男（一八歳）の腕や後頭部などを切り付け、けがをさせたとされる。

□ 五月二四日大阪高裁
（樋口裕晃裁判長）

連続青酸殺人事件で控訴棄却・死刑判決

　青酸化合物を使った近畿の連続殺人事件で、高齢男性三人の殺人罪と一人の強盗殺人未遂罪に問われた筧千佐子さん（七二歳）の控訴審判決で、一審京都地裁の裁判員裁判での死刑判決を支持し、弁護側控訴を棄却した。

　控訴審は出廷義務がなく、筧被告は初公判には出廷しなかったが、判決公判には出廷した。弁護側は即日上告した。

　弁護側は控訴審で一審同様、認知症が進行し責任能力や訴訟能力はなく、男性らの死因も病死などの可能性があるとして無罪を主張した。しかし判決は、被害男性らの当時の生活状況などから、病死や自殺などの可能性を否定した一審判決に誤りはないと判断。被告が入手した青酸化合物を飲ませ殺害したと認めた。

　さらに「カプセルに青酸化合物を入れた犯行は計画性があり、状況判断もできている」とし完全責任能力を認定。一審で、どの被害者の事件の審理をいつしたかを答え、記憶も比較的良く保持していたことから、訴訟能力も欠如していないとした。

　地裁判決は「金銭欲のための犯行で悪質。認知症などを最大限考慮しても死刑を回避する事情はない」として求刑通り死刑を言い渡した。三月の控訴審初公判で、弁護側は認知症が重度だとして公判停止か新たな精神鑑定を求めたが、高裁は認めず即日結審した。この日も判決言い渡し前、弁護側が被告人質問の実施などを求めたが、却下された。

　弁護側は「現時点での被告の訴訟能力を一切審理しないまま死刑を維持したのは疑問だ」と厳しく批判した。

　判決によると、〇七年一二月～一三年一二月、遺産取得や債務を免れる目的で京都、大阪、兵庫の夫や内縁関係の男性計三人に青酸化合物を飲ませ殺害。神戸市の知人男性一人を殺害しようとしたとされる。

▽七月一日最高裁第一小法廷

（山口厚裁判長）

神戸女児殺人事件で上告棄却・無期懲役確定

神戸市長田区で、小学一年の女児（当時六歳）を殺害したとして、殺人とわいせつ目的誘拐の罪などに問われた君野康弘さん（五二歳）に対して、検察側の上告を棄却する決定をした。裁判員裁判で審理された一審神戸地裁の死刑判決を破棄し、無期懲役とした二審大阪高裁判決が確定した。

○九年の裁判員制度開始以降、死刑が高裁で無期懲役に減軽されたケースはこの件を含め五件（被害者一人の事件は三件）ある。最高裁で確定するのは四件目。最高裁は「死刑は究極の刑罰。公平性の確保の観点も踏まえると、死刑がやむを得ないとはいえない」とした。

一六年三月の一審判決は、犯行の残虐性や遺族の処罰感情などを理由に「生命軽視の姿勢が甚だしい」と死刑を言い渡した。しかし一七年三月の二審判決は、計画性がないことを重くみて無期懲役に減刑。検察側が上告していた。

一、二審判決によると被告は一四年九月一一日、長田区の路上で「絵のモデルになってほしい」などと女児を自宅に誘い入れ、首をビニールロープで絞め、包丁で突き刺して殺害。遺体を切断してポリ袋に入れ、自宅近くの雑木林などに遺棄したとされる。

□七月一一日最高裁第一小法廷

（山口厚裁判長）

山口五人殺人事件で上告棄却・死刑確定

山口県周南市の集落で近隣住民五人を殺害したとして殺人と非現住建造物等放火の罪に問われ、一、二審で死刑とされた無職保見光成さん（六九歳）に対し、上告を棄却し、死刑を確定させる判決を言い渡した。

判決は「強固な殺意に基づく残忍な犯行で、五人の生命が奪われた結果は重大だ」とした。裁判官五人全員一致の結論。

被告は起訴後の精神鑑定で妄想性障害と診断され、責任能力にどう影響したかが最大の争点だった。最高裁は「動機の形成過程に妄想が影響しているものの、自らの価値観に基づいて犯行を実行した。妄想が犯行に及ぼした影響は大きくない」と指摘。完全責任能力を認めた一審山口地裁判決と二審広島高裁判決の判断を支持した。

判決によると、被告は近隣住民から嫌がらせを受けていると思い込んで報復しようと考え、一三年七月、Aさん夫妻（当時夫は七一歳・妻は七二歳）、Bさん（当時七九歳）の頭を木の棒で殴って殺害、それぞれの家に放火し、さらにCさん（当時八〇歳）、Dさん（当時七三歳）の頭を木の棒で殴り殺害したとされる。

□七月一九日最高裁第二小法廷

（山本庸幸裁判長）

愛知夫婦強殺事件で上告棄却・死刑確定

判決

愛知県碧南市の会社役員（当時四五歳）と妻（当時三六歳）を殺害したとして強盗殺人などの罪に問われ、一、二審で死刑とされた堀慶末さん（四四歳）に対し、上告を棄却し、死刑を確定させる判決を言い渡した。

判決は「人命軽視の態度は顕著で、結果は誠に重大だ」、「被告が強盗を計画、主導し、少なくとも殺害の実行行為を一部担った」と認定。「強固な殺意に基づく冷酷な犯行。何ら落ち度のない二人の命が奪われ、息子らが厳しい処罰感情を示しているのも当然だ」とした。

判決によると、被告は九八年六月、男二人（強盗殺人罪などで無期懲役確定）と共謀し、被害者宅に侵入。夫妻を殺害して、約六万円を奪ったとされる。さらに〇六年七月に強盗目的で名古屋市の女性宅に侵入し、女性の首を絞めて約二万五千円を奪ったとする強盗殺人未遂などの罪にも問われていた。

また、堀被告は、〇七年八月に名古屋市の女性会社員（当時三一歳）を殺害した闇サイト事件で無期懲役が確定している。死刑が確定すれば無期懲役刑の執行は停止される。

◇七月三一日東京高裁

（後藤真理子裁判長）

三鷹事件の再審開始認めず

東京の旧国鉄三鷹駅で一九四九年、無人電車が暴走し六人が死亡した「三鷹事件」で死刑が確定した竹内景助元死刑囚（四五歳で病死）の遺族が申し立てた第二次再審請求を棄却した。

弁護団は電車の破損状況などに関する専門家の鑑定書を新証拠として提出し、元死刑囚以外の複数犯行と主張したが、決定は「単独犯行とする自白の信用性を認めた確定判決に合理的な疑いはない」と判断した。遺族側は、東京高裁に異議申立。

元死刑囚は、同じ旧国鉄職員だった共産党員ら九人と共に電車転覆致死罪で起訴された。捜査段階や公判で「単独犯行」、「共同犯行」、「否認」とたびたび供述を変遷させた。党員全員の無罪が確定した一方、国鉄の人員整理に抗議するストのきっかけにするための単独犯行と認定され、五五年に死刑が確定。五六年に再審を申し立てたが、結論が出る前に病死した。二〇一一年に長男が二回目の再審請求をした。

△一〇月三〇日最高裁第二小法廷

（岡村和美裁判長）

四人殺傷事件で上告棄却・懲役三〇年確定

大阪府門真市の住宅で、面識のない男性を刺殺し、その子ども三人に重軽傷を負わせたとして、殺人や殺人未遂などの罪に問われた無職坂部（旧姓小林）裕真さん（二七歳）の上告を棄却した。統合失調症の影響で心神耗弱状態だったと認定し、懲役三〇年とした一、二審判決が確定する。

判決によると、被告は一六年一〇月一九日未明、被害者宅に侵入し、寝ていた大工を営む男性を短刀で約三〇回突き刺して失血死させた上、長女と次女、長男の腕や後頭部などを切り付け、けがをさせたとされる。

被告は精神鑑定で妄想型統合失調症と診断され、主な争点は刑事責任能力の有無だった。弁護側は心神喪失状態だったとして無罪を主張。検察側は完全責任能力があったとし、一審大阪地裁の裁判員裁判で死刑を求刑した。

▽一一月八日甲府地裁（横山泰造裁判長）

強盗殺人事件で無期懲役判決

山梨県で、貴金属買い取り店店長を殺害したほか、金品目的で会社役員を襲って死亡させたとして強盗殺人や強盗致死などの罪に問われた無職武井北斗さん（二六歳）に対する裁判員裁判で、無期懲役（求刑死刑）の判決を言い渡した。

判決は「利欲目的で結果が重大。共犯者を誘い入れ、主導的に関わった」と指摘。一方で「強盗致死は殺意がなく、強盗殺人も計画性が高いとは言えない」と死刑を回避した。

被告はいずれの事件も「覚えていない」と無罪を主張していたが、携帯電話の記録やすでに有罪判決を受けた複数の男の証言などから、「被告が犯人と認めることができる」とされた。

二事件では他に共犯として男四人が起訴され、それぞれ懲役二〇年、同二八年、同三〇年、無期懲役の判決が確定している。

判決によると、被告らは共謀し、一六年八月、甲府市の不動産会社役員（当時七三歳）を金品目的で襲って死亡させ、同年一一月には甲州市の貴金属買い取り店の店長（当時三六歳）を殺害して店の鍵を奪い、遺体を長野県南牧村の畑に埋めたとされる。

▽一二月二日最高裁第一小法廷（小池裕裁判長）

ミナミ通り魔事件で上告棄却・無期懲役確定

大阪の繁華街・ミナミで、通行人二人を無差別に刺殺したとして、殺人罪などに問われた無職礒飛京三さん（四四歳）の上告審判決で、検察、被告側双方の上告を棄却した。計画性の低さなどを理由に一審裁判員裁判の死刑判決を破棄し、無期懲役とした二審大阪高裁判決が確定する。

判決は「犯行態様は残虐で、刑事責任は誠に重大だ」とする一方、「死刑適用の慎重性、公平性確保の観点を踏まえると、二審判決の量刑が甚だしく不当とはいえない」とした。裁判官五人全員一致の結論。

裁判員裁判の死刑判決が二審で無期懲役に減軽されたケースは裁判員制度が始まって以降、この事件を含めて五件あり、これで全て二審判断が維持されたまま最高裁で確定することになる。

判決は、不特定の者を狙う無差別殺人の危険性を認めつつ「死傷者の数、動機、計画性の有無、犯行態様などは事案によってさまざまだ」とし、これらの要素によって非難の程度も異なってくるとした。

今回は、覚醒剤中毒後遺症による幻聴が一因だったこと、特段の準備や計画もなく衝動的な犯行だったことを挙げ「生命軽視の度合いが甚だしく顕著だったとまではいえない」とした。

弁護側は裁判員を死刑判決に関与させる裁判員法の違憲性も訴えたが、裁判員制度自体を合憲とした最高裁判例の趣旨から「憲法に違反しないことは明らかだ」と退けた。

一、二審判決によると、被告は一二年六月一〇日、大阪市中央区東心斎橋の路上で音楽プロデューサー（当時四二歳）を包丁で刺して殺害。騒ぎに気付いて逃げ出した近くの飲食店経営者（当時六六歳）も刺殺したとされる。

▽一二月四日新潟地裁

（山崎威裁判長）

小二女児殺人事件で無期懲役判決

新潟市で、下校途中の小学二年の女児（当時七歳）が殺害された事件で、殺人や強制わいせつ致死などの罪に問われた小林遼さん（二五歳）に対し、裁判員裁判で無期懲役（死刑求刑）を言い渡した。

公判で弁護側は、殺意もわいせつ行為もなかったとして傷害致死罪が成立すると主張。精神障害の影響も考えられるとして「長くとも懲役一〇年が妥当」と訴えていた。

判決は殺意やわいせつ行為を認定した一方、「女児を気絶させようとして首を絞めたのであって、当初から殺害しようとしていたわけでない」と計画性を否定。殺害方法も同種の事件と比べて特に残虐ではないとして、検察側の死刑求刑を退けた。

判決によると、被告は一八年五月七日、新潟市西区の路上で、女児に軽乗用車をぶつけ、車に乗せて連れ去り、駐車場に止めた車の中でわいせつな行為をした上、首を絞め殺害。遺体をJR越後線の線路に放置し列車にひかせて損壊したとされる。

▽一二月五日東京高裁

（大熊一之裁判長）

熊谷六人殺人事件で死刑破棄・無期懲役判決

埼玉県熊谷市で、小学生二人を含む六人を殺害したとして強盗殺人などの罪に問われたペルー人、ナカダ・ルデナ・バイロン・ジョナタン被告（三四歳）の控訴審判決で一審さいたま地裁裁判員裁判による死刑判決を破棄し、心神耗弱を認めて無期懲役を言い渡した。統合失調症による妄想が犯行全般に影響を与えたとした。

裁判員裁判の死刑判決が破棄され、二審で無期懲役に減軽されたのは六件目。

判決は、精神鑑定に基づき、被告は妄想上の追跡者から身を隠すために被害者宅に侵入し、被害者を追跡者とみなして殺害に及んだ可能性があると指摘。一方で、証拠隠滅と受け取れる行動を繰り返すなど、自発的な意思も残されていたとし「犯行時、心神耗弱状態だった」とした。

完全責任能力を認めた一審判決は「犯行直近の状況に限ってみた場合、妄想の影響は限定的」としていたが、高裁判決は「精神鑑定の評価に見過ごせない誤りがあり、是認できない」とした。

量刑について「残忍な犯行で、六人が命を奪われた結果は誠に重大だ。責任能力の点を除けば、極刑で臨むほかない事案だが、心神耗弱による法律上の減軽をした」とした。

弁護側は心神喪失による無罪を主張していた。

判決によると、被告は一五年九月一四〜一六日、金品を奪う目的で住宅三軒に侵入し、Aさん夫妻（当時五五歳・五三歳）、Bさん（八四歳）さん、Cさん（四一歳）と長女（一〇歳）、次女（七歳）の六人を包丁で刺すなどして殺害したとされる。

高裁判決に対して検察は上告を断念。被告側が上告したが、その後、二〇二〇年九月九日付で、最高裁第一小法廷（山口厚裁判長）で上告棄却、無期懲役が確定した。

□一二月一三日福岡地裁

警察官による妻子三人殺人事件で死刑判決
（柴田寿宏裁判長）

福岡県小郡市の住宅で、妻子三人を殺害したとして殺人罪に問われた元県警警察官中田充さん（四一歳）に対する裁判員裁判で、「現職警察官が妻子三人を殺害した衝撃的な事件だ」として、求刑通り死刑判決を言い渡した。直接証拠はなく、被告は「冤罪だ」と一貫して無罪を主張。判決を不服として即日控訴した。

判決は三人の死亡時間帯に外部からの侵入形跡がないとして、第三者による犯行の可能性を否定。妻を殺害したのは被告以外にいないとした上で、妻に子どもを殺害する事情が見当たらないことから、子ども二人の殺害も被告の犯行と判断した。

こうした認定の根拠として、被告の腕に妻の抵抗でついたとみられる傷があることや、妻の爪から被告のものと考えて矛盾しないDNA型が検出されたこと、三人の遺体をつなぐようにライター用オイルがまかれており、被告が火をつけて証拠隠滅を図ったと考えられるとした。

動機に、日ごろから妻に叱責され鬱憤をためていたことを挙げたが、子ども二人については「妻を殺害したという特殊な状況で、冷静さを欠いたまま殺害したとの想定は可能だ」とするにとどめた。

「計画性が認められないなどの事情を含めて検討しても、三人殺害という結果は誠に重大。死刑の選択はやむを得ない」とした。

　判決によると、被告は通信指令課所属の巡査部長だった一七年六月五日深夜から六日朝、自宅で妻（当時三八歳）と小四の長男（当時九歳）、小一の長女（当時六歳）の首を絞めるなどして、いずれも窒息死させたとされる。

□一二月一七日東京高裁（青柳勤裁判長）
マニラ保険金殺人事件で控訴棄却・死刑判決

　フィリピンの首都マニラで知人の男性二人を保険金目的で殺害したとして、殺人などの罪に問われた無職岩間俊彦さん（四六歳）の控訴審判決で、一審甲府地裁の裁判員裁判での死刑判決を支持し、被告側の控訴を棄却した。被告側は無罪を主張していたが、高裁も一審と同様、被告が事件の首謀者とした。

　判決によると、被告はK（無期懲役確定）らと共謀し、現地で実行役を雇って一四年、山梨県の整骨院経営者（当時三二歳）を拳銃で殺害。一五年に会社役員（当時四二歳）も拳銃で殺害したとされる。

　被告は、K受刑者の捜査段階での供述や一審での証言は虚偽で、自分は殺人には関与していないとして、無罪を主張していた。

　しかし、判決は「被告が事件を計画したというK受刑者の一審での証言は、裏付ける証拠もあり、信用性は揺らがない」とし、被告側の主張を退けた。

▽一二月一九日最高裁第三小法廷（戸倉三郎裁判長）
対馬父娘殺人事件で上告棄却・無期懲役確定

　長崎県対馬市で、父娘を殺害し、家に放火したとして、殺人と現住建造物等放火の罪に問われた元鉄工所経営須川泰伸さん（四一歳）の上告を棄却した。無期懲役とした一、二審判決が確定する。
　一、二審判決によると、被告は一六年一二月六～七日、対馬市内で、仕事上のトラブルがあった漁業を営む男性（当時六五歳）の頭を鈍器で殴って殺害し、次女（当時三二歳）も殺害。ガソリンや灯油をまいて火をつけ、全焼させたとされる。
　公判で被告は「第三者の犯行の可能性がある」と一貫して無罪を主張。検察側は死刑を求めていた。

　長崎地裁裁判員裁判判決は、火災現場のガソリン携行缶から被告の掌紋が検出されたことなどから犯人と認定。ただ「突発的に鈍器で殴った可能性もある」と二人の殺害に対する計画性を否定し、過去の量刑傾向を踏まえて無期懲役を選択した。二審福岡高裁も支持した。

◉二〇一九年の判決をふりかえって

　二〇一九年の死刑判決は地裁で二名に、高裁で三名に、最高裁で三名にそれぞれ言い渡された。

地裁では死刑求刑事件で無期懲役判決だった人が三名、地裁で死刑判決だったが、高裁で破棄され、無期懲役判決を言い渡された人が一名だった。一審の死刑判決が高裁で無期懲役に減刑され、検事が上告した二名とも最高裁で無期懲役が確定した。

これまで裁判員裁判で死刑判決だったが高裁で破棄され無期懲役とされた六人のすべてが最高裁で無期懲役が確定した。

一方で地裁で無期懲役判決（死刑求刑）だったケースで高裁で死刑を言い渡された事件はここ数年間では一件もない。

死刑判決は徐々に減少している。

共同通信の集計によると、二〇一八年までの裁判員裁判で検察が死刑を求刑したのは五三名。そのうち三六名に死刑判決が言い渡された。六八％に当たる。これが裁判官だけの裁判時代と比較したらどうなのかは資料が不足しているので不明だ。しかし高裁で死刑が破棄され無期懲役判決となった人が六人もあり、いずれも最高裁で無期懲役刑が確定したことから、今後は裁判員裁判でも死刑を回避する傾向が強まるのではないかと予想される。

殺された被害者が一名で裁判員裁判により死刑を言い渡された人は八人。うち一名は被告が控訴を取り下げたために死刑が確定し、一七年七月に死刑が執行された。殺された被害者が一名の場合、高裁で無期懲役に減刑されるケースが増えていることに注目したい。

死刑求刑が予想される事件は裁判員裁判から外すべきだという世論も根強くある。

また死刑判決を受けた被告が控訴・上告を取り下げて死刑を確定させる事例もある。その背景にはさまざまな理由があるが、死刑事件の多くは国選弁護人がついている。一審の死刑判決から控訴審の弁護人が決まるまでの弁護人不在の状態で、だれにも相談せずに取り下げてしまうなどの制度的な問題もある。死刑判決を受けたことの精神的なショックから控訴を取り下げることも多い。

死刑と裁判員制度、死刑事件の弁護人選任問題、死刑確定者の処遇をめぐる問題、再審請求中の死刑執行など、死刑をめぐるさまざまな問題点や課題がある。

死刑廃止にむけて現実に直面するこれらの課題についても取り組んでいかねばならないと思う。これ以上の死刑判決を出さないために、また死刑執行を阻止するために行動していこう。

死刑廃止運動にアクセスする

死刑をめぐる状況 2019—2020

廃止運動団体・フォーラム・ネットワークなど

新たに寄せられた自己紹介文を掲載しています。

団体の自己紹介のないものに関しては前号あるいは前々号を参照して下さい。

今後も全国各地の情報をお寄せ下さいますようにお願いします。

救援連絡センター

機関紙→『救援』月刊。年間購読料＝開封四五〇〇円、密封五〇〇〇円。協力会費＝月一口一〇〇〇円（一口以上）
住所→〒105-0004　東京都港区新橋二—八—一六　石田ビル五階（ＪＲ新橋駅日比谷口ＳＬ広場から徒歩三分）
TEL→03-3591-1301　FAX→03-3591-3583
E-mail →kyuen2013@gmail.com
HP→http://kyuen.jp/
郵便振替→00100-3-105440

アムネスティ・インターナショナル日本 死刑廃止ネットワーク東京

アムネスティ・インターナショナルは、すべての人が人権を享受し、人間らしく自分らしく生きることのできる世界を目指して、世界規模で活動している国際人権団体です。

　現地調査に基づき、さまざまな国・地域で起きている人権侵害を告発し、主に署名・はがき書きという形で世界中の市民の参画を得て、状況改善のために各国政府や組織などに働きかける、というのが運動の基本的なアプローチです。

　現在、世界二〇〇の国・地域で七〇〇万人が活動に参加しています。この「数の力」と調査力で、人権侵害を受けている個人の救済から、世論の形成、人権侵害を助長する法や慣習などの廃止、人権を保護する法の導入などを成し遂げています。

　また、現地調査で得た情報を活用して、国際人権法の観点から国連などの人権機関に提言したり、各国政府へのロビー活動などをしたりしています。

　運動の出発点は、政治的意見や信念、人種、宗教などを理由に逮捕・拘禁されている人々の釈放であり、現在ではさまざまな差別の廃止、難民・移民の保護、表現の自由、紛争下の人権侵害、拷問撲滅など、活動のテーマは多岐にわたっています。

　その中で、「生きる」という基本的人

権を否定する「死刑」の廃止は、根幹をなすテーマのひとつです。

　死刑制度を持つ日本での活動は、毎年死刑をめぐる世界動向をメディアに発表する等の情報発信に加え、死刑廃止について考えるセミナーの開催、死刑執行時の抗議活動、関連映画の上映などを、ボランティアチームが中心となって行っています。二〇一九年四月から始めた「いのちを考える読書会」は、多くの方に参加いただいています。一回目はヴィクトル・ユゴー氏著『死刑囚最後の日』を、二回目は六月に薬丸岳氏著『Aではない君と』を、三回目は一一月に和歌山毒物カレー事件の犯人として逮捕され、死刑判決を受けた林眞須美さんの長男林浩次さんの著作『もう逃げない。いままで黙っていた「家族」のこと――』を取上げました。

　二〇二〇年夏時点でコロナウィルスによる諸活動への影響は収まる気配を見せてはいません。死刑廃止セミナー・読書会等はインターネットを通じてリモート開催することを模索しています。ぜひご参加いただき一緒に死刑廃止運動を盛り上げていきましょう。

連絡先➡公益社団法人アムネスティ・インターナショナル日本　東京事務所
住所➡〒101-0052　東京都千代田区神田小川町二―一二―一四　晴花ビル七階
TEL➡03-3518-6777　FAX➡03-3518-6778

◉死刑廃止国際条約の批准を求めるフォーラム90（フォーラム90）

一九九〇年春、前年国連で「死刑廃止国際条約」が採択されたのを機に、アムネスティ・インターナショナル、死刑執行停止連絡会議、JCCDの三団体が、条約批准を求める運動を通して全国の廃止論者を顕在化させるフォーラム運動を呼びかけた。賛同人は全国で約五〇〇〇人。

　二〇一九年は以下の行動を行った。

一月二一日、山下法相の死刑執行に抗議する緊急集会（岐部ホール）。
二月一六～二二日、第八回死刑映画週間（ユーロスペース）。
三月、ワシントン州死刑調査グループにフォーラムから三名が参加
四月二一日、ワシントン州死刑調査報告集会（岐部ホール）。
六月二九日、被害と加害の断絶は埋められるか　東海テレビ「home」を見て考える　明治大学和泉校舎、森達也・繁澤かおる（「home」の助監督）。
七月六日、オウム一三人執行から一年　あの死刑執行を問い直す　永岡英子さんに聞く（文京区民センター）。
八月二日、死刑執行抗議記者会見、法務省前行動
八月一八日～二一日、死刑廃止韓国ツアーへ二六人
九月一一日、山下法相による死刑執行に抗議する集会（文京区民センター）
一〇月一二日、響かせあおう死刑廃止の

声2019は台風19号襲来のため中止

一〇月一三日、前日の集会のためにカリフォルニアから来ていただいた大谷洋子さんに港合同法律事務所にてカリフォルニアの経験を講演していただく。

一一月二日、河井克行法相地元・広島で死刑について考える集いを準備していたが、法相辞任のために中止。

一一月一六～一七日、死刑廃止全国合宿in沖縄。

一二月六～八日　死刑囚表現展2019（松本治一郎記念会館）。

一二月一二日　アムネスティ・インターナショナル日本ら四団体で法務省および外務省に対して森雅子法相宛の要請文を渡し意見交換を行う。

一二月二六日　森雅子法相の死刑執行に対し抗議の記者会見。

フォーラム90のニュースレターは隔月で毎号四〇〇〇部発行、二〇二〇年九月末で一七三号。年間六号刊行している。

ホームページ内にある死刑廃止チャンネルには集会、映画週間のトークショーなどの動画を掲載している。またコロナ以降の二〇二〇年七月以降の集会はネットで同時配信を始めた。

住所➡〒107-0052　東京都港区赤坂二―一四―一三　港合同法律事務所気付
TEL➡03-3585-2331　FAX➡03-3585-2330
HP➡http://www.jca.apc.org/stop-shikei/index.html
死刑廃止チャンネル➡http://forum90.net/

ユニテ

一、今後の方針

死刑確定者の生命を救えないようでは、「ユニテ」の存在価値はなく、そこで「ユニテ」では、せめて執行まで「死刑囚の自由拡大を！」を基本理念とし、今後の活動に邁進していく所存であり、具体的には次項にて。よって今後は活動報告として「希望」ダイジェスト版を発行予定。

二、活動報告等について

①いわゆる実質死刑執行停止を求める「公法上の確認訴訟」（但し、これは自己ですると「訴訟救助」が容認されずハードルが高すぎるのが難点。団結が必須。私自身は抗争中。）

②「東拘視察委員会」との連携。

③「法テラス」の全面的支援（外部交通や墨塗り等全般）。

④我が個人的活動としては㋐公文書不再利用、守秘義務違反等国賠、㋑職員氏名墨塗違反等の国賠、㋒DVDプレイヤー自弁購入不許可処分取消訴訟、㋓私とOさんの外部交通権打切りに係る取消訴訟、㋔居室内検査による生活権、財産権等侵害の国賠、その他いっぱいあるのですが、右はすべて立件されており、口頭弁論期日待ちです。ようやく権力との闘い方がわかってきましたので、私自身はもちろん、法テラス弁護士方も張り切っておられ、もう行け行けドンドンですよ。必ず役人どもの悪しき慣習を何としても変えていく覚悟です。（猪熊武夫）

郵便振替➡00190-0-77306「ユニテ」

被拘禁者更生支援ネットワーク　麦の会

住所➡〒359-0023　埼玉県所沢市東所沢和田一—二六—三一　聖ペトロ・パウロ労働宣教会内　麦の会事務局
TEL・FAX➡04-2945-0510
E-mail➡wakainet@gmail.com

都高教・死刑に反対する会

住所➡〒224-0007　横浜市都筑区荏田南一—二〇—一—四〇六　小笠原博綜

監獄人権センター（CPR）

刑事施設などの人権状況を国際水準に合致するよう改善していくこと、死刑制度の廃止などを目的に一九九五年に設立。

中心的事業である被収容者からの手紙相談は、二〇一九年中、約一二〇〇件が寄せられ、ボランティアが随時対応しています。

八月の山下貴司法務大臣、十二月の森雅子法務大臣による死刑執行に対しては抗議声明を日本語・英語で発表。フォーラム90、死刑をなくそう市民会議、被害者と司法を考える会、アムネスティ日本、死刑を止めよう宗教者ネットワークとの共同記者会見に参加しました。

五月に人権セミナー「社会復帰の是非を考える死刑廃止後の刑罰のあり方—仮釈放のない終身刑導入の問題点」を衆議院第二議員会館で開催しました。そのほか、五月にウイーンで開催された「国連犯罪防止刑事司法委員会」に参加し、サイドイベントに登壇しました。十月に台湾で開催されたFIDH（International Federation for Human Rights）第40回世界大会に出席し、死刑廃止のパネルディスカッション等、イベントに参加。各国代表とネットワーキングを行いました。

団体設立以来、休むことなく発行を続けている「CPRニュースレター」は、十月に百号を発刊しました。

郵便送付先➡〒160-0022　東京都新宿区新宿二-三-十六　ライオンズマンション御苑前七〇三　TEL・FAX➡03-5379-5055
HP➡http://www.cpr.jca.apc.org/

CPR
Center for Prisoners' Rights
2019/10/10

CPR News Letter No.100
監獄人権センター（Center for Prisoners' Rights）通信

〒160-0022　東京都新宿区新宿 2-3-16 ライオンズマンション御苑前 703
TEL&FAX:03-5379-5055　E-mail:cpr@cpr.jca.apc.org　URL:http://www.cpr.jca.apc.org
年会費（1口）：一般 5000円／学生 3000円　郵便振替口座：00100-5-771629　監獄人権センター

監獄人権セミナー「すすめよう！刑務所医療改革」2019/11/10開催

—みなさまのご支援・ご協力に支えられ 100号へ—

No.100
○100号記念◆自由権委員会1998審査と名古屋刑務所事件から監獄法改正まで　海渡雄一　2
○解説◆被収容者のための法テラス活用法　大野鉄平　5
○資料◆各刑事施設視察委員会の意見に対する措置等報告 平成30年度【熱中症対策・寒冷対策！】　8
出所2.5年目のレポート　10
○事務局だより◆100号を記念して歴代事務局職員より　12

東京拘置所のそばで死刑について考える会（そばの会）

二〇一九年からホームページでビラのPDFをご覧いただけるようになりました。プリントして自由にお使いいただけます。

二〇一九年に配ったビラのタイトルを

紹介します。

一月「年間15名の執行がもたらすもの/年末の死刑執行」、二月「『極めて多数』というけれど/死刑をめぐる世論の統計」、三月「世界に通用しない日本の伝統/『人質司法』がつくる冤罪」、四月「『終身刑』って何だろう？/『新自由刑』って何だろう？」、五月「ワシントン州の死刑廃止/『終身刑』と『恩赦』」、六月「市民の参加がもたらすもの/裁判員裁判の10年」、七月「日本はどうする？/アメリカが死刑を廃止する日」、八月「東京拘置所で執行された庄子幸一さんの短歌」、九月「安藤の駒結び/幕末に死刑を止めた話」、一〇月「死刑制度に関する世論調査が行われます/あなたが意見を聞かれたら？」、一一月「誰も偉そうなことは言えません/法務大臣の辞任」、一二月「死刑廃止・代替刑の導入・減刑手続の創出/日弁連の基本方針について」。

通常、裏面には関連する集会や書籍の宣伝を入れることが多いのですが、六月の裏面には「ある本の広告が拒まれました」という記事、一〇月の裏面には「2014年の世論調査の設問」を紹介し、PDFの記録として残すことにしました。

東京拘置所に張り出されている注意書きです

東京拘置所というクルーズ船
出口の見えない「人質司法」
死刑について考えてみませんか
東京拘置所のそばで死刑について考える会（そばの会）
東京都荒川区南千住1-59-6-302
http://sobanokai.my.coocan.jp/
No. 268/2020/3/21/300

ホテルに宿泊していて、突然「この部屋から出るな」と命じられたら誰しも驚き、怒ることでしょう。

丁重に「新型ウイルスに感染する恐れがありますから」と説明されれば、その事情に理解はできても、釈然としないものが残ります。多分、数時間後には、「自分はいつまで我慢しなければならないんだ!?」と、あちこちの部屋のドアが叩かれそうです。「あなた自身がすでに感染している可能性が高いのです。あなた自身が他人を感染させる可能性が高いので、あなたを隔離しています」という回答に、「私が何をしたっていうんだ!?　それは私の責任か？」と叫びたくなるかもしれません。

でも、どうしたって扉は開けてもらえません。「だったら、せめて、食事や情報をちゃんと提供しろ、仕事にいけない補償をしろ！」と要求する声が日を追うごとに高まっていくでしょう。「お気の毒ですが……」と対応している職員もまた、ホテルの外には出られないようです。

★☆★

2月4日、横浜港に帰港しながら、下船を許されず、長期間の隔離を命じられた「ダイヤモンド・プリンセス号」の乗客（2666人・他に1045人の乗務員）は、移動の自由を奪われて過ごさなければなりませんでした。

★☆★

拘置所は、主に未決囚（刑が決まるまでの裁判中の被告人）の逃亡や証拠隠滅を防止するために身柄を拘束している施設です。

小菅の東京拘置所は約3000人の定員を持つ日本で一番大きい拘置所です。職員数が約1000人と聞きますから、規模としてはクルーズ船「ダイヤモンド・プリンセス号」に近いかもしれません。

★☆★

拘置所に収容されている人たちは、「逃走」及び「罪証隠滅」の防止を目的として、拘禁されているわけですが、さらに、「施設の規律秩序を維持するため」という名目がついて、「無罪推定」というにはほど遠い様々な制約を課せられています。弁護人でない一般の人との交流は「罪証隠滅」の可能性があるということで、面会や文通の内容が全てチェックされます。重大事件となれば、判決が近くなるまで「接見禁止」が付けられて、家族や友人との関係を断たれた孤独で不安な長い時間を耐えなければなりません。

そんなときに「自分がやったと認めれば、すぐに出られるんだよ」と悪魔が優しい顔で囁くわけです。これが、カルロス・ゴーン氏が批判してやまなかった日本の「人質司法」です。

★☆★

「ダイヤモンド・プリンセス号」の乗客の日本人女性が取材に答えてこう言っています。『日本で良かった』というのが本音。…（略）…海外で同様のトラブルに巻き込まれていたら、心配で眠れないでしょうね』。（AERA dot. 配信記事）

終りの見えない眠れない日が続く、ましてやそれが、異国の拘置所での生活だったらどんなに辛いことでしょう。

「やっていない罪を自分から認めるはずがない」「自白しておいて後から否定するなんて卑怯な奴だ」……そんなふうに思っている人がいるかもしれません。自由を奪われるということの具体的な辛さと、自由を奪うことに伴う責任の重さを、改めて考えさせられます。（J）

これらのビラを配っていたときには想像もしなかったコロナ・ウイルスのために、コングレス（国連犯罪防止刑事司法会議）は延期になり、河井克行法務大臣（前）は偉そうなことを言うどころか、逮捕・起訴されています。こんな世界で、今、本当に考えるべきことは何でしょうか。本当に改めるべきことは何でしょうか。

住所➡〒116-0003　東京都荒川区南千住一—五九—六—三〇二

HP➡http://sobanokai.my.coocan.jp/

◆死刑をなくそう市民会議

死刑をなくそう市民会議は二〇一九年六月に「われわれは、国の内外を問わずあらゆる分野の市民が死刑廃止の意味と目的についての理解を深め、すべての人間の生命権を重視する死刑のない民主主義社会の即時実現に向けて、ここに、「死刑をなくそう市民会議」を設立する次第です」という趣旨のもと、山田洋次氏、村山富市氏ら約五〇名の方に呼びかけ人となっていただき、市民グループ、弁護士等が発起人となり設立いたしました。

八月には明治大学リバティーホールにて設立集会を開催し三五〇名の方にお集まりいただきました。

現在の活動といたしましては、月に一回運営委員会を開催（コロナ禍ではオンライン）、市民会議ニュースの発行の他、「世界と日本の死刑制度シンポジウム」、「訪日外国人への日本の死刑についてのアンケート」、「法務大臣への死刑制度についての公開質問」などの実施を予定し準備を進めており、さらにWebを活用したセミナーや情報の発信等も考えておりますが、新型コロナウィルス感染症のため、状況をみながら、今後ともみなさまと一緒に活動を広げていきたいと思っております。

二〇一九年の主な活動

一月二七日　設立懇話準備会発足

六月一日　死刑をなくそう市民会議設立

共同代表世話人：平岡秀夫（元法相）、片山徒有（被害者と司法を考える会代表）、菊田幸一（明治大学名誉教授）、瑞慶覧淳（日本国民救援会副会長）、中川英明（アムネスティ・インターナショナル日本事務局長）、藤本泰成（フォーラム平和・人権・環境共同代表）、村井敏邦（日本刑法学会元理事長）、柳川朋毅（「死刑を止めよう」宗教者ネットワーク）

八月二日　死刑執行に対する抗議声明

八月三一日　死刑をなくそう市民会議設立集会（明治大学リバティホール）

一一月　市民会議ニュース1号発行

一二月二六日　死刑執行に対する抗議声明

住所：〒101-0052 東京都千代田区神田小川町三—二八—一三—八〇七

Email：siminkaigi@ccacp.jp

ホームページ：http://ccacp.jp/

twitter：https://twitter.com/ccacp_japan

口座記号番号：00250-0-89868

◐TOKYO1351

TOKYO1351は、二〇一六年一二月に発足したボランティアグループです。

死刑制度について広く関心と議論を喚起すべく、ミュージシャン、ラジオDJ、作家、学者、ジャーナリストの皆さんと共に、死刑についてカジュアルに語るイベントなどを開催しています。

名称は、東京拘置所の住所、小菅一—三五—一に因みます。

HP➡http://www.tokyo1351.com/page-72/

真宗大谷派死刑廃止を願う会

住所➡「願う会」事務局　〒432-8021　浜松市佐鳴台五―一七―二二―A一〇六　楯《たて》泰也気付

死刑廃止フォーラム・金沢

住所➡〒921-8111　金沢市若草町一五―八　志村恵

TEL・FAX➡076-280-3421

死刑廃止フォーラム・イン静岡

住所➡〒432-8021　浜松市佐鳴台五―一七―二二―A一〇六　笹原方　死刑廃止フォーラム・イン静岡事務局

死刑廃止フォーラムinなごや

死刑廃止フォーラムinなごやの誕生から二八年です。この間、活動メンバーもかなり入れ替わりましたが、途絶えることなく活動を続けてきました。

各年のほぼ定例的な活動として、高校生を主たる受講生とする七月のサマーセミナーでの講座開設（講師派遣）と春期あるいは秋期に講演会等を開催してきました。

また、死刑の執行があれば、その都度、法務大臣、総理大臣に対して抗議声明を発することも続けてきました。

以下、二〇一九年度の活動の概況です。

(1)新城市での出前講座の開催

奥三河九条の会の主催により、二月一六日の午後、新城市内での出前講座を開催しました。主催者側参加者一一名、当フォーラムから四名のメンバーが講師役として参加しました。講師役の四人のメンバーが死刑制度にかかわる主要な問題点の解説を行い、これをもとに質疑応答の形で熱心な議論が交換されました。主催者側参加者から、「死刑制度のことをこれほどしっかり聞いたことはなかった」との評価をいただきました。

(2)愛知サマーセミナーでの開話

南山中学・高校（男子部）で開催されたサマーセミナーに「死刑廃上を考える」講座の開設を申込み、七月一五日、当フォーラムのメンバー四名を講師として派遣しました。受講者は高校生を中心に二八名でした。四名の講師は、①死刑制度の現状と問題点、②冤罪について、③死刑執行の実情、④死刑囚や被害者家族との交流を通じて考えたこと、以上の各テーマによる講義をしました。

参加者二一名からアンケートの回答が寄せられました。アンケートの回答からも、この講座が若い人たちにとって死刑問題を真剣に考えるきっかけとなることが理解されます。

(3)死刑囚の絵画展――獄中からの声――の開催

世界死刑廃止デーにちなむ企画として、一〇月一八日から二〇日までの三日間、名古屋市市政資料館（三階展示室）において標記の絵画展を開催しました。

展示した絵画は、大道寺・赤堀基金からお借りした四三作品（二三名）、当フォーラムメンバーが保管する長谷川敏彦さん（平成一三年一二月に執行）の作品二一点でした。

　三日間に五二八名が来場されました。来場の皆さんは、獄中の死刑囚たちが発している心の叫び――懺悔、悲しみ、無実なのにという怒り――に耳を傾けつつ、じっくりと丁寧に作品を鑑賞されていました。

　二〇八名の来場者からアンケートの回答をいただきました。アンケートには感銘を受けた作品に対する感想や死刑制度に対する思いがのべられていますが、「人間は自ら罪を償うことができる証明をこの展示は与えています。」などの意見によっても、絵画に込められた作者の思いがそれを見る人に着実に伝わることを感じます。

⑷執行に対する抗議声明

　二〇一九年には、八月二日に二名が、一二月二六日に一名が執行されました。

　当フォーラムはそれぞれの日に執行の命令者である法務大臣と総理大臣宛に抗議声明を発出しました。

住所■〒461-0023　名古屋市東区徳川町一三一〇　稲垣法律事務所

「死刑を止めよう」宗教者ネットワーク

発足の経緯

　イタリアの聖エジディオ共同体が主催した死刑廃止セミナー『生命のために連帯を』（二〇〇三年五月、東京・四谷）に参加した宗教者が、「死刑の執行を停止させ、死刑についての議論を広く行い、命について考える機会をできるだけ多く設けよう」という目的のもと、①情報交換や共同行動を行う、②一年に数回集会を行うことを目指して、二〇〇三年六月、超教派のネットワークを発足しました。

私たちの考え

　私たちは各宗教に共通する「命を大切にする価値観」に基づき、死刑に関わるさまざまな方々（死刑囚、被害者遺族、刑務官、教誨師など）のお話から学んで、死刑について次のように考えています。

◇

・どんな人の命も人の手で奪うことは許されないと考えます。
・どんな罪を犯した人であっても、悔い改める可能性があり、その機会を奪うことはできないと考えます。
・被害者の癒しは応報的な刑罰によってではなく、被害者への心理的・社会的支援に向けた努力によってなされるべきだと考えます。
・犯罪は、力によって押さえ込むのではなく、罪を犯した背景を考え、更生を社会全体で支えていくことによってこそ、抑止できると考えます。

◇

　マスコミによって連日のように凶悪犯罪が報道され、死刑判決が激増し、死刑の大量執行が定着しようとしている今こそ、少し立ち止まって、死刑について、罪とゆるし、癒しと和解について共に考える機会を提供できればと考え、活動しています。

二〇一九年度活動報告

・一〇月二八日　第30回死刑廃止セミナー　カトリック奈良教会
講師　森達也「世界はもっと豊かだし、人はもっと優しい」

・一二月一八日　死刑執行停止を求める諸宗教による祈りの集い２０１９　神戸市長田区、真宗大谷派玉龍寺

・一一月一六日～一七日　死刑廃止全国交流合宿２０１９に参加　沖縄・那覇市

・一一月二二日　聖エジディオ共同体「ともに死刑を考える国際シンポジウム――いのちなきところ正義なし」に参加。衆議院第一議員会館

住所➡〒600-8164　京都市下京区上柳町199 しんらん交流館 真宗大谷派（東本願寺）解放運動推進本部 死刑を止めよう宗教者ネットワーク事務局／阪本仁、近藤恵美子
メールアドレス kondo_emiko@higashihonganji.or.jp
sdpreligion@freeml.com　フリーメール配信希望の方は、上記のメールアドレスまでご連絡を。
TEL➡075-371-6171 090-4571-5510（阪本）
FAX➡075-371-9224

死刑廃止を求める京都にんじんの会

死刑制度の廃止を求める京都にんじんの会は、三回目の死刑映画週間の準備を始め、二〇二〇年五月八日から新しくなった「京都みなみ会館」で開催する予定でした。すでにフライヤーを配布、チケットも販売していましたが、新型ウイルス感染防止のため映画館が臨時休業することになり、死刑映画週間もやむなく中止・延期せざるをえなくなりました。

その後、映画館は再開されたものの定員を減らしての上映が続いています。

当会の資金力ではシニアの方々を含めてより多くの参加者がなければ成り立たないうえ、映画館も通常上映に戻っていません。そのような事情から新しい日程を決めるまでに至っておらず、今後の活動方針を模索中です。

かたつむりの会

かたつむりの会は一九七九年、「死刑廃止関西連絡センター」を前身として発足。一九八九年芝居仕立ての集会「絞められて殺されて」、一九九一年「寒中死刑大会」、一九九二年からの連続講座が『殺すこと殺されること』『死刑の文化を問いなおす』インパクト出版会から書籍化。

二〇〇八年「死刑廃止！殺すな！一〇五人デモ」等、その他学習会への参加など。大阪拘置所で死刑執行された日の夜には門前に集まって、形に囚われない各自思い思いの抗議、死刑囚への激励を行なっています。

毎年四月には大拘近く、大川沿いの桜のある公園で死刑廃止の横断幕を広げ皆で恒例のお花見＆夜回り。十月の世界死刑廃止デーの頃にも梅田にて死刑廃止を訴えてビラ配り、拘置所前夜回りを行っ

ています。兵庫県宝塚市の清荒神にある死刑囚の墓参りも。

会誌としては年五回「死刑と人権」という冊子を編集・発行しており、全国の刑事収容施設に収監されている死刑囚や不当な処遇を受けている当事者からの訴え、その他の方々の寄稿から広く人権問題や学習会などの活動記録も掲載しています。

依然として国家によって死刑の執行は繰り返され、多くの命が奪われ続けています。死刑囚一人一人個別ケースで事例も千差万別、中には障がいをかかえた人達もいる。抑止力というまじないに頼る人々、冷酷に躊躇することなく死刑囚に執行をかける国。問題の本質を見ず、ほったらかし社会のままで問題が解決していくとは思えません。ひょっとして、ひょっとするとあなたも、あなたの家族も親戚も友人もみんな冤罪死刑囚になる可能性だってある。そないな制度いらんやろ…あ〜いらんいらん。

国の為に生贄になるやなんてまっぴら御免ですわ。

「死刑と人権」購読料➡年間二千円（年五回発行）
郵便振替➡00900-3-315753
連絡先➡日本郵便（株）大阪北郵便局　私書箱室一九三号
E-mail➡saitoon@sea.plala.or.jp（齋藤）

死刑廃止フォーラムinおおさか

一九九五年に大阪の死刑廃止を目指す七つの運動体のネットワークとして発足しました。

今年はコロナ禍で毎月の定例会ができません。とはいえ、大阪拘置所前での花見はなんとか実行。夏のカレー集会もやりとげました。年々夏の猛暑に冬の酷寒と更に長い建て替え工事中の大阪拘置所のため、在監している死刑確定囚の方々に、だいたい月一にハガキを送り、夏にもタオル等を、年末は千円と絵ハガキ、年賀ハガキ、靴下等を送っています。また、大阪拘置所長との接見も続けてやっていきたい事案です。昨年から大阪のアムネスティと共に集会を企画中です。

住所➡〒530-0047　大阪市北区西天満一―一一―二〇　イトーピア西天満ソアーズタワー九〇四　中道法律事務所気付

公益社団法人アムネスティ・インターナショナル日本・死刑廃止ネットワークセンター大阪

既に世界の三分の二を超える国が法律上または事実上死刑を廃止している現在、なお毎年のように死刑を執行している我が国の現状と、究極の人権侵害である死刑制度について一人でも多くの方に知って頂き関心を持っていただくために、アムネスティ・インターナショナル日本の大阪事務所を拠点として活動しているチームです。

毎月の定例ミーティングでメンバーや他団体の活動状況や情報を共有して今後の活動に活かしています。

定例的な活動としては、毎月第3木曜と第3土曜日に大阪事務所で死刑廃止を考える入門セミナーを開催して死刑制度に関心のある方たちに死刑制度の現状を知って頂き、廃止に向けて意見の交換をしています。

また、半年ごとに死刑に関する世界のニュースをはじめ、死刑の問題を扱った映画評や書評、その他さまざまな方からの寄稿を掲載した小冊子「死刑廃止NEWSスペシャル」を発行しており、獄中にも熱心な読者がいます。今年の五月には第60号を発行しました。

また、毎年死刑廃止をテーマにした講演会などのイベントを開催しており、去年はえん罪救済センターの笹倉香奈さんの講演会「米国と日本の死刑―死刑制度廃止への道は―」を開催して参加者の方々と意義深い時間を過ごしました。

今年はコロナ禍の影響で残念ながらイベントの開催はできませんが、来年にはぜひ行いたいと思います。

死刑廃止に関心をお持ちの方は、是非お声がけを頂いて一緒に考え活動しましょう。

連絡先➡公益社団法人　アムネスティ・インターナショナル日本　大阪事務所・死刑廃止ネットワークセンター大阪
〒541-0045　大阪市中央区道修町三―三―一〇　日宝道修町ビル三〇二
TEL➡06-6227-8991　FAX➡06-6227-8992
E-mail➡osaka_shihai@yahoo.co.jp

フォーラムひろしま

住所➡〒733-0011　広島市西区横川町一―一〇―一八―二〇五　猪原薫方
TEL・FAX➡082-294-2953
E-mail➡ino-bri@cap.ocn.ne.jp

死刑廃止国際条約の批准を求める四国フォーラム

住所➡〒791-0129　愛媛県松山市川の郷町今治谷
TEL・FAX➡089-977-5340
E-mail➡mabaridani@river.ocn.ne.jp

死刑廃止・タンポポの会

死刑廃止・タンポポの会は一九八〇年代から月一の例会、年二回発行の「わたげ通信」を軸に活動を続けています。

二〇一九年世界死刑廃止デーは一〇月一二日に佐藤慶紀監督の「HER MOTHER」の上映と、続きに佐藤監督と原田正治さんの対談をしました。この映画は、半田保険金殺人事件の被害者遺族・原田正治さんの本『弟を殺した彼と、僕』に、佐藤監督が図書館で出会ったことから生まれました。

北海道からの参加もあり、六〇人超えの参加者で良い集まりとなりました。

二〇一九年一二月二五日と二六日の両日、福岡拘置所へ「死刑執行するな!」の申し入れと死刑執行への抗議行動を行いました。この両日、拘置所のわたし達への対応は、私達が社会的にやってはいけない事をしているかのような不当で暴力的でした。

二六日は天神で「申し入れ書と死刑執行への抗議文」をチラシ裏表にしビラまきをしました。

毎年一一月には福岡拘置所の死刑確定者へ一〇〇〇〇円の差し入れを行っています。

他に再審請求支援で倉吉政隆さんと冤罪を訴え続けている金川一さん、確定前に交流のあった奥本章寛さんのお二人の支援団体との交流を続けています。

今年はコロナ禍で例会が持てない月もあり、七月予定していた通信もまだ出せていません。

一〇月の世界死刑廃止デーの企画は色々話をしていますが具体的には決まっていません。

収まらないコロナ禍が今まで考えられなかった方向へ社会を変えて行きそうです。

筒井修さん

こんな時だからこそ、死刑制度のない社会をアピールしたいものです。

COVID19が話題になり始めた一月一八日に古くからのメンバー筒井修さんが病気で亡くなりました。

筒井さんは、組合での労働運動、色々の市民運動の現場で、本人訴訟、デモ申請、抗議行動の具体的アイデア、街頭でのアピール、街宣車の運転など細かいことも率先してやって、いつもホンワカと笑っていた姿を想います。「逃げる」ということのないやさしい人でした。

死刑廃止 タンポポの会のメンバーの皆が、想いとして変わることなくこれから先も筒井さんと共にやっていこうと願っています。

住所➡〒812-0024　福岡市博多区網場町九—二八—七〇三　山崎方
TEL➡070-5488-1765

●個人救援会は除いています。今後も各地の情報をお寄せください。

死刑廃止国際条約の批准を求める
FORUM90
地球が決めた死刑廃止

〒107-0052 東京都港区赤坂2-14-13 港合同法律事務所気付
TEL：03-3585-2331　FAX：03-3585-2330
振替口座：郵便振替 00180-1-80456
加入者名:フォーラム90

173号（2020.9.10）
10月集会　9月集会予告
相模原事件　死刑確定でなにが失われてしまったのか　渡辺一史・篠田博之・ダースレイダー
ドラマ評「悪との距離」可知亮
袴田事件クラウドファンディング開始
自主刊行物から
死刑日録
死刑囚の絵展報告
死刑囚表現展予告
インフォメーション

172号（2020.7.15）
相模原事件・寝屋川事件から頻発する上訴取下げを考える
You Tubeアカウントの作成方法とSuper Chat利用方法
◇今だから読む三冊の本◇
『デコちゃんが行く――袴田ひで子物語』袴田ひで子さん、いのまちこさんに聞く
『５００冊の死刑』著者に聞く　前田朗
『裁判官も人である』自著を語る　岩瀬哲哉
死刑メモ
インフォメーション

171号（2020.3.30）
寄稿・藤波芳夫さんの処刑　今初めて明かす2006年クリスマスの日におきたこと　向井武子
死刑とは命の流れを途中で断ち切ること　喜納昌吉
死刑確定者の権利擁護を！　安田好弘
事件の全体像が解明されないままの執行　片山徒有
望月衣塑子「新聞記者」に聞く死刑　山口薫
映画週間アンケートから
そこに筒井さんがいた　宇賀神寿一
相模原障害者施設殺傷事件被告への死刑判決を避けてください
死刑メモ
京都死刑映画週間III
インフォメーション

170号（2020.1.25）
森雅子法相の死刑執行に抗議する
死刑執行抗議報告＝死刑廃止・タンポポの会
「命どぅ宝」と死刑制度　金平茂紀
ブックレビュー
国を問うこと、死刑をなくすこと　玉光順正
死刑囚表現展2019　会場アンケートから
第9回死刑映画週間
インフォメーション

169号（2019.12.10）
森まさこ新法務大臣に死刑執行せぬよう要請を
死刑廃止へ。カリフォルニアの経験　大谷洋子
死刑日録
誌面初公開・死刑囚表現展選考会ドキュメント　池田浩士・加賀乙彦・川村湊・香山リカ・北川フラム・坂上香・太田昌国
インフォメーション

168号（2019.10.25）
森まさこ新法務大臣に死刑執行せぬよう要請を
死刑廃止へ。カリフォルニアの経験　大谷洋子
死刑日録
誌面初公開・死刑囚表現展選考会ドキュメント　池田浩士・加賀乙彦・川村湊・香山リカ・北川フラム・坂上香・太田昌国
インフォメーション

167号（2019.8.31）
山下法相の死刑執行を糾弾する！
執行抗議の声　死刑日録
庄子幸一さんから
オウム13人執行から一年　オウム真理教家族の会の永岡英子さんに聞く
響かせあおう死刑廃止の声2019
インフォメーション

166号（2019.7.25）
被害と加害の断絶は埋められるか　森達也・繁澤かおる
島田アピール：冤罪を生み出す温床の解消を目指し、再審法改正と死刑廃止を求めるアピール～1·31赤堀政夫さん解放30年に寄せて
「死刑をなくそう市民会議」発足
インフォメーション
死刑メモ

93年3月26日以降の死刑確定囚（アミは被執行者及び獄死者）（作成・フォーラム90）

氏名　拘置先 判決日	事件名（事件発生日） 生年月日	備　考
尾田　信夫　福岡 70.11.12 最高裁 70. 3.20 福岡高裁 68.12.24 福岡地裁	川端町事件 (66.12.5) 1946年9月19日生まれ	死因の一つとされる放火を否認して再審請求中。98.10.29 最高裁は再審請求棄却に対する特別抗告を棄却、その中で「一部無罪」も再審請求は可能と判断。
奥西　勝（享年89歳） 15.10. 4 八王子医療刑務所で病死 72. 6.15 最高裁 69. 9.10 名古屋高裁　死刑 64.12.23 津地裁　無罪	名張毒ぶどう酒事件 (61.3.28) 1926年1月1日生まれ	一審無罪、高裁で逆転死刑に。05年4月、7次再審が認められたが、検察の異議申立で06年12月再審開始取消決定。10年4月最高裁、名古屋高裁へ差戻決定。12年5月名古屋高裁、再審開始取消決定。13年10月最高裁特別抗告棄却。15年第9次再審請求中に病死。同年11月6日、妹が第10次再審請求。
冨山　常喜（享年86歳） 03. 9. 3 東京拘置所で病死 76. 4. 1 最高裁（藤林益三） 73. 7. 6 東京高裁（堀義次） 71.12.24 水戸地裁土浦支部 （田上輝彦）	波崎事件 (63.8.26) 1917年4月26日生まれ	物証も自白も一切なし。 再審請求中に病死。
大濱　松三　東京 77. 4.16 控訴取下げ 75.10.20 横浜地裁小田原支部	ピアノ殺人事件 (74.8.28) 1928年6月4日生まれ	精神鑑定次第で減刑もありえた。本人控訴取下げで死刑確定。
近藤　清吉（享年55歳） 93. 3.26 仙台拘置支所にて執行 80. 4.25 最高裁（栗木一夫） 77. 6.28 仙台高裁 74. 3.29 福島地裁白河支部	山林売買強殺事件等 (70.7/71.5)	1件を否認、4回にわたって自力で再審請求。
袴田　巖　釈放 80.11.19 最高裁（宮崎梧一） 76. 5.18 東京高裁（横川敏雄） 68. 9.11 静岡地裁（石見勝四）	袴田事件 (66.6.30) 1936年3月10日生まれ	一審以来無実を主張。14年3月27日静岡地裁再審開始決定。同日釈放。18年6月11日、東京高裁、再審開始決定取り消し。ニュースとして「さいしん」「無罪」「袴田ネット通信」などがある。
小島　忠夫（享年61歳） 93.11.26 札幌拘置支所にて執行 81. 3.19 最高裁（藤崎万里） 77. 8.23 札幌高裁 75. 9.　釧路地裁	釧路一家殺人事件 (74.8.7)	責任能力の認定等で再審請求、棄却。
小野　照男（享年62歳） 99.12.17 福岡拘置所にて執行 81. 6.16 最高裁（環昌一） 79. 9.　福岡高裁 78. 9.　長崎地裁	長崎雨宿り殺人事件 (77.9.24)	最高裁から無実を主張、自力で18年にわたり再審請求。初めて弁護人がつき、再審請求を申し立てた4日後に執行。
立川修二郎（享年62歳） 93. 3.26 大阪拘置所にて執行 81. 6.26 最高裁（木下忠良） 79.12.18 高松高裁 76. 2.18 松山地裁	保険金目当実母殺人事件等 (71.1/72.7)	一部無実を主張。

関　　幸生（享年 47 歳） 93.11.26 東京拘置所にて執行 82. 9.　東京高裁（内藤丈夫） 79. 5.17 東京地裁（金隆史）	世田谷老女強殺事件 （77.12.3）	上告せず確定。
藤岡　英次（享年 40 歳） 95. 5.26 大阪拘置所にて執行 83. 4.14 徳島地裁（山田真也）	徳島老人殺人事件等 （78.11/12.16）	控訴せず確定。
出口　秀夫（享年 70 歳） 93.11.26 大阪拘置所にて執行 84. 4.27 最高裁（牧圭次） 80.11.28 大阪高裁 78. 2.23 大阪地裁（浅野芳朗）	大阪電解事件 （74.7.10/10.3）	
坂口　　徹（享年 56 歳） 93.11.26 大阪拘置所にて執行 84. 4.27 最高裁（牧圭次） 80.11.18 大阪高裁 78. 2.23 大阪地裁（浅野芳朗）	大阪電解事件 （74.7.10/10.3）	
川中　鉄夫（享年 48 歳） 93. 3.26 大阪拘置所にて執行 84. 9.13 最高裁（矢口洪一） 82. 5.26 大阪高裁（八木直道） 80. 9.13 神戸地裁（高橋通延）	広域連続殺人事件 （75.4.3 ～）	精神病の疑いがあるにもかかわらず執行。
安島　幸雄（享年 44 歳） 94.12. 1 東京拘置所にて執行 85. 4.26 最高裁（牧圭次） 80. 2.20 東京高裁（岡村治信） 78. 3. 8 前橋地裁（浅野達男）	群馬 3 女性殺人事件 （77.4.16）	養父母との接見交通禁止に対しての国賠訴訟中の処刑。
佐々木和三（享年 65 歳） 94.12. 1 仙台拘置支所にて執行 85. 6.17 青森地裁	青森旅館主人他殺人事件 （84.9.9）	弁護人控訴の翌日、本人取下げで確定。
須田　房雄（享年 64 歳） 95. 5.26 東京拘置所にて執行 87. 1　　控訴取下げ確定 86.12.22 東京地裁（高島英世）	裕士ちゃん誘拐殺人事件 （86.5.9）	本人の控訴取下げで確定。
大道寺将司（享年 68 歳） 17. 5.24 東京拘置所にて病死 87. 3.24 最高裁（伊藤正己） 82.10.29 東京高裁（内藤丈夫） 79.11.12 東京地裁（簑原茂広）	連続企業爆破事件 （71.12 ～ 75.5） 1948 年 6 月 5 日生まれ	「共犯」は「超法規的措置」により国外へ。交流誌「キタコブシ」が出ていた。著書『死刑確定中』、句集『鴉の目』『棺一基』『残の月』などがある。
益永　利明　　　　東京 87. 3.24 最高裁（伊藤正己） 82.10.29 東京高裁（内藤丈夫） 79.11.12 東京地裁（簑原茂広）	連続企業爆破事件 （71.12 ～ 75.5） 1948 年 6 月 1 日生まれ	旧姓片岡。「共犯」は「超法規的措置」により国外へ。国賠多数提訴。交流誌「ごましお通信」が出ていた。著書『爆弾世代の証言』がある。
井田　正道（享年 56 歳） 98.11.19 名古屋拘置所にて執行 87. 4.15 上告せず確定 87. 3.31 名古屋高裁（山本卓） 85.12. 5 名古屋地裁 （鈴木雄八郎）	名古屋保険金殺人事件 （79.11 ～ 83.12） 1942 年 6 月 27 日生まれ	上告せず確定。「共犯」の長谷川は 93 年に確定。
木村　修治（享年 45 歳） 95.12.21 名古屋拘置所にて執行 87. 7. 9 最高裁（大内恒夫） 83. 1.26 名古屋高裁（村上悦夫） 82. 3.23 名古屋地裁（塩見秀則）	女子大生誘拐殺人事件 （80.12.2） 1950 年 2 月 5 日生まれ	恩赦出願したが、その決定が代理人に通知されないままの処刑。著書に『本当の自分を生きたい』がある。

秋山　芳光（享年 77 歳） 06.12.25 東京拘置所にて執行 87. 7.17 最高裁（香川保一） 80. 3.27 東京高裁（千葉和郎） 76.12.16 東京地裁	秋山兄弟事件 （75.8.25）	殺人未遂等を否認して再審請求。棄却。
田中　重穂（享年 69 歳） 95. 5.26 東京拘置所にて執行 87.10.23 最高裁（香川保一） 81. 7. 7 東京高裁（市川郁雄） 77.11.18 東京地裁八王子支部	東村山署警察官殺人事件 （76.10.18） 1929 年 7 月 13 日生まれ	旧姓・小宅。
平田　直人（享年 63 歳） 95.12.21 福岡拘置所にて執行 87.12.18 最高裁（牧圭次） 82. 4.27 福岡高裁（平田勝雅） 80.10. 2 熊本地裁（辻原吉勝）	女子中学生誘拐殺人事件 （79.3.28） 1932 年 1 月 1 日生まれ	事実誤認があるとして再審請求、棄却。
浜田　武重（享年 90 歳） 17. 6.26 福岡拘置所にて病死 88. 3. 8 最高裁（伊藤正己） 84. 6.19 福岡高裁（山本茂） 82. 3.29 福岡地裁（秋吉重臣）	3 連続保険金殺人事件 （78.3 ～ 79.5） 1927 年 3 月 10 日生まれ	3 件中 2 件については無実を主張。
杉本　嘉昭（享年 45 歳） 96. 7.11 福岡拘置所にて執行 88. 4.15 最高裁（香川保一） 84. 3.14 福岡高裁（緒方誠哉） 82. 3.16 福岡地裁小倉支部 （佐野精孝）	福岡病院長殺人事件 （79.11.4）	被害者 1 人で 2 名に死刑判決。自力で再審請求をしていたらしいが、詳細は不明。
横山　一美（享年 59 歳） 96. 7.11 福岡拘置所にて執行 88. 4.15 最高裁（香川保一） 84. 3.14 福岡高裁（緒方誠哉） 82. 3.16 福岡地裁小倉支部 （佐野精孝）	福岡病院長殺人事件 （79.11.4）	被害者 1 人で 2 名に死刑判決。再審請求を準備していた。
綿引　　誠（享年 74 歳） 13. 6.23 東京拘置所にて病死 88. 4.28 最高裁（角田礼次郎） 83. 3.15 東京高裁（菅野英男） 80. 2. 8 水戸地裁（大関隆夫）	日立女子中学生誘拐殺人事件 （78.10.16） 1939 年 3 月 25 日生まれ	再審請求中に病死。
篠原徳次郎（享年 68 歳） 95.12.21 東京拘置所にて執行 88. 6.20 最高裁（奥野久之） 85. 1.17 東京高裁（小野慶二） 83.12.26 前橋地裁（小林宣雄）	群馬 2 女性殺人事件 （81.10、82.7）	無期刑の仮釈放中の事件。
渡辺　　清　　　　大阪 88. 6. 2 最高裁（高島益郎） 78. 5.30 大阪高裁　死刑 （西村哲夫） 75. 8.29 大阪地裁　無期 （大政正一）	4 件殺人事件 （67.4.24 ～ 73.3） 1948 年 3 月 17 日生まれ	一審は無期懲役判決。4 件中 2 件は無実と主張。
石田三樹男（享年 48 歳） 96. 7.11 東京拘置所にて執行 88. 7. 1 最高裁（奥野久之） 84. 3.15 東京高裁（寺沢栄） 82.12. 7 東京地裁（大関規雄）	神田ビル放火殺人事件 （81.7.6）	起訴から高裁判決まで 1 年半というスピード裁判。

日高　安政（享年54歳） 97. 8. 1札幌拘置支所にて執行 88.10.11控訴取下げ 87. 3. 9札幌地裁（鈴木勝利）	保険金目当て放火殺人事件 （84.5.5） 1944年生まれ	恩赦を期待して控訴を取り下げた。放火は認めているが、殺意は否認。
日高　信子（享年51歳） 97. 8. 1札幌拘置支所にて執行 88.10.11控訴取下げ 87. 3. 9札幌地裁（鈴木勝利）	保険金目当て放火殺人事件 （84.5.5） 1947年生まれ	恩赦を期待して控訴を取り下げた。放火は認めているが、殺意は否認。
平田　光成（享年60歳） 96.12.20東京拘置所にて執行 88.10.22上告取下げ 82. 1.21東京高裁（市川郁雄） 80. 1.18東京地裁（小野幹雄）	銀座ママ殺人事件他 （78.5.21/6.10）	恩赦を期待して上告取下げ、死刑確定。「共犯」野口は90年2月死刑確定。
今井　義人（享年55歳） 96.12.20東京拘置所にて執行 88.10.22上告取下げ 85.11.29東京高裁（内藤丈夫） 84. 6. 5東京地裁（佐藤文哉）	元昭石重役一家殺人事件 （83.1.29）	事件から二審判決まで2年。恩赦を期待してか上告取下げ、死刑確定。
西尾　立昭（享年61歳） 98.11.19名古屋拘置所にて執行 89. 3.28最高裁（安岡満彦） 81. 9.10名古屋高裁 80. 7. 8名古屋地裁	日建土木事件 （77.1.7） 1936年12月18日生まれ	「共犯」とされる山根は無実を主張したが、最高裁で異例の無期懲役に減刑判決。
石田　富蔵（享年92歳） 14. 4.19東京拘置所にて病死 89. 6.13最高裁（坂上寿夫） 82.12.23東京高裁（菅間英男） 80. 1.30浦和地裁（杉山英巳）	2女性殺人事件 （73.8.4/74.9.13） 1921年11月13日生まれ	1件の強盗殺人事件の取り調べ中に他の傷害致死事件を自ら告白、これが殺人とされた。前者の強殺事件は冤罪を主張。再審請求中に病死。
藤井　政安　　　　東京 89.10.13最高裁（貞家克己） 82. 7. 1東京高裁（船田三雄） 77. 3.31東京地裁（林修）	関口事件 （70.10～73.4） 1942年2月23日生まれ	旧姓関口。
神田　英樹（享年43歳） 97. 8. 1東京拘置所にて執行 89.11.20最高裁（香川保一） 86.12.22東京高裁（萩原太郎） 86. 5.20浦和地裁（杉山忠雄）	父親等3人殺人事件 （85.3.8）	控訴から二審判決まで半年、上告後3年で死刑確定。
宇治川　正（享年62歳） 13.11.15東京拘置所にて病死 89.12. 8最高裁（島谷六郎） 83.11.17東京高裁（山本茂） 79. 3.15前橋地裁（浅野達男）	2女子中学生殺人事件等 （76.4.1） 1951年6月29日生まれ	旧姓田村。覚醒剤の影響下での事件。再審請求中に病死。交流誌「ひよどり通信」が出ていた。
野口　　悟（享年50歳） 96.12.20東京拘置所にて執行 90. 2. 1最高裁（四ツ谷巌） 82. 1.21東京高裁（市川郁雄） 80. 1.18東京地裁（小野幹雄）	銀座ママ殺人事件他 （78.5.21/6.10）	「共犯」の平田光成は上告取下げで88年に確定。
金川　　一　　　　福岡 90. 4. 3最高裁（安岡満彦） 83. 3.17福岡高裁 死刑（緒方誠哉） 82. 6.14熊本地裁八代支部 無期（河上元康）	主婦殺人事件 （79.9.11） 1950年7月7日生まれ	一審途中から無実を主張、一審は無期懲役判決。客観的証拠なし。

永山　則夫（享年 48 歳） 97. 8. 1 東京拘置所にて執行 90. 4.17 最高裁（安岡満彦） 87. 3.18 東京高裁　死刑 （石田穣一） 83. 7. 8 最高裁　無期破棄差戻 （大橋進） 81. 8.21 東京高裁　無期 （船田三雄） 79. 7.10 東京地裁　死刑	連続射殺事件 (68.10.11 ～ 11.5) 1949 年 6 月 27 日生まれ	犯行時 19 歳。『無知の涙』『人民をわすれたカナリアたち』『愛か無か』『動揺記』『反—寺山修司論』『木橋』『ソオ連の旅芸人』『捨て子ごっこ』『死刑の涙』『なぜか、海』『異水』『日本』『華』など多数の著作がある。没後永山子ども基金設立。ペルーの貧しい子どもたちに支援をつづける。
村竹　正博（享年 54 歳） 98. 6.25 福岡拘置所にて執行 90. 4.27 最高裁（藤島昭） 85.10.18 福岡高裁　死刑 （桑原宗朝） 83. 3.30 長崎地裁佐世保支部 無期（亀井義朗）	長崎 3 人殺人事件等 (78.3.21) 1944 年 3 月 30 日生まれ	一審の情状をくんだ無期判決が高裁で逆転、死刑判決に。
晴山　広元（享年 70 歳） 04. 6. 4 札幌刑務所で病死 90. 9.13 最高裁（角田礼次郎） 79. 4.12 札幌高裁　死刑 76. 6.24 札幌地裁岩見沢支部 無期	空知 2 女性殺人事件等 (72.5 ～ 74.5) 1934 年 5 月 8 日生まれ	自白のみで物証もなく、違法捜査による自白として無実を主張。一審は無期懲役判決。再審請求中に病死。
荒井　政男（享年 82 歳） 09. 9. 3 東京拘置所にて病死 90.10.16 最高裁（坂上寿夫） 84.12.18 東京高裁（小野慶二） 76. 9.25 横浜地裁横須賀支部 （秦不二雄）	三崎事件 (71.12.21) 1927 年 2 月 4 日生まれ	一審以来無実を主張。再審請求中に病死。家族が再審を引きつぐ。救援会の機関誌「潮風」。
武安　幸久（享年 66 歳） 98. 6.25 福岡拘置所にて執行 90.12.14 最高裁（中島敏次郎） 86.12. 2 福岡高裁 （永井登志彦）	直方強盗女性殺人事件 (80.4.23) 1932 年 6 月 20 日生まれ	無期刑の仮釈放中の事件。
諸橋　昭江（享年 75 歳） 07. 7.17 東京拘置所にて病死 91. 1.31 最高裁（四ツ谷巌） 86. 6. 5 東京高裁（寺沢栄） 80. 5. 6 東京地裁（小林充）	夫殺人事件他 (74.8.8/78.4.24) 1932 年 3 月 10 日生まれ	夫殺しは無実を主張。再審請求中に病死。
島津　新治（享年 66 歳） 98. 6.25 東京拘置所にて執行 91. 2. 5 最高裁（可部恒雄） 85. 7. 8 東京高裁（柳瀬隆治） 84. 1.23 東京地裁（田尾勇）	パチンコ景品商殺人事件 (83.1.16) 1931 年 12 月 28 日生まれ	無期刑の仮釈放中の事件。
津田　　暎（享年 59 歳） 98.11.19 広島拘置所にて執行 91. 6.11 最高裁（園部逸夫） 86.10.21 広島高裁（久安弘一） 85. 7.17 広島地裁福山支部 （雑賀飛龍）	学童誘拐殺人事件 (84.2.13) 1939 年 8 月 15 日生まれ	刑確定後、俳句の投稿を禁止された。
佐川　和男（享年 48 歳） 99.12.17 東京拘置所にて執行 91.11.29 最高裁（藤島昭） 87. 6.23 東京高裁（小野慶二） 82. 3.30 浦和地裁（米沢敏雄）	大宮母子殺人事件 (81.4.4) 1951 年 3 月 21 日生まれ	「共犯」者は逃亡中に病死。

佐々木哲也　　　　東京 92. 1.31 最高裁（大堀誠一） 86. 8.29 東京高裁（石丸俊彦） 84. 3.15 千葉地裁（太田浩）	両親殺人事件 (74.10.30) 1952年9月14日生まれ	無実を主張。
佐藤　真志（享年62歳） 99. 9.10 東京拘置所にて執行 92. 2.18 最高裁（可部恒雄） 85. 9.17 東京高裁（寺沢栄） 81. 3.16 東京地裁（松本時夫）	幼女殺人事件 (79.7.28) 1937年3月12日生まれ	無期刑の仮釈放中の事件。
高田　勝利（享年61歳） 99. 9.10 仙台拘置支所にて執行 92. 7　控訴せず確定 92. 6.18 福島地裁郡山支部 （慶田康男）	飲食店女性経営者殺人事件 (90.5.2) 1938年4月27日生まれ	無期刑の仮釈放中の事件。控訴せず確定。
森川　哲行（享年69歳） 99. 9.10 福岡拘置所にて執行 92. 9.24 最高裁（大堀誠一） 87. 6.22 福岡高裁（浅野芳朗） 86. 8. 5 熊本地裁（荒木勝己）	熊本母娘殺人事件 (85.7.24) 1930年4月10日生まれ	無期刑の仮釈放中の事件。
名田　幸作（享年56歳） 07. 4.27 大阪拘置所にて執行 92. 9.29 最高裁（貞家克己） 87. 1.23 大阪高裁（家村繁治） 84. 7.10 神戸地裁姫路支部（藤原寛）	赤穂同僚妻子殺人事件 (83.1.19) 1950年6月17日生まれ	
坂口　　弘　　　　東京 93. 2.19 最高裁（坂上寿夫） 86. 9.26 東京高裁（山本茂） 82. 6.18 東京地裁（中野武男）	連合赤軍事件 (71～72.2) 1946年11月12日生まれ	「共犯」は「超法規的措置」により国外へ。著書『坂口弘歌稿』『あさま山荘1972』、歌集『常しへの道』『暗黒世紀』など。
永田　洋子（享年65歳） 11. 2. 6 東京拘置所にて病死 93. 2.19 最高裁（坂上寿夫） 86. 9.26 東京高裁（山本茂） 82. 6.18 東京地裁（中野武男）	連合赤軍事件 (71～72.2) 1945年2月8日生まれ	「共犯」は「超法規的措置」により国外へ。著書『十六の墓標』『私生きてます』など多数。再審請求中に病死。
澤地　和夫（享年69歳） 08.12.16 東京拘置所にて病死 93. 7　上告取下げ 89. 3.31 東京高裁（内藤丈夫） 87.10.30 東京地裁（中山善房）	山中湖連続殺人事件 (84.10) 1939年4月15日生まれ	上告を取下げて、確定。再審請求中に病死。『殺意の時』『東京拘置所　死刑囚物語』『なぜ死刑なのですか』など著書多数。「共犯」の猪熊は95年7月確定。
藤波　芳夫（享年75歳） 06.12.25 東京拘置所にて執行 93. 9. 9 最高裁（味村治） 87.11.11 東京高裁（岡田満了） 82. 2.19 宇都宮地裁（竹田央）	覚醒剤殺人事件 (81.3.29) 1931年5月15日生まれ	覚醒剤と飲酒の影響下で、元妻の家族を殺害。
長谷川敏彦（享年51歳） 01.12.27 名古屋拘置所にて執行 93. 9.21 最高裁（園部逸夫） 87. 3.31 名古屋高裁（山本卓） 85.12. 5 名古屋地裁 （鈴木雄八郎）	名古屋保険金殺人事件 (79.11～83.12)	旧姓竹内。「共犯」の井田は上告せず87年確定。最高裁判決で大野正男裁判官の補足意見が出る。事件の被害者遺族が死刑執行をしないでと上申書を提出して恩赦出願したが、98年に不相当。
牧野　　正（享年58歳） 09. 1.29 福岡拘置所にて執行 93.11.16 控訴取下げ 93.10.27 福岡地裁小倉支部 （森田富人）	北九州母娘殺人事件 (90.3) 1950年3月18日生まれ	無期刑の仮釈放中の事件。一審弁護人控訴を本人が取下げ、確定。二審弁護人不在のまま本人が取り下げたことが問題。公判再開請求が最高裁で棄却。

太田　勝憲（享年55歳） 99.11. 8 札幌拘置支所で自殺 93.12.10 最高裁（大野正男） 87. 5.19 札幌高裁（水谷富茂人） 84. 3.23 札幌地裁（安藤正博）	平取猟銃一家殺人事件 （79.7.18）	自殺。
藤原　清孝（享年52歳） 00.11.30 名古屋拘置所にて執行 94. 1.17 最高裁（小野幹雄） 88. 5.19 名古屋高裁 （吉田誠吾） 86. 3.24 名古屋地裁（橋本享典）	連続殺人113号事件 （72.9～82.10） 1948年8月29日生まれ	旧姓、勝田。著書に『冥晦に潜みし日々』がある。
宮脇　喬（享年57歳） 00.11.30 名古屋拘置所にて執行 94. 3.18 上告取下げ 90. 7.16 名古屋高裁 （吉田誠吾） 89.12.14 岐阜地裁（橋本達彦）	先妻家族3人殺人事件 （89.2.14） 1943年7月26日生まれ	事件から二審判決まで1年4か月というスピード判決。3人のうち2人は傷害致死を主張。上告を取下げ確定。
大森　勝久　札幌 94. 7.15 最高裁（大西勝也） 88. 1.21 札幌高裁 （水谷富茂人） 83. 3.29 札幌地裁（生島三則）	北海道庁爆破事件 （76.3.2） 1949年9月7日生まれ	一貫して無実を主張。
大石　国勝（享年55歳） 00.11.30 福岡拘置所にて執行 95. 4.21 最高裁（中島敏次郎） 89.10.24 福岡高裁（丸山明） 87. 3.12 佐賀地裁（早船嘉一）	隣家親子3人殺人事件 （82.5.16） 1945年1月10日生まれ	事件当時「精神障害」だったとして責任能力について争ったが認められず。
藤島　光雄（享年55歳） 13.12.12 東京拘置所にて執行 95. 6. 8 最高裁（高橋久子） 88.12.15 東京高裁（石丸俊彦） 87. 7. 6 甲府地裁（古口満）	2連続殺人事件 （86.3.6/3.11） 1958年4月22日生まれ	事件から1年数か月で一審判決という拙速裁判。
猪熊　武夫　東京 95. 7. 3 最高裁（大西勝也） 89. 3.31 東京高裁（内藤丈夫） 87.10.30 東京地裁（中山善房）	山中湖連続殺人事件 （84.10） 1949年7月2日生まれ	「共犯」澤地は上告取下げで、93年7月に死刑確定、08年病死。
池本　登（享年75歳） 07.12.07 大阪拘置所にて執行 96. 3. 4 最高裁（河合伸一） 89.11.28 高松高裁　死刑 （村田晃） 88.3.22 徳島地裁　無期 （山田真也）	猟銃近隣3人殺人事件 （86.6.3） 1932年12月22日生まれ	一審は無期懲役判決、高裁で死刑判決。
山野静二郎　大阪 96.10.25 最高裁（福田博） 89.10.11 大阪高裁（西村清治） 85. 7.22 大阪地裁（池田良兼）	不動産会社連続殺人事件 （82.3） 1938年7月31日生まれ	重大な事実誤認を主張。著書『死刑囚の祈り』『死刑囚の叫び』。支援会誌「オリーブ通信」。
朝倉幸治郎（享年66歳） 01.12.27 東京拘置所にて執行 96.11.14 最高裁（高橋久子） 90. 1.23 東京高裁（高木典雄） 85.12.20 東京地裁（柴田孝夫）	練馬一家5人殺人事件 （83.6.28）	

向井　伸二（享年42歳） 03. 9.12 大阪拘置所にて執行 96.12.17 最高裁（尾崎行信） 90.10. 3 大阪高裁（池田良兼） 88. 2.26 神戸地裁（加藤光康）	母子等3人殺人事件 (85.11.29/12.3) 1961年8月17日生まれ	
中元　勝義（享年64歳） 08. 4.10 大阪拘置所にて執行 97. 1.28 最高裁（可部恒雄） 91.10.27 大阪高裁（池田良兼） 85. 5.16 大阪地裁堺支部 （重富純和）	宝石商殺人事件 (82.5.20) 1943年12月24日生まれ	殺人については無実を主張。再審請求、棄却。
松原　正彦（享年63歳） 08. 2. 1 大阪拘置所にて執行 97. 3. 7 最高裁（根岸重治） 92. 1.23 高松高裁（村田晃） 90. 5.22 徳島地裁（虎井寧夫）	2主婦連続強盗殺人事件 (88.4.18/88.6.1) 1944年3月19日生まれ	
大城　英明　　　福岡 97. 9.11 最高裁（藤井正雄） 91.12. 9 福岡高裁（雑賀飛龍） 85. 5.31 福岡地裁飯塚支部 （松信尚章）	内妻一家4人殺人事件 (76.6.13) 1942年3月10日生まれ	旧姓秋好。4人のうち3人殺害は内妻の犯行と主張。島田荘司著『秋好事件』『秋好英明事件』。HPは「WS刊島田荘司」上にある。
神宮　雅晴　　　大阪 97.12.19 最高裁（園部逸夫） 93. 4.30 大阪高裁 （村上保之助） 88.10.25 大阪地裁（青木暢茂）	警察庁指定115号事件 (84.9.4 他) 1943年1月5日生まれ	旧姓廣田。無実を主張。
春田　竜也（享年36歳） 02. 9.18 福岡拘置所にて執行 98. 4.23 最高裁（遠藤光男） 91. 3.26 福岡高裁（前田一昭） 88. 3.30 熊本地裁（荒木勝己）	大学生誘拐殺人事件 (87.9.14 ～ 9.25) 1966年4月18日生まれ	旧姓田本。一審は異例のスピード審理。
浜田　美輝（享年43歳） 02. 9.18 名古屋拘置所にて執行 98. 6. 3 控訴取下げ 98. 5.15 岐阜地裁（沢田経夫）	一家3人殺人事件 (94.6.3)	本人控訴取り下げで、死刑確定。
宮崎　知子　　　名古屋 98. 9. 4 最高裁（河合伸一） 92. 3.31 名古屋高裁金沢支部 （浜田武律） 88. 2. 9 富山地裁（大山貞雄）	富山・長野2女性殺人事件 (80.2.23 ～ 3.6)	真犯人は別人と主張。
柴嵜　正一　　　東京 98. 9.17 最高裁（井嶋一友） 94. 2.24 東京高裁（小林充） 91. 5.27 東京地裁（中山善房）	中村橋派出所2警官殺人事件 (89.5.16) 1969年1月1日生まれ	
村松誠一郎　　　東京 98.10. 8 最高裁（小野幹雄） 92. 6.29 東京高裁（新谷一信） 85. 9.26 浦和地裁（林修）	宮代事件等 (80.3.21) 1956年5月17日生まれ	宮代事件は無実を主張。
松本美佐雄　　　東京 98.12. 1 最高裁（元原利文） 94. 9.29 東京高裁（小林充） 93. 8.24 前橋地裁高崎支部 （佐野精孝）	2人殺人1人傷害致死、死体遺棄事件 (90.12/91.7) 1965年2月20日生まれ	1件の殺人について否認。他の1件については共犯者の存在を主張。

高田和三郎　東京 99. 2.25 最高裁（小野幹雄） 94. 9.14 東京高裁（小泉祐康） 86. 3.28 浦和地裁（杉山忠雄）	友人3人殺人事件 （72.2 ～ 74.2） 1932年8月17日生まれ	真犯人は別人と主張。
嶋﨑　末男（享年59歳） 04. 9.14 福岡拘置所にて執行 99. 3. 9 最高裁（千種秀夫） 95. 3.16 福岡高裁　死刑（池田憲義） 92. 11.30 熊本地裁　無期	熊本保険金殺人事件	一審は無期懲役判決。高裁で死刑判決。
福岡　道雄（享年64歳） 06.12.25 大阪拘置所にて執行 99. 6.25 最高裁（福田博） 94. 3. 8 高松高裁（米田俊昭） 88. 3. 9 高知地裁（田村秀作）	3件殺人事件 （78.12/80.4/81.1） 1942年7月13日生まれ	無実を主張。
松井喜代司（享年69歳） 17.12.19 東京拘置所にて執行 99. 9.13 最高裁（大出峻郎） 95.10. 6 東京高裁（小泉祐康） 94.11. 9 前橋地裁高崎支部（佐野精孝）	安中親子3人殺人事件 （94.2.13） 1948年1月23日生まれ	再審請求中に執行。
北川　晋（享年58歳） 05. 9.16 大阪拘置所にて執行 00. 2. 4 最高裁（北川弘治） 95. 3.30 高松高裁（米田俊昭） 94. 2.23 高知地裁（隅田景一）	高知・千葉殺人事件 （83.8.16/86.2.6） 1947年5月21日生まれ	
日高　広明（享年44歳） 06.12.25 広島拘置所にて執行 00. 2. 9 広島地裁（戸倉三郎）	4女性強盗殺人事件 （96）	控訴せず確定。
小田　義勝（享年59歳） 07. 4.27 福岡拘置所にて執行 00. 3.15 福岡地裁（陶山博生）	2件保険金殺人事件	弁護人の控訴を00年3月30日に本人が取下げ確定。
松本　健次　大阪 00. 4. 4 最高裁（奥田昌道） 96. 2.21 大阪高裁（朝岡智幸） 93. 9.17 大津地裁（土井仁臣）	2件強盗殺人事件 （90.9/91.9） 1951年2月3日生まれ	「主犯」の兄は事件後自殺。
田中　政弘（享年42歳） 07. 4.27 東京拘置所にて執行 00. 9. 8 最高裁（河合伸一） 95.12.20 東京高裁（佐藤文哉） 94. 1.27 横浜地裁（上田誠治）	4人殺人事件 （84.11/88.3/89.6/91.3） 1964年9月12日生まれ	旧姓宮下。4人のうち2人の殺人を否認。再審請求が棄却され恩赦出願を準備中に執行。
竹澤一二三（享年69歳） 07. 8.23 東京拘置所にて執行 00.12. 11 東京高裁（高橋省吾） 98. 3.24 宇都宮地裁（山田公一）	栃木県3人殺人事件 （90.9.13/93.7.28）	嫉妬妄想による犯行と弁護側主張。上告せず死刑が確定。
瀬川　光三（享年60歳） 07. 8.23 名古屋拘置所にて執行 01. 1.30 最高裁（元原利文） 97. 3.11 名古屋高裁金沢支部（高木實） 93. 7.15 富山地裁（下山保男）	富山夫婦射殺事件 （91.5.7）	
岩本　義雄（享年63歳） 07. 8.23 東京拘置所にて執行 01. 2. 1 東京地裁（木村烈）	2件強盗殺人事件 （96.6/97.7）	弁護人が控訴したが、本人が控訴を取下げ、死刑確定。

上田　大（享年33歳） 03. 2.28 名古屋拘置所で病死 01. 9.20 最高裁（藤井正雄） 96. 7. 2 名古屋高裁 （松本光雄） 94. 5.25 名古屋地裁一宮支部 （伊藤邦晴）	愛知2件殺人事件 （93.2.16/3.3）	
S・T（享年44歳） 17.12.19 東京拘置所にて執行 01.12. 3 最高裁（亀山継夫） 96. 7. 2 東京高裁（神田忠治） 94. 8. 8 千葉地裁（神作良二）	市川一家4人殺人事件 （92.3.5） 1973年1月30日生まれ	犯行時19歳の少年。再審請求中に執行。
萬谷　義幸（享年68歳） 08. 9.11 大阪拘置所にて執行 01.12. 6 最高裁（深沢武久） 97. 4.10 大阪高裁（内匠和彦） 91. 2. 7 大阪地裁（米田俊昭）	地下鉄駅短大生殺人事件 （88.1.15） 1940年1月24日生まれ	無期刑の仮釈放中の事件。
陳　代　偉　東京 02. 6.11 最高裁（金谷利広） 98. 1.29 東京高裁（米沢敏雄） 95.12.15 東京地裁八王子支部 （豊田建）	パチンコ店強盗殺人事件 （92.5.30） 1961年2月13日生まれ	中国国籍。定住以外の外国人の死刑確定は戦後初めて。主犯格国外逃亡中。取調べ時拷問を受け、自白を強要された。強盗殺人の共謀と殺意の不在を主張。通訳の不備が問題となる。
何　力　東京 02. 6.11 最高裁（金谷利広） 98. 1.29 東京高裁（米沢敏雄） 95.12.15 東京地裁八王子支部 （豊田建）	パチンコ店強盗殺人事件 （92.5.30） 1964年10月3日生まれ	同上。
横田　謙二　東京 02.10. 5 上告取下げ 02. 9.30 東京高裁　死刑 （高橋省吾） 01. 6.28 さいたま地裁　無期	知人女性殺人事件 （99.1） 1949年5月23日生まれ	無期刑の仮釈放中の事件。一審は無期懲役判決。弁護人の上告を本人が取下げ。
府川　博樹（享年42歳） 07.12. 7 東京拘置所にて執行 03. 1. 5 上告取下げ 01.12.19 東京高裁（高橋省吾） 01. 3.21 東京地裁（木村烈）	江戸川老母子強盗殺人事件 （99.4）	異例のスピード裁判。上告を取下げ死刑確定。
宅間　守（享年40歳） 04. 9.14 大阪拘置所にて執行 03. 9.26 控訴取下げ 03. 8.28 大阪地裁（川合昌幸）	池田小児童殺傷事件 （01.6.8）	一審弁護人の控訴を本人が取下げて、死刑確定。確定から執行までわずか1年。
黄　奕　善　東京 04. 4.19 最高裁（島田仁郎） 98. 3.26 東京高裁（松本時夫） 96. 7.19 東京地裁（阿部文洋）	警視庁指定121号事件 （93.10.27 ～ 12.20） 1968年12月14日生まれ	中国系のマレーシア国籍。「共犯」の松沢は05年9月確定。強盗殺人の共謀と殺意の不存在を主張。
石橋　栄治（享年72歳） 09.10.27 東京拘置所にて病死 04. 4.27 最高裁（藤田宙靖） 99. 4.28 東京高裁　死刑 （佐藤文哉） 96. 3. 8 横浜地裁小田原支部 無期　（萩原孟）	神奈川2件強盗殺人事件 （88.12.28/89.1.1） 1937年10月25日生まれ	一審では、2件のうち1件を無罪として無期懲役判決。再審請求中に病死。

藤間　静波（享年47歳） 07.12. 7 東京拘置所にて執行 04. 6.15 最高裁（浜田邦夫） 00. 1.24 東京高裁（荒木友雄） 88. 3.10 横浜地裁（和田保）	母娘他5人殺人事件 (81.5/82.5/82.6) 1960年8月21日生まれ	本人が控訴を取下げたが弁護人が異議申立。特別抗告が認められ「控訴取下は無効」とされ、控訴審が再開された。
岡﨑　茂男（享年60歳） 14. 6.24 東京拘置所にて病死 04. 6.25 最高裁（北川弘治） 98. 3.17 仙台高裁（泉山禎治） 95. 1.27 福島地裁 （井野場明子）	警察庁指定118号事件 (86.7/89.7/91.5) 1953年6月30日生まれ	殺人の被害者2人で3人に死刑判決。再審請求中に病死。
迫　康裕（享年73歳） 13. 8.15 仙台拘置支所にて病死 04. 6.25 最高裁（北川弘治） 98. 3.17 仙台高裁（泉山禎治） 95. 1.27 福島地裁 （井野場明子）	警察庁指定118号事件 (86.7/89.7/91.5) 1940年7月25日生まれ	殺人の被害者2人で3人に死刑判決。殺人に関しては無罪主張。再審請求中に病死。
熊谷　昭孝（享年67歳） 11. 1.29 入院先の病院で病死 04. 6.25 最高裁（北川弘治） 98. 3.17 仙台高裁（泉山禎治） 95. 1.27 福島地裁 （井野場明子）	警察庁指定118号事件 (86.7/89.7/91.5) 1943年2月10日生まれ	殺人の被害者2人で3人に死刑判決。再審請求中に病死。
名古　圭志（享年37歳） 08. 2. 1 福岡拘置所にて執行 04. 8.26 控訴取下げ 04. 6.18 鹿児島地裁（大原英雄）	伊仙母子殺傷事件 (02.8.16) 1970年5月7日生まれ	本人控訴取下げで死刑確定。
中村　正春（享年61歳） 08. 4.10 大阪拘置所にて執行 04. 9. 9 最高裁（島田仁郎） 99.12.22 大阪高裁（河上元康） 95. 5.19 大津地裁（中川隆司）	元同僚ら2人殺人事件 (89.10.10/12.26) 1947年3月11日生まれ	
岡本　啓三　（享年60歳） 18. 12.27 大阪拘置所にて執行 04. 9.13 最高裁（福田博） 99. 3. 5 大阪高裁（西田元彦） 95. 3.23 大阪地裁（谷村充祐）	コスモ・リサーチ殺人事件 (88.1.29) 1958年9月3日生まれ	旧姓河村。著書に『こんな僕でも生きてていいの』『生きる』『落伍者』がある。再審請求中の執行。
末森　博也　（享年67歳） 18. 12.27 大阪拘置所にて執行 04. 9.13 最高裁（福田博） 99. 3. 5 大阪高裁（西田元彦） 95. 3.23 大阪地裁（谷村充祐）	コスモ・リサーチ殺人事件 (88.1.29) 1951年9月16日生まれ	
持田　孝（享年65歳） 08. 2. 1 東京拘置所にて執行 04.10.13 最高裁（滝井繁男） 00. 2.28 東京高裁　死刑 （仁田陸郎） 99. 5.27 東京地裁　無期 （山室恵）	前刑出所後、被害届を出した女性への逆恨み殺人事件 (97.4) 1942年5月15日生まれ	一審は無期懲役判決。

坂本　正人（享年 41 歳） 08. 4.10 東京拘置所にて執行 04.11.13 上告せず確定 04.10.29 東京高裁死刑（白木勇） 03.10.09 前橋地裁　無期 （久我泰博）	群馬女子高生誘拐殺人事件 （02.7.19） 1966 年 5 月 19 日生まれ	一審は無期懲役判決。上告せず、死刑確定。被害者は 1 名。
坂本　春野（享年 83 歳） 11. 1.27 大阪医療刑務所にて病死 04.11.19 最高裁（津野修） 00. 9.28 高松高裁（島敏男） 98. 7.29 高知地裁（竹田隆）	2 件保険金殺人事件 （87.1.17/92.8.19） 1927 年 6 月 21 日生まれ	確定判決時 77 歳。無実を主張。病死。
倉吉　政隆　　　　福岡 04.12. 2 最高裁（泉徳治） 00. 6.29 福岡高裁（小出錞一） 99. 3.25 福岡地裁（仲家暢彦）	福岡・大牟田男女 2 人殺人事件他 （95.4） 1951 年 7 月 2 日生まれ	
森本　信之　　　　名古屋 04.12.14 最高裁（金谷利広） 01. 5.14 名古屋高裁 （堀内信明） 00. 3. 1 津地裁（柴田秀樹）	フィリピン人 2 女性殺人事件 （98.12）	2 人の共犯のうち、1 人は公判途中で死亡。もう 1 人は二審で無期懲役に減刑。
山崎　義雄（享年 73 歳） 08. 6.17 大阪拘置所にて執行 05. 1.25 最高裁（上田豊三） 00.10.26 高松高裁死刑（島敏男） 97. 2.18 高松地裁　無期 （重古孝郎）	保険金殺人事件（仙台・高松） （85.11/90.3） 1935 年 6 月 10 日生まれ	一審は無期懲役判決。
間中　博巳　　　　東京 05. 1.27 最高裁（才口千晴） 01. 5. 1 東京高裁（河辺義正） 94. 7. 6 水戸地裁下妻支部 （小田部米彦）	同級生 2 人殺人事件 （89.8/9.13） 1967 年 12 月 6 日生まれ	
秋永　　香（享年 61 歳） 08. 4.10 東京拘置所にて執行 05. 3. 3 最高裁（泉徳治） 01. 5.17 東京高裁　死刑 （吉本徹也） 99. 3.11 東京地裁　無期 （山崎学）	資産家老女ら 2 人殺人事件 （89.10） 1946 年 12 月 14 日生まれ	旧姓岡下。一審は無期懲役判決。1 件については否認。歌集に『終わりの始まり』がある。
宮前　一明 (享年 57 歳) 18. 7.26 名古屋拘置所にて執行 05. 4. 7 最高裁（島田仁郎） 01.12.13 東京高裁（河辺義正） 98.10.23 東京地裁（山室恵）	坂本弁護士一家殺人事件等 （89.11.4 他） 1960 年 10 月 8 日生まれ	旧姓佐伯→岡崎。自首は認めたが減刑せず。2018 年 3 月、名古屋へ移送。
西川　正勝（享年 61 歳） 17. 7.13 大阪拘置所にて執行 05. 6. 7 最高裁（浜田邦夫） 01. 6.20 大阪高裁（河上元康） 95. 9.12 大阪地裁（松本芳希）	警察庁指定 119 号事件 （91.11.13 ～ 92.1.5） 1956 年 1 月 14 日生まれ	強盗殺人は否認、強盗殺人未遂は殺意を否認。再審請求中の執行。
鎌田　安利（享年 75 歳） 16. 3.25 大阪拘置所にて執行 05. 7. 8 最高裁（福田博） 01. 3.27 大阪高裁（福島裕） 99. 3.24 大阪地裁（横田伸之）	警察庁指定 122 号事件 5 人女性殺人 （85 ～ 94） 1940 年 7 月 10 日生まれ	2 件に分けてそれぞれに死刑判決。一部無実を主張。

高根沢智明　東京 05. 7.13 控訴取下げ 04. 3.26 さいたま地裁 （川上拓一）	パチンコ店員連続殺人事件 （03.2.23/4.1）	「共犯」の小野川は09年6月確定。本人の控訴取下げに弁護人が異議申立。05年11月30日に確定。
松沢　信一　東京 05. 9.16 最高裁（中川了滋） 01. 5.30 東京高裁（龍岡資晃） 98. 5.26 東京地裁（阿部文洋）	警視庁指定121号事件 （93.10.27 ～ 12.20）	旧姓下山。判決では主導的役割を認定された。「共犯」の黄は04年4月確定。
堀江　守男　仙台 05. 9.26 最高裁（今井功） 91. 3.29 仙台高裁（小島達彦） 88. 9.12 仙台地裁（渡辺建夫）	老夫婦殺人事件 （86.2.20） 1950年12月29日生まれ	被告が心神喪失状態にあるか否かが争点となり、5年の公判停止後、訴訟能力ありとして公判が再開された。
陸田　真志（享年37歳） 08. 6.17 東京拘置所にて執行 05.10.17 最高裁（泉徳治） 01. 9.11 東京高裁（高木俊夫） 98. 6. 5 東京地裁（岩瀬徹）	ＳＭクラブ連続殺人事件 （95.12.21） 1970年9月24日生まれ	著書に『死と生きる―獄中哲学対話』（池田晶子と共著）がある。
上田　宜範　大阪 05.12.15 最高裁（横尾和子） 01. 3.15 大阪高裁（栗原宏武） 98. 3.20 大阪地裁（湯川哲嗣）	愛犬家ら5人連続殺人事件 （92 ～ 93） 1954年8月14日生まれ	無実を主張。
宮崎　勤（享年45歳） 08. 6.17 東京拘置所にて執行 06. 1.17 最高裁（藤田宙靖） 01. 6.28 東京高裁（河辺義正） 97. 4.14 東京地裁（田尾健二郎）	埼玉東京連続幼女殺人事件 （88.8 ～ 89.6） 1962年8月21日生まれ	著書に『夢のなか』『夢のなか、いまも』がある。
田中　毅彦　大阪 06. 2.14 最高裁（上田豊三） 01.12.25 大阪高裁　死刑 （池田真一） 00. 3.16 大阪地裁　無期 （古川博）	右翼幹部らと2人殺人事件 （92.2/94.4） 1963年7月13日生まれ	一審は無期懲役判決。旧姓久堀。
山口　益生　名古屋 06. 2.24 最高裁（今井功） 01. 6.14 名古屋高裁　死刑 （小島裕史） 99. 6.23 津地裁差戻審　無期 （柴田秀樹） 97. 9.25 名古屋高裁（土川孝二） 死刑判決破棄差戻し 97. 3.28 津地裁四日市支部 死刑（柄多貞介）	古美術商ら2人殺人事件 （94.3 ～ 95.3） 1949年11月16日生まれ	「共犯」は、02年、上告中に病死。第1次名古屋高裁判決は、利害の反する2人の被告に1人の弁護人では訴訟手続上不備として、支部判決を破棄、差戻審は無期懲役判決。その後第2次名古屋高裁判決で2人に死刑判決。
豊田　義己　名古屋 06. 3. 2 最高裁（横尾和子） 02. 2.28 名古屋高裁（堀内信明） 00. 7.19 名古屋地裁（山本哲一）	静岡、愛知2女性殺害事件 （96.8/97.9） 1944年1月31日生まれ	静岡の事件は否認。
山本　峰照（享年68歳） 08. 9.11 大阪拘置所にて執行 06. 3.21 控訴取下げ 06. 3.20 神戸地裁（笹野明義）	老夫婦強盗殺人事件 （04.7.22） 1940年4月2日生まれ	期日間整理手続きが適用され4回の公判で死刑判決。弁護人が控訴したが、翌日本人が取り下げ。06年4月4日に確定。
高橋　和利　東京 06. 3.28 最高裁（堀籠幸男） 02.10.30 東京高裁（中西武夫） 95. 9. 7 横浜地裁（上田誠治）	横浜金融業夫婦殺人事件 （88.6.20） 1934年4月28日生まれ	無罪を主張。「死刑から高橋和利さんを取り戻す会」の会報がある。著書に『「鶴見事件」抹殺された真実』がある。

川村　幸也（享年44歳） 09. 1.29 名古屋拘置所にて執行 06. 6. 9 最高裁（今井功） 03. 3.12 名古屋高裁（川原誠） 02. 2.21 名古屋地裁（片山俊雄）	2女性ドラム缶焼殺事件 （00.4.4） 1964年3月23日生まれ	4人に死刑求刑、2名は無期懲役。再審請求、棄却。
佐藤　哲也（享年39歳） 09. 1.29 名古屋拘置所にて執行 06. 6. 9 最高裁（今井功） 03. 3.12 名古屋高裁（川原誠） 02. 2.21 名古屋地裁（片山俊雄）	2女性ドラム缶焼殺事件 （00.4.4） 1969年10月17日生まれ	旧姓野村。4人に死刑求刑、2名は無期懲役。08年7月、再審請求取り下げ。
中山　　進（享年66歳） 14. 5.15 大阪拘置所にて病死 06. 6.13 最高裁（堀籠幸男） 03.10.27 大阪高裁（浜井一夫） 01.11.20 大阪地裁（氷室真）	豊中2人殺人事件 （98.2.19） 1948年1月13日生まれ	無期刑の仮釈放中の事件。再審請求中に病死。
陳　　徳通（享年40歳） 09. 7.28 東京拘置所にて執行 06. 6.27 最高裁（藤田宙靖） 03. 2.20 東京高裁（須田贒） 01. 9.17 横浜地裁川崎支部 （羽渕清司）	川崎中国人3人殺人事件 （99.5.25） 1968年4月20日生まれ	中国国籍。重大な事実誤認があり、強盗殺人の殺意の不在を主張。
平野　　勇（享年61歳） 08. 9.11 東京拘置所にて執行 06. 9. 1 最高裁（中川了滋） 02. 7. 4 東京高裁（安弘文夫） 00. 2.17 宇都宮地裁 （肥留間健一）	夫婦殺人放火事件 （94.12） 1948年2月10日生まれ	放火と殺意について否認。
江東　　恒　　　　大阪 06. 9. 7 最高裁（甲斐中辰夫） 03. 1.20 大阪高裁（那須彰） 01. 3.22 大阪地裁堺支部 （湯川哲嗣）	堺夫婦殺人事件 （97.10.30） 1942年7月21日生まれ	
久間三千年（享年70歳） 08.10.28 福岡拘置所にて執行 06. 9. 8 最高裁（滝井繁男） 01.10.10 福岡高裁（小出錞一） 99. 9.29 福岡地裁（陶山博生）	飯塚2女児殺人事件 （92.2） 1938年1月9日生まれ	一貫して無実を主張。09年10月、家族が再審請求。
松本智津夫（享年63歳） 18. 7. 6 東京拘置所にて執行 06. 9.15 最高裁特別抗告棄却 06. 5.29 東京高裁異議申立棄却 06. 3.27 東京高裁控訴棄却決定 （須田贒） 04. 2.27 東京地裁（小川正持）	坂本事件、松本・地下鉄サリン事件等 （89.2～95.3） 1955年3月2日生まれ。	オウム真理教「教祖」麻原彰晃。弁護団の控訴趣意書の提出遅延を理由に、抜き打ちで控訴棄却決定。一審の審理のみで死刑が確定。第四次再審請求中の執行。
石川　恵子　　　　福岡 06. 9.21 最高裁（甲斐中辰夫） 03. 3.27 福岡高裁宮崎支部 （岩垂正起） 01. 6.20 宮崎地裁（小松平内）	宮崎2女性殺人事件 （96.8/97.6） 1958年5月23日生まれ	一部無罪を主張。
小林　　薫（享年44歳） 13. 2. 21 大阪拘置所にて執行 06.10.10 控訴取下げ 06. 9.26 奈良地裁（奥田哲也）	奈良市女児誘拐殺人事件 （04.11.17） 1968年11月30日生まれ	本人控訴取下げ。弁護人が07年6月16日控訴取下げ無効の申立。08年4月棄却。恩赦不相当の2週間後の執行。

長　勝久　　東京 06.10.12 最高裁（才口千晴） 03. 9.10 東京高裁（白木勇） 01.12.18 宇都宮地裁 （比留間健一）	栃木・妻と知人殺人事件 （88.10 ～ 89.11） 1966 年 9 月 11 日生まれ	無実を主張。
高橋　義博　　東京 06.10.26 最高裁（島田仁郎） 03. 4.15 東京高裁（須田賢） 00. 8.29 横浜地裁（矢村宏）	医師ら 2 人強盗殺人事件 （92.7） 1949 年 9 月 16 日生まれ	殺人に関しては無罪を主張。実行犯 3 人は無期懲役。
朴　日光（享年 61 歳） 09. 1. 4 福岡拘置所にて病死 06.11.24 最高裁（中川了滋） 03. 3.28 福岡高裁（虎井寧夫） 99. 6.14 福岡地裁（仲家暢彦）	タクシー運転手殺人事件他 （95.1.12/1.28） 1946 年 12 月 7 日生まれ	名古屋の事件は知人の犯行、福岡の事件は薬物の影響による心神喪失等を主張。再審請求中に病死。
高塩　正裕（享年 55 歳） 08. 10.28 仙台拘置支所にて執行 06.12.20 上告取下げ 06.12. 5 仙台高裁（田中亮一） 死刑 06. 3.22 福島地裁いわき支部 （村山浩昭）無期	いわき市母娘強盗殺人事件 （04.3.18）	一審は無期懲役判決。上告を取り下げて確定。
西本正二郎（享年 32 歳） 09. 1.29 東京拘置所にて執行 07. 1.11 控訴取下げ 06. 5.17 長野地裁（土屋靖之）	愛知・長野連続殺人事件 （04.1.13 ～ 9.7） 1976 年 10 月 22 日生まれ	本人控訴取下げ。
松本　和弘　　名古屋 07. 1.30 最高裁（上田豊三） 03. 7. 8 名古屋高裁（小出錞一） 02. 1.30 名古屋地裁一宮支部 （丹羽日出夫）	マニラ連続保険金殺人事件 （94.12 ～ 95.6） 1954 年 6 月 25 日生まれ	双子の兄弟と友人の 3 人が共謀したとされるが、3 人とも「病死」を主張してマニラの事件を否認。
松本　昭弘（享年 61 歳） 16. 1.22 名古屋拘置所にて病死 07. 1.30 最高裁（上田豊三） 03. 7. 8 名古屋高裁（小出錞一） 02. 1.30 名古屋地裁一宮支部 （丹羽日出夫）	マニラ連続保険金殺人・長野殺人事件 （94.12 ～ 96.5） 1954 年 6 月 25 日生まれ	同上。病死。
下浦　栄一　　大阪 07. 1.30 最高裁（上田豊三） 03. 7. 8 名古屋高裁（小出錞一） 02. 1.30 名古屋地裁一宮支部 （丹羽日出夫）	マニラ連続保険金殺人・長野殺人事件 （94.12 ～ 96.5） 1971 年 3 月 9 日生まれ	同上。
松田　康敏（享年 44 歳） 12. 3.29 福岡拘置所にて執行 07. 2. 6 最高裁（那須弘平） 04. 5.21 福岡高裁宮崎支部 （岡村稔） 03. 1.24 宮崎地裁（小松平内）	宮崎 2 女性強盗殺人事件 （01.11.25/12.7） 1968 年 2 月 23 日生まれ	
篠澤　一男（享年 59 歳） 10. 7.28 東京拘置所にて執行 07. 2.20 最高裁（那須弘平） 03. 4.23 東京高裁（高橋省吾） 02. 3.19 宇都宮地裁 （肥留間健一）	宇都宮宝石店 6 人放火殺人事件 （00.6.11） 1951 年 3 月 13 日生まれ	

加納　惠喜（享年 62 歳） 13. 2.21 名古屋拘置所にて執行 07. 3.22 最高裁（才口千晴） 04. 2. 6 名古屋高裁　死刑 （小出錞一） 03. 5.15 名古屋地裁　無期 （伊藤新一）	名古屋スナック経営者殺人事件 （02.3.14） 1950 年 3 月 12 日生まれ	旧姓武藤。一審は無期懲役判決。
小林　光弘（享年 56 歳） 14. 8.29 仙台拘置支所にて執行 07. 3.27 最高裁（上田豊三） 04. 2.19 仙台高裁（松浦繁） 03. 2.12 青森地裁（山内昭善）	弘前武富士放火殺人事件 （01.5.8） 1958 年 5 月 19 日生まれ	第三次再審特別抗告棄却の 3 週間後の執行。
西山　省三　　　　広島 07. 4.10 最高裁（堀籠幸男） 04. 4.23 広島高裁　死刑 （久保真人） 99.12.10 最高裁、検事上告を受けて高裁に差し戻し 97. 2. 4 広島高裁　無期 94. 9.30 広島地裁　無期	老女殺人事件 （92.3.29） 1953 年 1 月 13 日生まれ	無期刑の仮釈放中の事件。一・二審は無期懲役判決。97 ～ 98 年の 5 件の検察上告中、唯一高裁差し戻しとなったケース。
造田　　博　　　　東京 07. 4.19 最高裁（横尾和子） 03. 9.29 東京高裁（原田国男） 02. 1.18 東京地裁 （大野市太郎）	東京・池袋「通り魔」殺傷事件 （99.9.8）	
山地悠紀夫（享年 25 歳） 09. 7.28 大阪拘置所にて執行 07. 5.31 控訴取下げ 06.12.13 大阪地裁（並木正男）	大阪市姉妹強盗殺人事件 （05.11.17） 1983 年 8 月 21 日生まれ	本人控訴取下げ。
中原　澄男　　　　福岡 07. 6.12 最高裁（上田豊三） 05. 4.12 福岡高裁（虎井寧夫） 03. 5. 1 福岡地裁（林秀文）	暴力団抗争連続殺人事件 （97.10.6/10.13） 1947 年 6 月 3 日生まれ	無罪を主張。
薛　　松　　　　東京 07. 6.19 最高裁（藤田宙靖） 04. 1.23 東京高裁（白木勇） 02. 2.22 さいたま地裁 （川上拓一）	春日部中国人夫婦殺人事件 （00.9）	中国国籍。事実誤認あり、量刑不当を主張。
浜川　邦彦　　　　名古屋 07. 7. 5 最高裁（甲斐中辰夫） 04. 3.22 名古屋高裁（小出一） 02.12.18 津地裁（天野登喜治）	三重男性 2 人射殺事件 （94.7.19/11.20） 1960 年 4 月 10 日生まれ	無実を主張。
前上　　博（享年 40 歳） 09. 7.28 大阪拘置所にて執行 07. 7. 5 控訴取下げ 07. 3.28 大阪地裁（水島和男）	自殺サイト利用 3 人連続殺人事件（05.2.19 ～ 6 月） 1968 年 8 月 20 日生まれ	本人控訴取下げ。
尾形　英紀（享年 33 歳） 10. 7.28 東京拘置所にて執行 07. 7.18 控訴取下げ 07. 4.26 さいたま地裁 （飯田喜信）	熊谷男女 4 人拉致殺傷事件 （03.8.18） 1977 年 7 月 20 日生まれ	本人控訴取下げ。

横山　真人（享年54歳） 18. 7.26 名古屋拘置所にて執行 07. 7.20 最高裁（中川了滋） 03. 5.19 東京高裁（原田国男） 99. 9.30 東京地裁（山崎学）	地下鉄サリン事件等 （95.3.20 他） 1963年10月19日生まれ	18年3月、東京から名古屋に移送。第一次再審請求即時抗告中の執行。
後藤　良次　　　東京 07. 9.28 最高裁（津野修） 04. 7. 6 東京高裁（山田利夫） 03. 2.24 宇都宮地裁（飯渕進）	宇都宮・水戸殺人事件 （00.7.30/8.20） 1958年7月24日生まれ	05年10月に、99～00年に他の3件の殺人事件に関わったと上申書で告白。その事件では09年6月30日水戸地裁で懲役20年の判決、12年最高裁で確定。
端本　　悟（享年51歳） 18. 7.26 東京拘置所にて執行 07.10.26 最高裁（津野修） 03. 9.18 東京高裁（仙波厚） 00. 7.25 東京地裁（永井敏雄）	坂本弁護士一家殺人事件 松本サリン事件等 （89.11/95.3.20 他） 1967年3月23日生まれ	
畠山　鐵男（享年74歳） 17. 9.16 東京拘置所にて病死 07.11. 1 控訴取下げ 07. 3.22 千葉地裁（根本渉）	警視庁指定124号事件 （04.8.5～11.22） 1943年4月17日生まれ	旧姓小田島。控訴を取下げ確定。「共犯」の守田は11年11月に死刑確定。
庄子　幸一（享年64歳） 19. 8. 2 東京拘置所にて執行 07.11. 6 最高裁（藤田宙靖） 04. 9. 7 東京高裁（安広文夫） 03. 4.30 横浜地裁（田中亮一）	大和連続主婦殺人事件 （01.8.29/9.19） 1954年10月28日生まれ	共犯者は無期判決（死刑求刑）。再審請求中の執行。
古澤　友幸（享年46歳） 12. 3.29 東京拘置所にて執行 07.11.15 最高裁（甲斐中辰夫） 05. 5.24 東京高裁（安広文夫） 04. 3.30 横浜地裁（小倉正三）	横浜一家3人刺殺事件 （02.7.31） 1965年4月7日生まれ	
宇井鋑次（享年68歳） 08. 2. 7 大阪医療刑務所で病死 07.11.15 最高裁（甲斐中辰夫） 04. 2.25 広島高裁岡山支部（安原浩） 03. 5.21 岡山地裁（榎本巧）	女性殺人事件 （01.8.9）	無期刑の仮釈放中の事件。病死。
外尾　計夫　　　福岡 08. 1.31 最高裁（涌井紀夫） 04. 5.21 福岡高裁（虎井寧夫） 03. 1.31 長崎地裁（山本恵三）	父子保険金殺人事件 （92.9.11/98.10.27） 1947年7月11日生まれ	「共犯」は一審死刑判決だったが、高裁で無期に。
小池　泰男（享年60歳） 18. 7.26 仙台拘置支所にて執行 08. 2.15 最高裁（古田佑紀） 03.12. 5 東京高裁（村上光鵄） 00. 6.29 東京地裁（木村烈）	松本・地下鉄サリン事件等 （94.6.27/95.3.20 他） 1957年12月15日生まれ	旧姓林。18年3月、東京から仙台へ移送。第一次再審請求の特別抗告中に執行。
服部　純也（享年40歳） 12. 8. 3 東京拘置所にて執行 08. 2.29 最高裁（古田佑紀） 05. 3.29 東京高裁　死刑（田尾健二郎） 04. 1.15 静岡地裁沼津支部　無期（高橋祥子）	三島短大生焼殺事件 （02.1.23） 1972年2月21日生まれ	一審は無期懲役判決。

長谷川静央　　　東京 08. 3.17 上告取下げ 07. 8.16 東京高裁（阿部文洋） 07. 1.23 宇都宮地裁 （池本寿美子）	宇都宮実弟殺人事件 （05.5.8） 1942 年 8 月 6 日生まれ	無期刑の仮釈放中の事件。上告を取下げ確定。
松村恭造（享年 31 歳） 12. 8. 3 大阪拘置所にて執行 08. 4. 8 控訴取下げ 08. 3.17 京都地裁（増田耕兒）	京都・神奈川親族殺人事件 （07.1.16/1.23） 1981 年 8 月 3 日生まれ	控訴を取下げ確定。
山本　開一（享年 62 歳） 10. 1. 2 東京拘置所にて病死 08. 4.24 最高裁（才口千晴） 06. 9.28 東京高裁（阿部文洋） 05. 9. 8 さいたま地裁 （福崎伸一郎）	組員 5 人射殺事件 （03.12.14） 1947 年 4 月 2 日生まれ	病死。
加賀　聖商　　　東京 08. 6. 5 最高裁（才口千晴） 05. 7.19 東京高裁（須田賢） 04. 2. 4 横浜地裁（小倉正三）	伊勢原母子殺人事件 （01.8.4） 1961 年 4 月 30 日生まれ	
上部　康明（享年 48 歳） 12. 3.29 広島拘置所にて執行 08. 7.11 最高裁（今井功） 05. 6.28 広島高裁（大渕敏和） 02. 9.20 山口地裁下関支部 （並木正男）	下関駅 5 人殺害 10 人傷害事件 （99.9.29） 1964 年 3 月 6 日生まれ	一審の精神鑑定では、心神耗弱とするものと責任能力があるとするものに結果が分かれたが、判決は責任能力を認めた。
八木　　茂　　　東京 08. 7.17 最高裁（泉徳治） 05. 1.13 東京高裁（須田賢） 02.10. 1 さいたま地裁 （若原正樹）	埼玉保険金殺人（2 件） 同未遂事件（1 件） （95.6.3 ～ 99.5.29） 1950 年 1 月 10 日生まれ	無実を主張。共犯者の調書が有罪の証拠とされた。
江藤　幸子（享年 65 歳） 12. 9. 27 仙台拘置支所にて執行 08. 9.16 最高裁（藤田宙靖） 05.11.22 仙台高裁（田中亮一） 02. 5.10 福島地裁（原啓）	福島県祈祷による信者 6 人殺人事件（94.12 ～ 95.6） 1947 年 8 月 21 日生まれ	
藁科　　稔（享年 56 歳） 09. 5. 2 入院先の病院で死亡 09. 1.22 最高裁（涌井紀夫） 06. 2.16 名古屋高裁金沢支部 （安江勤） 04. 3.26 富山地裁（手崎政人）	高岡組長夫婦射殺事件 （00.7.13）	旧姓伊藤。病死。「首謀者」として死刑求刑された副組長は、06 年 11 月一審で無罪判決。
幾島　賢治（享年 67 歳） 14. 7.16 名古屋拘置所にて病死 09. 3.23 最高裁（今井功） 06.10.12 名古屋高裁金沢支部 （安江勤） 05. 1.27 富山地裁（手崎政人）	高岡組長夫婦射殺事件 （00.7.13） 1947 年 3 月 15 日生まれ	旧姓大田。再審請求中に病死。「共犯」の藁科は病死。「首謀者」として死刑求刑された副組長は、06 年 11 月一審で無罪判決。
松田　幸則（享年 39 歳） 12. 9.27 福岡拘置所にて執行 09. 4. 3 上告取下げ 07.10. 3 福岡高裁（仲家暢彦） 06. 9.21 熊本地裁（松下潔）	熊本県松橋町男女強盗殺人事件（03.10.16） 1973 年 5 月 26 日生まれ	上告を取り下げ確定。

神田　司（享年44歳） 15. 6.25 名古屋拘置所にて執行 09. 4.13 控訴取下げ 09. 3.18 名古屋地裁（近藤宏子）	名古屋闇サイト殺人事件 （07.8.24～25） 1971年3月9日生まれ	一審では被害者1人で2人に死刑判決。控訴を取り下げ確定。共犯者は11年4月無期に減刑。
林　眞須美　　大阪 09. 4.21 最高裁（那須弘平） 05. 6.28 大阪高裁（白井万久） 02.12.11 和歌山地裁（小川育央）	和歌山毒カレー事件等 （98.7.25 他） 1961年7月22日生まれ	一審は黙秘。二審ではカレー事件について無実を主張。著書に『死刑判決は「シルエット・ロマンス」を聴きながら』『和歌山カレー事件――獄中からの手紙』（共著）。
関根　元（享年75歳） 17. 3.27 東京拘置所にて病死 09. 6. 5 最高裁（古田佑紀） 05. 7.11 東京高裁（白木勇） 01. 3.21 浦和地裁（須田賢）	埼玉連続4人殺人事件 （93） 1942年1月2日生まれ	病死。
風間　博子　　東京 09. 6. 5 最高裁（古田佑紀） 05. 7.11 東京高裁（白木勇） 01. 3.21 浦和地裁（須田賢）	埼玉連続4人殺人事件 （93） 1957年2月19日生まれ	殺人には関与していないと主張。交流誌「ふうりん通信」。
小野川光紀　　東京 09. 6. 9 最高裁（堀籠幸男） 06. 9.29 東京高裁（白木勇） 04. 3.26 さいたま地裁 （川上拓一）	パチンコ店員連続殺人事件 （03.2.23/4.1） 1977年4月20日生まれ	「共犯」の高根沢は控訴を取下げ05年に確定。
宮城　吉英（享年56歳） 13. 4.26 東京拘置所にて執行 09. 6.15 最高裁（今井功） 06.10. 5 東京高裁（池田修） 05.12.12 千葉地裁（金谷暁）	市原ファミレス2人射殺事件 （05.4.25） 1956年8月15日生まれ	「共犯」の濱崎は11年12月に死刑確定。
高橋　秀　　仙台 09. 6.23 最高裁（堀籠幸男） 05. 7.26 仙台高裁（田中亮一） 04. 3.25 仙台地裁（本間栄一）	貸金業者ら2人殺人事件 （01.1.8/2.3） 1963年6月10日生まれ	旧姓石川。
小日向将人　　東京 09. 7.10 最高裁（竹内行夫） 06. 3.16 東京高裁（仙波厚） 05. 3.28 前橋地裁（久我泰博）	前橋スナック乱射事件 （03.1.25） 1969年8月18日生まれ	「共犯」の山田は13年6月、矢野は14年3月に確定。
早川紀代秀（享年68歳） 18. 7.26 福岡拘置所にて執行 09. 7.17 最高裁（中川了滋） 04. 5.14 東京高裁（中川武隆） 00. 7.28 東京地裁（金山薫）	坂本弁護士一家殺人事件等 （89.11～） 1949年7月14日生まれ	18年3月、東京から福岡へ移送。第三次再審請求中の執行。
豊田　亨（享年50歳） 18.7.26 東京拘置所にて執行 09.11.6 最高裁（竹内行夫） 04. 7.28 東京高裁（高橋省吾） 00. 7.18 東京地裁（山崎学）	地下鉄サリン事件等 （95.3.20 他） 1968年1月23日生まれ	第一次再審請求の即時抗告中に執行。
広瀬　健一（享年54歳） 18. 7.26 東京拘置所にて執行 09.11.6 最高裁（竹内行夫） 04. 7.28 東京高裁（高橋省吾） 00. 7.18 東京地裁（山崎学）	地下鉄サリン事件等 （95.3.20 他） 1964年6月12日生まれ	第一次再審請求中の執行。

窪田　勇次　　　　札幌 09.12. 4 最高裁（古田佑紀） 05.12. 1 札幌高裁（長島孝太郎） 04. 3. 2 釧路地裁北見支部 （伊東顕）	北見夫婦殺人事件 （88.10） 1945 年 1 月 1 日生まれ	13 年余逃亡し時効成立の 10 か月前に逮捕された。無罪を主張。
井上　嘉浩（享年 48 歳） 18. 7. 6 大阪拘置所にて執行 09.12.10 最高裁（金築誠志） 04. 5.28 東京高裁　死刑 （山田利夫） 00. 6. 6 東京地裁　無期 （井上弘道）	地下鉄サリン事件、仮谷事件等 （94.1 ～ 95.3） 1969 年 12 月 28 日生まれ	一審は無期懲役判決。 18年3月、東京から大阪へ移送。 第一次再審請求中の執行。
菅　　峰夫　　　　福岡 09.12.11 最高裁（古田佑紀） 06. 5.24 福岡高裁（虎井寧夫） 04. 3.11 福岡地裁（林秀文）	福岡庄内連続殺人事件 （96.6.8/11.19） 1950 年 10 月 4 日生まれ	
手柴　勝敏（享年 66 歳） 10. 4.14 福岡拘置所にて病死 09.12.11 最高裁（古田佑紀） 06. 5.24 福岡高裁　死刑 （虎井寧夫） 04. 3.11 福岡地裁　無期 （林秀文）	福岡庄内連続殺人事件 （96.6.8/11.19）	一審は無期懲役判決。病死。
金川真大（享年 29 歳） 13. 2.21 東京拘置所にて執行 09.12.28 控訴取り下げ 09.12.18 水戸地裁（鈴嶋晋一）	土浦連続殺傷事件 （08.3.19 ～ 3.23） 1983 年 10 月 13 日生まれ	控訴を取り下げ、確定。
新實　智光（享年 54 歳） 18. 7. 6 大阪拘置所にて執行 10. 1.19 最高裁（近藤崇晴） 06. 3.15 東京高裁（原田国男） 02. 6.26 東京地裁 （中谷雄二郎）	坂本弁護士一家殺人事件、松本・地下鉄サリン事件等 （89.11/94.6.27/95.3.20 他） 1964 年 3 月 9 日生まれ	18年3月、東京から大阪へ移送。第二次再審請求中、恩赦申立中の執行。
大橋　健治　　　　大阪 10. 1.29 最高裁（竹内行夫） 07. 4.27 大阪高裁（陶山博生） 06.11. 2 大阪地裁（中川博之）	大阪・岐阜連続女性強盗殺人事件 （05.4.27/5.11） 1940 年 12 月 3 日生まれ	
吉田　純子（享年 56 歳） 16. 3.25 福岡拘置所にて執行 10. 1.29 最高裁（金築誠志） 06. 5.16 福岡高裁（浜崎裕） 04. 9.24 福岡地裁（谷敏行）	看護師連続保険金殺人事件 （98.1.24 ～ 99.3.27） 1959 年 7 月 10 日生まれ	
高尾　康司　　　　東京 10. 9.16 最高裁（横田尤孝） 06. 9.28 東京高裁（須田贒） 05. 2.21 千葉地裁（土屋靖之）	千葉館山連続放火事件 （03.12.18） 1963 年 10 月 3 日生まれ	
藤崎　宗司　　　　東京 10.10.14 最高裁（桜井龍子） 06.12.21 東京高裁（河辺義正） 05.12.22 水戸地裁（林正彦）	鉾田連続強盗殺人事件 （05.1.21 ～ 1.28） 1961 年 8 月 31 日生まれ	
尾崎　正芳　　　　福岡 10.11. 8 最高裁（須藤正彦） 07. 1.16 福岡高裁（浜崎裕） 05. 5.16 福岡地裁小倉支部 （野島秀夫）	替え玉保険金等殺人事件 （02.1.8 ～ 31） 1974 年 5 月 16 日生まれ	旧姓竹本。一部無罪を主張。

原　正志　福岡 10.11. 8 最高裁（須藤正彦） 07. 1.16 福岡高裁（浜崎裕） 05. 5.16 福岡地裁小倉支部 （野島秀夫）	替え玉保険金等殺人事件 （02.1.8 ～ 31） 1957 年 8 月 12 日生まれ	旧姓竹本。
土谷　正実（享年 53 歳） 18. 7. 6 東京拘置所にて執行 11. 2.15 最高裁（那須弘平） 06. 8.18 東京高裁（白木勇） 04. 1.30 東京地裁（服部悟）	松本・地下鉄サリン事件等 （94.6 ～ 95.3） 1965 年 1 月 6 日生まれ	
熊谷　徳久（享年 73 歳） 13. 9.12 東京拘置所にて執行 11. 3. 1 最高裁（田原睦夫） 07. 4.25 東京高裁（高橋省吾） 死刑 06. 4.17 東京地裁（毛利晴光） 無期	横浜中華街店主銃殺事件等 （04.5.29） 1940 年 5 月 8 日生まれ （戦災孤児で、もう一つの戸籍では、1938 年 1 月 25 日生まれ）	一審は無期懲役判決。著書に『奈落——ピストル強盗殺人犯の手記』がある。
鈴木　泰徳（享年 50 歳） 19. 8. 2 福岡拘置所にて執行 11. 3. 8 最高裁（岡部喜代子） 07. 2. 7 福岡高裁（正木勝彦） 06.11.13 福岡地裁（鈴木浩美）	福岡 3 女性連続強盗殺人事件（04.12.12 ～ 05.1.18）	
小林　正人　東京 11. 3.10 最高裁（桜井龍子） 05.10.14 名古屋高裁（川原誠） 01. 7. 9 名古屋地裁 （石山容示）	木曽川・長良川殺人事件 （94.9 ～ 10） 1975 年 3 月 19 日生まれ	少年 3 人に死刑が求刑され、他の 2 人には一審では無期懲役判決、二審で 3 人に死刑判決。
黒澤　淳　名古屋 11. 3.10 最高裁（桜井龍子） 05.10.14 名古屋高裁　死刑 （川原誠） 01. 7. 9 名古屋地裁　無期 （石山容示）	木曽川・長良川殺人事件 （94.9 ～ 10） 1975 年 7 月 21 日生まれ	旧姓小森。一審は無期懲役、高裁で死刑判決。複数の少年に死刑が確定するのは初めて。
K・T　名古屋 11. 3.10 最高裁（桜井龍子） 05.10.14 名古屋高裁　死刑 （川原誠） 01. 7. 9 名古屋地裁　無期 （石山容示）	木曽川・長良川殺人事件 （94.9 ～ 10） 1975 年 10 月 23 日生まれ	一審は無期懲役、高裁で死刑判決。複数の少年に死刑が確定するのは初めて。
片岡　清（享年 84 歳） 16. 2.14 広島拘置所にて病死 11. 3.24 最高裁（桜井龍子） 08. 2.27 広島高裁岡山支部 （小川正明）死刑 06. 3.24 岡山地裁（松野勉） 無期	広島・岡山強盗殺人事件 （03.9.28/04.12.10）	一審は無期懲役判決。病死。
小林　竜司　大阪 11. 3.25 最高裁（千葉勝美） 08. 5.20 大阪高裁（若原正樹） 07. 5.22 大阪地裁（和田真）	東大阪大生リンチ殺人事件 （06.6.19 ～ 20） 1984 年 12 月 22 日生まれ	
大倉　修　東京 11. 4.11 最高裁（古田佑記） 08. 3.25 東京高裁（安広文夫） 07. 2.26 静岡地裁（竹花俊徳）	同僚・妻連続殺人事件 （04.9.16/05.9.9）	旧姓滝。

渕上　幸春　　　　　福岡 11. 4.19 最高裁（田原睦夫） 07. 1.23 福岡高裁宮崎支部（竹田隆） 03. 5.26 宮崎地裁（小松平内）	宮崎連続殺人事件 (99.3.25/9.20) 1969 年 1 月 23 日生まれ	1 件は無罪、1 件は事実誤認を主張。筋ジストロフィー（両上下肢および体幹の機能障害）。
大山　清隆　　　　　広島 11. 6. 7 最高裁（大谷剛彦） 07.10.16 広島高裁（楢崎康英） 05. 4.27 広島地裁（岩倉広修）	広島連続殺人事件 (98.10/00.3.1)	
津田寿美年（享年 63 歳） 15.12.18 東京拘置所にて執行 11. 7. 4 控訴取下げ 11. 6.17 横浜地裁（秋山敬）	川崎アパート 3 人殺人事件 (09.5.30)	裁判員裁判。控訴取下げで確定。裁判員裁判での死刑確定者で初の執行。
北村　真美　　　　　福岡 11.10.3 最高裁（須藤正彦） 07.12.25 福岡高裁（正木勝彦） 06.10.17 福岡地裁久留米支部（高原正良）	大牟田市 4 人連続殺人事件 (04.9.16 ～ 17)	共犯の北村実雄被告、孝被告とは分離して公判。
井上　孝紘　　　　　福岡 11.10.3 最高裁（須藤正彦） 07.12.25 福岡高裁（正木勝彦） 06.10.17 福岡地裁久留米支部（高原正良）	大牟田市 4 人連続殺人事件 (04.9.16 ～ 17)	旧姓北村。共犯の北村実雄被告、孝被告とは分離して公判。
北村　実雄　　　　　広島 11.10.17 最高裁（白木勇） 08. 3.27 福岡高裁（正木勝彦） 07. 2.27 福岡地裁久留米支部（高原正良）	大牟田市 4 人連続殺人事件 (04.9.16 ～ 17)	共犯の北村真美被告、井上孝紘被告とは分離して公判。
北村　　孝　　　　　大阪 11.10.17 最高裁（白木勇） 08. 3.27 福岡高裁（正木勝彦） 07. 2.27 福岡地裁久留米支部（高原正良）	大牟田市 4 人連続殺人事件 (04.9.16 ～ 17)	共犯の北村真美被告、井上孝紘被告とは分離して公判。
魏　巍（享年 40 歳） 19.12.26 福岡拘置所にて執行 11.10.20 最高裁（白木勇） 07. 3. 8 福岡高裁（浜崎裕） 05. 5.19 福岡地裁（川口宰護）	福岡一家 4 人殺害事件 (03.6.20)	共犯のうち 2 名は中国で逮捕・訴追され、王亮被告は無期懲役、楊寧被告は 05 年 7 月 12 日死刑執行。
中川　智正（享年 55 歳） 18. 7. 6 広島拘置所にて執行 11.11.18. 最高裁（古田佑紀） 07. 7.13 東京高裁（植村立郎） 03.10.29 東京地裁（岡田雄一）	坂本弁護士一家殺人事件、松本・地下鉄サリン事件等（89.11 ～ 95.3） 1962 年 10 月 25 日生まれ	二審鑑定で入信直前から犯行時に解離性障害ないし祈祷性精神病と診断。判決は完全責任能力を認定。18 年 3 月東京から広島へ移送。再審請求中の執行。
遠藤　誠一（享年 58 歳） 18. 7.6 東京拘置所にて執行 11.11.21 最高裁（金築誠志） 07. 5.31 東京高裁（池田修） 02.10.11 東京地裁（服部悟）	松本・地下鉄サリン事件等 (94.5/94.6.27/95.3.20 他) 1960 年 6 月 5 日生まれ。	再審請求中の執行。
守田　克実　　　　　東京 11.11.22 最高裁（寺田逸郎） 08. 3. 3 東京高裁（中川武隆） 06.12.19 千葉地裁（根本渉）	警視庁指定 124 号事件 (05.8.5 ～ 11.22)	「共犯」の畠山は控訴を取下げて 07 年 11 月確定。

兼岩　幸男　　　　名古屋 11.11.29 最高裁（那須弘平） 08. 9.12 名古屋高裁（片山俊雄） 07. 2.23 岐阜地裁（土屋哲夫）	交際2女性バラバラ殺人事件 （99.8.15/03.5.25） 1957年10月30日生まれ	
松永　　太　　　　福岡 11.12.12 最高裁（宮川光治） 07. 9.26 福岡高裁（虎井寧夫） 05. 9.28 福岡地裁小倉支部 （若宮利信）	北九州7人連続殺人事件 （96.2.26 ～ 98.6.7）	「共犯」は二審で無期に減刑。
濱崎　勝次（享年64歳） 13. 4.26 東京拘置所にて執行 11.12.12 最高裁（横田尤孝） 08. 9.26 東京高裁（安広文夫） 07.10.26 千葉地裁（古田浩）	市原ファミレス2人射殺事件 （05.4.25） 1948年9月18日生まれ	確定から執行まで1年4か月。「共犯」の宮城は09年6月に死刑確定。
若林　一行（享年39歳） 15.12.18 仙台拘置支所にて執行 12. 1.16 最高裁（宮川光治） 09. 2. 3 仙台高裁（志田洋） 07. 4.24 盛岡地裁（杉山慎治）	岩手県洋野町母娘強盗殺人事件（06.7.19）	二審から無罪を主張。
F・T　　　　　　広島 12. 2.20 最高裁（金築誠志） 08. 4.22 広島高裁（楢崎康英） 死刑 06. 5.20 最高裁（浜田邦夫） 高裁差し戻し 02. 3.14 広島高裁（重吉孝一郎） 無期 00. 3.22 山口地裁（渡辺了造） 無期	光市事件 （99.4.14） 1981年3月16日生まれ	犯行当時18歳。一審・二審無期。検察上告により最高裁が広島高裁に差戻し。差戻し審で死刑。
岩森　　稔　　　　東京 12. 3. 2 最高裁（竹内行夫） 09. 3.25 東京高裁（若原正樹） 死刑 08. 3.21 さいたま地裁 （飯田喜信）無期	埼玉本庄夫婦殺害事件 （07.7.21） 1945年4月28日生まれ	一審は無期懲役判決。
川﨑　政則（享年68歳） 14. 6.26 大阪拘置所にて執行 12. 7.12 最高裁（白木勇） 09.10.14 高松高裁（柴田秀樹） 09. 3.16 高松地裁（菊地則明）	坂出祖母孫3人殺人事件 （07.11.16） 1946年1月20日生まれ	
加賀山領治（享年63歳） 13.12.12 大阪拘置所にて執行 12. 7.24 最高裁（寺田逸郎） 09.11.11 大阪高裁（湯川哲嗣） 09. 2.27 大阪地裁（細井正弘）	中国人留学生強盗殺人事件 ＤＤハウス事件 （00.7.29/08.2.1） 1950年1月3日生まれ	確定から執行まで1年4か月。
池田　容之　　　　東京 12. 7　　確定 11. 6.16 控訴取下げ 10.11.16 横浜地裁（朝山芳史）	横浜沖バラバラ強殺事件他（09.6.18 ～ 19）	裁判員裁判で初の死刑判決。控訴取下げに対し弁護人による審理継続申立。2012年7月確定処遇に。
田尻　賢一（享年45歳） 16.11.11 福岡拘置所にて執行 12. 9.10 上告取下げ確定 12. 4.11 福岡高裁（陶山博生） 11.10.25 熊本地裁（鈴木浩美）	熊本2人強盗殺人事件 （04. 3.13、11. 2.23）	裁判員裁判での死刑判決。上告を取り下げ死刑確定。

謝　依　俤　　　　東京 12.10.19 最高裁（須藤正彦） 08.10. 9 東京高裁（須田賢） 06.10. 2 東京地裁（成川洋司）	品川製麺所夫婦強殺事件（02.8.31） 1977 年 9 月 7 日生まれ	中国国籍。
高見澤　勤（享年 59 歳） 14. 8.29 東京拘置所にて執行 12.10.23 最高裁（大谷剛彦） 08.12.12 東京高裁（安広文夫） 08. 2. 4 前橋地裁（久我泰博）	暴力団 3 人殺害事件（01.11 ～ 05.9） 1955 年 4 月 20 日生まれ	
阿佐　吉廣（享年 70 歳） 20. 2.11 東京拘置所にて病死 12.12.11 最高裁（田原睦夫） 08. 4.21 東京高裁（中川武隆） 06.10.11 甲府地裁（川島利夫）	都留市従業員連続殺人事件（97.3/00.5.14） 1949 年 5 月 21 日生まれ	無罪を主張。
野崎　浩　　　　東京 12.12.14 最高裁（小貫芳信） 10.10. 8 東京高裁（長岡哲次）死刑 09.12.16 東京地裁（登石郁朗）無期	フィリピン女性 2 人殺人事件（99.4.22/08.4.3）	一審は無期懲役判決。
渡辺　純一　　　　東京 13. 1.29 最高裁（岡部喜代子） 09. 3.19 東京高裁（長岡哲次）死刑 07. 8. 7 千葉地裁（彦坂孝孔）無期	架空請求詐欺グループ仲間割れ事件（04.10.13 ～ 16）	一審は無期懲役判決。一部無実を主張。
清水　大志　　　　東京 13. 1.29 最高裁（岡部喜代子） 09. 5.12 東京高裁（長岡哲次） 07. 8. 7 千葉地裁（彦坂孝孔）	架空請求詐欺グループ仲間割れ事件（04.10.13 ～ 16）	
伊藤　玲雄　　　　東京 13. 2.28 最高裁（桜井龍子） 09. 8.28 東京高裁（長岡哲次） 07. 5.21 千葉地裁（彦坂孝孔）	架空請求詐欺グループ仲間割れ事件（04.10.13 ～ 16）	
住田　紘一（享年 34 歳） 17. 7.13 広島拘置所にて執行 13. 3.28 控訴取り下げ 13. 2.14 岡山地裁（森岡孝介）	岡山元同僚女性殺人事件（11.9.30） 1982 年 9 月 29 日生まれ	裁判員裁判。被害者 1 名。本人控訴取り下げで、確定。
山田健一郎　　　　東京 13. 6. 7 最高裁（千葉勝美） 09. 9.10 東京高裁（長岡哲次） 08. 1.21 前橋地裁（久我泰博）	前橋スナック乱射事件（03.1.25） 1966 年 8 月 23 日生まれ	「共犯」の小日向は 09 年 7 月、矢野は 14 年 3 月に死刑確定。
高柳　和也　　　　大阪 13.11.25 最高裁（金築誠志） 10.10.15 大阪高裁（湯川哲嗣） 09. 3.17 神戸地裁姫路支部（松尾嘉倫）	姫路 2 女性殺人事件（05.1.9） 1966 年 1 月 10 日生まれ	
沖倉　和雄（享年 66 歳） 14. 7. 2 東京拘置所にて病死 13.12.17 最高裁（木内道祥） 10.11.10 東京高裁（金谷曉） 09. 5.12 東京地裁立川支部（山崎和信）	あきる野市資産家姉弟強盗殺人事件（08.4.9 ～ 13）	病死。

小川　和弘　　　　　大阪 14. 3. 6 最高裁（横田尤孝） 11. 7.26 大阪高裁（的場純男） 09.12. 2 大阪地裁（秋山敬）	大阪個室ビデオ店放火事件（08.10.2）	
矢野　　治（享年 71 歳） 20. 1.26 東京拘置所にて自殺 14. 3.14 最高裁（鬼丸かおる） 09.11.10 東京高裁（山崎学） 07.12.10 東京地裁（朝山芳史）	組長射殺事件、前橋スナック乱射事件等 （02.2 ～ 03.1） 1948 年 12 月 20 日生まれ	「共犯」の小日向は 09 年 7 月、山田は 13 年 6 月に死刑確定。17 年 4 月と 7 月に、それぞれ別の殺人容疑で逮捕、起訴されたが、18 年 12 月、東京地裁で無罪判決。検察は控訴せず。
小泉　　毅　　　　　東京 14. 6.13 最高裁（山本庸幸） 11.12.26 東京高裁（八木正一） 10. 3.30 さいたま地裁（伝田喜久）	元厚生次官連続殺傷事件 （08.11.17 ～ 11.18） 1962 年 1 月 26 日生まれ	
松原　智浩　　　　　東京 14. 9. 2 最高裁（大橋正春） 12. 3.22 東京高裁（井上弘通） 11. 3.25 長野地裁（高木順子）	長野一家 3 人強殺事件 （10. 3.24 ～ 25）	裁判員裁判で死刑判決を受け、最高裁で確定したのは初めて。
奥本　章寛　　　　　福岡 14.10.16 最高裁（山浦善樹） 12. 3.22 福岡高裁宮崎支部（榎本巧） 10.12. 7 宮崎地裁（高原正良）	宮崎家族 3 人殺人事件 （10.3.1） 1988 年 2 月 13 日生まれ	裁判員裁判。
桑田　一也　　　　　東京 14.12. 2 最高裁（大谷剛彦） 12. 7.10 東京高裁（山崎学） 11. 6.21 静岡地裁沼津支部（片山隆夫）	交際女性・妻殺人事件 （05.10.26、10. 2.23） 1966 年 6 月 26 日生まれ	裁判員裁判。
加藤　智大　　　　　東京 15. 2. 2 最高裁（桜井龍子） 12. 9.12 東京高裁（飯田喜信） 11. 3.24 東京地裁（村山浩昭）	秋葉原無差別殺傷事件 （08. 6. 8） 1982 年 9 月 28 日生まれ	著書に『解』『解＋』『東拘永夜抄』『殺人予防』がある。
藤城　康孝　　　　　大阪 15. 5.25 最高裁（千葉勝美） 13. 4.26 大阪高裁（米山正明） 09. 5.29 神戸地裁（岡田信）	加古川 7 人殺人事件 （04.8.2）	
新井　竜太　　　　　東京 15.12. 4 最高裁（鬼丸かおる） 13. 6.27 東京高裁（井上弘通） 12. 2.24 さいたま地裁（田村真）	埼玉深谷男女 2 人殺害事件（08.3.13/09.8. 7） 1969 年 6 月 6 日生まれ	裁判員裁判。
高見　素直　　　　　大阪 16. 2.23 最高裁（和田真） 13. 7.31 大阪高裁（中谷雄二郎） 11.10.31 大阪地裁（和田真）	大阪パチンコ店放火殺人事件（09.7.5） 1968 年 1 月 4 日生まれ	裁判員裁判。絞首刑違憲論が争われる。
髙橋　明彦　　　　　仙台 16. 3. 8 最高裁（木内道祥） 14. 6. 3 仙台高裁（飯渕進） 13. 3.14 福島地裁郡山支部（有賀貞博）	会津美里夫婦殺人事件 （12.7.26） 1966 年 9 月 12 日生まれ	裁判員裁判。旧姓横倉。
伊藤　和史　　　　　東京 16. 5.26 最高裁（大橋正春） 14. 2.20 東京高裁（村瀬均） 11.12.27 長野地裁（高木順子）	長野一家 3 人殺人事件 （10.3.24 ～ 25） 1979 年 2 月 16 日生まれ	裁判員裁判。

浅山　克己　東京 16. 6.13 最高裁（千葉勝美） 14.10. 1 東京高裁（八木正一） 13. 6.11 東京地裁（平木正洋）	山形・東京連続放火殺人事件（10.10.2/11.11.24）	裁判員裁判。
C・Y　仙台 16. 6.16 最高裁（大谷直人） 14. 1.31 仙台高裁（飯渕進） 10.11.25 仙台地裁（鈴木信行）	石巻3人殺傷事件 （10.2.10） 1991年7月2日生まれ	裁判員裁判。 事件当時18歳7か月。
筒井　郷太　福岡 16. 7.21 最高裁（池上政幸） 14. 6.24 福岡高裁（古田浩） 13. 6.14 長崎地裁（重富朗）	長崎ストーカー殺人事件 （11.12.16） 1984年11月4日生まれ	裁判員裁判。無罪を主張。
井上　佳苗　東京 17. 4.14 最高裁（大貫芳信） 14. 3.12 東京高裁（八木正一） 12. 4.13 さいたま地裁 （大熊一之）	首都圏連続不審死事件等 （08.9～09.9） 1974年11月27日生まれ	裁判員裁判。無罪を主張。旧姓木嶋。
上田美由紀　広島 17. 7.27 最高裁（小池裕） 13. 3.20 広島高裁松江支部 （塚本伊平） 12.12. 4 鳥取地裁（野口卓志）	鳥取連続不審死事件 （09.4.23/10.6） 1973年12月21日生まれ	裁判員裁判。無罪を主張。
鈴木　勝明　大阪 17.12. 8 最高裁（戸倉三郎） 14.12.19 大阪高裁（笹野明義） 13. 6.26 大阪地裁堺支部 （畑山靖）	大阪ドラム缶遺体事件 （04.12.3） 1967年5月13日生まれ	裁判員裁判。無罪を主張。
林　振華　名古屋 18. 9. 6 最高裁（木沢克之） 15.10.14 名古屋高裁（石山容示） 15.2.20 名古屋地裁（松田俊哉）	愛知県蟹江町母子殺傷事件 （09.5.1）	中国籍。裁判員裁判。
渡邉　剛　東京 18.12.21 最高裁（鬼丸かおる） 16. 3.16 東京高裁（藤井敏明） 14. 9.19 東京地裁（田辺美保子）	資産家夫婦殺人事件 （12.12.7）	裁判員裁判。殺害は否認。
西口　宗宏　大阪 19. 2.12 最高裁（岡部喜代子） 16. 9.14 大阪高裁（後藤真理子） 14. 3.10 大阪地裁堺支部 （森浩史）	堺市連続強盗殺人事件 （11.11.5/12.1） 1961年8月26日生まれ	裁判員裁判。
山田浩二　大阪 19. 5.18 控訴取下げ　確定 18.12.19 大阪地裁（浅香竜太）	寝屋川中1男女殺害事件 （15.8.13）	裁判員裁判。刑務官とトラブルとなり控訴を取下げるが取下げ無効を争い19年12月大阪高裁が無効決定、検察の抗告で係争中。20年3月24日二度目の控訴取下げ。
保見　光成　広島 19.7.11 最高裁（山口厚） 16.9.13 広島高裁（多和田隆史） 15. 7.28 山口地裁（大寄淳）	周南市連続殺人放火事件 （13.7.21～22）	裁判員裁判。
堀　慶末　名古屋 19.7.19 最高裁（山本庸幸） 16.11. 8 名古屋高裁（山口裕之） 15.12.15 名古屋地裁（景山太郎）	碧南市夫婦強盗殺人事件（98.6.28）、守山強盗傷害事件（06.7.20）	裁判員裁判。闇サイト事件で無期刑受刑中に前に犯した事件が発覚。著書に『鎮魂歌』がある。

植松　聖　　東京 20. 3.16 横浜地裁（青沼潔）	相模原障害者殺傷事件事件 （16.7.26） 1990 年 1 月生まれ	弁護人の控訴を取下げ死刑確定。
土屋　和也　　東京 20. 9. 8 最高裁（林道晴） 18. 2.14 東京高裁（栃木力） 16. 7.20 前橋地裁（鈴木秀行）	前橋連続強盗殺傷事件 （14.11.10/11.16）	裁判員裁判。軽度の発達障害と計画性の不在を認めつつ、複数の凶器を用意したのは被告の意思として上告を棄却。

最高裁係属中の死刑事件

氏名　拘置先 判決日	事件名（事件発生日） 生年月日	備　考
肥田　公明　　東京 18. 7.30 東京高裁（大島隆明） 16.11.24 静岡地裁沼津支部（斎藤千恵）	伊東市干物店強盗殺人事件 （12.12.18）	裁判員裁判。無実を主張。
川崎　竜弥　　東京 19. 3.15 東京高裁（藤井敏明） 18. 2.23 静岡地裁（佐藤正信）	浜名湖連続殺人事件 （16.1.29 ～ 7.8）	裁判員裁判。
筧 千佐子　　大阪 19. 5.24 大阪高裁（樋口裕晃） 17.11. 7 京都地裁（中川綾子）	青酸連続殺人事件 （07.12 ～ 13.12）	裁判員裁判。
岩間 俊彦　　東京 19.12.17 東京高裁（青柳勤） 17. 8.25 甲府地裁（丸山哲巳）	マニラ邦人保険金殺人事件 （14.10/15.8 ～ 9）	裁判員裁判。

高裁係属中の死刑事件

氏名　拘置先 判決日	事件名（事件発生日）	備　考
今井 隼人　　東京 18. 3.22 横浜地裁（渡辺英敬）	川崎市老人ホーム連続転落死事件 （15.11.4 ～ 12.31）	裁判員裁判。
上村 隆 19. 3.15 神戸地裁姫路支部（藤原美弥子）	姫路連続監禁殺人事件 （09.4 ～ 11.2）	裁判員裁判。無罪を主張。共犯者は 18 年 11 月 8 日、死刑求刑に対し 1 件が無罪となり、無期懲役に。被告・検察とも控訴。
中田　充 19.12.13 福岡地裁（柴田寿宏）	妻子 3 人殺人事件 （17.6.5 ～ 6）	裁判員裁判。無罪を主張。現職の警察官。

（2020 年 9 月 27 日現在）

※ ナカダ・ルデナ・バイロン・ジョナタンさんは 2019 年 12 月 5 日、東京高裁は一審死刑判決を破棄、無期懲役に。検察は上告を断念、被告が上告したが 2020 年 9 月 9 日付で最高裁第一小法廷（山口厚裁判長）は上告を棄却、無期懲役が確定。。

※ 礒飛（いそひ）京三さん（一審死刑、二審無期）に 2019 年 12 月 2 日の最高裁は上告を棄却、無期懲役が確定。

※ 平野達彦さん（一審死刑判決）は 2020 年 1 月 27 日、大阪高裁で無期懲役、検察上告断念で確定。

※ 事件時未成年で、実名表記の了解の得られなかった方についてはイニシャルにしました。

死刑確定者の獄死者

死亡年月日	名前	年齢	拘置所等
2003年　2月28日	上田　大	33歳	名古屋
2003年　9月　3日	冨山常喜	86歳	東京
2004年　6月　4日	晴山広元	70歳	札幌刑務所
2007年　7月17日	諸橋昭江	75歳	東京
2008年　2月　7日	宇井鋑次	68歳	大阪医療刑務所
2008年12月16日	澤地和夫	69歳	東京
2009年　1月　4日	朴　日光	61歳	福岡
2009年　5月　2日	藁科　稔	56歳	名古屋の病院で
2009年　9月　3日	荒井政男	82歳	東京
2009年10月27日	石橋栄治	72歳	東京
2010年　1月　2日	山本開一	62歳	東京
2010年　4月14日	手柴勝敏	66歳	福岡
2011年　1月27日	坂本春野	83歳	大阪医療刑務所
2011年　1月29日	熊谷昭孝	67歳	仙台の病院で
2011年　2月　6日	永田洋子	65歳	東京
2013年　6月23日	綿引　誠	74歳	東京
2013年　8月15日	迫　康裕	73歳	仙台
2013年11月15日	宇治川正	62歳	東京
2014年　4月19日	石田富蔵	92歳	東京
2014年　5月15日	中山　進	66歳	大阪
2014年　6月24日	岡﨑茂男	60歳	東京
2014年　7月　2日	沖倉和雄	66歳	東京
2014年　7月16日	幾島賢治	67歳	名古屋
2015年10月　4日	奥西　勝	89歳	八王子医療刑務所
2016年　1月22日	松本昭弘	61歳	名古屋
2016年　2月14日	片岡　清	84歳	広島
2017年　3月27日	関根　元	75歳	東京
2017年　5月24日	大道寺将司	68歳	東京
2017年　6月26日	浜田武重	90歳	福岡
2017年　9月16日	畠山鐵男	74歳	東京
2020年　2月11日	阿佐吉廣	70歳	東京

死刑確定者の自殺者

1999年11月　8日	太田勝憲	55歳	札幌
2020年　1月26日	矢野　治	71歳	東京

法務大臣別死刑執行記録

この表は死刑の執行がどのような政治的、社会的状況下で行われているかを分析するための資料として製作された。1993年以前の記録は不備な項目もあるが参考までに掲載した。
※法務大臣就任時に〔衆〕は衆議院議員、〔参〕は参議院議員であることを、〔民間〕は国会議員でないことを示す。

首相	法相（就任年月日）	執行年月日（曜日）	死刑囚名	年齢	拘置所	執行前後の状況	年間執行数
中曽根康弘	住　栄作〔衆〕（83・12・27）	84・10・30（火）	中山　実		東京		84年＝1人
	嶋崎　均〔参〕（84・11・1）	85・5・31（木）	大島　卓士		名古屋		
			古谷　惣吉		大阪		
		85・7・25（木）	阿部　利秋		福岡		85年＝3人
	鈴木　省吾〔参〕（85・12・28）	86・5・20（火）	木村　繁治		東京		
			徳永　励一		東京		86年＝2人
	遠藤　要〔参〕（86・7・22）	87・9・30（水）	大坪　清隆		大阪		
			矢部　光男		東京		87年＝2人
竹下　登	林田悠紀夫〔参〕（87・11・6）	88・6・16（木）	松田　吉孔		大阪		
			渡辺　健一		大阪		
	長谷川　峻〔衆〕（88・12・27）	—				＊リクルートからの政治献金が発覚し、在任期間4日で辞任。	
	高辻　正己〔民間〕（88・12・30）	—				＊73～80年最高裁判事。法相就任前は国家公安委員会委員。	88年＝2人
宇野　宗佑	谷川　和穂〔衆〕（89・6・3）	—				＊宇野内閣が69日で退陣になり、法相退任。	
海部　俊樹	後藤　正夫〔参〕（89・8・10）	89・11・10（金）	近藤　武数		福岡		89年＝1人
	長谷川　信〔参〕（90・2・28）	—				＊病気のため任期途中で辞任。10月死去。	90年＝0人
	梶山　静六〔衆〕（90・9・13）	—					91年＝0人
	左藤　恵〔衆〕（90・12・29）	—				＊第2次海部内閣の改造内閣で就任。真宗大谷派の僧侶。	92年＝0人

宮澤　喜一	田原　隆〔衆〕（91・11・5）	―					
	後藤田正晴〔衆〕（92・12・12）	93・3・26（金）	立川修二郎 川中　鉄夫 近藤　清吉	62 48 55	大阪 大阪 仙台	執行再開。26年ぶりの3名同時執行。川中氏は精神分裂症。法相「このままでは法秩序が維持できない。（執行しなかった法相は）怠慢である」と発言。	
細川　護熙	三ケ月　章〔民間〕（93・8・9）	93・11・26（金）	出口　秀夫 坂口　徹 関　幸生 小島　忠夫	70 56 47 61	大阪 大阪 東京 札幌	戦後初の4人同時執行。出口氏は70歳の高齢者。11月5日国連規約人権委員会から日本政府への勧告が出たばかり。9月21日の最高裁死刑判決で大野正男判事の補足意見。	93年＝7人
羽田　孜	永野　茂門〔参〕（94・4・28）	―				*「南京大虐殺はでっち上げ」発言が問題となり、在任期間11日で辞任。	
	中井　洽〔衆〕（94・5・8）	―				*羽田内閣が64日で総辞職になったため法相退任。	
村山　富市	前田　勲男〔参〕（94・6・30）	94・12・1（木）	安島　幸雄 佐々木和三	44 65	東京 仙台	執行ゼロの年を回避。自社さ連立政権下の執行。11月7日国連総会で死刑廃止が議題に。11月26日に世論調査発表。	94年＝2人
		95・5・26（金）	藤岡　英次 須田　房雄 田中　重穂	40 64 69	大阪 東京 東京	オウム事件を背景にした執行。	
	田沢　智治〔参〕（95・8・8）	―					
	宮澤　弘〔参〕（95・10・9）	95・12・21（木）	木村　修治 平田　直人 篠原徳次郎	45 63 68	名古屋 福岡 東京	オウム破防法手続き問題の時期。	95年＝6人
橋本龍太郎	長尾　立子〔民間〕（96・1・11）	96・7・11（木）	石田三樹男 横山　一美 杉本　嘉昭	48 59 45	東京 福岡 福岡	麻原彰晃（松本智津夫氏）全17件の事件が審理入り。オウム解散を公安審査委員会に請求。	
	松浦　功〔参〕（96・11・7）	96・12・20（金）	今井　義人 平田　光成 野口　悟	55 60 50	東京 東京 東京	法務大臣就任1カ月半後の執行。執行の有無を記者に答えると明言。ペルー大使館占拠事件（12月17日〜）。	96年＝6人

	松浦　功〔参〕	97・8・1（金）	日高　安政	54	札幌	執行の事実を法務大臣認める。神戸小学生殺傷事件、オウム事件を背景にした執行。奈良県月ヶ瀬村中2生徒殺害事件で被疑者供述。	97年＝4人
			日高　信子	51	札幌		
			永山　則夫	48	東京		
			神田　英樹	43	東京		
	下稲葉耕吉〔参〕（97・9・11）	98・6・25（木）	島津　新治	66	東京	国会終了直後。参議院選挙公示日。	98年＝6人
			村竹　正博	54	福岡		
			武安　幸久	66	福岡		
小渕　恵三	中村正三郎〔衆〕（98・7・30）	98・11・19（木）	津田　暎	59	広島	法務省から執行の事実・人数を公表。11月4日の記者会見で執行の事実を公表すると表明していた。	
			西尾　立昭	61	名古屋		
			井田　正道	56	名古屋		
	陣内　孝夫〔参〕（99・3・8）	99・9・10（金）	佐藤　真志	62	東京	法務省が記者クラブに「本日9月10日（金）死刑確定囚3名に対して死刑の執行をしました」と初めてFAX。3名とも仮釈放後の再殺人で死刑。人身保護請求を行い、8月に棄却後の執行。	99年＝5人
			高田　勝利	61	仙台		
			森川　哲行	69	福岡		
	臼井日出男〔衆〕（99・10・5）	99・12・17（金）	佐川　和男	48	東京	佐川氏人身保護請求中。小野氏再審請求中。法相「再審請求は重要な理由だが、幾度もやっている場合は考慮しきれない」。	
			小野　照男	62	福岡		
森　喜朗	臼井日出男〔衆〕（00・4・5）	―				＊小渕首相が緊急入院したための「居抜き内閣」。	00年＝3人
	保岡　興治〔衆〕（00・7・4）	00・11・30（木）	勝田　清孝	52	名古屋	臨時国会閉会前日の執行であり、内閣改造直前のかけ込み執行。	
			宮脇　喬	57	名古屋		
			大石　国勝	55	福岡		
	高村　正彦〔衆〕（00・12・5）	―					
小泉純一郎	森山　眞弓〔衆〕（01・4・26）	01・12・27（木）	朝倉幸治郎	66	東京	仕事納め前日の執行。宅間守被告初公判。オウム関連被告への求刑日。	01年＝2人
			長谷川敏彦	51	名古屋		
		02・9・18（水）	田本　竜也	36	福岡	小泉首相が訪朝するという大きな報道の中での執行。国会閉会中。水曜日の執行は93年3月以降、初めて。	02年＝2人
			浜田　美輝	43	名古屋		
		03・9・12（金）	向井　伸二	42	大阪	宅間守被告への死刑判決直後の執行。	03年＝1人
	野沢　太三〔参〕（03・9・22）	04・9・14（火）	嶋﨑　末男	59	福岡	法相引退直前。火曜日の執行は93年3月以降初めて。	04年＝2人
			宅間　守	40	大阪	宅間氏、自ら控訴を取り下げ。確定後一年未満、異例の早期執行。	

小泉純一郎	南野知恵子〔参〕（04・9・27）	05・9・16（金）	北川　晋	58	大阪	退任直前、国会閉会中。異例の1人のみの執行。	05年＝1人
	杉浦　正健〔衆〕（05・10・31）	―				＊真宗大谷派の信徒であることから就任時に「死刑執行のサインはしない」と発言（直後に撤回）。	
安倍晋三	長勢　甚遠〔衆〕（06・9・26）	06・12・25（月）	秋山　芳光	77	東京	執行ゼロの年を作らぬため。確定死刑囚98人時点での4人執行。藤波氏は車椅子生活。77歳、75歳の高齢者の執行。クリスマスの執行。	06年＝4人
			藤波　芳夫	75	東京		
			福岡　道雄	64	大阪		
			日高　広明	44	広島		
		07・4・27（金）	名田　幸作	56	大阪	国会会期中の執行。	07年＝9人
			小田　義勝	59	福岡		
			田中　政弘	42	東京		
		07・8・23（木）	竹澤一二三	69	東京	法相退陣直前の執行。二桁執行を公言。	
			瀬川　光三	60	名古屋		
			岩本　義雄	63	東京		
	鳩山　邦夫〔衆〕（07・8・27）	―				＊第1次安倍改造内閣で就任したが約30日で内閣総辞職となり退任。	
福田康夫	鳩山　邦夫〔衆〕（07・9・26）	07・12・7（金）	池本　登	75	大阪	被執行者の氏名や事件内容を法務省が初めて発表する。法相、9月25日に「法相が署名をしなくても死刑執行できる方法を考えるべきだ」、ベルトコンベアー発言が問題に。	
			府川　博樹	42	東京		
			藤間　静波	47	東京		
		08・2・1（金）	松原　正彦	63	大阪	前夜に執行予定の情報が流れる。	
			名古　圭志	37	福岡		
			持田　孝	65	東京		
		08・4・10（木）	中元　勝義	64	大阪	4月22日には光市事件差戻控訴審判決。	
			中村　正春	61	大阪		
			坂本　正人	41	東京		
			秋永　香	61	東京		
		08・6・17（火）	山崎　義雄	73	大阪	7月洞爺湖サミットを前にしての執行。	
			陸田　真志	37	東京		
			宮崎　勤	45	東京		

	保岡　興治〔衆〕（08・8・2）	08・9・11（木）	萬谷　義幸	68	大阪	法相就任1カ月での執行。	08年＝15人
			山本　峰照	68	大阪	9月1日には福田首相が辞意を表明していた。	
			平野　勇	61	東京		
麻生太郎	森　英介〔衆〕（08・9・24）	08・10・28（火）	久間三千年	70	福岡	久間氏は無実主張。足利事件菅家氏がDNA鑑定で釈放直後の執行。	
			高塩　正裕	55	仙台	一審無期、二審で死刑判決。上告取り下げ確定。	
		09・1・29（木）	牧野　正	58	福岡	公判再開請求が最高裁で棄却後の執行。	09年＝7人
			川村　幸也	44	名古屋	前年12月、再審請求棄却後の執行。	
			佐藤　哲也	39	名古屋	本人が再審請求を取り下げ。	
			西本正二郎	32	東京	控訴取り下げにより確定。	
		09・7・28（火）	陳　徳通	41	東京	中国国籍。政権交代直前の駆け込み執行。	
			前上　博	40	大阪	控訴取り下げにより確定。	
			山地悠紀夫	25	大阪	控訴取り下げにより確定。	
鳩山由紀夫	千葉　景子〔参〕（09・9・16）	―					
菅　直人	千葉　景子〔参〕（10・6・8）	10・7・28（水）	篠澤　一男	59	東京	政権交代後初の執行、法相執行に立ち会う。元死刑廃止議連メンバー。	10年＝2人
			尾形　英紀	33	東京	控訴取り下げにより確定。	
	柳田　稔〔参〕（10・9・17）	―				＊「法務大臣は二つ覚えておけばいい。『個別の事案についてはお応えを差し控えます』と『法と秩序に基づいて適切にやっている』だ」と発言して辞任。	
	仙谷　由人〔衆〕（10・11・22）	―					
	江田　五月〔参〕（11・1・14）	―					11年＝0人
野田佳彦	平岡　秀夫〔衆〕（11・9・2）	―					
	小川　敏夫〔参〕（12・1・13）	12・3・29（木）	松田　康敏	44	福岡	2011年は執行ゼロだったが、年度内ギリギリで執行。	
			上部　康明	48	広島		
			古澤　友幸	46	東京		
	滝　実〔衆〕（12・6・4）	12・8・3（金）	服部　純也	40	東京	法相就任2カ月での執行。	
			松村　恭造	31	大阪		

野田佳彦	滝　実	12・9・27（木）	松田　幸則	39	福岡	内閣改造で退任希望を表明した直後の執行。	12年＝7人
			江藤　幸子	65	仙台		
	田中　慶秋〔衆〕（12・10・1）	—				＊法相就任から3週間で「体調不良」を理由に辞任。	
	滝　実〔衆〕（12・10・24）	—					
安倍晋三	谷垣　禎一〔衆〕（12・12・26）	13・2・21（木）	金川　真大	29	東京	法相就任2カ月足らずでの執行。金川・小林氏は一審のみで死刑に。加納氏は一審無期。	13年＝8人
			小林　薫	44	大阪		
			加納　恵喜	62	名古屋		
		13・4・26（金）	宮城　吉英	56	東京	濱崎氏は確定から1年4カ月での執行。	
			濱崎　勝次	64	東京		
		13・9・12（木）	熊谷　徳久	73	東京	オリンピック東京招致決定直後の執行。	
		13・12・12（木）	藤島　光雄	55	東京		
			加賀山領治	63	大阪		
		14・6・26（木）	川崎　正則	68	大阪		
		14・8・29（金）	小林　光弘	56	仙台	法相退任直前の執行。再審請求準備中の二人の執行。	
			高見澤　勤	59	東京		
	松島みどり〔衆〕（14・9・3）	—				＊法相就任後「うちわ」配布が問題となり辞任。	14年＝3人
	上川　陽子〔衆〕（14・10・21）	15・6・25（木）	神田　司	44	名古屋		
	岩城　光英〔参〕（15・10・7）	15・12・18（金）	津田寿美年	63	東京	法相就任2カ月余りでの執行。裁判員裁判で死刑判決を受けた者（津田氏）への初の執行。	15年＝3人
			若林　一行	39	仙台		
		16・3・25（金）	鎌田　安利	75	大阪	岩城光英法相は7月の参議院選挙で落選。	
			吉田　純子	56	福岡		
	金田　勝年〔衆〕（16・8・3）	16・11・11（金）	田尻　賢一	45	福岡		16年＝3人
		17・7・13（木）	西川　正勝	61	大阪	西川氏は再審請求中の執行。法相「再審請求を行っているから執行しないという考えはとっていない」。住田氏は被害者一人、　審のみで確定。	
			住田　紘一	34	広島		
	上川　陽子〔衆〕（17・8・3）	17・12・19（火）	松井喜代司	69	東京	二人とも再審請求中。一人は事件当時少年。	17年＝4人
			関　光彦	44	東京		

安倍晋三	上川　陽子〔衆〕	18・7・6（金）	松本智津夫	63	東京	これまでにない大量執行。再審請求中、恩赦申立中など一切無視し、確定順の執行という慣例をかなぐり捨てて、元オウム真理教幹部を一挙に執行した。松本氏は再審請求中の執行。心神喪失状態だった。早川氏は再審請求中の執行。井上氏は一審無期懲役であり、第一次再審請求中の執行。新實氏、中川氏は再審請求中の執行。遠藤氏は第一次再審請求中の執行。土谷氏は心神喪失状態だった可能性が高い。	
			早川紀代秀	68	福岡		
			井上　嘉浩	48	大阪		
			新實　智光	54	大阪		
			土谷　正実	53	東京		
			中川　智正	55	広島		
			遠藤　誠一	58	東京		
		18・7・26（木）	宮前　一明	57	名古屋	前回執行から20日目に、6名を執行。オウム死刑囚13名全員が抹殺された。横山氏、小池氏、豊田氏、広瀬氏は第一次再審請求中の執行。	
			横山　真人	54	名古屋		
			端本　悟	51	東京		
			小池　泰男	60	仙台		
			豊田　亨	50	東京		
			広瀬　健一	54	東京		
	山下　貴司〔衆〕（18・10・2）	18・12・27（木）	岡本　啓三	60	大阪	年末ぎりぎりの執行。岡本氏は再審請求中。	18年＝15人
			末森　博也	67	大阪		
		19・8・2（金）	庄子　幸一	64	東京	庄子氏は再審請求中。9月内閣改造前の執行。2日前から執行の情報が漏れていた。	
			鈴木　泰徳	50	福岡		
	河井　克行〔衆〕（19・9・11）	―				執行に積極的姿勢を見せつつ妻の選挙違反問題で就任51日で辞任。	
	森　まさこ〔衆〕（19・10・31）	19・12・26（木）	魏　巍	40	福岡	年末ぎりぎりの執行。再審請求中。	19年＝3人
菅　義偉	上川　陽子〔衆〕（20・9・16）						

死刑廃止年表二〇一九

2019 — 2020

死刑をめぐる動き

一月

二月

一二日　最高裁第三小法廷（岡部喜代子裁判長）は西口宗宏さんの上告を棄却。

三月

八日　死刑を求刑されていた松井広志さんに名古屋地裁は無期懲役判決。

一三日　福岡高裁（野島秀夫裁判長）は死刑を求刑されていた須川泰伸さんに無期懲役判決。無罪主張。

一五日　神戸地裁姫路支部（藤原美弥子裁判長）は上村隆さんに

死刑廃止への動き

一月

二一日　山下法相の死刑執行に抗議する緊急集会（岐部ホール）

二七日　「第一の敵」上映　太田昌国（花の谷クリニック外来ホール

二月

三日　LIVE&TALK vol.6　曽我部恵一、安田好弘、森達也、MC：ジョー横溝（風知空知）

九日　死刑弁護人上映会と安田弁護士講演　岡山弁護士会

九〜一七日　死刑囚の絵展（広島・カフェ・テアトロアビエルト）

一六〜二二日　第九回死刑映画週間　渋谷・ユーロスペース

三月

二日　死刑・いま命にどう向き合うか　京都コングレス2020に向けて（響都ホール）

一六日　滋賀弁護士会市民シンポジウム死刑廃止の実現を考える日　安田好弘（ピアザ淡海大会議室）

一六日　シンポジウム「死刑廃止を考える日」金聖雄・小川秀世

死刑判決。

一五日 東京高裁（藤井敏明裁判長）は川崎竜弥さんに控訴棄却、死刑判決。

大阪弁護士会

一六日 死刑を考える日『望むのは死刑ですか 考え悩む〝世論〟』上映と長塚洋監督講演（トモニプラザ）・徳島弁護士会

二三日 袴田巖さんの再審開始を！再収監を許さない3・23全国集会（明治大学）袴田巖さんの再審無罪を求める実行委員会

四月

七日 米国と日本の死刑―死刑制度廃止への道は―笹倉香奈さん講演会（ドーンセンター）AI大阪

二一日 死刑を廃止したワシントン州を訪ねて（岐部ホール）フォーラム90

五月

二〇日 大阪高裁は小林裕真さんの一審懲役三〇年判決（求刑死刑）に対する検察・被告側控訴を棄却。

二四日 大阪高裁（樋口裕晃裁判長）は筧千佐子さんの控訴を棄却。

三〇日 山田浩二さんの弁護人が、控訴取り下げの無効を求める申し入れ書を大阪高裁に提出。

一七日 宗教者ネット第29回死刑廃止セミナー『「加害者家族」の現実と支援』佐藤仁孝（カトリック大阪大司教区社会活動センター シナピス）

二〇日 再審法改正をめざす市民の会結成集会 西嶋勝彦（衆議院第二議員会館）再審法改正をめざす市民の会

二五日 袴田巖さんの再審無罪を求める5・25浜松集会 西澤美和子、稲生昌三、袴田巖・袴田ひで子 浜松袴田巖さんを救う市民の会

三〇日 米ニューハンプシャー州が死刑を廃止。全米で21州目。

三一日 「死刑をなくそう市民会議」を6月1日付で設立すると記者会見で発表。

六月

一七日 「島田アピール」要請行動及び記者会見

二二日 シンポジウム「死刑廃止を考える日」森炎、安田好弘（大阪弁護士会館）

二九日 被害と加害の断絶は埋められるか 東海テレビ「ホーム」を見て考える 森達也、繁澤かおる（明治大学和泉校舎）フォーラム90

三〇日 事件発生53年 無実の袴田巖さんに無罪判決を！（清水テルサ）袴田巖さんを救援する清水・静岡市民の会

七月

一日 最高裁第一小法廷（山口厚裁判長）は、君野康弘さんの一審死刑判決を破棄し無期懲役とした高裁判決への検察の上告を棄却、無期懲役が確定。

一一日 最高裁第一小法廷（山口厚裁判長）は、保見光成さんの上告を棄却。

一九日 最高裁第二小法廷（山本庸幸裁判長）は、堀慶末さんの上告を棄却。

三一日 東京高裁（後藤真理子裁判長）は、三鷹事件の再審請求を認めない決定。

六日 オウム13人執行から一年 あの死刑執行を問い直す 永岡英子さんに聞く（文京区民センター）

六日 オウム一斉施行から一年、死刑について考える「人は自らを裁けるのか」伊東乾（岐部ホール）日本カトリック正義と平和協議会「死刑廃止を求める部会」

一六日 「ルイズその旅立ち」上映会、大杉豊（豊洲シビックホール）きっかけとなる映画を上映する会

二〇日 和歌山カレー事件から21年（大阪弁護士会館）和歌山カレー事件を考える人々の集い

二七日 第16回永山子ども基金チャリティトーク&コンサート（西片町教会）永山子ども基金

八月

二日 山下貴司法相の命令で庄子幸一さん（東京）、鈴木泰徳さ

二日 執行抗議の記者会見（議員会館）、法務省前抗議行動、

ん（福岡）の死刑が執行される。

九月

一一日　河井克行衆議院議員、法相に。

一〇月

三〇日　最高裁第二小法廷（岡村和美裁判長）は、一審死刑求刑の坂部（旧姓小林）裕真さんに上告棄却、懲役三〇年が確定。

三一日　河井克行法相、妻の公職選挙法違反をめぐって辞任。森まさこが法相に。

一一月

八日　甲府地裁（横山泰造裁判長）は死刑を求刑されていた武井北斗さんに無期懲役判決。

一八～二一日　死刑廃止韓国ツアー（フォーラム90）

一九日　日弁連死刑廃止実現本部合宿　市民運動と交流

三一日　死刑を止めよう市民会議設立集会（明大リバティホール）

（九月）

一一日　死刑執行抗議集会　池田浩士　菊池さよ子　シスター・クララ澄子　安田好弘　文京区民センター。

二八日　シンポジウム「死刑を考える日」萱野稔人、石塚伸一（大阪弁護士会館）大阪弁護士会。

（一〇月）

九日　映画『絞死刑』＆平野啓一郎とのディスカッション　アンスティチュ・フランセ東京エスパス・イマージュ

一二日　響かせあおう死刑廃止の声２０１９　台風19号で中止。

一二日　世界死刑廃止デー２０１９ inふくおか「HER MOTHER」上映（ふくふくプラザ）死刑廃止・タンポポの会。

一三日　大谷洋子講演会（港合同法律事務所）フォーラム90。

一八～二〇日　死刑囚の絵画展　獄中からの声（名古屋市政資料館）死刑廃止フォーラムinなごや。

（一一月）

二日　河井克行法相地元広島集会、法相辞任のため中止。

一六～一七日　死刑廃止全国合宿in沖縄。玉光順正、喜納昌吉、金平茂紀（八汐荘、ぶんかテンプス館）

一六日　日本の死刑について　笹倉香奈（ウイズあかし）アムネスティ西神戸グループ。

二〇日　死刑廃止に取り組む教会〜死刑廃止の流れとカトリック教会の決意　柳川朋毅（麹町聖イグナチオ教会）日本カトリック正義と平和協議会「死刑廃止を求める部会」

二五日　来日中のローマ・カトリック教会のフランシスコ教皇の後楽園ドームでのミサに袴田巖・ひで子さん、招待され出席

一二月

二日　一審死刑、二審無期の礒飛京三さんの最高裁第一小法廷（小池裕裁判長）は検察、弁護双方の上告を棄却、無期懲役が確定。

四日　新潟地裁（山崎威裁判長）は小林遼さん（死刑求刑）に無期懲役判決。

五日　東京高裁（大熊一之裁判長）はナカダ・ルデナ・バイロン・ジョナタンさんの一審死刑判決を破棄、無期懲役判決。一九日、検察上告断念。

一三日　福岡地裁（柴田寿宏裁判長）は中田充さんに状況証拠のみで死刑判決。

一七日　大阪高裁（村山浩昭裁判長）は、山田浩二さんの控訴取り下げを無効として控訴審を再開の決定。

一七日　東京高裁（青柳勤裁判長）は岩間俊彦さんの控訴を棄却、死刑判決。

一九日　最高裁第三小法廷（戸倉三郎裁判長）は須川泰伸さんの上告棄却、無期懲役判決。無罪主張。

二六日　森雅子法相、福岡拘置所の魏巍（ウェイ・ウェイ）さんの死刑を執行。

六〜八日　死刑囚絵画展　松本治一郎記念会館5階会議室。

六日　袴田巖さんの再収監を許さない一日行動

一二日　法務省、外務省とフォーラム90、アムネスティ、宗教者ネット、ＣＰＲ、意見交換会

一八日　死刑執行停止を求める諸宗教による祈りの集い２０１９ in神戸長田　真宗大谷派玉龍寺（主催・「死刑を止めよう」宗教者ネットワーク）

二五日　たんぽぽの会、福岡拘置所に「死刑執行するな！」と申し入れ行動

二六日　執行抗議記者会見（議員会館）、法務省前抗議行動。福岡拘置所前、天神で抗議行動

編集後記

第一次から数えて49人もの死刑執行を行った安倍晋三内閣が病気を理由に幕を閉じ、安倍政権を継承するという菅義偉内閣が成立した。そして最悪なことに上川陽子法務大臣の再々登場である。これまで16人の死刑を執行してきた人だ。今年を執行ゼロの年にしないために年末の執行を断行することを恐れる。

＊

リモートによる死刑判決言渡しは、衝撃的だった。法務大臣は本人に会うことなく書類だけで死刑執行命令を出す。だから個々の死刑囚は記号でしかなく、死刑制度は国民の80％以上が望んでいると嘯ぶきながら見えない人間の命を奪う判を押す。それに加えて裁判官までもがモニター経由で判決を言い渡せば、自分が宣告した死刑からの距離はさらに遠くなるだろう。対面せず、実感を伴わないままに人のいのちを断つ。ＡＩがプログラムされたデータから死刑判決を選び取るのと同様の人の命を尊重しないディストピアの世界の到来だ。リモートでの言渡しは日本でのことではないが、悪いことは貪欲に学ぶこの国だから遠くない将来、これに類することは起きるに違いない。

リモートというと、この間のコロナ騒動でいくつもの会議がZoomで行われ、顔を合わせ、雑談し、議論をする機会が減っている。こんなことをしていては運動はどんどん痩せ細っていくのではないか。集会のリモート中継もまた、補助的なものと認識すべきだ。

＊

さて本号は96年の創刊から数えて24冊目である。創刊時四十代最後半だった私もまたそれ相応の年齢を重ねてきたせいか死刑廃止運動をさまざまな場で担って来られた方々の訃報には心を揺さぶられる。湯浅欽史さん（19年11月23日）、筒井修さん（20年1月18日）、水田ふうさん（2月16日）、みなさんの活動を心に刻みながら、ご冥福を祈りたい。（深田卓）

コロナ禍のなかの死刑
年報・死刑廃止2020

2020年10月10日　第1刷発行

編集委員
岩井 信
可知 亮
笹原 恵
島谷直子
高田章子
永井 迅
安田好弘
（以上50音順）
深田卓［インパクト出版会］

装幀・本文レイアウト
宗利淳一デザイン

協力
死刑廃止国際条約の批准を求めるフォーラム90
死刑廃止のための大道寺幸子・赤堀政夫基金
国分葉子
深瀬暢子
岡本真菜

宣伝ビデオ作成
可知亮

編集
年報・死刑廃止編集委員会

発行
インパクト出版会
東京都文京区本郷2-5-11　服部ビル
TEL03-3818-7576　FAX03-3818-8676
E-mail：impact@jca.apc.org

死刑関連書　インパクト出版会刊

鎮魂歌　闇サイト事件殺人者の手記　堀慶末 1800円＋税

私はいま思います。残された時間をすべて贖罪に捧げていかねばいけないと。

「鶴見事件」抹殺された真実　高橋和利 1800円＋税

「私は殺してはいない」という獄中からの怒りの手記。

本当の自分を生きたい　死刑囚・木村修治の手記 2330円＋税

自分の半生を振り返り、罪を見つめ続け、生きて償いたいと思う。

こんな僕でも生きてていいの　河村啓三 2300円＋税

誘拐・殺人・死体遺棄。犯した事件を冷徹に描写し、自己の人生を捉え返す。

落伍者　河村啓三　推薦・加賀乙彦。1900円＋税

死刑囚のおかれている所内の生活がそのまま書かれている貴重な文献。

生きる　大阪拘置所・死刑囚房から　河村啓三 1700円＋税

次々と処刑されていく死刑囚たちのことを胸に刻み、この瞬間を精いっぱい生きる。

命の灯を消さないで　フォーラム90編 1300円＋税

2008年フォーラム90が死刑確定者105人に対して行なったアンケートの78人の解答。

死刑囚90人 とどきますか、獄中からの声　フォーラム90編 1800円＋税

2011年フォーラム90が死刑確定者対して行なったアンケートの報告書。

死刑文学を読む　池田浩士・川村湊 2400円＋税

文学は死刑を描けるか。網走から始まり、二年六回に及ぶ白熱の討論。

死刑・いのち絶たれる刑に抗して　日方ヒロコ 2500円＋税

死刑執行前後の家族が直面させられた現実と教誨師に聞いた死刑執行の現実。

死刑を止めた国・韓国　朴秉植 1400円＋税

どうして韓国は死刑を葬り去り、人権大国への道を歩めたのか。韓国の経験から学ぶ。

死刑冤罪　戦後6事件をたどる　里見繁 2500円＋税

雪冤・出獄後も続く無実の死刑囚の波乱の人生をたどる。付・飯塚事件徹底検証。

冤罪　女たちのたたかい　里見繁 2500円＋税

冤罪の土壌は男社会！　偏見と差別とたたかい雪冤を果たす。

逆うらみの人生　死刑囚・孫斗八の生涯　丸山友岐子 2000円＋税

刑場の現場検証に立ち会った孫斗八。彼は監獄行政、死刑制度と闘ったパイオニアだ。

少年死刑囚　中山義秀著　池田浩士解説 1600円＋税

死刑か無期か？　翻弄される少年死刑囚の心の動きを描いた名作。。

人耶鬼耶　黒岩涙香著　池田浩士校訂・解説 2300円＋税

誤認逮捕と誤判への警鐘を鳴らし、人権の尊さを訴えた最初の死刑廃止小説。1888年に刊行された本書は、その後多くの読者を魅了したジャーナリスト・黒岩涙香の最初の翻案小説であり、日本初の探偵小説である。

年報・死刑廃止　インパクト出版会刊

少年事件と死刑　年報・死刑廃止 2012　2300 円＋税
更生ではなく厳罰へ、抹殺へとこの国は向かう。少年事件と死刑をめぐり徹底検証。

震災と死刑　年報･死刑廃止 2011　2300 円＋税
あれだけの死者が出てもなぜ死刑はなくならないのか。震災後の今、死刑を問い直す。

日本のイノセンス･プロジェクトをめざして　年報･死刑廃止 2010　2300 円＋税
DNA 鑑定により米国で無実の死刑囚多数を救出したプロジェクトは日本でも可能か。

死刑 100 年と裁判員制度　年報・死刑廃止 2009　2300 円＋税
足利事件・菅家利和さん、佐藤博史弁護士に聞く。

犯罪報道と裁判員制度　年報・死刑廃止 2008　2300 円＋税
光市裁判報道へのＢＰＯ意見書全文掲載。

あなたも死刑判決を書かされる　年報・死刑廃止 2007　2300 円＋税
21 世紀の徴兵制・裁判員制度を撃つ。

光市裁判　年報･死刑廃止 2006　2200 円＋税
なぜメディアは死刑を求めるのか。

オウム事件 10 年　年報･死刑廃止 2005　2500 円＋税
特集２・名張事件再審開始決定／再審開始決定書全文を一挙掲載。

無実の死刑囚たち　年報･死刑廃止 2004　2200 円＋税
誤判によって死を強要されている死刑囚は少なくはない。

死刑廃止法案　年報･死刑廃止 2003　2200 円＋税
1956 年の死刑廃止法案と公聴会の全記録。

世界のなかの日本の死刑　年報･死刑廃止 2002　2000 円＋税
死刑廃止は世界の流れだ。第１回世界死刑廃止大会のレポートなど。

終身刑を考える　年報･死刑廃止 2000 ～ 2001　2000 円＋税
終身刑は死刑廃止への近道なのか。

死刑と情報公開　年報･死刑廃止 99　2000 円＋税
死刑についてのあらゆる情報はなぜ隠されるのか。

犯罪被害者と死刑制度　年報･死刑廃止 98　2000 円＋税
犯罪被害者にとって死刑は癒しになるのか。

死刑─存置と廃止の出会い　年報･死刑廃止 97　2000 円＋税
初めて死刑存置派と廃止派が出会い、議論をした記録。

「オウムに死刑を」にどう応えるか　年報･死刑廃止 96　2000 円＋税
死刑廃止運動の理論と情報を共有することを目指し創刊された「年報・死刑廃止」の創刊号。創刊特集は「凶悪とはなにか？」90 ～ 95 年の死刑廃止運動の記録。なお 90 年以前の廃止運動の情報は小社刊『死刑囚からあなたへ』①②に詳しい。

オウム大虐殺 年報・死刑廃止 2019 2300 円＋税

2018 年 7 月オウム事件死刑囚 13 人が一挙に死刑を執行された。13 名中 10 名が再審請求中だったし、再審のための 3 者協議が裁判所で予定されていた人までいたのである。再審を開始するかどうかの判断は裁判所にゆだねられている。法務大臣が「再審事由はない」と勝手に判断し死刑を執行するのは、法を無視した殺人である。この国は安倍一強政権のもと、法すら無視し暴走を続ける。オウム死刑執行は決してオウム問題や死刑問題だけではない。この国の歴史を振り返り、オウム大虐殺後の時代を考える。
◉オウム真理教の思想と行動を検証する　魚住昭・中島岳志・安田好弘・司会＝岩井信◉アレフ広報部長・荒木浩さんに聞く◉オウム真理教家族の会・永岡英子さんに聞く

オウム死刑囚からあなたへ 年報・死刑廃止 2018 2300 円＋税

検証・オウム法廷と死刑執行　江川紹子 × 安田好弘／ 13 人死刑執行という大量虐殺　安田好弘／松本智津夫氏の獄中医療報告書／早川紀代秀／新實智光／宮前一明／井上嘉浩／土谷正実／オウム死刑囚を語る＝弁護人・支援者から

ポピュリズムと死刑 年報・死刑廃止 2017 2300 円＋税

トランプ、安倍、ドゥテルテ、世界を席巻するポピュリズムと死刑とは。鵜飼哲、保坂展人、安田好弘、など。「小特集・追悼・大道寺将司」＝大道寺ちはる、浴田由紀子。2020 年廃止へ向けて日弁連死刑廃止宣言への道のりなど。

死刑と憲法 年報・死刑廃止 2016 2300 円＋税

憲法 36 条に「公務員による拷問及び残虐な刑罰は、絶対にこれを禁ずる」とあるにもかかわらず、なぜ命を奪う死刑制度が温存されているのか。1948 年の最高裁死刑合憲判決はなぜ今も通用するのか。過去の死刑違憲裁判を跡づけながら死刑と憲法を再考する。

死刑囚監房から 年報・死刑廃止 2015 2300 円＋税

「フォーラム 90」が 2008 年、11 年に続き、15 年に実施した 3 度目の死刑確定者アンケートへの 73 人の回答を掲載。巻頭座談会は「地下鉄サリン事件から二〇年—オウム事件とは何だったのか」大田俊寛・松本麗華・安田好弘・岩井信。

袴田再審から死刑廃止へ 年報・死刑廃止 2014 2300 円＋税

48 年間、無実の罪で幽閉され死刑確定により精神の均衡を失った袴田巌さん。袴田冤罪事件の存在は死刑制度があってはならないことを示している。袴田ひで子さんと巌さんインタビュー、袴田弁護団座談会や無実で執行された飯塚弁護団との鼎談など収載。

極限の表現 死刑囚が描く 年報・死刑廃止 2013 2300 円＋税

極限で描かれたこれらの作品は何を訴えるのか。大道寺幸子基金表現展のすべて。加賀乙彦「〈悪人〉を愛する」、北川フラム「枠を超え埋め尽くす」、池田浩士編「響野湾子詩歌句作品集」、櫛野展正「アールブリュットと死刑囚の絵画展」、作品多数収載。